The Blue Book on
Intangible Assets of
Chinese GEM Listed
Companies

（ **2017 — 2018** ）

中国创业板上市公司无形资产蓝皮书

中南财经政法大学企业价值研究中心
方中秀　闫昱彤　汪海粟　编著

知识产权出版社
全国百佳图书出版单位

图书在版编目（CIP）数据

中国创业板上市公司无形资产蓝皮书.2017-2018/方中秀，闫昱彤，汪海粟编著.—北京：知识产权出版社，2019.10

ISBN 978-7-5130-6379-1

Ⅰ.①中…　Ⅱ.①方…　②闫…　③汪…　Ⅲ.①创业板市场—上市公司—无形固定资产—经济管理—研究报告—中国—2017-2018　Ⅳ.①F279.246

中国版本图书馆 CIP 数据核字（2019）第 156281 号

内容提要

本卷蓝皮书简要回顾了创业板市场 2017 年的发展状况；继承了分类型和分行业无形资产的研究板块；编制了创业板上市公司 2017 年度无形资产信息披露指数及质量指数，在此基础上，本卷蓝皮书首次编制了创业板上市公司无形资产价值评价指数，并针对创业板公司的股利分配、投资价值评估及风险投资对创业板公司技术创新的影响等热点问题进行了专题研究。

选题策划：黄清明		责任编辑：栾晓航	
封面设计：刘　伟		责任印制：孙婷婷	

中国创业板上市公司无形资产蓝皮书（2017—2018）
方中秀　闫昱彤　汪海粟　编著

出版发行：知识产权出版社有限责任公司		网　　址：http://www.ipph.cn	
社　　址：北京市海淀区气象路 50 号院		邮　　编：100081	
责编电话：010-82000860 转 8117		责编邮箱：hqm@cnipr.com	
发行电话：010-82000860 转 8101/8102		发行传真：010-82000893/82005070/82000270	
印　　刷：北京建宏印刷有限公司		经　　销：各大网上书店、新华书店及相关专业书店	
开　　本：787mm×1092mm　1/16		印　　张：29	
版　　次：2019 年 10 月第 1 版		印　　次：2019 年 10 月第 1 次印刷	
字　　数：560 千字		定　　价：116.00 元	
ISBN 978-7-5130-6379-1			

卷首语

中南财经政法大学企业价值研究中心对自 2009 年 10 月以来在中国创业板上市的 218 家公司披露的无形资产信息进行了深入挖掘和分析,并形成了这本对完善创业板上市制度有重要参考价值的蓝皮书,值得肯定和祝贺。

首先,由高校独立的研究机构对我国创业板公司无形资产信息披露的状况进行系统研究,并定期公开发布,有利于促进上市公司无形资产信息披露质量的提高。我国上市公司的信息披露既有内部人因经营优势形成的主观操控,又有现行制度缺失形成的揭示壁垒,还有市场噪声引发的信息扭曲,以至于招股说明书和年报披露的数据未必能真实地反映公司无形资产的数量和质量。该蓝皮书对特定时间内不同公司在同一类型无形资产信息披露上的比较分析,至少能引起相关公司对差异原因的关注,如有必要,也应做出解释。

其次,对创业板上市公司无形资产的研究考虑了无形资产因技术进步和市场变革导致的结构演化。我同意报告中作者关于当代企业具有消耗有形资产,借以形成无形资产特征的判断。无形资产确实是一个复杂系统,既涉及受有关法律保护并得到会计制度认可的以专利、商标和版权为代表的常规无形资产,也涉及尚未得到专门法律规范和会计科目反映,但在企业实际生产经营中已发挥重要作用的以资质、客户和劳动力集合为代表的非常规无形资产。后者在实践中已成为公司上市和企业并购的关键资源。正是考虑到无形资产的结构演化,该报告既对无形资产进行了基于细分类的比较研究,还对以研发费用、销售费用和政府补助为代表的无形资产投入要素进行了分析。相信这些研究将有助于人们了解无形资产的影响因素和变化规律。

再次,该报告检验了我国创业板市场关于无形资产的发现和甄别功能。中国证监会对创业板公司信息披露报告系统做出了特别规定,要求相关企业通过表外信息披露的方式,为资本市场参与者提供更多有关无形资产的信息。该研究发现这些规定对投资者了解企业无形资产并判断其价值确实发挥了作用,IPO 的高市净率和高市盈率至少表明我国创业板公司通过历史继承、政策扶植和自主创新取得的无形资产部分得到资本市场的承认。同时，该研究还发现常规与非常规无形资产较多和质量较好的企业 IPO 市净率往往低于无形资产较少和质量较差的企业，在资本市场整体走势趋弱的条件下，前者的基准日市净率又往往明显高于后者。这表明在经过资本市场的多次交易和反复甄别后，非市场的泡沫被逐渐挤出，优质资产的贡献得到理性回应。

最后，该蓝皮书对改善我国上市公司无形资产信息披露制度提出了一系列有参考价值的建议。报告在揭示目前无形资产信息披露失衡、低效甚至无效的问题之后，就解决这些问题提出建设性意见。例如，认为资质可以按准入类、能力类和荣誉类进行统计分析；独立董事的贡献价值可分解为形象价值、专业价值和制衡价值；应编制按可能性和危害性分析构成的风险测度报告等。所有这些将有利于相关监管部门优化信息披露标准，并提高市场效率，进而维护市场秩序，保护资本市场弱势群体的利益。

人力资本、知识产权等无形资产定价入股是中国自 20 世纪 90 年代初的股份制改制中就提出而迄今未能有效解决的难题。如今的创业板并非 1998 年提出的创业板，它更多的是在 A 股范畴内设置的一个类似于中小企业板的股市板块。有效推进人力资本、知识产权的市场定价，不仅是创业板有别于其他股市板块的一个关键功能，而且对于推动中国高新技术发展也至关重要。从这个意义来说，这本蓝皮书做出了具有开创性意义的工作。

我希望今后每年都能看到不断完善的创业板无形资产蓝皮书，同时也希望创业板已上市和拟上市公司持续优化无形资产管理，实现基业长青。

是为序。

中国社会科学院金融研究所所长
2012 年 5 月 6 日于北京

目 录

contents ◄◄◄

导　论

为提高中国创业板公司无形资产信息披露质量，维护资本市场各利益相关方的知情权，我们于八年前开始编写《中国创业板上市公司无形资产蓝皮书》（下称《蓝皮书》），并已出版了《蓝皮书（2009—2011）》《蓝皮书（2011—2012）》《蓝皮书（2012—2013）》《蓝皮书（2013—2014）》《蓝皮书（2014—2015）》《蓝皮书（2015—2016）》和《蓝皮书（2016—2017）》。2017 年 5 月至 2018 年 5 月，又有 88 家公司在创业板上市，且有 718 家公司披露 2017 年年报。基于系统性、可比性和连续性的要求，我们历时一年形成了第八本蓝皮书。在内容构成上，本年度《蓝皮书》简要回顾了创业板市场 2017 年的发展状况；延续了按资产类型和分行业研究无形资产的板块。此外，本次《蓝皮书》首次加入了分区域研究创业板无形资产的内容。我们按照 2016 年国务院发展研究中心提出的八大综合经济区概念，对创业板上市公司的无形资产实施了分区域研究。同时，编制了创业板上市公司 2017 年度无形资产信息披露指数、质量指数和价值指数；并针对创业板公司的商誉减值问题及 IPO 抑价问题进行了专题研究。

一、 年度发展

我们从创业板市场规模及结构、市场行情和企业经营情况三个维度剖析了创业板市场 2017 年的发展概况，并梳理了当年发生的典型性事件，得到如下结论：

一是行业和区域集中度仍然较高，但产业结构调整初步见效。截至 2017 年 12 月 31 日，创业板上市公司数量总计 710 家，较 2016 年增加 140 家，制造业和信息传输、软件信息技术服务业企业 2017 年整体占比为 88.31%。分区域来看，创业板上市公司数量排名前三的经济区为东部沿海经济区、南部沿海经济区和北部沿海经济区，分别为 218 家、192 家和 146 家，合计占比 78.31%，集中度较高。

二是市场主要指标呈震荡下行态势，但首发融资规模大幅增加。2017 年创业板指数全年累计下跌 8.53%；平均市值降幅为 21.56%；企业平均市盈率为 2012 年以来最低值；首发融资总额较上年增加 89%。

三是上市公司经营业绩有所提高，但同比增速明显放缓。2017 年创业板上市公司平均营业收入、净利润较去年同期增加 14.21%、16.88%，但两者均值的增长速度较去年同期下降 17%、20%。

四是监管更加严格，黑天鹅事件时有发生。2017 年，深交所公开谴责多起违反股票上市规则案件，创业板市场经历乐视网剧烈变动带来的多重不利影响。

二、 优化内容

无形资产聚类研究

基于前七本《蓝皮书》的研究，我们建立了创业板公司无形资产分类体系，完成了对各类无形资产的定义研究和信息数据分析整理，形成了中国创业板上市公司无形资产数据库。本次研究延续了《蓝皮书（2016—2017）》的无形资产分类，分别对创业板上市公司的技术类、市场类、人力资源类和资质类无形资产进行聚类分析，还对企业期间费用、研发支出和政府补助与无形资产的关系进行了探讨。相较于《蓝皮书（2016—2017）》，本次《蓝皮书》新增了分区域上市公司无形资产对比研究，更新了文献研究和典型事件，帮助读者了解无形资产理论研究和实践发展的最新动态。本年度《蓝皮书》有关无形资产聚类研究的结论如下。

1. 关于技术类无形资产

一是技术类无形资产的行业差异依然明显。由于行业内上市公司数量的差异，制造业，信息传输、软件和信息技术服务业的各类技术类无形资产总量均排在前列，具有明显的规模优势。从行业均值来看，专利平均拥有量、技术标准平均拥有量、软件著作权平均拥有量最高的行业均为信息传输、软件和信息技术服务业；非专利技术平均拥有量最高的行业是水利、环境和公共设施管理业。近几年来，制造业，信息传输、软件和信息技术服务业的技术类无形资产规模呈现出较高增速。

二是技术类无形资产区域分布差异较大。由于东部沿海经济区和南部沿海经济区上市公司数量较多，因此总量上，拥有专利数量和软件著作权数量最多的经济区是南部沿海经济区，非专利技术和技术标准数量最多的是东部沿海经济区。但从均量上看，长江中游经济区在专利、非专利和著作权方面更为突出。

三是技术类无形资产的结构不均衡。这一点主要反映在创业板上市公司对不同类型技术类无形资产的披露情况有所不同。在招股说明书中，专利及非专利技术的披露情况都明显优于技术标准及软件著作权。但在上市之后，除专利技术之外的其他技术类无形资产的总体披露情况都有所下降。技术类无形资产结构不平衡的状况十分明显。

2. 关于市场类无形资产

一是市场类无形资产覆盖率较高但是质量迥异。无论从招股说明书还是年报来看，创业板公司普遍富集市场类无形资产。以招股说明书为例，绝大多数公司披露了至少一项市场类无形资产，除竞争地位外，其他三类资产的披露比率均超过95%。然而，不同公司对同类资产的披露情况存在较大差别，一些企业对其市场类无形资产进行了详细披露（包含报告中所涉及的各项要素），但也有不少企业仅披露了简单的数量信息，这与企业自身经营情况的差异性有关。

二是市场类无形资产存在明显的行业差异。不同行业所拥有的市场类无形资产存在较大差别。我们研究发现，制造业和信息传输、软件和信息技术服务业在持有商标、申请商标和商标荣誉总数方面占有绝对优势，且商标荣誉的均值也位居各行业前列。文化、体育和娱乐业的前五大客户销售额占比最大，对大客户依存度最高；而交通运输、仓储和邮政业以散户为主，对大客户依存度最低。这些反映出市场类无形资产的存蓄具有很大的行业异质性。

三是市场类无形资产存在明显的区域异质性。不同区域创业板公司拥有的市场类无形资产状况也存在较大差异。沿海经济区的上市公司数量较多，因此在商标等市场类无形资产的持有总量上排名靠前。同时，沿海经济区的上市企业更注重商标的推广与保护，市场竞争地位处于上升趋势的企业占比较高，其销售对核心客户的依赖度也较低。值得一提的是，长江中游经济区的上市公司对市场类无形资产的披露情况最为突出，其商标平均持有量和平均申请量均为最高，前五大客户占比适中，市场竞争地位处于上升趋势的企业占比也位于前列。

四是市场类无形资产数量年度变化趋势不一。基于2013—2017年年报披露信息，我们发现，创业板公司越来越重视商标权的保护，商标状况总体上得到改善和提高；前五大客户合计销售占比均值先减后升，且客户导向也发生了不同程度的变化，国企、外企客户导向占比略有下降，民企、行政事业单位客户导向占比则略有上升。有关竞争地位信息披露的情况呈现波动，而核心竞争优势的各组成项变化趋势也不尽相同。

3. 关于人力资源类无形资产

一是高管相关指标变化不一。整体来看，女性高管占比、内部兼职比例、高管更替比例均呈现不同变化。不同行业与区域的上市公司高管也表现出一些显著特征。例如，电力、热力、燃气及水生产和供应业的高管变动比例最为突出。大西北综合经济区高管年龄偏高、学历偏低。北部、南部沿海经济区高管薪酬较高。

二是独立董事信息披露质量有所改善。整体来看，有关独立董事学历、职称和专业背景的信息披露比例较之前年份有所上升；同时，独董结构优化，表现为女性独立董事占比、硕士及以上学历独立董事占比，以及各专业背景的独立董事占比均有所上升。分行业看，交通运输、仓储和邮政业独立董事学历及职称较高。分区域看，北部、南部沿海经济区独立董事津贴较高。

三是股权结构总体稳定，知识技术类型创业股东比例较高。整体上，创业板上市公司的股东结构、股权结构和控股情况保持稳定，同时，知识技术类型创业股东占比居多。分行业看，建筑业，交通运输、仓储和邮政业的自然人个人创业股东占比较低。分区域看，除长江中游综合经济区和大西北综合经济区之外，大多数经济区自然人股东占比均高于法人股东占比。

四是员工数量和结构有所变化。整体上，2017 年创业板上市公司员工平均数量保持增长趋势，生产人员仍占大多数，但比例有所下降。分行业看，信息传输、软件和信息技术服务业中本科及以上学历员工占比最高，技术（研发）人员占比也最高。分区域看，北部沿海综合经济区本科、硕士及以上学历员工均为八大经济区中最高。

4. 关于资质类无形资产

从招股说明书披露的信息来看，不同类型资质的获取门槛与重要程度存在差异。分行业来看，制造业，信息传输、软件和信息技术服务业，以及文化、体育和娱乐业中披露准入类资质信息的上市公司数量最多，同时这三个行业披露的准入类资质数量也是最多的。制造业，信息传输、软件和信息技术服务业，以及科学研究和技术服务业披露能力类和荣誉类资质信息的上市公司数量最多，同时披露的上述两类资质的数量也最多。分区域看，各经济区披露能力类资质的公司数量均多于披露准入类和荣誉类资质的公司数量。其中，东部沿海经济区、南部沿海经济区披露三类资质信息的上市公司数量，以及披露的三类资质数量均名列前茅，优于其他经济区。

从年报披露的信息来看，2016 年披露准入类和能力类资质的公司数量最多；2017年披露荣誉类资质的公司数量最多。分行业来看，由于制造业上市公司数量多于其他行业，因此披露了资质信息的制造业公司数量，以及该行业的资质数量均多于其他行业。但从均值来看，不同行业和区域差异明显，各具重点。

5. 关于无形资产投入研究

由于本次《蓝皮书》更关注无形资产投入的变化趋势，旨在为分析相关变化对无形资产形成所产生的影响，因此主要以创业板上市公司年报信息为数据来源进行分析，研究发现：

一是销售费用信息披露向好发展，平均值变动幅度较小。整体来看，创业板上市公司中未披露销售费用的公司数量有所增加，但销售费用率平均值变动幅度较小。分行业看，信息传输、软件和信息技术服务行业的平均销售费用率最高；而水利、环境和公共设施管理业最低。分区域看，2017 年仅一半的经济区其所有上市公司均披露了销售费用信息。其中，大西北综合经济区的平均销售费用率最高。

二是管理费用信息披露较为完整，平均管理费用率呈现下降趋势。2013—2017 年，所有创业板上市公司都披露了企业的管理费用，平均管理费用率呈先上升后下降的变化趋势。分行业看，信息传输、软件和信息技术服务行业的平均管理费用率最高；而水利、环境和公共设施管理业最低。分区域看，2017 年八大经济区的平均管理费用率都在 10% 以上，其中大西南综合经济区最高，黄河中游综合经济区最低。

三是财务费用信息披露较为完整，平均财务费用率总体呈上升趋势。2013—2017 年，所有上市公司都披露了财务费用，且平均财务费用率总体呈上升趋势。分行业看，所研究行业的销售费用率都是上升的，水利、环境和公共设施管理行业的平均财务费用率最高。分区域看，南部沿海经济区的平均财务费用率最低；而大西北综合经济区的平均费用率最高。

四是研发支出信息披露向好的方向发展，平均研发投入支出不断上升。2013—2016 年，对研发支出进行披露的创业板公司数量占比不断下降，2017 年有所回升。近五年中，创业板上市公司的研发投入强度持续下降；但平均研发投入支出不断上升，且增长速度较快。分行业看，水利、环境和公共设施管理行业所有公司都披露了研发投入信息。信息传输、软件和信息技术服务行业的平均研发投入强度最高；水利、环境和公共设施管理行业的平均研发投入强度最低。分区域看，2017 年除东北综合经济区、黄河中游综合经济区和大西北综合经济区外，其他五个经济区均存在未披露研发支出的情况。大西北综合经济区的研发投入强度最低；北部沿海综合经济区的研发投入强度最高。

五是政府补助覆盖率稳中有升，不同公司的补助差距日趋增大。2013—2017 年，创业板上市公司的补助覆盖率不断扩大，且政府补助水平大幅增长。然而，不同公司获得的政府补助差距日趋增大。分行业看，所研究行业的政府补助金额在整体上都是上升的，且增长幅度较大。其中，制造业的政府补助均值最多；科学研究和技术服务行业最少。分区域看，不同区域上市公司获得的政府补助金额差距较大，获得政府补助最多的是东北综合经济区；最少的是大西北综合经济区。

三、　继承内容

（一）无形资产典型行业研究

本次《蓝皮书》延续了《蓝皮书（2016—2017）》对典型行业的选取，基于招股说明书及 2017 年年报分别对机械设备仪表行业、软件信息技术服务行业、计算机电子及通信行业、化学橡胶塑料行业、医药制造行业、互联网及相关服务业及文化行业的无形资产规模及结构进行了研究，并在行业研究报告中新增了分区域的对比研究，通过构建行业竞争矩阵筛选出优秀企业进行案例分析。

研究表明，上述七个行业常规无形资产和非常规无形资产的规模和结构在招股说明书和 2017 年年报中均有所变化，且不同类型的无形资产呈现出行业差异化特征，详情可参见各分报告。此外，本次研究基于无形资产规模结构、无形资产持续能力和无形资产竞争能力三个维度，构建竞争矩阵筛选出七家优秀企业进行案例分析，这些企业分别为精测电子（300567，机械设备仪表业）、易华录（300212，软件、信息技术服务业）、蓝思科技（300433，计算机、通信及电子行业）、元力股份（300174，化学、橡胶、塑料行业）、翰宇药业（300199，医药制造行业）、东方财富（300059，互联网及相关服务业）、华谊兄弟（300027，文化行业）。总体来看，持续的研发与人力投入、品牌打造、利益相关方关系的维护，以及不断优化的创新机制和管理效率是上述企业得以在各自领域构建核心竞争优势、确立领先地位的主要原因。

（二）无形资产信息披露指数、质量指数和价值指数

本次《蓝皮书》基于修订后的证监会 30 号准则及 2017 年度创业板上市公司年度报告信息，综合考虑各类型无形资产对不同行业重要性的差异化特征，通过构建年度信息披露指数和质量指数，对 2017 年度创业板上市公司的无形资产进行评价。

1. 2017 年度无形资产信息披露指数分析

一是 2017 年创业板上市公司年度信息披露指数得分均值较低。统计结果显示，信息披露指数得分均值为 41.93 分，相比上年的 53.65 分明显下降。从得分区间的频率分布看，该指数得分呈现出明显的正态分布特征，但横向差异较为明显，最高分与最低分之间的差值在 36 分左右，仅 9 家公司该指数得分达到 60 分。

二是不同类型无形资产信息披露差异明显。技术类及市场类无形资产信息披露得分普遍较低，而人力资源类无形资产信息披露得分相对较高。主要原因在于，第 30 号准则对人力资源相关要素的披露规则较为严格、明确和详细，从而提高了信息披露质量。

三是从行业无形资产信息披露情况看，互联网及相关服务业的该指数得分均值、最高分与最低分均超过其他行业，成为无形资产信息披露质量最高的行业。计算机、通信及电子、文化传播和软件、信息技术服务业等行业的指数得分均值在 55~58 分，处于第二梯队。而医药制造、化学橡胶塑料、机械设备仪表和其他行业的指数得分在 50~53 分，处于相对落后地位。

2. 2017 年度无形资产质量指数分析

一是创业板上市公司无形资产质量指数得分均值较低，无形资产整体质量不高。2017 年，该指数相比上一年明显下降，其得分区间的频率分布亦呈现出明显的正态分布特征。相较于无形资产信息披露指数，该指数分布相对分散，样本极差超过 28 分，分值区间包含 6 个分数段，说明不同企业的无形资产质量差异较为明显。与此同时，

该项得分在 40 分以上的企业占比仅为 2.5%，说明无形资产综合竞争力较强的领先企业依然偏少。

二是从一级指标评价维度的差异来看，创业板上市公司的无形资产规模能力相对较差，且企业间的差距较为明显。尽管本报告在指标体系中剔除了个别覆盖率极低的或有指标，但仍有部分企业在质量指数上得分偏低。相较于规模能力，创业板上市公司的无形资产持续能力的描述性指标与质量指数基本保持一致。这与上年度的研究结论保持一致。但值得注意的是，样本公司无形资产竞争能力的描述性指标远高于质量指数。由于该项一级指标是由三项财务指标构成，因此可以认为创业板上市公司无形资产的运行效果相对较好，在企业无形资产规模能力相对不足的情况下依然通过有效经营实现了盈利。

三是从行业的无形资产质量来看，文化传播业的质量指数得分均值、最高分与最低分均超过其他行业，成为无形资产整体质量最高的行业。软件、信息技术服务业的质量指数得分均值、最高分与最低分均排名第二。多数行业存在"高分不高、低分过低"的现象，从而拉低了行业得分均值。

3. 2017 年度无形资产价值评价指数分析

一是创业板上市公司无形资产价值评价指数得分均值较低，且明显低于无形资产信息披露指数和无形资产质量指数。造成这一现象的主要原因在于，剔除土地使用权之后，企业无形资产账面价值占比这一指标下降明显，且部分企业商誉为零，导致无形资产的价值基础较低。从得分区间的频率分布来看，近 8 成公司的得分在 10 分以下，拉低了整体均值。同时，得分在 50 分以上的企业占比不足 1%，说明无形资产整体市场价值较高的企业相对偏少。

二是仅有 4 个行业的无形资产价值评价指数得分均值高于全体样本均值。其中，互联网及相关服务业的得分最高，软件、信息技术服务业排名第二，但与第一名的差距较大，医药制造业和文化传播业分列第三、第四位。而化学橡胶塑料行业的均值仅为 2.94 分，说明该行业的无形资产账面价值占比、托宾 Q 值和无形资产质量指数三项指标均与其他行业存在明显差距，行业无形资产整体竞争力不容乐观。

值得注意的是，无形资产价值评价指数的行业均值排名情况与无形资产质量指数完全一致，且在加入无形资产账面价值指标和托宾 Q 值指标之后，以化学橡胶塑料行业为代表的落后行业与领先行业之间的得分差距不仅未能缩小，反而明显拉大。这说明无形资产整体质量是影响企业无形资产市场价值的重要因素，且具有市场放大效应。因此，创业板上市公司在提升企业整体市场价值的过程中，需要以优化无形资产规模结构、提升无形资产整体质量为主要抓手，从根本上夯实企业技术进步和创新发展的基础性资源。

四、 新增内容

（一）创业板上市公司无形资产的区域比较分析

本次《蓝皮书》新增了按区域分的创业板上市公司无形资产比较分析。根据国务院发展研究中心相关报告指出，以往的东、中、西区域划分方法已不合时宜，为此提出了八大综合经济区的概念，并提出了一些具体构想。各经济区划分如下：东北综合经济区包含辽宁、吉林、黑龙江；北部沿海综合经济区包括北京、天津、河北、山东；东部沿海综合经济区包括上海、江苏、浙江；南部沿海综合经济区包括福建、广东、海南；黄河中游综合经济区包括陕西、山西、河南、内蒙古；长江中游综合经济区包括湖北、湖南、江西、安徽；大西南综合经济区包括云南、贵州、四川、重庆、广西；大西北综合经济区包括甘肃、青海、宁夏、西藏、新疆。各经济区的具体构想与定位详见报告一。我们将持续关注不同经济区中创业板上市公司的发展情况，及其无形资产构成变化，希望通过长期的跟进，为中国未来经济发展中不同区域的功能定位与发展重点提供有价值的建议。

（二）创业板上市公司商誉现状与困境

非同一控制下合并商誉的初始计量和后续计量是近年来资本市场关注的重点，其中创业板高商誉现象更加突出。报告对创业板上市公司商誉及后续计量进行了初步统计分析，发现自2017年起，60%的创业板公司的合并报表中存在商誉，其中30%的公司计提了商誉减值，部分公司由于商誉减值导致当年亏损。因多次并购而产生大额商誉的掌趣科技在2017年也因并购公司的业绩不达标开始计提减值。可见，创业板商誉减值风险正在逐步增加。商誉计量问题，是评估与审计共同面对的执业风险点，其经济后果需要进一步深入研究。

（三）基于企业价值成长性的创业板IPO抑价问题分析

在IPO上市过程中，上市企业采取的不合理抑价行为不仅不利于企业自身长期健康发展，而且在一定程度上干扰了资本市场合理定价机制，扩大了投资者的投资风险。报告基于创业板上市公司高成长性的假设，引入TBP理论，对当前中国创业板上市公司IPO抑价问题进行系统性分析，提出信息不对称和短期逐利需求的存在诱使IPO企业采取IPO抑价行为，以获取"弹簧效应"，这将导致创业板市场存在更大的潜在失效隐患。

五、 研究团队

本次《蓝皮书》是中南财经政法大学企业价值研究中心部分师生持续合作研究的

成果。汪海粟负责制订研究方案和终审整体报告，方中秀负责研究思路和修订整体报告，闫昱彤负责协调和初审、修订整体报告及编制创业板上市公司无形资产信息披露指数和质量指数。隋雅芳撰写报告一，韩璐撰写报告二，李诗娟撰写报告三，谌良正撰写报告四，韩修撰写报告五，郑琳撰写报告六，王立宁撰写报告七，秦子航撰写报告八，丁敏撰写报告九，陈雅林撰写报告十，李志铎撰写报告十一，顾金朝撰写报告十二，景思棋撰写报告十三，李雨荷撰写报告十四，闫昱彤撰写报告十五。需要特别感谢的是中南财经政法大学 2017 级资产评估专业全体硕士同学对本次《蓝皮书》数据收集和整理做出的努力。

同时，本次《蓝皮书》与上海立信会计金融学院从事资产评估的教学科研团队进行了第二次合作，该团队的专家高度重视这一合作尝试，并完成了相关专题报告的撰写，其中郭昱撰写报告十六，王玉龙撰写报告十七。

第一篇

创业板2017年发展回顾

创业板 2017 年发展回顾

2017 年，创业板企业增长势头强劲，平均营业收入连续九年高速增长，收入超过百亿元的企业有 10 家，净利润超十亿元的企业有 12 家。同时，创业板首次实施因欺诈发行的退市制度。与去年同期比较，创业板企业 2017 年的平均营业收入、净利润等指标均有不同幅度增长，但销售净利率有所下降。本报告从市场规模及结构、市场行情和企业经营情况三个维度总结了创业板市场 2017 年的发展概况，回顾当年的重大典型事件，以期通过对创业板市场发展进程的描述，帮助投资者更加理性、客观地看待创业板上市企业。

一、 创业板市场规模及结构

2017 年，创业板市场在规模、结构等方面都发生了诸多变化，主要体现在上市公司数量快速增长，战略新兴产业上市公司占比增加，创业板市场产业结构得到调整。本报告以上市公司数量变化反映市场规模情况，以上市公司行业和地域分布反映市场结构状况，并选取关键指标，基于公开可得的数据，对创业板市场 2017 年的主要发展情况进行简要回顾。

（一）上市公司数量

截至 2017 年 12 月 31 日，创业板上市公司数量达到 710 家，较 2016 年 12 月 31 日增加 140 家，增幅为 24.56%，如图 1-1 所示。新增上市公司数量增幅环比上升的原因，一方面可能在于监管层有意加快 IPO 审核，意图通过发展资本市场为经济实体降低企业杠杆率；另一方面企业 IPO 审核过会率提高，说明在金融监管趋严背景下新上市企业自身质量较高。

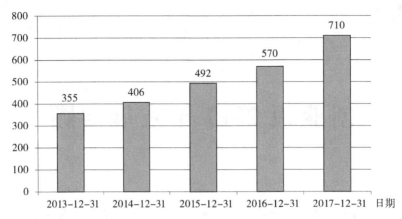

图1-1　2013—2017年创业板上市公司数量变化（单位：家）

数据来源：深圳证券交易所，http://www.szse.cn/.

（二）上市公司行业分布

本报告以证监会公布的《上市公司行业分类指引》（2012年修订）为基础，统计截至2017年12月31日创业板上市公司所属一、二级行业的分布情况，结果如表1-1所示。

从一级行业来看，2017年创业板上市公司中制造业，电力、热力、燃气及水生产和供应业，建筑业，交通运输、仓储和邮政业，科学研究和技术服务业，采矿业，农、林、牧、渔业，批发和零售业，水利、环境和公共设施管理业，卫生和社会工作，文化、体育和娱乐业，信息传输、文件、和信息技术服务业企业，租赁和商务服务业分别达到502家、2家、8家、2家、16家、4家、7家、7家、12家、3家、13家、125家和9家。其中，制造业及信息传输、软件信息技术服务业企业数量占比之和高达88.31%，较2016年上升1.24%，规模相当。

从二级行业来看，制造业中的计算机、通信和其他电子设备制造业（110家），专用设备制造业（73家），信息传输、软件和信息技术服务业中的软件和信息技术服务业（105家）企业数量相对较多，其他二级行业企业数量则相对偏少。

表1-1　创业板上市公司行业分布　　　　　　　　　　　　　（单位：家）

证监会一级行业	证监会二级行业	2016年12月31日	2017年12月31日
制造业	电气机械和器材制造业	49	58
	纺织服装、服饰业	2	3
	非金属矿物制品业	14	19
	化学原料和化学制品制造业	38	48
	计算机、通信和其他电子设备制造业	83	110

续表

证监会一级行业	证监会二级行业	2016 年 12 月 31 日	2017 年 12 月 31 日
制造业	金属制品业	4	5
	农副食品加工业	3	4
	其他制造业	3	5
	汽车制造业	7	12
	食品制造业	4	4
	铁路、船舶、航空航天和其他运输设备制造业	3	8
	通用设备制造业	29	32
	文教、工美、体育和娱乐用品制造业	2	3
	橡胶和塑料制品业	15	22
	医药制造业	40	54
	仪器仪表制造业	28	31
	有色金属冶炼和压延加工业	5	7
	专用设备制造业	68	73
	化学纤维制造业	0	1
	家具制造业	0	2
	皮革、毛皮、羽毛及其制品和制鞋业	0	1
小计		397	502
电力、热力、燃气及水生产和供应业	燃气生产和供应业	1	1
	电力、热力生产和供应业	1	1
小计		2	2
建筑业	建筑装饰和其他建筑业	2	3
	土木工程建筑业	7	5
小计		9	8
交通运输、仓储和邮政业	仓储业	3	2
小计		3	2
科学研究和技术服务业	研究和实验发展	1	1
	专业技术服务业	8	15
小计		9	16
采矿业	开采辅助活动	4	4
小计		4	4
农、林、牧、渔业	畜牧业	3	3
	农业	4	3
	渔业	1	1

续表

证监会一级行业	证监会二级行业	2016 年 12 月 31 日	2017 年 12 月 31 日
	小计	8	7
批发和零售业	零售业	3	4
	批发业	3	3
	小计	6	7
水利、环境和公共设施管理业	生态保护和环境治理业	8	12
	小计	8	12
卫生和社会工作	卫生	3	3
	小计	3	3
文化、体育和娱乐业	广播、电视、电影和影视录音制作业	7	7
	文化艺术业	1	3
	新闻和出版业	2	3
	小计	10	13
信息传输、软件和信息技术服务业	电信、广播电视和卫星传输服务	2	2
	互联网和相关服务	16	18
	软件和信息技术服务业	87	105
	小计	105	125
租赁和商务服务业	租赁业	1	1
	商务服务业	5	8
	小计	6	9

数据来源：深圳证券交易所，http://www.szse.cn/.

（三）上市公司区域分布

截至 2017 年 12 月 31 日，创业板上市公司所属省、直辖市、自治区分布，如表 1-2 所示。排名前五位的是广东省（163 家）、北京市（98 家）、江苏省（93 家）、浙江省（79 家）、上海市（46 家）。相对而言，广西壮族自治区、贵州省、黑龙江省已上市的公司数量相对较少，地区间的差距有进一步扩大的趋势。

表 1-2　截至 2017 年 12 月 31 日创业板上市公司所属省/直辖市/自治区分布　（单位：家）

	省/直辖市/自治区	数量		省/直辖市/自治区	数量		省/直辖市/自治区	数量
东部	广东	163	中部	湖北	21	西部	四川	26
	北京	98		湖南	24		陕西	9
	江苏	93		河南	13		重庆	5
	浙江	79		安徽	14		内蒙古	3
	上海	46		江西	7		新疆	5
	山东	30		山西	3		甘肃	3
	福建	26					贵州	1
	辽宁	11					云南	2
	天津	8					广西	1
	河北	10						
	海南	3						
	黑龙江	2						
	吉林	4						
合计		573	合计		82	合计		55

数据来源：深圳证券交易所，http://www.szse.cn/.

2016 年，国务院发展研究中心相关报告指出，中国所沿袭的东、中、西区域划分方法已经不合时宜，为此提出将内地划分为东部、中部、西部、东北四大板块，提出了八大经济区的概念，并提出了一些具体构想，如表 1-3 所示。

表 1-3　中国八大经济区具体构想

经济区	所含省/直辖市/自治区	具体构想
东北综合经济区	辽宁、吉林、黑龙江	重型装备和设备制造业基地 专业化农产品生产基地等
北部沿海经济区	北京、天津、河北、山东	高新技术研发和制造中心之一
东部沿海经济区	上海、江苏、浙江	制造业中心
南部沿海经济区	福建、广东、海南	外向型经济发展的基地 消化国外先进技术的基地
黄河中游经济区	陕西、山西、河南、内蒙古	煤炭开采和煤炭深加工基地 天然气和水能开发基地 钢铁工业基地 有色金属工业基地 奶业基地
长江中游经济区	湖北、湖南、江西、安徽	农业地区专业化生产基地及相关深加工工业 以钢铁和有色冶金为主的原材料基地

续表

经济区	所含省/直辖市/自治区	具体构想
大西南经济区	云南、贵州、四川、重庆、广西	重化工业 轻纺工业 旅游业
大西北经济区	甘肃、青海、宁夏、西藏、新疆	综合性优质棉、果、粮、畜产品深加工基地 中亚地区经济基地 特色旅游基地

如表1-4所示，从创业板上市公司所属八大经济区来看，2017年排名前三位的是东部沿海经济区（218家）、南部沿海经济区（192家）和北部沿海经济区（146家）。大西北经济区已上市公司数量相对较少，各经济区间的差距明显。

表1-4　截至2017年12月31日创业板上市公司所属区域分布　　　　（单位：家）

区域	数量
东北综合经济区	17
北部沿海经济区	146
东部沿海经济区	218
南部沿海经济区	192
黄河中游经济区	28
长江中游经济区	66
大西南经济区	35
大西北经济区	8
合计	710

数据来源：深圳证券交易所，http://www.szse.cn/.

（四）保荐机构分布

保荐机构对企业IPO的成败具有重大影响，并承担相应的法律责任。同时，创业板上市公司的首发保荐人往往也是其股票的主要承销商。

截至2017年12月31日，国信证券是承担保荐业务最多的保荐机构（50家），位列前十位的其他保荐机构依次是：广发证券（48家）、平安证券（45家）、中信证券（35家）、招商证券（32家）、海通证券（31家）、国金证券（31家）、华泰联合证券（31家）、中信建投证券（30家）、安信证券（22家）（见图1-2）。证券行业市场体量增速整体放缓，行业集中度进一步提升，使得这十家证券机构累计为超过一半的创业板上市公司提供了保荐及股票承销服务。

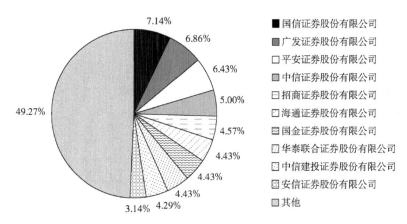

图 1-2 截至 2017 年 12 月 31 日创业板上市公司首发保荐机构分布

数据来源：巨灵金融服务平台，http://terminal.chinaef.com/.

（五）首发融资规模分布

从融资规模结构上看，2017 年创业板上市公司首发实际融资额的分布总体差异较大，近 2/3 的上市公司首发融资额在 1.06 亿～4.65 亿元，如图 1-3 所示。

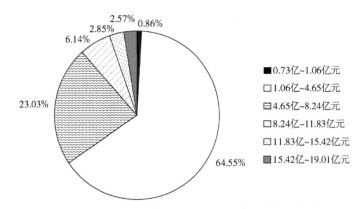

图 1-3 2017 年创业板上市公司首发融资规模分布

数据来源：巨灵金融服务平台，http://terminal.chinaef.com/.

（六）市值变化

截至 2017 年 12 月 31 日，有 88 家创业板上市公司市值超百亿元，较 2016 年的 142 家减少 54 家。其中以温氏股份（300498）为代表的 15 家企业市值超三百亿元，如图 1-4 所示，成为市值规模上的"第一集团"。此外，在市场行情走低的情况下，2017 年有 460 家企业（占比高达 82%）市值同比下降，1/6 以上的企业市值增长幅度在 0～1 倍，4 家企业市值增长幅度在 1～2 倍，分别为数知科技（300038）、蒙草生态（300355）、开润股份（300577）、奥联电子（300585），仅有 2 家企业市值增长超 3 倍，为鸿特科技（300176）、中际旭创（300308），如图 1-5，图 1-6 所示。

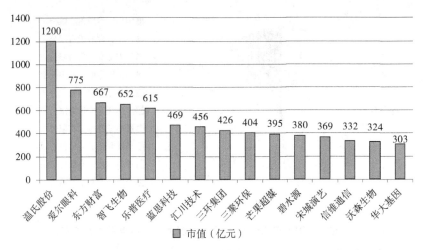

图1-4 截至2017年12月31日创业板市值300亿元以上企业

数据来源：巨灵金融服务平台，http://terminal.chinaef.com/.

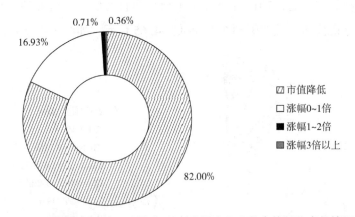

图1-5 截至2017年12月31日创业板上市企业市值同比变化情况

数据来源：巨灵金融服务平台，http://terminal.chinaef.com/.

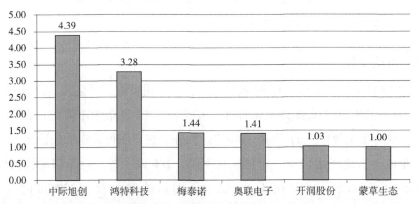

图1-6 截至2017年12月31日创业板上市企业市值涨幅前六名（单位：亿元）

数据来源：巨灵金融服务平台，http://terminal.chinaef.com/.

（七）行业平均市盈率

2017 年行业平均 IPO 市盈率较 2016 年变化较大。如图 1-7 所示，采矿业与农、林、牧、渔业的行业平均 IPO 市盈率位于整体创业板企业前两位，且均在 60% 以上。而企业数量占比最高的制造业及信息传输、软件和信息技术服务业的 IPO 市盈率分别位列第 11 和第 9。

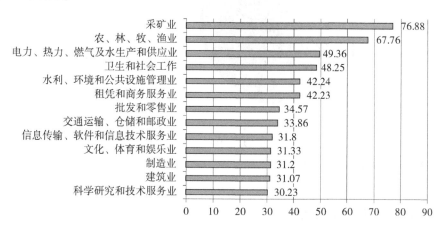

图 1-7 创业板上市公司 2017 年各行业平均 IPO 市盈率（单位：%）

数据来源：巨灵金融服务平台，http://terminal.chinaef.com/.

（八）经营业绩

如图 1-8、图 1-9 所示，710 家创业板上市公司中，共有 580 家（占比 81.65%）公司在 2017 年的营业收入同比增长，较 2016 年增加了 104 家；共有 423 家（占比 62.28%）上市公司在 2017 年实现净利润同比增长，较 2016 年增加 10 家企业，其中有 26 家（占比 3.71%）公司净利润同比增长超过 300%。

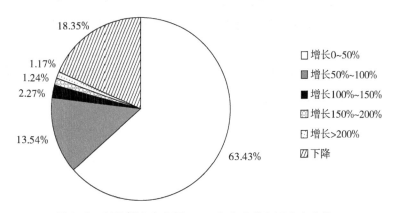

图 1-8 创业板上市公司 2017 年营业收入同比变化情况

数据来源：巨灵金融服务平台，http://terminal.chinaef.com/.

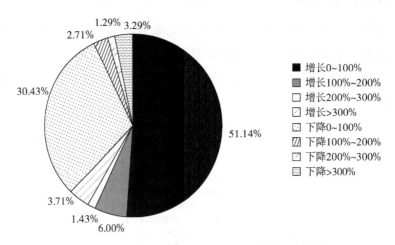

图 1-9　创业板上市公司 2017 年净利润同比变化情况

数据来源：巨灵金融服务平台，http://terminal.chinaef.com/.

二、 创业板市场行情变化

2017 年，创业板市场首发融资总量微涨，超募企业达到历史新低，市场指数、总市值、市盈率均表现出震荡下行态势。以下将结合上述指标具体介绍创业板市场行情的变化。需要说明的是，2013 年创业板暂停 IPO 审核而没有新增上市公司，因而多项指标的 2013 年数据为零。

（一）首发融资及超募

1. 首发融资

从年度总额来看，自 2013 年起，创业板公司首发实际募集资金总额整体趋势呈增长态势，尤其是 2017 年首发实际募集资金总额❶为 442.49 亿元，较上年度大幅增加，如图 1-10 所示。

从年度均值来看，整体趋势较为平稳。2017 年创业板上市公司首发实际融资均值为 3.2 亿元，较 2016 年小幅增加，如图 1-11 所示。

---

❶ 已剔除发行费用。

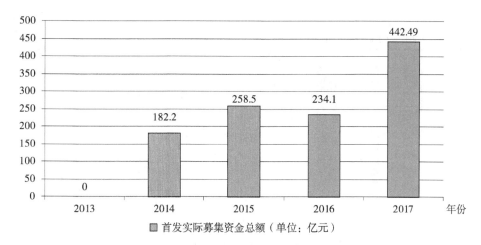

图1-10 创业板上市公司分年度融资总额

数据来源：巨灵金融服务平台，http://terminal.chinaef.com/.

图1-11 创业板上市公司分年度实际融资均值

数据来源：巨灵金融服务平台，http://terminal.chinaef.com/.

2. 超募情况

创业板上市公司IPO超募现象一直受到有关各方的高度关注。截至2017年12月31日，创业板出现首发超募的上市公司共有378家，占比高达53.24%。从各年度首发超募企业的占比来看，自2010年以来，首发超募企业占比连续下降，从2010年的100%逐渐降低至2017年的0.71%。尤其2014年以来，占比急剧下降，2017年度，仅1家公司（熙菱信息，300588）出现首发超募，其超募金额为0.02亿元，另有8家公司实际募集金额低于计划募集金额，如图1-12所示。

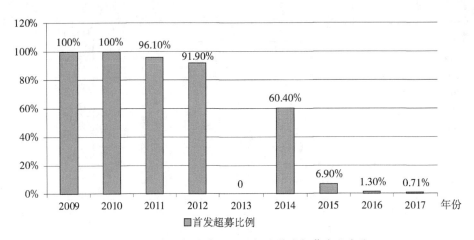

图 1-12　创业板上市公司分年度首发超募企业占比

数据来源：巨灵金融服务平台，http://terminal.chinaef.com/.

（二）指数变化

创业板指数反映了创业板市场行情的变化。创业板市场在 2013—2014 年保持缓慢的上涨趋势。2015 年上半年开始暴涨，而后暴跌，但从 2016 年之后保持相对平稳。2017 年，创业板指数呈下降趋势，年中变动幅度较大，全年累计下跌 8.53%，如图 1-13、图 1-14 所示。

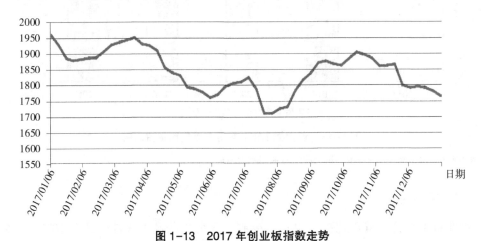

图 1-13　2017 年创业板指数走势

数据来源：巨灵金融服务平台，http://terminal.chinaef.com/.

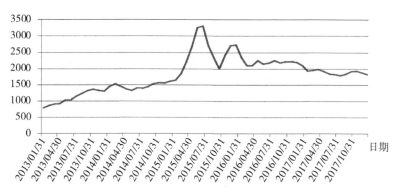

图 1-14　2013—2017 年创业板年度指数走势

数据来源：巨灵金融服务平台，http://terminal.chinaef.com/.

对比同期上证指数和中小板指数走势图（见图 1-15）可以发现，创业板指数变化与同期的上证指数和中小板指数基本保持一致。图 1-16 是同期纳斯达克综合指数走势图。与创业板指数相比，纳斯达克市场波动较为平稳，且处于小幅波动上升的稳定增长通道。

图 1-15　2013—2017 年上证指数、中小板指数走势

数据来源：巨灵金融服务平台，http://terminal.chinaef.com/.

图 1-16　2013—2017 年纳斯达克指数走势

数据来源：雅虎财经，http://finance.yahoo.com/.

（三）市值变化

截至 2017 年 12 月 31 日，创业板市场总市值累计达到 51288.81 亿元，较 2016 年年底的 51755.8 亿元下降了 466.99 亿元，降幅为 0.9%（见图 1-17）；平均市值达 72.24 亿元，较 2016 年年底的 92.09 亿元下降 19.85 亿元，降幅为 21.56%，（见图 1-18）这是继 2015 年峰值后的又一次回落。引发这一变化的主要原因是创业板自身模式的转变。随着 IPO 提速带来的供应改变，以及业绩对赌失败带来的并购光环的破灭，创业板上市公司市值增长的逻辑已经发生了改变。

图 1-17 创业板上市公司总市值的年度变化

数据来源：深圳证券交易所，http://www.szse.cn/.

图 1-18 创业板上市公司平均市值的年度变化

数据来源：深圳证券交易所，http://www.szse.cn/.

（四）市盈率变化

市盈率是衡量股价高低和企业盈利能力的一个重要指标，其水平的高低更真实地反映了股票价格的高低。就年度市盈率来看，2017 年不及 2016 年的二分之一（见图 1-19），是 2012 年以来的最低值。

图 1-19　创业板上市公司各年度平均市盈率变化

数据来源：深圳证券交易所，http://www.szse.cn/.

三、 创业板公司经营概况

上市企业的经营情况通常直接影响资本市场指数，而资本市场指数同样可以反映出上市企业的生存状态。以下将从营业收入、净利润、销售净利率及利润分配这几个指标对创业板企业经营情况和创业板市场变化趋势进行描述。

（一）经营业绩

1. 营业收入

营业收入是指企业在生产经营活动中，由于销售商品、提供劳务等所取得的收入，是企业的一项重要的财务指标。企业营业收入的取得，表明商品价值得以实现，是企业再生产不断进行和经济效益得以实现的根本保证，关系到企业的生存和发展。如图 1-20 所示，创业板上市公司平均营业收入逐年增长。但自 2015 年起平均营业收入增长率呈下降趋势，且 2017 年平均营业收入下降幅度增大，由 2016 年的 34% 降至 2017 年的 14%。

图1-20　创业板上市公司平均营业收入变化

数据来源：巨灵金融服务平台，http://terminal.chinaef.com/.

2. 净利润

净利润是指企业当期利润总额减去所得税后的金额，即企业的税后利润。对于企业的投资者来说，净利润是获得投资回报大小的基本因素；对于企业管理者而言，净利润是进行经营管理决策的基础。如图1-21所示，创业板上市公司平均净利润逐年增加。2017年平均增长率呈下降趋势，由2016年的37%降至2017年的17%。

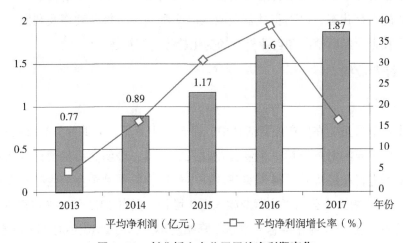

图1-21　创业板上市公司平均净利润变化

数据来源：巨灵金融服务平台，http://terminal.chinaef.com/.

3. 销售净利率

销售净利率指标属于盈利能力比率，反映每一元销售收入带来的净利润是多少，其代表了企业销售收入的收益水平。如图1-22所示，相比于营业收入和净利润逐年增长的态势，创业板销售净利率却呈现波动向下的发展趋势，从 2016 年的 12.54%下降至 2017 年的 9.31%，跌幅高达 25.76%。

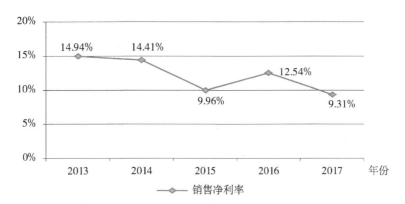

图 1-22　创业板上市公司销售净利率变化

数据来源：巨灵金融服务平台，http://terminal.chinaef.com/.

（二）利润分配

创业板上市公司利润分配的方式主要包括三种：一是分红，称为派现，简称派；二是送红股，称为送股，简称送；三是公积金转增股本，称为转增，简称转。

2017 年，668 家（95.4%）创业板上市公司选择以分红的方式分配当年的净利润（见图 1-23）。由图 1-24 可知，每股分红送转❶以及每股转增股本在 2014 年达到峰值后出现转折，呈下降趋势，但每股红股和每股转增股本在 2017 年大幅上升，但两者均不是对企业实际利润的分配，相当于对股本的稀释。综上，2017 年创业板企业总体上降低了对股东的回报，更多呈现出对未来的投资，当下现金股利的派送依然很低。

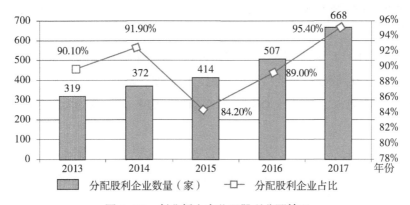

图 1-23　创业板上市公司股利分配情况

数据来源：巨灵金融服务平台，http://terminal.chinaef.com/.

---

❶ 每股分红送转指的是每股股利（派）、每股红股（送）和每股转增股本（转）三者之和。

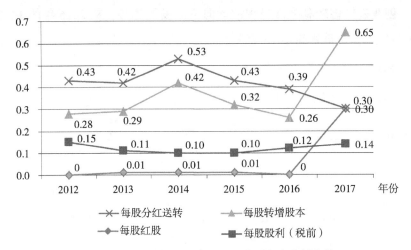

图 1-24 创业板上市公司股利分配方式比例变化

数据来源：巨灵金融服务平台，http://terminal.chinaef.com/.

四、 年度重大事件

为进一步加深了解创业板市场 2017 年的发展动态，本报告从监管制度、处罚与处分、市场资讯和公司报道四个方面对创业板市场的典型事件进行了梳理，汇总结果如下。相关信息来源为证监会公告、深交所公告，以及中国经济网和中国证券网。

（一）监管制度

2017 年 1 月 10 日，证监会为了规范证券期货投资者适当性管理，维护投资者合法权益制定了《证券期货投资者适当性管理办法》，自 2017 年 7 月 1 日起施行。

2017 年 4 月 18 日，证监会拟对《期货公司风险监管指标管理办法》进行修订，为期货公司顺应行业创新发展、增强期货公司风险抵抗能力提供了坚实的监管支持和明确的发展方向。

2017 年 7 月 1 日，证监会发布《区域性股权市场监督管理试行办法》。此《办法》的出台是统一区域性股权市场业务及监管规则的需要，对于完善多层次资本市场体系、推进供给侧结构性改革、促进大众创业万众创新、服务创新驱动发展战略、降低企业杠杆率等具有积极意义。

2017 年 7 月 7 日，证监会公布《关于修改〈中国证券监督管理委员会发行审核委员会办法〉的决定》，删去第十条第二项、第三项，增加两项，作为第十一条第十项、第十一项等。

2017 年 9 月 8 日，证监会公布《关于修改〈证券发行与承销管理办法〉的决定》，修改第二条第二款、第五条、第七条、第九条、第十三条、第十四条、增加两条，作为第十五、十六条等。

（二）处罚与处分

2017 年 3 月 29 日，深交所发布公告公开谴责：2016 年 1 月至 4 月，该公司控股股东之一鑫盛投资两次非经营性占用公司资金，金额共计 5940 万元。鑫盛投资所占用资金已分别于 2016 年 5 月、9 月全部归还。公司未对上述事项及时履行相应的审议程序和临时报告披露义务，且公司 2016 年一季报披露称不存在控股股东对公司非经营性占用资金的情况，半年报披露称不存在关联债权债务往来。违反了《股票上市规则（2014 年修订）》第 1.4 条、第 2.1 条、第 10.2.4 条、第 10.2.5 条和《中小企业板上市公司规范运作指引（2015 年修订）》第 2.1.5 条、第 2.1.6 条的规定。

2017 年 4 月 1 日，深交所发布公告公开谴责：截至 2016 年 11 月 9 日，李昊持有上海新阳半导体材料股份有限公司（以下简称"上海新阳"）股份 1727.7301 万股，占上海新阳总股本的 8.9166%。2016 年 11 月 10 日和 11 日，李昊通过本所证券交易系统以集中竞价交易方式减持公司股票 65.85 万股，减持比例 0.34%，减持金额 2518 万元，未按照《上市公司大股东、董监高减持股份的若干规定》（证监会公告〔2016〕1 号）第八条的规定，在首次卖出的 15 个交易日前预先披露减持计划。李昊上述行为违反了《创业板股票上市规则（2014 年修订）》第 1.4 条和《创业板上市公司规范运作指引（2015 年修）》第 4.1.2 条的规定。

2017 年 4 月 10 日，深交所发布公告通报批评：经证监会调查，连城兰花 2012 年度、2013 年度、2014 年 1 月至 9 月实际的营业收入是 149121841.72 元、158550198.61 元、136446406.80 元，各年（期）虚增营业收入分别为 28255650 元、27463495 元、22147080 元，虚增比例分别为 15.93%、14.76%、13.96%。饶春荣作为连城兰花的实际控制人，系福建金森重大资产重组当事人，未能按照《上市公司重大资产重组管理办法（2014 年修订）》第四条的规定，真实、准确地提供和披露重组相关信息。饶春荣的上述行为违反了《股票上市规则（2014 年修订）》第 1.4 条的规定，对连城兰花的违规行为负有重要责任。

2017 年 4 月 19 日，深交所发布公告公开谴责：罗平县锌电公司通过本所证券交易系统以集中竞价交易方式和大宗交易方式累计减持罗平锌电股份 19100000 股，占罗平锌电总股本的 8.80%。违反了《股票上市规则（2012 修订）》第 1.4 条、第 2.3、第 3.1.8 条、第 11.8.1 条，《股票上市规则（2014 年修）》第 1.4 条、第 2.3 条、第 3.1.8 条、第 11.8.1 条，《中小企业板上市公司规范运作指引》第 4.1.2 条和本所《中小企业板上市公司规范运作指引（2015 年修订）》第 4.1.2 条的规定。

2017 年 8 月 17 日，深交所发布公告公开谴责：2016 年 11 月 24 日，徐自发委托券商营业部以 26.39 元/股的价格买入格力电器股票 575300 股，成交金额为 1518.22 万元。2017 年 5 月 22 日，徐自发再次委该营业部以 33.45 元/股的价格卖出格力电器股票 400825 股，成交金额为 1340.76 万元。徐自发卖出股票的时间距离前次买入的时间间隔不足六个月，构成短线交易。徐自发的上述行为违反了《股票上市规则（2014 年修订）》第 1.4 条、第 3.1.8 条和本所《主板上市公司规范运作指引（2015 年修）》第 3.8.15 条的规定。

2017 年 8 月 23 日，深交所发布公告通报批评：2017 年 4 月 12 日，公司发布《关于公司股东股份质押的公告》，广州龙文教育科技有限公司原股东杨勇质押公司股份 3000 万股，违反了《标的资产业绩承诺补偿协议》中"在业绩补偿承诺履行完毕之前，杨勇持有的公司的股份不得用于质押"的相关承诺。本所认为，杨勇的上述行为违反了《股票上市规则（2014 年修订）》第 2.3 条和《中小企业板上市公司规范运作指引》第 4.1.4 条的规定。

2017 年 10 月 25 日，深交所发布公告公开谴责：北京嘉寓门窗幕墙股份有限公司存在以下违规行为：定期报告中资金往来部分存在虚假记载和重大遗漏；跨期结转成本调节利润；定期报告存在重大会计差错。

2017 年 11 月 2 日，深交所发布公告通报批评：爱新觉罗肇珊作为浙江帝龙文化发展股份有限公司（以下简称"公司"）持股 5% 以上的股东，于 2017 年 6 月 16 日至 7 月 31 日累计卖出公司股票 6464015 股，于 7 月 31 日买入公司股票 10000 股，又于 8 月 1 日卖出公司股票 438242 股。上述股票交易行为构成《证券法》第四十七条规定的短线交易。

2017 年 12 月 22 日，王宜明作为合力泰科技股份有限公司（以下简称"合力泰"）董事，于 2017 年 9 月 4 日买入合力泰股票 62378 股，同日又卖出合力泰股票 1848100 股，违规成交金额为 689 万元。王宜明的上述股票买卖行为构成《证券法》第四十七条规定的短线交易。

2017 年 12 月 29 日，深交所发布公告公开谴责：11 月 9 日，乐视网收到贾跃亭、贾跃芳的复函，复函显示贾跃亭、贾跃芳由于个人资金、债务原因已无力继续履行借款承诺，并且目前也未提出新承诺以替代原有承诺。贾跃亭、贾跃芳违反了借款承诺。贾跃亭、贾跃芳的上述行为违反了《创业板股票上市规则（2014 年修订）》第 1.4 条、第 2.10 条、第 11.11.1 条和《创业板上市公司规范运作指引（2015 年修订）》第 4.1.4 条的相关规定。

（三）市场资讯

2017 年 4 月 12 日，在科技部火炬中心、深交所的支持下，依托"科技型中小企业成长路线图计划 2.0"成立的"燧石星火"创投联盟在深交所正式启动，20 家知名创投机构作为首批机构加入。深交所总经理王建军表示，深交所将围绕服务创新创业，深化创业板改革，进一步完善多层次资本市场体系，不断延伸深交所的服务链，让创投生态圈与深交所打造的创新资本形成中心、创新创业资本生态体系融合到一起去，共同为中国的创新创业发展贡献力量。

2017 年 4 月 17 日，深交所的第三届理事会工作报告指出，推进多层次市场建设。落实"十三五"规划和国家创新驱动发展战略，加快推进创业板改革，优化创业板的定位和制度安排，提高创业板的包容性，引导社会资金更好地配置到创新创业领域。持续发展壮大主板、中小企业板，进一步强化深市规范治理功能，促进提高上市公司质量，为实体经济发展注入新动能。

（四）公司报道

2017 年 10 月 10 日，据中国证券网报道，湖南大型医药制造企业——九典制药在深交所创业板挂牌上市。公司此次公开发行新股不超过 2934 万股，占发行后公司总股本的 25%，发行价 10.37 元/股。

据中国经济网报道，为响应国家号召，加快医联体推进速度，华仁药业（300110）发布公告，公司与山东诺安诺泰信息系统有限公司共同签署《股东协议》，合资成立山东易联互通医疗科技有限公司（具体名称依工商部门核准登记为准，下同），旨在通过借助各自行业内的优势地位，进行肾病医联体产品的研发、生产、推广、销售，并充分发挥双方各自现有渠道优势，推广、销售双方的现有产品。

五、 创业板 2017 年发展总结

2017 年，创业板市场的规模与结构、市场行情，以及经营状况的主要特征可以归纳为以下几点：

（1）行业和区域集中度仍然较高。截至 2017 年 12 月 31 日，创业板上市公司数量总计 710 家，较 2016 年增加 140 家，制造业和信息技术业企业整体占比从 2016 年的 87.07% 上升至 2017 年的 88.31%，东部沿海发达地区企业占比虽增长至 80.7%，集中度仍然保持高位。

（2）市场波动剧烈且主要指标式微。2017 年全年创业板指数均值为 1844.09，较 2016 年下降 26.65%；企业平均市盈率、平均市值均较 2016 年有所下降，IPO 超募比例下降，但超募金额上升。创业板龙头股业绩下滑以及黑天鹅事件频发等原因导致创业板指数波动较大，呈下滑趋势，在一定程度上也影响了相关企业的市盈率和市值。

（3）上市公司经营业绩有所提高。相较于 2016 年，创业板上市公司的平均营业收入、净利润有所提高，但两者的增长速度有所下降。销售净利率与盈利能力均呈下降趋势。

第二篇

创业板上市公司分类型无形资产研究

创业板上市公司
无形资产账面价值整体评价
——基于创业板上市公司财务报表和报表附注

本报告沿用《蓝皮书（2016—2017）》的研究框架，以 2018 年 5 月 18 日之前上市的 725 家创业板公司的招股说明书及 2017 年年报为数据来源，对其无形资产账面价值信息进行整体评价。

一、 基于招股说明书的创业板上市公司无形资产账面价值分析

（一）无形资产账面价值的构成分析

本报告沿用《蓝皮书（2012—2013）》的做法，将无形资产分为"边缘无形资产""经典无形资产""其他无形资产"和"商誉"四个大类。边缘无形资产是指具有无形资产的某些特征，但不能与一般意义上的无形资产一同确认和计量的那部分无形资产，包括土地使用权和许可权。经典无形资产是指现行会计核算体系中表现形态主要是知识产权的那部分无形资产，包括专利权及专有技术、著作权、商标权、软件技术投资、技术使用权和特许权。其他无形资产是指除了边缘无形资产、经典无形资产和商誉之外的无形资产。按照上述分类方式对 725 家❶创业板上市公司的无形资产明细科目的账面价值进行统计分析，结果如表 2-1 所示。

表 2-1　创业板上市公司无形资产账面价值（含土地使用权）　　（单位：万元）

类型名称	总额	数量	均值	中位数	占比（%）
土地使用权	1421840.52	537	2647.75	1744.35	76.27
许可权	3755.95	10	375.59	80.82	0.20
小计：边缘无形资产	1425596.47	—	—	—	76.47
专利权及专有技术	105215.59	201	523.46	104.04	5.64

---

❶ 全部 725 个样本中存在未披露相关无形资产情况的企业，实际披露相关无形资产样本数见数量一栏。

续表

类型名称	总额	数量	均值	中位数	占比（%）
著作权	14750.31	21	702.40	225.33	0.79
商标权	1051.50	48	21.91	4.22	0.06
软件技术投资	97626.33	500	195.25	50.62	5.24
技术使用权	1038.53	11	94.41	29.14	0.06
特许权	13922.70	4	3480.68	1055.87	0.75
小计：经典无形资产	233604.96	—	—	—	12.53
商誉	191839.52	139	1380.14	78.27	10.29
其他无形资产	13096.56	40	327.41	58.71	0.71
无形资产账面价值	1864137.53	699	2666.86	1699.02	100.00

数据来源：创业板上市公司招股说明书。

注："占比"的计算公式为：各项无形资产总额/无形资产账面价值，表2-2、2-3、2-4、2-5、图2-1、2-2同。

土地使用权受土地市场价格影响较大且占无形资产账面价值比例超过50%，这对分析创业板上市公司的无形资产账面价值的构成产生了重大影响。本报告在剔除土地使用权后，对725家上市公司的无形资产账面价值重新进行统计，结果如表2-2所示。

表2-2　创业板上市公司无形资产账面价值（不含土地使用权）　（单位：万元）

类型名称	总额	数量	均值	中位数	占比（%）
许可权	3755.95	10	375.59	80.82	0.85
小计：边缘无形资产	3755.95	—	—	—	0.85
专利权及专有技术	105215.59	201	523.46	104.04	23.79
著作权	14750.31	21	702.40	225.33	3.33
商标权	1051.50	48	21.91	4.22	0.24
软件技术投资	97626.33	500	195.25	50.62	22.07
技术使用权	1038.53	11	94.41	29.14	0.23
特许权	13922.70	4	3480.68	1055.87	3.15
小计：经典无形资产	233604.96	—	—	—	52.82
商誉	191839.52	139	1380.14	78.27	43.37
其他无形资产	13096.56	40	327.41	58.71	2.96
合计：无形资产账面价值	442297.01	602	734.71	113.98	100

数据来源：创业板上市公司招股说明书。

（二）2017 年新上市创业板公司的无形资产账面价值构成分析

报告期内新增创业板上市公司 88 家，其中 3 家公司的招股说明书未披露无形资产明细科目。本报告对 85 家❶创业板上市公司的无形资产明细科目的账面价值进行统计分析，结果如表 2-3 所示。

表 2-3　2017 年新上市创业板公司的无形资产账面价值（含土地使用权）　（单位：万元）

类型名称	总额	数量	均值	中位数	占比（%）
土地使用权	216165.67	68	3178.91	2149.61	52.87
许可权	144.49	2	72.25	72.25	0.03
小计：边缘无形资产	216310.16	—	—	—	52.90
专利权及专有技术	32670.06	18	1815.00	126.83	7.99
著作权	0.00	0	0.00	0.00	0.00
商标权	317.67	5	63.53	4.16	0.08
软件技术投资	20727.22	76	272.73	98.46	5.07
技术使用权	0.00	0	0.00	0.00	0.00
特许权	0.00	0	0.00	0.00	0.00
小计：经典无形资产	53714.95	—	—	—	13.14
商誉	137930.96	9	15325.66	2352.89	33.74
其他无形资产	906.05	9	100.67	44.04	0.22
合计：无形资产账面价值	408862.12	85	4810.14	2285.68	100.00

数据来源：创业板上市公司招股说明书。

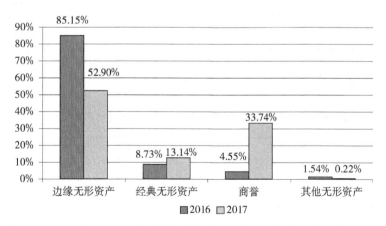

图 2-1　2017 年与 2016 年新增创业板公司各类无形资产的总额占比对比

数据来源：创业板上市公司招股说明书。

由表 2-3 和图 2-1 可知，若考虑土地使用权，2017 年新上市创业板公司无形资产

---

❶　新增 88 样本中去掉没有无形资产明细表的企业，剩余有效样本为 85 家，数据分析均基于有效样本。

账面价值的整体结构较之2016年上市的公司有如下变化：一是边缘无形资产的账面总额占比大幅下降，从2016年的85.15%下降至2017年的52.90%；二是经典无形资产的账面总额占比上升；三是商誉的占比有较大幅度的上升，从2016年的4.55%上升至2017年的33.74%；四是其他无形资产的占比基本保持稳定。

具体科目的均值与占比变化见表2-4。不难发现，各类无形资产均存在年度变化，尤其是商誉资产，其2017年度的账面均值和总额占比增长明显，前者从上年度的126.67万元增加至本年度的15325.66万元；后者则由4.55%增长到33.74%。

表2-4　2017年与2016年新增公司无形资产账面价值（含土地使用权）

类型名称	均值（万元）		占比（%）	
	2016年	2017年	2016年	2017年
土地使用权	2370.56	3178.91	85.17	15.26
许可权	0.00	72.25	0.00	0.35
专利及专有技术	137.31	1815.00	4.93	8.71
著作权	5.52	0	0.20	0.00
商标权	0.87	63.53	0.03	0.31
软件技术投资	96.63	272.73	3.47	1.31
技术使用权	2.79	0.00	0.10	0.00
特许权	0.00	0.00	0.00	0.00
商誉	126.67	15325.66	4.55	33.74
其他无形资产	42.85	100.67	1.54	0.48

数据来源：创业板上市公司招股说明书。

为排除土地使用权账面价值的扰动，本报告将剔除土地使用权后的新增上市公司无形资产账面价值重新进行统计，结果如表2-5所示。

表2-5　2017年新上市创业板公司的无形资产账面价值（不含土地使用权）　（单位：万元）

类型名称	总额	数量	均值	中位数	占比（%）
许可权	144.49	2	72.25	72.25	0.07
小计：边缘无形资产	144.49	—	—	—	0.07
专利权及专有技术	32670.06	18	1815.00	126.83	16.95
著作权	0.00	0	0.00	0.00	0.00
商标权	317.67	5	63.53	4.16	0.16
软件技术投资	20727.22	76	272.73	98.46	10.76
技术使用权	0.00	0	0.00	0.00	0.00
特许权	0.00	0	0.00	0.00	0.00
小计：经典无形资产	53714.95	—	—	—	27.88

续表

类型名称	总额	数量	均值	中位数	占比（%）
商誉	137930.96	9	15325.66	2352.89	71.58
其他无形资产	906.05	9	100.67	44.04	0.47
合计：无形资产账面价值	192696.45	79	2439.20	137.90	100.00

数据来源：创业板上市公司招股说明书。

由表2-5可知，在剔除土地使用权后，边缘无形资产总额占比大幅降至0.07%，经典无形资产总额占比则提升至27.88%，商誉总额占比变为71.58%。由图2-2可知，2016年度边缘无形资产、经典无形资产、商誉和其他无形资产的总额占比分别为0、58.92%、30.70%和10.38%。与上年度相比，2017年度新增上市公司的经典无形资产总额占比出现显著下降，其中软件技术投资总额虽由11208.71万元升至20727.22万元，但占比却由23.42%降至10.76%；商标权和技术使用权的占比均出现不同程度的下降。另外，商誉占比较2016年增加约133%，上升至71.58%，增幅明显。

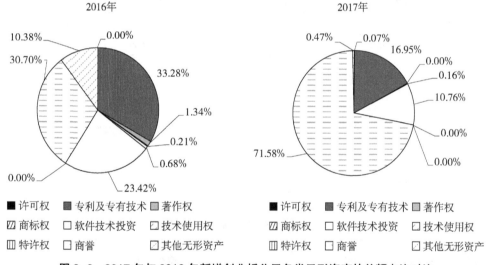

图2-2　2017年与2016年新增创业板公司各类无形资产的总额占比对比

数据来源：创业板上市公司招股说明书。

二、 基于年度报告的创业板上市公司无形资产账面价值变化

（一） 无形资产账面价值的变化趋势

为考察创业板上市公司无形资产账面价值的整体变化趋势，本报告在725家样本公司中剔除未披露2017年年度报告和未披露无形资产明细表的7家公司（深信服300454、彩讯股份300634、南京聚隆300644、御家江300740、华宝股份300741、越博动力300742、天地数码300743），共统计了718家样本公司的无形资产账面价值信息。

统计结果显示，创业板上市公司 2017 年年报披露的无形资产账面价值总额和账面均值分别为 35348107.77 万元和 49231.35 万元/家，较上年度增长 38.04% 和 13.43%（见表 2-6）。无形资产占总资产的比例也由上年度的 15.56% 提升至 15.91%。此外，由于近三年来创业板市场不断扩容，企业并购频繁发生，在相关因素的共同驱动下，创业板公司的商誉总额迅速增加，2015 年、2016 年和 2017 年分别达到 10806143.85 万元、17904376.00 万元和 24592480.7 万元，构成了创业板上市公司无形资产价值增长的重要推动力。然而，由于商誉的获利能力具有较大的不确定性，因其规模扩大导致的无形资产账面价值的高速增长并不能说明创业板上市公司无形资产的整体质量得到了明显提升。

表 2-6 2013—2017 年创业板上市公司无形资产账面价值及占比 （含商誉）（单位：万元）

年份	无形资产账面价值		资产总额	无形资产占总资产比例 （%）
	总额	均值		
2013	4028107.55	10628.25	53212642.45	7.57
2014	8240665.18	19667.46	72598400.93	11.35
2015	16046529.50	32417.23	104929537.20	15.29
2016	25607338.00	43402.27	164563454.43	15.56
2017	35348107.77	49231.35	222200545.5	15.91

数据来源：2013—2017 年创业板上市公司年度报告。

注："无形资产占总资产比例"的计算公式为：无形资产账面价值/各项无形资产总额，表 2-7、2-8、2-9、图 2-3、2-4 同。

本报告将剔除商誉后无形资产的账面价值进行了统计，结果如表 2-7 所示。

表 2-7 2013—2017 年创业板上市公司无形资产账面价值及占比 （不含商誉）（单位：万元）

年份	无形资产账面价值		资产总额	无形资产占总资产比例 （%）
	总额	均值		
2013	2523865.81	6659.28	53212642.45	4.74
2014	3532087.82	8429.80	72598400.93	4.87
2015	5271514.54	10649.52	104929537.2	5.02
2016	7709817.34	13067.49	164563454.4	4.69
2017	10755627.07	14979.98	222200545.5	4.84

数据来源：2013—2017 年创业板上市公司年度报告。

　　在剔除商誉资产后，2013—2017 年样本公司无形资产账面价值均值的年增长率较之剔除前明显放缓。同时，商誉也对无形资产在总资产中的占比产生了影响。在不包含商誉的情况下，创业板上市公司无形资产占总资产的比例依然较低。可见，日益频繁的并购行为并未明显促进除商誉之外的其他无形资产的增长。

（二）无形资产账面价值的构成分析

　　表 2-8 列示了 2017 年创业板上市公司无形资产各明细科目的账面价值。

表 2-8　2017 年创业板上市公司无形资产账面价值（含土地使用权）　（单位：万元）

类型名称	总额	数量	均值	中位数	占比（%）
土地使用权	4337643.53	608	7134.28	3611.86	12.30
许可权	2995909.80	44	68088.86	3310.64	8.49
小计：边缘无形资产	7333553.33	—	—	—	20.79
专利权及专有技术	1206684.60	395	3054.90	1068.85	3.42
著作权	480684.83	58	8287.67	948.24	1.36
商标权	154366.17	113	1366.07	48.65	0.44
软件技术投资	681709.45	588	1159.37	207.54	1.93
技术使用权	0.00	0	0.00	0.00	0.00
特许权	0.00	0	0.00	0.00	0.00
小计：经典无形资产	2523445.05	—	—	—	7.15
商誉	24592480.70	437	56275.70	24324.78	69.71
其他无形资产	829186.57	145	5718.53	867.16	2.35
合计：无形资产账面价值	35278665.65	718	49134.63	11129.53	100

数据来源：创业板上市公司 2017 年年度报告。

　　由表 2-8 可知，2017 年年度报告所披露的无形资产账面价值的构成中，经典无形资产占比较低，而商誉占比较高。与 2016 年相比，2017 年度创业板上市公司无形资产的构成呈现以下特点：一是边缘无形资产占比继续降低，土地使用权占比从 2016 年的 12.52% 下降至 2017 年的 12.30%；二是经典无形资产占比从 9.5% 下降至 7.15%；三是商誉占比基本维持稳定，由 69.92% 小幅下降至 69.71%。如图 2-3 和图 2-4 所示。

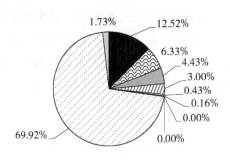

图 2-3　2016 年创业板上市公司各类无形资产的构成占比

数据来源：创业板上市公司 2016 年年度报告。

图 2-4　2017 年创业板上市公司各类无形资产的构成占比

数据来源：创业板上市公司 2017 年年度报告。

2017 年，各类无形资产账面均值与上年度相比均有较大波动。土地使用权均值从 5424.46 万元增长了 31.52%，达到 7134.28 万元。许可权均值由 2744.63 万元增长为 2017 年的 68088.86 万元，主要是由于碧水源（300070）、盛运环保（300090）、中金环境（300145）等公司购置了金额较大的特许经营权（或由于合并行为带来特许经营权的增加）。专利权及专有技术均值从 1919.17 万元上升至 3054.90 万元，升幅达 59.18%。此外，著作权和商标的变化幅度较大。前者的账面价值均值由 2016 年的 1301.35 万元增加至 2017 年的 8433.07 万元，占比却由 3.00% 降至 1.36%；后者的账面价值均值由 188 万元增至 1366.07 万元，占比由 0.43% 上升至 0.44%。如图 2-5 所示。

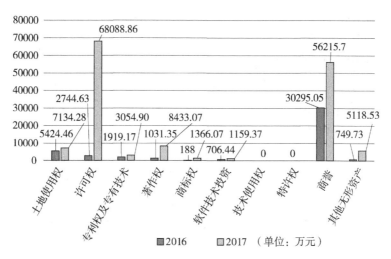

图 2-5　创业板上市公司各类无形资产均值的年度对比（含土地使用权）

数据来源：创业板上市公司年报。

值得注意的是，无形资产账面均值高于中位数，说明部分公司的某些无形资产账面价值巨大。比如，商誉账面价值最高的金科文化（300459）拥有商誉近64亿元，商誉占无形资产的比例高达93.13%；梅泰诺（300038）的商誉价值为63.7亿元，商誉占比97.99%，从而拉升了整体均值。

为排除土地使用权账面价值的干扰，本报告将剔除此项后的创业板上市公司无形资产账面价值进行统计，结果如表2-9所示。

表 2-9　2017 年创业板公司无形资产账面价值（不含土地使用权）　（单位：万元）

类型名称	总额	数量	均值	中位数	占比（%）
许可权	2995909.80	44	68088.86	3310.64	9.68
小计：边缘无形资产	2995909.80	—	—	—	9.68
专利权及专有技术	1206684.60	395	3054.90	1068.85	3.90
著作权	480684.83	58	8287.67	948.24	1.55
商标权	154366.17	113	1366.07	48.65	0.50
软件技术投资	682169.73	588	1159.37	207.54	2.20
技术使用权	0.00	0	0.00	0.00	0.00
特许权	0.00	0	0.00	0.00	0.00
小计：经典无形资产	2523445.05	—	12650.14	—	8.16
商誉	24592480.70	437	56275.70	24324.78	79.48
其他无形资产	829186.57	145	5718.53	867.16	2.68
合计：无形资产账面价值	30941022.12	718	43093.35	4352.99	100

数据来源：创业板上市公司 2017 年年度报告。

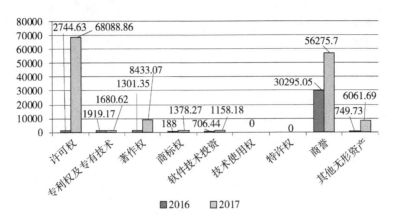

图2-6 创业板上市公司各类无形资产均值的年度对比（不含土地使用权）

数据来源：创业板上市公司年报。

可以发现，在剔除土地使用权后，2017年边缘无形资产的账面均值较2016年高出238%；商誉均值与上年度相比增长了85.76%，但占比从之前的79.92%略微降至79.48%。如图2-6所示。

三、 无形资产账面价值的行业比较——基于2017年年度报告

本报告基于2012年证监会二级行业分类标准对718家样本公司进行了分类，共统计了14个一级行业。各行业无形资产账面价值的基本情况如表2-10所示。

表2-10 2017年创业板上市公司无形资产账面价值的分行业统计（含土地使用权）

行业	无形资产账面价值		公司数量（家）	无形资产占比（%）
	均值（万元）	总额（万元）		
制造业	35045.80	17733172.46	506	50.17
信息传输、软件和信息技术服务业	73596.40	9346743.279	127	26.44
科学研究和技术服务业	24188.32	387013.07	16	1.09
水利、环境和公共设施管理业	223654.96	2907514.48	13	8.23
文化、体育和娱乐业	127258.52	1654360.78	13	4.68
租赁和商务服务业	142684.07	1284156.64	9	3.63
建筑业	36921.97	295375.78	8	0.84
农林牧渔业	27945.25	195616.78	7	0.55
批发和零售贸易	52795.22	369566.56	7	1.05
采矿业	72441.13	289764.50	4	0.82
卫生和社会工作	176866.51	530599.53	3	1.50
电力、热力、燃气及水生产和供应业	138274.85	276549.70	2	0.79

行业	无形资产账面价值		公司数量（家）	无形资产占比（%）
	均值（万元）	总额（万元）		
交通运输、仓储和邮政业	36440.33	72880.66	2	0.21
居民服务、修理和其他服务业	4793.53	4793.53	1	0.01
无形资产账面价值合计（万元）	35348107.75			

数据来源：创业板上市公司2017年年度报告。

注："无形资产占比"的计算公式为：无形资产账面价值/各项无形资产总额，表2-11同。

可以发现，在考虑土地使用权的情况下，无形资产均值最高的三个一级行业依次为水利、环境和公共设施管理业，卫生和社会工作，租赁和商务服务业。

水利、环境和公共设施管理业共有3家公司。爱尔眼科（300015）、迪安诊断（300244）、泰格医药（300347），排名第一的爱尔眼科无形资产价值中商誉占比超过80%，迪安诊断和泰格医药无形资产价值中商誉占比均已超过98%。

电力、热力、燃气及水生产和供应业有2家公司。天壕环境（300332）、迪森股份（300335），排名第一的天壕环境无形资产价值中商誉占比超过50%，迪森股份无形资产价值中商誉占比均已超过80%。

无形资产账面均值排后三位的行业依次为农林牧渔业，科学研究和技术服务业，以及居民服务、修理和其他服务业。

农林牧渔业中包括7家公司，无形资产账面总额最多的为温氏股份（300498），温氏股份无形资产价值中商誉占比超过10%，无形资产以土地使用权为主，占比达到86.66%。

科学研究和技术服务业中包括16家公司，天海防务（300008）、苏交科（300284）、华测检测（300012）披露的无形资产价值分列前三。天海防务是一家专业民用船舶与海洋工程设计企业，公司主要从事于船舶与海洋工程装备设计，同时为船舶产品的生产提供工程监理服务。该公司无形资产以商誉为主，商誉占无形资产账面价值高达92.22%。苏交科所披露的无形资产结构比较单一，以土地使用权和商誉为主。土地使用权占无形资产账面价值的比例为34%，商誉占无形资产账面价值的比例为59.74%。华测检测所披露的无形资产以其他无形资产、商标和商誉为主，分别占无形资产账面价值的比例为14.10%、11%和66.47%。

居民服务、修理和其他服务业仅包括百华悦邦（300736）一家公司，其无形资产主要由商誉和特许权构成。前者占比达到56.44%，后者占比达到34.70%。上述对比表明，无形资产均值高的行业中，公司的无形资产构成主要以商誉为主；而无形资产均值低的行业中，公司的无形资产多以土地使用权和商誉为主。

为了排除土地使用权对其他类别无形资产账面价值的干扰本报告在剔除土地使用权后对各行业的无形资产均值进行再次排序，其结果如表2-11所示。

表2-11　2017年创业板上市公司无形资产账面价值的分行业统计（不含土地使用权）

行业	无形资产账面价值		公司数量（家）	无形资产占比（%）
	均值（万元）	总额（万元）		
制造业	28296.78	14318172.51	506	46.17
信息传输、软件和信息技术服务业	71560.99	9088245.64	127	29.31
科学研究和技术服务业	20555.41	328886.59	16	1.06
文化、体育和娱乐业	118250.41	1537255.34	13	4.96
水利、环境和公共设施管理业	211152.18	2744978.32	13	8.85
租赁和商务服务业	141730.94	1275578.5	9	4.11
建筑业	30254.38	242035.06	8	0.78
批发和零售贸易	50847.63	355933.39	7	1.15
农林牧渔业	4130.94	28916.59	7	0.09
采矿业	69219.15	276876.6	4	0.89
卫生和社会工作	164902.32	494706.95	3	1.60
电力、热力、燃气及水生产和供应业	131997.71	263995.42	2	0.85
交通运输、仓储和邮政业	25044.91	50089.82	2	0.16
居民服务、修理和其他服务业	4793.53	4793.53	1	0.02
无形资产账面价值合计（万元）	31010464.26			

数据来源：创业板上市公司2017年年度报告。

根据表2-11统计结果，剔除土地使用权后，无形资产均值位列前三的行业并未发生变化。主要原因是，这些行业中商誉占无形资产总额的比重较大，土地使用权影响较为有限。然而，统计口径的变化也影响了其他一些行业。例如，农、林、牧、渔业无形资产均值的排名跌入最后一名。原因在于，西部牧业（300106）、天山生物（300313）和温氏股份（300498）这三家畜牧业公司的无形资产中土地使用权占比分别达到98.31%、87.21%和86.67%，因此将该项剔除后行业排名下降较多。

四、 无形资产账面价值的区域比较——基于2017年年度报告

表2-12显示了按照经济区域分的无形资产账面价值均值（含土地使用权）的排序情况。

表2-12　2017年创业板上市公司无形资产账面价值的分区域统计（含土地使用权）

区域	无形资产账面价值		公司数量（家）	无形资产占比（%）
	均值（万元）	总额（万元）		
北部沿海综合经济区	89939.06	13131102.30	146	37.15
长江中游综合经济区	50824.40	3354410.24	66	9.49
大西北综合经济区	52748.18	421985.46	8	1.19
东部沿海综合经济区	41352.54	9056205.39	219	25.62
东北综合经济区	41456.26	704756.42	17	1.99
黄河中游综合经济区	39327.58	1101172.17	28	3.12
大西南综合经济区	33862.08	1252896.82	37	3.54
南部沿海经济区	32109.54	6325578.96	197	17.90
无形资产账面价值合计（万元）	31010464.23			

数据来源：创业板上市公司2017年年度报告。

注："无形资产占比"的计算公式为：无形资产账面价值/各项无形资产总额，表2-13同。

根据表2-12，在考虑土地使用权的情况下，无形资产均值最高的三个经济区域依次为北部沿海综合经济区、大西北综合经济区和长江中游综合经济区。

北部沿海综合经济区的无形资产平均账面价值最高。该区域共有146家公司，披露无形资产账面价值排名前三的分别为碧水源（300070）、捷成股份（300182）和梅泰诺（300038）。这三家公司均来自北京。碧水源在2017年披露的无形资产总额高达215.75亿元，其中许可权占比最高，为91%；披露的商誉为81874.06万元，占比3.79%。捷成股份2017年披露的无形资产总额高达69.94亿元，其商誉占比为79.31%。梅泰诺商誉占比高达97.99%。

大西北综合经济区共有8家公司，是所有经济区中创业板上市公司数量最少的。该区域中无形资产账面价值排名第一的新研股份（300159）无形资产总额为32.54亿元，商誉占比88.72%。无形资产总额最少的是熙菱信息（300588），仅134.42万元。

长江中游综合经济区中无形资产价值排名前三的公司是盛运环保（300090）、亚光科技（300123）和天舟文化（300148）。盛运环保披露的无形资产价值为35.47亿元，其中，许可权最高，占比89%；商誉为2.67亿元，占比7.5%。亚光科技披露的无形资产价值为30.23亿元，其中，商誉最高，占比86%。天舟文化披露的无形资产价值为26.97亿元，其中商誉最高，占比96.27%。

东部沿海综合经济区作为所有经济区中创业板上市公司数量最多的区域，无形资产总额为905.62亿元，但其均值排名在第五位。这主要是由于该区域企业数量基数大，并且无形资产总额小于1亿元的有117家，从而拉低了均值。

为排除土地使用权账面价值的干扰，本报告将剔除土地使用权后的创业板上市公司无形资产账面价值进行统计分析，结果如表 2-13 所示。

表 2-13　2017 年创业板上市公司无形资产账面价值的分区域统计（不含土地使用权）

区域	无形资产账面价值		公司数量（家）	无形资产占比（%）
	均值（万元）	总额（万元）		
北部沿海综合经济区	84032.90	12268802.97	146	39.56
长江中游综合经济区	42241.01	2787906.38	66	8.99
大西北综合经济区	44311.24	354489.91	8	1.14
东部沿海综合经济区	35635.31	7804132.81	219	25.17
东北综合经济区	34543.75	587243.67	17	1.89
黄河中游综合经济区	32720.92	916185.68	28	2.95
大西南综合经济区	29136.56	1078052.89	37	3.48
南部沿海经济区	26465.23	5213649.92	197	16.82
无形资产账面价值合计（万元）	31010464.23			

数据来源：创业板上市公司 2017 年年度报告。

在剔除土地使用权后，无形资产均值的区域排名并未发生变化。原因在于，各经济区域均存在土地使用权占比高的企业和土地使用权占比低的企业，即使统计口径改变，区域无形资产账面价值均值的排名也没有受到影响。

五、 小结

（一） 主要结论

第一，基于招股说明书，2017 年，创业板上市公司的无形资产账面价值总额和均值快速上升，但无形资产占总资产的比例却增长缓慢。考虑土地使用权的情况下，边缘无形资产总额占比大幅下降。具体构成科目中，主要体现在土地使用权的占比的下降，许可权占比稍有上升。与 2016 年度相比，本年度新增上市公司数量较少，无形资产整体账面价值总额较低，但均值却明显增加。从无形资产的构成来看，经典无形资产中，除了著作权和技术使用权外，其他无形资产的账面均值普遍上升；同时，商誉的总额、均值都高于去年数据，总额占比也上升明显。不考虑土地使用权的情况下，边缘无形资产总额占比小幅上升，主要体现在许可权占比稍有上升。新增上市公司的经典无形资产总额占比出现显著下降趋势，从具体科目来看，软件技术投资总额上升，但占比却由 23.42% 降至 10.75%；专利、专有技术总额占比下降约 50%；商标权和技术使用权的占比均出现不同程度的下降。另一方面，商誉占比较 2016 年增加约 133%，上升至 71.58%，增幅明显。因此，本报告认为，与上年度新增创业板上市公司相比较，本年度新增公司的无形资产结构更具有优势。

基于年度报告，在考虑土地使用权的情况下，边缘无形资产占比继续降低，土地使用权占比从 2016 年的 12.52% 下降至 2017 年的 12.30%；经典无形资产占比从 9.5% 下降至 7.15%；商誉占比基本维持稳定，由 69.92% 小幅下降至 69.71%。在不考虑土地使用权的情况下，2017 年边缘无形资产的账面均值较 2016 年高出 238%，但其占比却从 9.66% 略下降至 7.24%；商誉均值与上年度相比增长了 85.76%，但占比从之前的 79.92% 略微降至 79.48%。

第二，企业之间的并购浪潮引发商誉快速增长值得进一步重视。企业并购活动频繁，使商誉价值被广泛关注。生态保护和环境治理业、互联网和相关服务、商务服务业由此成为无形资产富集的行业。尤其是互联网和相关服务业，商誉对无形资产账面价值的贡献占据主导地位。该行业排名前五的公司中，商誉占无形资产价值比例均高达 90%。

第三，土地使用权依然是影响行业无形资产排名的重要因素。在很多行业中，土地使用权构成了无形资产的绝大部分内容，其他无形资产的占比普遍偏低。例如，剔除土地使用权之后，化学纤维制造业上市公司的其他无形资产占比基本为 0。

第四，上市公司的无形资产构成在不同区域间存在差异。无形资产均值最高的三个综合经济区域依次为北部沿海综合经济区、大西北综合经济区和长江中游综合经济区。从总额上看，无形资产富集于北部沿海综合经济区、东部沿海综合经济区和南部沿海经济区的上市公司。即使在同一经济区域中，不同公司无形资产的账面价值也存在较大差异。

（二）存在问题

近三年的创业板上市公司无形资产账面价值报告反映出一些共同问题。

1. 现行会计制度核算存在局限性

（1）核算内容的局限性

经济学中确认的无形资产有 29 项，会计学确认的有 12 项，而真正列入会计报表的只有 6 项，导致无形资产内涵过于狭窄。财政部 2006 年发布的《企业会计准则第 6 号——无形资产》中将无形资产定义为企业拥有或者控制的没有实物形态的可辨认非货币性资产。而国际会计准则中对无形资产的定义则进一步涵盖了营销、客户关系、技术、合同权利以及技术革新等内容。可见，国内关于无形资产内涵的界定还有待进一步丰富。在网络时代，人口流动频率快速提高的大背景下，包括人力资源、各种认证标识的使用权、网络注册域名、上市公司后台数据等内容都应当被确认为无形资产。无形资产确认范围过窄使得大量实际存在且价值颇高的无形资产游离于会计核算的范围之外，使会计资料体现的内容严重失实，也造成创业板公司大量无形资产未能在账面价值中反映出来。

（2）核算方法的局限性

第一，历史成本计量模式的局限性。创业板服务于新兴产业和新经济，以打造创业、创新市场引擎为目的，因此创业板上市公司的无形资产在公司总资产中应该处于核心地位。然而，现有的核算方式是以历史成本来衡量无形资产的价值，造成了大批商标、专利、非专利技术、版权等无形资产价值的低估，直接导致了部分无形资产密集型行业的无形资产价值过低，不利于对创业板公司核心竞争力实施判断。

第二，摊销方法单一。有形资产通过自身耗费给企业带来效益，计算其转移价值可以准确反映成本资料；而无形资产通过其功能和运作给企业带来收益，在此过程中，有些无形资产的价值并没有因此减少（如商标价值）。然而，许多公司的无形资产却采用与有形资产相同的"摊销"方法计算其耗费水平，这明显是不合理的。

第三，货币计量的局限性。现行会计制度以货币为主要计量单位，侧重于有形资产的计量，却忽视了对无形资产的计量。大量无法以货币明确计量取得成本的资产因此就没有被划归为无形资产。此认定标准将那些可用以衡量企业竞争力的战略性无形资产，比如顾客满意程度、企业研究与开发能力、企业人力资源等排除在了无形资产的范畴之外。而这些资产恰恰是公司获得未来现金流量和价值的动力与源泉，对其价值的忽视势必会低估一个公司的财务状况和盈利能力。

2. 无形资产披露存在局限性

第一，上市公司信息披露程度不一。报告期内新增的创业板上市公司共88家，其中39家公司未在招股说明书中披露无形资产明细科目；2018年5月18日前上市的所有725家公司中，有7家公司未在其年报中披露无形资产明细表。还有部分公司，比如美康生物（300439）只披露了无形资产总额和商誉，剩余的细分项目均没有披露。上述现象表明，一则目前我国的无形资产披露制度仍存在局限性，相关信息披露的强制性要求缺失，引发信息披露不充分，难以体现企业无形资产的真实价值，也不利于投资者实施价值判断。二则上市公司也尚未意识到无形资产对于自身发展的重要性，因此在信息披露上也是可有可无。

第二，信息披露术语不一致。具体表现为，一是缺乏统一规范的表达，比如关于专利权的表达，有"专利使用权""专利技术"等多种表述方式。二是无形资产的分类不清晰，比如金龙机电（300032），将其商标权、专利权以及非专利技术等不同类型无形资产同时计入其他无形资产中，使相关资产的划分模糊不清。造成这一现象的原因是无形资产披露的二级科目设置不规范，由此造成无形资产的错划和错报。

第三，会计制度中对于无形资产的披露采用谨慎性原则，只有能够确认为取得无形资产而发生的支出，才能作为无形资产入账。否则，即使企业确实拥有某项无形资产，也不能将其本金化为无形资产入账处理。这一规定导致企业自创无形资产、自创商誉等难以入账，进而无形资产的潜在价值被隐藏，也造成了信息披露的不充分。

参考文献

[1] 胡莹. 新常态下无形资产披露的必要性及挑战 [J]. 经贸实践，2017 (04)：101，103.

[2] 郎朗. 国际会计准则趋同背景下无形资产披露及无形资产对企业并购的影响 [J]. 金融经济，2017 (02)：107-109.

[3] 李萌萌. 创业板上市公司无形资产披露现状及对策 [J]. 现代商业，2017 (19)：158-159.

[4] 彭坤玲. 浅析历史成本计量模式对会计报告的影响 [J]. 当代会计，2016 (03)：10-11.

[5] 孙国军. 新会计准则下无形资产核算的探讨 [J]. 现代经济信息，2009 (19)：201-201.

[6] 汤湘希. 无形资产会计研究的误区及其相关概念的关系研究 [J]. 财会通讯，2004 (13)：57-60.

[7] 中国资产评估协会. 资产评估 [M]. 北京：经济科学出版社，2012.

创业板上市公司技术类无形资产研究

专利、非专利技术、技术标准和软件著作权均是与技术高度相关的无形资产，与企业竞争力之间存在一定关系。因此，本报告在《蓝皮书（2016—2017）》的基础上，对截至 2018 年 5 月 18 日前上市的 725 家创业板公司的专利、非专利技术、技术标准和软件著作权等四种技术类无形资产的统计数据进行分析，从而持续观测创业板上市公司技术类无形资产的发展情况。

一、 概念界定

技术类无形资产是指与技术密切关联的，不具有实物形态，为特定主体拥有或控制并且能够为其带来收益的资产或资源。其基本内容应包括所有与技术密切关联的无形资产，包括常规技术类无形资产及非常规技术类无形资产。其中，常规技术类无形资产包括专利、非专利技术和软件著作权；非常规技术类无形资产主要是指技术标准。

（一）专利技术

专利源于英文"Patent"，为"公开"的意思。专利是以知识产权形态存在的发明创造。根据财政部 2006 年颁布的《企业会计准则第 6 号——无形资产》定义，无形资产主要包括专利权、非专利技术、商标权、著作权、特许权和土地使用权，因此可以确认专利是无形资产的一种。根据我国《专利法》，专利分为发明专利、实用新型专利和外观设计专利三种，其保护期限自申请日起分别为 20 年、10 年和 10 年。专利具有专有性、地区性和时间性特征。

（二）非专利技术

对非专利技术内涵和边界的界定仍然面临诸多争议，原因在于诸多类似概念广泛存在于技术领域，容易产生混淆。为厘清非专利技术与其他相关概念的差别和联系，本报告做出如下梳理与界定，如图 3-1 所示。

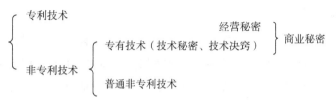

图 3-1 非专利技术相关概念关系

本报告认为，非专利技术与专有技术是存在差异的。根据我国《技术引进合同管理条例》及其《实施细则》的规定，专有技术（Know-how）是指未予以公开的、未取得工业产权法律保护的制造某种产品或者应用某项工艺以及产品设计、工艺流程、配方、质量控制和管理等方面的技术知识。由此可见，专有技术只是非专利技术成果的一种，非专利技术包含已公开的非专利技术和未公开的非专利技术两类。未公开的非专利技术一般指专有技术。而已公开的非专利技术，又称为普通非专利技术或公有技术，是指已经向社会公开而为公众所知或不必做过多花费即可获得和掌握的技术成果，包括失效专利技术成果。专有技术是指发明者未申请专利或不够申请专利条件而未经公开、在生产经营活动中已采用了的、能为持有者带来经济利益的各种技术和经验，一般包括工业专有技术、商业贸易专有技术、管理专有技术等，是商业秘密的组成部分。专有技术的特征有非专利性、秘密性、获利性、新颖性、可传授性、动态性等（张瑜，2006）。

1993 年，我国《反不正当竞争法》将商业秘密定义为"不为公众所知悉，能为权利人带来经济利益，具有实用性并经权利人采取保密措施的技术信息和经营信息"。根据该定义，商业秘密包含两类：一是技术信息，也称为"专有技术""技术秘密""技术诀窍"等，如生产工艺、产品配方、计算机软件等；二是经营信息，主要包括客户名单、经营管理策略广告方案、数据库、产品销售方案、未公开的合同条款、谈判方案、供求分析报告等。因此可以认为：一方面，专有技术可以（但并不必然）构成商业秘密；另一方面，并非所有的商业秘密都涵盖专有技术（何燕华，2004）。

综上，本报告将非专利技术定义为：与专利技术相对的，包含处于保密状态尚未公开的专有技术（技术秘密、技术诀窍）和已向社会公开而为公众所知的普通非专利技术的符合法律要求和社会公益的一切技术成果。本报告沿用《蓝皮书（2016—2017）》对非专利技术的分类，将创业板公司拥有的非专利技术分为三类：一是明确说明拥有并披露的非专利技术（下称第一类）；二是明确说明拥有并披露的专有技术（下称第二类）；三是根据 28 号准则予以披露的核心技术中，剔除其中说明正在申请专利或是已获得专利授权技术之外的技术（下称第三类）。

（三）技术标准

技术标准是标准中的一种，指的是一种或一系列具有一定强制性要求或指导性功能、内容含有细节技术要求和有关技术方案的文件，其目的是使相关的产品或服务达到一定的安全要求或市场准入要求。技术标准的实质就是对一个或几个生产技术设立必须符合要求的条件。一般来说，能够成为标准的技术都是某行业内先进的、规则的、平台的技术，是经过充分论证的、对特定问题提供有效的解决方案。

技术标准具有许多与无形资产相类似的特征，例如，具有依附性、网络外部性、排他性、未来收益的不确定性等，因此可被归为非常规无形资产。

依据《标准化法》，标准级别可以划分为国家标准、行业标准、地方标准和企业标准4个层次。各层次之间有一定的依从关系和内在联系，形成一个覆盖全国且层次分明的标准体系。

随着标准级别的提高，技术标准影响的范围越大，使用的主体越多，相应创造的价值也就越大。企业标准的提案方可以通过企业标准，提高产品性能的稳定性凭借高质量的产品吸引消费者，培养新的消费习惯，进而将企业标准申报为行业标准，甚至是国家标准，以提高行业内其他企业的准入门槛，获取时间优势和垄断利润。

（四）著作权

著作权，又称为版权，是自然人、法人或者其他组织对文学、艺术或科学作品依法享有的财产权利和人身权利的总称。根据《中华人民共和国著作权法》的规定，著作权包括发表权、署名权、修改权、复制权等十七项人身权和财产权。此外，中国公民、法人或者其他组织的作品，不论是否发表，都依法享有著作权。

从会计核算的角度来看，著作权应纳入无形资产的范畴进行初始确认和后续计量。从资产评估的角度来看，企业也应对所拥有的著作权进行价值评估，从而将其纳入企业的整体价值之中。但让人遗憾的是，本报告在研究过程中发现只有极个别创业板上市公司对其著作权进行了会计核算和资产评估，绝大部分企业忽视和低估了著作权的经济价值。同时也存在部分公司因著作权界定不明确而导致的法律纠纷案例，这些都说明创业板上市公司对著作权的重要性认识还不够深入，对其疏于保护，同时也忽略了对著作权经济价值的挖掘。

二、 相关典型事件和文献综述

本报告整理了技术类无形资产的相关典型事件与文献综述，以把握此类无形资产的实践发展与研究走向。

（一）典型事件

技术类无形资产是企业核心竞争力的重要组成部分，也是衡量其创新能力的重要指标。本报告整理了 2017 年以来发生的关于技术类无形资产的典型事件（见表 3-1）。

表 3-1　2017 年以来与技术类无形资产相关的典型事件

序号	时间	涉及的无形资产类型	事件及影响	资料来源
1	2017-1	技术类无形资产	经国务院同意，国务院印发《"十三五"国家知识产权保护和运用规划，知识产权规划首次列入国家重点专项规划》	国务院
2	2017-3	技术类无形资产	由中国专利技术开发公司与辽宁中信正融投资管理有限公司共同发起设立的国专知识产权评估认证中心在北京宣告成立	国家知识产权局
3	2017-3	技术类无形资产	《国家知识产权局关于修改〈关于规范专利申请行为的若干规定〉的决定》正式公布，增加了非正常专利申请的行为方式，加大了针对非正常专利申请行为的处理力度，有助于进一步打击非正常专利申请行为	国家知识产权局
4	2017-3	技术类无形资产	国务院印发《关于新形势下加强打击侵犯知识产权和制售假冒伪劣商品工作的意见》	国务院
5	2017-4	发明专利	无效宣告请求的口头审理涉及对"电动独轮自行车"发明专利提出的三个无效宣告请求，无效理由涉及多项法律条款，其中包括首次作为无效理由提出的法律条款	国家知识产权局
6	2017-4	专利技术	华为起诉三星专利侵权案耗时一年，在 2017 年 4 月 7 日，法院正式宣判：华为胜诉，三星赔偿 8000 万元。这是中国企业第一次通过专利战胜了世界巨头	央视新闻
7	2017-5	技术类无形资产	中国国家知识产权局局长申长雨和世界知识产权组织总干事弗朗西斯·高锐在京共同签署了《中华人民共和国政府和世界知识产权组织加强"一带一路"知识产权合作协议》。这是中国政府与国际组织签署的首个有关"一带一路"知识产权合作的文件	国家知识产权局
8	2017-5	技术类无形资产	国务院印发《2017 年全国打击侵犯知识产权和制售假冒伪劣商品工作要点》	国务院
9	2017-5	技术标准	为科学有序推进国家技术标准创新基地建设，依据《国家技术标准创新基地管理办法（试行）》，国家标准委编制了《国家技术标准创新基地建设总体规划（2017—2020 年）》	国家标准委
10	2017-6	专利技术	华为利用通信基础专利实现标准突破，获 5G 控制信道标准方案	国家知识产权局

续表

序号	时间	涉及的无形资产类型	事件及影响	资料来源
11	2017-9	专利技术	上海知识产权法院对胡某诉摩拜单车侵犯专利权纠纷一案宣判：摩拜单车"扫码开锁"技术不构成专利侵权，驳回原告全部诉讼请求	IPR daily 中文网
12	2017-9	专利技术	中国已成为仅次于美国的专利布局目标市场，日本、美国高度关注中国市场，两国在华授权发明专利份额约占整个中国市场授权量的 1/5	《全球专利创新活动研究报告 2016》
13	2017-9	技术标准	军民标准通用化工程启动，助推军民融合深度发展。国家标准委、军委装备发展部联合启动军民标准通用化工程，拉开了军民标准融合的序幕	中国军网
14	2017-10	技术类无形资产	十九届中央深改组第一次会议审议通过《关于加强知识产权审判领域改革创新若干问题意见》，这是中国首次针对知识产权审判领域改革创新的纲领性文件，是中国知识产权保护事业发展的重要里程碑	中国网
15	2017-11	外观设计专利	国家知识产权局首次对外发布《国际外观设计分类与国民经济行业分类参照关系表（试行）》	国家知识产权局
16	2017-12	技术类无形资产	国家知识产权运营公共服务平台发起的中国知识产权发展联盟正式成立	国家知识产权局
17	2017-12	技术标准	由中央军委装备发展部颁布的、我国首部装备建设领域知识产权管理国家军用标准《装备承制单位知识产权管理要求（GJB 9158—2017）》启动实施	中国军网
18	2018-1	专利技术	为了更好地提高专利审查质量，国家知识产权局建立了"双监督双评价"的审查质量保障模式。"双监督"指聘请局内专利审查质量监督员加强内部质量监督，利用审查业务投诉平台加强外部质量监督；"双评价"指局内专利审查质量评价与委托第三方局外专利审查社会满意度调查评价相结合	国家知识产权局
19	2018-1	发明专利	我国发明专利申请量为 138.2 万件，同比增长 14.2%，共授权发明专利 42 万件	国家知识产权局
20	2018-1	发明专利	2017 年我国国内发明专利申请量和拥有量中，企业所占比重分别达到 63.3% 和 66.4%，较 2016 年提高 1.6 个和 0.9 个百分点；企业对我国国内发明专利申请增长的贡献率达到 73.5%。国内企业有效发明专利 5 年以上维持率达到 70.9%，较 2016 年提高 3.4 个百分点	国家知识产权局

续表

序号	时间	涉及的无形资产类型	事件及影响	资料来源
21	2018-1	软件著作权	各类知识产权案件特别是著作权案件大幅增长。在知识产权民事案件中，著作权和专利案件分别为 137267 件和 16010 件，同比上升 57.8% 和 29.56%。从案件分布看，北京、上海、江苏、浙江和广东五省市法院收案数量占全国法院案件总数的 70.65%	中国科技网
22	2018-3	软件著作权	根据国家版权局通报的全国著作权登记数据显示，2017 年我国著作权登记总量达 274.77 万件，同比增长 36.86%，其中作品登记突破 200 万件，计算机软件著作权登记超过 70 万件，著作权质权登记 299 件	国家版权局

（二）文献综述

本报告梳理了 2015—2017 年国内外关于技术类无形资产的相关研究，以掌握技术类无形资产研究的最新动向。

1. 技术类无形资产的研究

创新驱动新常态下，公司之间的竞争乃至国家之间的竞争逐渐转变为以知识、技术为核心的资源竞争。新科技的不断出现，信息技术的不断优化，导致企业的组织结构发生了重大变化。冯学彬（2016）认为，无形资产作为创新性上市公司的资源，由于其异质性而具备强大的价值创造能力，而技术类无形资产的质量与数量，尤其是其质量成了企业持续迅速发展的主要动力。刘海云和焦文娟（2015）通过研究创业板信息技术行业的技术类无形资产，发现技术类无形资产的持有量相对较大，但质量较低，这严重影响了该类资产的未来收益。Veneta Andonova 和 Guillermo（2016）发现，不同企业的绩效受行业相关因素影响而存在显著差异，技术类无形资产作为企业特定的绩效驱动因素，在此间起着至关重要的作用。郗思雨（2017）则认为，在中国的市场大环境下，文化传媒企业必须重视知识技术类无形资产的重要作用，只有提高对其投资积极性和利用程度，才能增强竞争力、吸引资本市场投资、获得更迅猛发展。

有关技术类无形资产的价值评估研究中，李燕芸（2017）界定了技术类无形资产的概念，分析其特点，并阐明了该类资产价值评估理论的基础和方法。Reilly（2015）研究了公司面临破产时，商业秘密、专利申请、技术资料和著作权等无形资产的评估问题。胡仁昱和倪凯时（2015）基于当下无形资产价值评估中主要方法的缺陷性，构建了中小高新技术企业无形资产价值评估模型。王登辉（2015）从企业技术类无形资产的认识、无形资产的评估体系，以及评估方法的选择等方面入手，分析其中的问题并提出解决方案，并进一步强调了技术类无形资产的重要性。

2. 专利的研究

有关专利的研究非常丰富，本报告仅选取与报告研究内容关联度较高的文献。张杰和高德步（2016）利用中国各省份 1985—2012 年面板数据，从人均真实 GDP 增长率以及经济增长质量所蕴含的速度和质量两个视角，研究了三种类型专利授权量对中国经济增长可能产生的作用效应。研究发现，中国各省份竞相出台的专利资助政策可能造成专利"泡沫"，使专利对中国经济增长的促进作用发生扭曲。李黎明和陈明远（2017）用专利案件数量与专利授权数量构建司法和行政保护的指标，借助模糊优选法从投入和产出两个维度筛选专利密集型产业，并以此为基础对比分析中、美专利制度对产业经济增长的影响。张劲帆等（2017）以上市公司和非上市公司为研究样本，对比两者在上市前后的专利申请情况，考察 IPO 对企业创新的影响，发现 IPO 对企业创新具有促进作用。

专利作为技术研发成果的重要载体，已成为一个国家或地区的科技资产中兼具科研价值和经济价值的重要部分。大量学者研究了专利的评价指标。王宏起等（2016）基于专利形成和运用过程，设计了战略性新兴企业专利风险评价指标体系。彭茂祥和李浩（2016）通过分析大数据技术方法及工具，建立了专利分析与大数据之间的技术关联。曹明等（2016）在已有的专利评价指标体系基础上，引入协同创新能力等指标，从宏观（地区）、中观（行业）和微观（企业）三个层面构建了技术竞争力综合评价体系，对技术竞争力进行比较研究。谷丽等（2017）从专利的技术性、法定性和商业性对专利质量内涵做出界定，并以此为依据对专利质量的评价标准进行综述，进而建立起专利质量评价指标体系。王黎萤等（2017）基于创新价值链对区域专利密集型产业的创新过程开展创新效率评价，运用 DEA 考察区域专利密集型产业和非专利密集型产业各阶段创新效率的差异，结果表明区域专利密集型产业创新效率优于非专利密集型产业。

部分学者研究了专利与企业绩效的关系。张漪和彭哲（2016）以 273 家深圳制造企业为研究样本，指出不同规模企业的创新获利途径有所不同。李强和顾新（2016）利用中国创业板数据，研究了创业板专利数量和质量对企业长期和短期绩效的影响。魏延辉和张慧颖（2016）以电子信息制造业为例，从产业视角分析了专利数量对产业经济增长的影响。Ernst 和 Conley（2016）利用美国和德国 158 家技术企业的数据进行研究，发现专利保护管理与专利信息管理和企业的财务盈利水平呈正相关关系。

3. 非专利技术的研究

国内的非专利技术研究主要关注非专利技术出资和经济发展问题。卢臻（2015）认为，非专利技术出资的特殊性在新公司法框架下没有得到体现，并提出相关建议和解决办法。陈银忠和易小丽（2016）发现，改革开放以来中国经济波动与投资专有技术之间存在一定关系，并用 RBC 模型进行了验证。国外关于非专利技术的研究主要关注专利和非专利技术的激励作用。Takenak 和 Toshiko（2017）以日本制药行业为例，探讨了专利和非专利技术对药物研发的激励作用。

4. 技术标准的研究

部分学者研究了技术标准的发展及问题。王道平和韦小彦（2017）认为，技术标准由研发能力、管理能力和资源能力构成，其设定过程与市场密切相关。技术标准必须经过市场选择，才会产生"花车"效应，成为标准制定者的竞争优势。李福（2016）提出，现代技术标准化应以技术使用、质量和管理等综合体系认证为主，以适应全球化经济贸易秩序和新兴产业发展的需求。技术标准的竞争可以作为当前企业间乃至国家间竞争的高级形态。

有学者研究了技术标准和产业发展关系。黄菁茹（2016）认为，从许可义务、FRAND 许可费计算方法，以及禁令申请的角度探讨技术标准必要专利权人行使权利的界限。王珊珊等（2016）将产业技术标准联盟专利冲突划分为对抗性冲突和非对抗性冲突两大类，提出不同类型冲突的解决思路，为我国产业技术标准联盟专利冲突管理提供了参考。魏津瑜等（2017）研究了高技术产业集群的创新绩效，发现在高技术产业集群定价过程中采用基于技术标准许可的定价模式有利于提升集群整体吸引力，扩大市场份额，推动集群创新。

国外学者更多关注技术标准化过程中政府行为的影响。Arnold 和 Hasse（2015）认为，技术标准是一种政府管制手段，无论是发达国家还是发展中国家都要积极制定本国的标准化战略，作为提升国际竞争力的重要战略工具。

5. 软件著作权的研究

马丽莲（2017）认为，计算机软件由于其价值高又极其复杂等特点，已经成为知识产权侵权泛滥的"重灾区"，计算机软件研发人员投身技术创新的积极性也因此受到消极影响。王晓淑（2016）和熊芬（2017）认为，计算机软件著作权违法与犯罪现象日益凸显，对计算机软件进行有效的法律保护已经成为当前的重要课题。王锦瑾（2016）从计算机字体著作权的角度出发，探讨在字体权利人和社会公众之间实现利益平衡的模式，为字体产业著作权保护与投资回报的现有困境提供解决思路。Unni V K（2017）认为，对著作权保护范围的确定应当同时考虑作者的创作权利和公众的利益，并在两者之间实现平衡。肖建华和柴芳墨（2017）认为，开源软件独特的开发模式具有双面影响效应。因此，应当明确开源许可合同的效力、开源著作权纠纷的管辖适用依据，建立开源登记制度，赋予开源社区原告资格，构建合理的开源著作权风险防控机制。Paterson M（2017）认为，个人知识产权，特别是版权和专利权的覆盖范围不断扩大，导致两者之间的范围发生重叠，从而导致低效的知识产权制度过度保护知识产权。这一现象在计算机软件上尤其严重。理论上，应该将计算机软件划分到版权保护的范畴之内。

三、 基于招股说明书的技术类无形资产披露情况

本报告沿用以往蓝皮书的研究框架，将技术类无形资产分为专利技术、非专利技术、技术标准和软件著作权四类，各自包含内容及统计口径如表 3-2 所示。

表 3-2　技术类无形资产的分类及统计口径

无形资产类型	分类		统计口径
技术类无形资产	专利技术	发明专利	名称、类型、专利号、授权日期、权利人
		实用新型	
		外观设计	
	非专利技术	第一类	名称、来源、数量、权属人、功能、技术水平、取得时间、许可情况、账面价值
		第二类	
		第三类	
	技术标准		类型、制定/参与制定、数量
	软件著作权		类型、数量、取得方式

从 725 家样本公司招股说明书披露的信息来看，88.83% 和 75.31% 的创业板上市公司披露了其专利和非专利技术信息，说明超过七成的创业板公司在上市前即拥有一定的核心实力。披露技术标准和软件著作权的企业占比为 35.86% 和 51.59%，较去年均出现上涨。相较之下可以发现，创业板上市公司技术类无形资产的存续结构依然存在较为明显的差异，如表 3-3 所示。

表 3-3　基于招股说明书的创业板公司技术类无形资产披露情况

技术类无形资产类型	披露公司数量（家）	占比（%）
专利	644	88.83
非专利技术	546	75.31
技术标准	260	35.86
软件著作权	374	51.59

注："占比"的计算方式为：披露某类技术类无形资产的公司总数/725 家样本公司。

此外，在 725 家公司中，有 12 家公司❶未拥有或未披露技术类无形资产，占比

---

❶ 这 12 家公司为：爱尔眼科 300015、吉峰科技 300022、宋城演艺 300144、朗源股份 300175、新文化 300336、华鹏飞 300350、安硕信息 300380、腾信股份 300392、京天利 300399、昆仑万维 300418、浩丰科技 300419、唐德影视 300426。其中信息技术企业有 6 家，文化企业有 3 家，农产品企业有 2 家，医疗企业有 1 家。

1.65%，其余713家公司均拥有一种及以上的技术类无形资产。如图3-2所示，拥有两种和三种技术类无形资产的公司占比最多，分别是33.66%和41.38%；拥有四种技术类无形资产的公司，占比15.03%；而仅拥有一种技术类无形资产的公司占比最少，为8.28%。

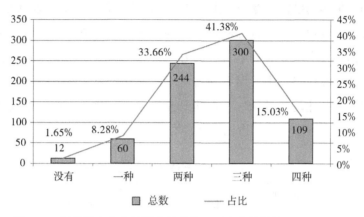

图3-2 创业板上市公司拥有技术类无形资产种类情况（单位：家）

（一）专利技术

1. 整体披露情况

有664家公司披露了专利信息，占所有样本公司的比例为91.59%，具体披露情况，如表3-4、表3-5所示。

表3-4 专利信息披露整体情况（一）

专利类型	数量（家）	占比（%）	总数（件）	均值（件）
发明专利	541	74.62	9579	17.71
实用新型	550	75.86	18060	32.84
外观设计	312	43.03	4644	14.88

注："数量"指的是披露某类专利信息的公司数量；"占比"的计算方式为：披露某类专利的公司总数/725家样本公司；"总数"725家样本公司披露专利总数；"均值"的计算方法为：某类专利的披露总数/725家样本公司。表3-5同。

表3-5 专利信息披露整体情况（二）

专利类型	已授权专利				正在申请专利			
	数量（家）	占比（%）	总数（件）	均值（件）	数量（件）	占比（%）	总数（件）	均值（件）
发明专利	541	74.62	6538	12.08	668	92.14	3041	10.00
实用新型	550	75.86	16830	30.60	667	92.00	1230	4.05
外观设计	312	45.03	4340	13.91	666	91.68	555	1.83
其他	25	3.45	77	3.08	646	89.10	30	0.10

注："其他"指的是披露了专利技术情况但未说明具体专利类型。

2. 分行业披露情况

从专利的行业分布看，制造业，信息传输、软件和信息技术服务业，科学研究和技术服务业拥有最多的已授权专利；而制造业，电力、热力、燃气及水生产和供应业，科学研究和技术服务业的已授权专利均值最高。从正在申请的专利看，制造业，信息传输、软件和信息技术服务业和电力、热力、燃气及水生产和供应业的总量和均值均位于前三位。从已授权专利中发明专利占比看，信息传输、软件和信息技术服务业与科学研究和技术服务业均超过45%；而建筑业、卫生和社会工作，以及文化、体育和娱乐业正在申请专利中发明专利占比最高，均为100%。

表3-6 分行业专利信息披露描述（一）　　　　　　　　（单位：家）

专利类型　　　行业	发明专利（占比）	实用新型（占比）	外观设计（占比）
采矿业	2（50%）	1（25%）	1（25%）
电力、热力、燃气及水生产和供应业	2（100%）	2（100%）	0（0）
建筑业	4（50%）	6（75%）	3（37.5%）
交通运输、仓储和邮政业	0（0）	0（0）	0（0）
居民服务、修理和其他服务业	0（0）	1（100%）	1（100%）
科学研究和技术服务业	10（62.5%）	11（68.75%）	3（18.75%）
农林牧渔业	5（71.43%）	3（42.86%）	2（28.57%）
批发和零售贸易	2（28.57%）	2（28.57%）	2（28.57%）
水利、环境和公共设施管理业	11（84.62%）	13（100%）	4（30.77%）
卫生和社会工作	0（0）	1（33.33%）	0（0）
文化、体育和娱乐业	4（30.77%）	2（15.38%）	3（23.08%）
制造业	436（85.32%）	442（86.50%）	251（49.12%）
信息传输、软件和信息技术服务业	63（48.84%）	64（49.61%）	43（33.33%）
租赁和商务服务业	2（22.22%）	2（22.22%）	1（11.11%）

注：括号外数据表示对应行业中披露某类专利信息的公司数量，括号中数据为该行业中披露某类专利信息的公司占比，计算方式为：披露该类信息公司数/该行业公司总数。表3-8同。

根据表3-6统计结果显示，整体来看，每个行业披露这三类专利的情况参差不齐，除了交通运输、仓储和邮政业均未披露外，另外十三个行业均进行了披露。其中，披露情况最好的前三行业分是水利、环境和公共设施管理业、制造业和科学研究和技术服务业，不仅三类专利资产均进行了披露，而且发明专利和实用新型专利披露均达到了60%以上。

表3-7　分行业专利信息披露描述（二）　　　　　　　　（单位：件）

专利类型 行业	发明专利（均值）	实用新型（均值）	外观设计（均值）
采矿业	10（2.50）	18（4.50）	9（2.25）
电力、热力、燃气及水生产和供应业	16（8）	64（32）	0（0）
建筑业	13（1.63）	148（18.50）	76（9.50）
交通运输、仓储和邮政业	0（0）	0（0）	0（0）
居民服务、修理和其他服务业	0（0）	6（6）	12（12）
科学研究和技术服务业	269（16.81）	314（19.63）	7（0.44）
农林牧渔业	51（7.29）	137（19.57）	13（1.86）
批发和零售贸易	4（0.57）	14（2）	14（2）
水利、环境和公共设施管理业	82（6.31）	366（28.15）	11（0.85）
卫生和社会工作	0（0）	1（0.33）	0（0）
文化、体育和娱乐业	7（0.54）	97（7.46）	5（0.38）
制造业	4970（9.73）	14570（28.51）	3926（7.68）
信息传输、软件和信息技术服务业	1130（8.76）	1060（8.22）	285（2.21）
租赁和商务服务业	4（0.44）	58（6.44）	2（0.22）

注：括号外数据表示对应行业中披露的某类专利的总数，括号中数据为该行业中某类专利的均值，计算方式为：某类专利的披露总数/该行业公司总数。表3-9同。

由表3-7可知，披露专利最多的行业是制造业，三类专利总量分别达到了4970件、14570件和3926件。从发明专利、实用新型和外观设计三类专利在每个行业的披露情况看，科学研究和技术服务业发明专利均值最高为16.81件，制造业实用新型专利均值最高为28.51件，建筑业外观设计专利均值最高为9.50件。

表3-8　分行业专利信息披露描述（三）　　　　　　　　（单位：家）

专利类型 行业	发明专利		实用新型		外观设计	
	已授权 （占比）	正在申请 （占比）	已授权 （占比）	正在申请 （占比）	已授权 （占比）	正在申请 （占比）
采矿业	2 （50%）	3 （75%）	1 （25%）	1 （25%）	1 （25%）	0 （0）
电力、热力、燃气及水生产和供应业	2 （100%）	1 （50%）	2 （100%）	0 （0）	0 （0）	0 （0）
建筑业	4 （50%）	2 （25%）	6 （75%）	0 （0）	3 （37.5%）	0 （0）
交通运输、仓储和邮政业	0 （0）	0 （0）	0 （0）	0 （0）	0 （0）	0 （0）

续表

专利类型 行业	发明专利		实用新型		外观设计	
	已授权 （占比）	正在申请 （占比）	已授权 （占比）	正在申请 （占比）	已授权 （占比）	正在申请 （占比）
居民服务、修理和 其他服务业	0 （0）	0 （0）	1 （100%）	0 （0）	1 （100%）	0 （0）
科学研究和技术服务业	10 （62.5%）	4 （25%）	11 （68.75%）	5 （31.25%）	3 （18.75%）	1 （6.25%）
农林牧渔业	5 （71.43%）	2 （28.57%）	3 （42.86%）	0 （0）	2 （28.57%）	1 （14.29%）
批发和零售贸易	2 （28.57%）	2 （28.57%）	2 （28.57%）	2 （28.57%）	2 （28.57%）	0 （0）
水利、环境和公共设施管理业	11 （84.62%）	7 （53.85%）	13 （100%）	6 （46.15%）	4 （30.77%）	1 （7.69%）
卫生和社会工作	0 （0）	1 （33.33%）	1 （33.33%）	0 （0）	0 （0）	0 （0）
文化、体育和娱乐业	4 （30.77%）	1 （7.69%）	2 （15.38%）	0 （0）	3 （23.08%）	0 （0）
制造业	436 （85.32%）	102 （19.96%）	442 （86.50%）	69 （13.50%）	251 （49.12%）	33 （6.46%）
信息传输、软件和 信息技术服务业	63 （48.84%）	36 （27.91%）	64 （49.61%）	21 （16.28%）	43 （33.33%）	9 （6.98%）
租赁和商务服务业	2 （22.22%）	3 （33.33%）	2 （22.22%）	2 （22.22%）	1 （11.11%）	2 （22.22%）

表3-9 分行业专利信息披露描述（四）　　　　（单位：件）

专利类型 行业	发明专利		实用新型		外观设计	
	已授权 （均值）	正在申请 （均值）	已授权 （均值）	正在申请 （均值）	已授权 （均值）	正在申请 （均值）
采矿业	10 （2.5）	11 （2.75）	18 （4.5）	3 （0.75）	9 （2.25）	0 （0）
电力、热力、燃气及 水生产和供应业	16 （8）	2 （1）	64 （32）	0 （0）	0 （0）	0 （0）
建筑业	13 （1.63）	3 （0.38）	148 （18.5）	0 （0）	76 （9.5）	0 （0）
交通运输、仓储和邮政业	0 （0）	0 （0）	0 （0）	0 （0）	0 （0）	0 （0）

续表

专利类型 行业	发明专利		实用新型		外观设计	
	已授权 （均值）	正在申请 （均值）	已授权 （均值）	正在申请 （均值）	已授权 （均值）	正在申请 （均值）
居民服务、修理和其他服务业	0 （0）	0 （0）	6 （6）	0 （0）	12 （12）	0 （0）
科学研究和技术服务业	269 （16.81）	46 （2.88）	314 （19.63）	26 （1.63）	7 （0.44）	1 （0.06）
农林牧渔业	51 （7.29）	3 （0.43）	137 （19.57）	0 （0）	13 （1.86）	13 （1.86）
批发和零售贸易	4 （0.57）	5 （0.71）	14 （2）	5 （0.71）	14 （2）	0 （0）
水利、环境和公共设施管理业	82 （6.31）	92 （7.08）	366 （28.15）	16 （1.23）	11 （0.85）	3 （0.23）
卫生和社会工作	0 （0）	9 （3）	1 （0.33）	0 （0）	0 （0）	0 （0）
文化、体育和娱乐业	7 （0.54）	1 （0.08）	97 （7.46）	0 （0）	5 （0.38）	0 （0）
制造业	4970 （9.73）	2576 （5.04）	14570 （28.51）	1097 （2.15）	3926 （7.68）	468 （0.92）
信息传输、软件和 信息技术服务业	1130 （8.76）	289 （2.24）	1060 （8.22）	76 （0.59）	285 （2.21）	67 （0.52）
租赁和商务服务业	4 （0.44）	4 （0.44）	58 （6.44）	7 （0.78）	2 （0.22）	3 （0.33）

通过表3-8、3-9统计结果显示可知，科学研究和技术服务业，水利、环境和公共设施管理业，制造业，信息传输、软件和信息技术服务业及租赁和商务服务业对授权专利和正在申请专利信息的披露情况优于其他行业。另外，授权专利的披露情况明显优于正在申请专利的情况，且前者的总量和均量均高于后者。

3. 分区域披露情况

表3-10　分区域专利信息披露描述（一）　　　　　　　　（单位：家）

专利类型 区域	发明专利（占比）	实用新型（占比）	外观设计（占比）
东北综合经济区	14（82.35%）	15（88.24%）	6（35.29%）
北部沿海经济区	95（65.07%）	90（61.64%）	51（34.93%）
东部沿海经济区	176（78.92%）	180（80.72%）	91（40.81%）

续表

专利类型 区域	发明专利（占比）	实用新型（占比）	外观设计（占比）
南部沿海经济区	146（73.74%）	160（80.81%）	110（55.56%）
黄河中游经济区	20（71.43%）	26（92.86%）	14（50.00%）
长江中游经济区	56（83.58%）	47（70.15%）	26（38.81%）
大西南经济区	38（75.68%）	38（75.68%）	12（32.43%）
大西北经济区	6（66.67%）	5（55.56%）	3（33.33%）

注：括号外数据表示对应区域中披露某类专利信息的公司数量，括号中数据为该区域中披露某类专利信息的公司占比，计算方式为：披露该类信息公司数/该区域公司总数。表3-12、表3-29、表3-31同。

根据表3-10的统计结果，每个经济区的发明专利披露公司比例都超过了65%，最高的为长江中游经济区，达到了83.58%；实用新型专利披露公司比例差别较大，不过都超过了50%，其中，最高的是黄河中游经济区，为92.86%；最低的是大西北经济区，为55.56%。外观设计专利仅两个经济区披露公司比例超过50%，大部分披露公司比例在30%~40%。

表3-11 分区域专利信息披露描述（二） （单位：件）

专利类型 区域	发明专利（均值）	实用新型（均值）	外观设计（均值）
东北综合经济区	183（10.76）	421（24.76）	28（1.65）
北部沿海经济区	2194（15.03）	2185（14.97）	530（3.63）
东部沿海经济区	2874（12.89）	6116（27.43）	1613（7.23）
南部沿海经济区	2657（13.42）	5032（25.41）	2026（10.23）
黄河中游经济区	212（7.57）	744（26.57）	103（3.68）
长江中游经济区	992（14.81）	2707（40.40）	437（6.52）
大西南经济区	349（9.43）	760（20.54）	146（3.95）
大西北经济区	118（13.11）	99（11）	17（1.89）

注：括号外数据表示对应区域中披露的某类专利的总数，括号中数据为该区域中某类专利的均值，计算方式为：某类专利的披露总数/该区域公司总数。表3-13、表3-30、表3-32同。

根据表3-11的统计结果，从披露的总量上看，东部沿海经济区的发明专利和实用新型专利的数量最多，分别是2874件和6116件；南部沿海经济区的外观设计专利数量最多为2026件。从披露的均值上看，北部沿海经济区的发明专利均值最多，为15.03件，长江中游经济区的实用新型专利均值最多，为40.40件，南部沿海经济区的外观设计专利均值最多，为10.23件。

表 3-12 分区域专利信息披露描述（三） （单位：家）

专利类型 区域	发明专利		实用新型		外观设计	
	已授权 （占比）	正在申请 （占比）	已授权 （占比）	正在申请 （占比）	已授权 （占比）	正在申请 （占比）
东北综合经济区	14 （82.35%）	10 （58.82%）	15 （88.24%）	6 （35.29%）	6 （35.29%）	0 （0）
北部沿海经济区	95 （65.07%）	58 （39.73%）	90 （61.64%）	25 （17.12%）	51 （34.93%）	14 （9.59%）
东部沿海经济区	176 （78.92%）	71 （31.84%）	180 （80.72%）	46 （20.63%）	91 （40.81%）	17 （7.62%）
南部沿海经济区	146 （73.74%）	73 （36.87%）	160 （80.81%）	42 （21.21%）	110 （55.56%）	13 （6.57%）
黄河中游经济区	20 （71.43%）	14 （50.00%）	26 （92.86%）	8 （28.57%）	14 （50.00%）	3 （10.71%）
长江中游经济区	56 （83.58%）	24 （35.82%）	47 （70.15%）	18 （26.87%）	26 （38.81%）	5 （7.46%）
大西南经济区	38 （75.68%）	17 （45.95%）	38 （75.68%）	8 （21.62%）	12 （32.43%）	1 （2.70%）
大西北经济区	6 （66.67%）	3 （33.33%）	5 （55.56%）	3 （33.33%）	3 （33.33%）	0 （0）

根据表 3-12 的统计结果，八大经济区授权专利和正在申请专利的披露公司数量差别较大，显示出不同区域中创业板上市公司对专利信息披露的差异性。

表 3-13 分区域专利信息披露描述（四） （单位：件）

专利类型 区域	发明专利		实用新型		外观设计	
	已授权 （均值）	正在申请 （均值）	已授权 （均值）	正在申请 （均值）	已授权 （均值）	正在申请 （均值）
东北综合经济区	125 （7.35）	58 （3.41）	389 （22.88）	32 （1.88）	28 （1.65）	0 （0）
北部沿海经济区	1367 （9.36）	827 （5.66）	2056 （14.08）	129 （0.88）	425 （2.91）	105 （0.72）
东部沿海经济区	2125 （9.53）	749 （3.36）	5606 （25.14）	510 （2.29）	1297 （5.82）	316 （1.42）
南部沿海经济区	1812 （9.15）	845 （4.27）	4769 （24.09）	263 （1.33）	1953 （9.86）	73 （0.37）
黄河中游经济区	127 （4.54）	85 （3.04）	671 （23.96）	73 （2.61）	91 （3.25）	12 （0.43）
长江中游经济区	652 （9.73）	340 （5.07）	2540 （37.91）	167 （2.49）	390 （5.82）	47 （0.70）

专利类型 区域	发明专利		实用新型		外观设计	
	已授权（均值）	正在申请（均值）	已授权（均值）	正在申请（均值）	已授权（均值）	正在申请（均值）
大西南经济区	225（6.08）	124（3.35）	718（19.41）	42（1.14）	144（3.89）	2（0.05）
大西北经济区	105（11.67）	13（1.44）	85（9.44）	14（1.56）	17（1.89）	0（0）

根据表3-13的统计结果，每个经济区中上市公司已授权的实用新型专利数量都是最多的，其次为发明专利，外观设计专利数量最少。从总量上看，东部沿海经济区上市公司授权发明专利和实用新型专利最多为2125件和5606件，南部沿海经济区授权的外观设计专利最多为1953件；南部沿海经济区正在申请的发明专利最多为845件，东部沿海经济区正在申请的实用新型和外观设计专利最多达510件和316件。从均量上看，长江中游经济区上市公司已授权的发明实用新型专利最多达9.73件和37.91件，而南部沿海的外观设计最多为9.86件；北部沿海经济区正在申请的发明专利均值最多为5.66件，黄河中游经济区正在申请的新型实用专利最多为2.61件，东部沿海经济区正在申请的外观设计专利最多为1.42件。

（二）非专利技术

1. 整体披露情况

在725家样本企业中，有546家披露了非专利技术，占所有样本公司的比例为75.31%，具体披露情况如图3-3所示。

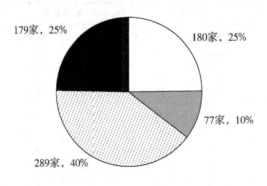

图3-3 创业板上市公司非专利技术信息披露情况

经统计，725家样本公司共计拥有5714项非专利技术，各类型非专利技术的数量及占比见图3-4。

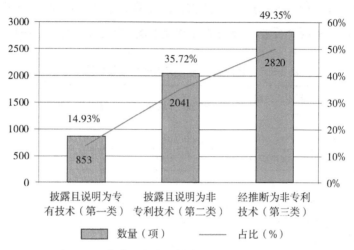

图3-4　各类型非专利技术的披露数量及占比

注："数量"是指每类非专利技术的披露项数；"占比"是指每类非专利技术披露项数占非专利技术披露项数总数之比。

2. 分行业披露情况

表3-14　分行业非专利技术信息披露描述（一）　　　　　　　　（单位：家）

非专利技术类型 / 行业	第一类（占比）	第二类（占比）	第三类（占比）
采矿业	0（0）	3（75%）	1（25%）
电力、热力、燃气及水生产和供应业	1（50%）	0（0）	1（50%）
建筑业	2（25%）	3（37.5%）	2（25%）
交通运输、仓储和邮政业	0（0）	0（0）	0（0）
居民服务、修理和其他服务业	0（0）	0（0）	0（0）
科学研究和技术服务业	1（6.25%）	6（37.5%）	3（18.75%）
农林牧渔业	1（14.29%）	2（28.57%）	3（42.56%）
批发和零售贸易	1（14.29%）	1（14.29%）	2（28.57%）
水利、环境和公共设施管理业	2（15.38%）	4（40.77%）	6（46.15%）
卫生和社会工作	0（0）	0（0）	2（66.67%）
文化、体育和娱乐业	0（0）	2（15.38%）	1（7.69%）
制造业	56（10.96%）	223（43.64%）	195（38.16%）
信息传输、软件和信息技术服务业	11（8.53%）	33（25.58%）	80（62.02%）
租赁和商务服务业	1（11.11%）	2（22.22%）	3（33.33%）

注：括号外数据表示对应行业中披露某类非专利技术信息的公司数量，括号中数据为该行业中披露某类非专利技术信息的公司占比，计算方式为：披露该类信息公司数/该行业公司总数。

在十四个行业里，有八个行业的公司对三类非专利技术都进行了披露，有三个行业的公司对两类非专利技术都进行了披露，卫生和社会工作行业的公司仅披露了第三类的非专利技术，有两个行业未披露非专利技术的情况，详情见表3-14。

表3-15　分行业非专利技术信息披露描述（二）　　　　（单位：项）

行业＼非专利技术类型	第一类（均值）	第二类（均值）	第三类（均值）
采矿业	0（0）	34（8.5）	6（1.5）
电力、热力、燃气及水生产和供应业	17（8.5）	0（0）	5（2.5）
建筑业	6（0.75）	44（5.5）	10（1.25）
交通运输、仓储和邮政业	0（0）	0（0）	0（0）
居民服务、修理和其他服务业	0（0）	0（0）	0（0）
科学研究和技术服务业	3（0.19）	9（0.56）	49（3.06）
农林牧渔业	2（0.29）	0（0）	14（2）
批发和零售贸易	19（2.71）	2（0.29）	5（0.71）
水利、环境和公共设施管理业	77（5.92）	12（0.92）	29（2.23）
卫生和社会工作	0（0）	0（0）	0（0）
文化、体育和娱乐业	0（0）	13（4.33）	3
制造业	529（1.04）	1696（3.32）	1742（3.41）
信息传输、软件和信息技术服务业	193（1.50）	220（1.71）	877（6.80）
租赁和商务服务业	7（0.78）	11（1.22）	49（5.44）

注：括号外数据表示对应行业中披露的某类非专利技术的总数，括号中数据为该行业中某类非专利技术的均值，计算方式为：某类非专利技术的披露总数/该行业公司总数。

非专利技术拥有总量排在前三位的行业分别是制造业（3967项），信息传输、软件和信息技术服务业（1290项）和水利、环境和公共设施管理业（118项）。从三类非专利技术的行业均值来看，电力、热力、燃气及水生产和供应业的第一类非技术专利最多为8.5项，采矿业的第二类非专利技术最多为8.5项，信息传输、软件和信息技术服务业的第三类非专利技术最多为6.8项。制造业的公司数量多，披露总量的情况优于其他行业，另外信息传输、软件和信息技术服务业，水利、环境和公共设施管理业，以及科学研究和技术服务业里面聚集大量的高科技企业，拥有的工业专有技术、商业贸易专有技术、管理专有技术等为其带来经济收益，详情见表3-15。

3. 分区域披露情况

表 3-16　分区域非专利技术信息披露描述（一）　　　　　　（单位：家）

区域 ＼ 非专利技术类型	第一类（占比）	第二类（占比）	第三类（占比）
东北综合经济区	3（17.65%）	7（41.12%）	7（41.12%）
北部沿海经济区	22（15.07%）	59（40.41%）	47（32.19%）
东部沿海经济区	16（7.17%）	86（38.57%）	97（43.50%）
南部沿海经济区	20（10.10%）	61（30.81%）	98（49.49%）
黄河中游经济区	6（21.43%）	11（39.29%）	10（35.71%）
长江中游经济区	7（10.45%）	35（52.24%）	19（28.36%）
大西南经济区	2（5.41%）	18（48.65%）	14（37.84%）
大西北经济区	0（0）	2（22.22%）	7（77.78%）

注：括号外数据表示对应区域中披露某类非专利技术信息的公司数量，括号中数据为该区域中披露某类非专利技术信息的公司占比，计算方式为：披露该项信息公司数/该区域公司总数。表3-38同。

　　根据统计结果显示，除了大西北经济区上市公司未披露第一类非专利技术外，另外七大经济区上市公司对三类非专利技术都进行了披露。其中，黄河中游经济区的上市公司披露第一类的比例最高，长江中游经济区的上市公司披露第二类的比例超过50%，大西北经济区的上市公司披露第三类的比例最高达到77.78%，详情见表3-16。

表 3-17　分区域非专利技术信息披露描述（二）　　　　　　（单位：项）

区域 ＼ 非专利技术类型	第一类（均值）	第二类（均值）	第三类（均值）
东北综合经济区	10（0.59）	29（1.71）	67（3.94）
北部沿海经济区	362（2.48）	463（3.17）	470（3.22）
东部沿海经济区	139（0.62）	566（2.54）	935（4.19）
南部沿海经济区	210（1.06）	465（2.35）	907（4.58）
黄河中游经济区	34（1.21）	54（1.93）	93（3.32）
长江中游经济区	68（1.01）	284（4.24）	138（2.06）
大西南经济区	30（0.81）	133（3.59）	158（4.27）
大西北经济区	0（0）	7（0.78）	52（5.78）

注：括号外数据表示对应区域中披露的某类非专利技术的总数，括号中数据为该区域中某类非专利技术的均值，计算方式为：某类非专利技术的披露总数/该区域公司总数。表3-39同。

　　从整体上看，非专利技术披露数量排名前三的分别是东部沿海经济区的1640项，南部沿海经济区的1582项和北部沿海经济区的1295项。均值的统计结果显示，北部沿海地区上市公司的第一类非专利技术有2.48项，长江中游经济区的第二类非专利技术最高为 4.24 项，大西北经济区的第三类非专利技术最高为 5.78 项，详情见表 3-17。

（三）技术标准

1. 整体披露情况

在 725 家样本公司中，只有 260 家拥有并披露了技术标准信息。剔除 24 家未准确披露技术标准数量的公司后，剩余的 236 家占所有样本公司的 32.55%，在其招股说明书中披露共计技术标准 1473 项。725 家样本公司的整体平均拥有量是 2.03 项。

2. 分行业披露情况

如表 3-18 所示，技术标准主要集中在制造业，但披露数量比例最高的是建筑业，而且行业之间存在差异明显，仅有六个行业拥有技术标准，科学研究与技术服务业均值排名最高达到 6 项，其次是信息传输、软件和信息技术服务业为 2.33 项。这主要与行业属性有关，科学、信息技术行业需要技术标准去规范和发展。

表 3-18 分行业技术标准信息披露描述

行业 \ 技术标准	披露公司数量（家）及占比	披露总数及均值（项）
采矿业	1（25%）	1（0.25）
电力、热力、燃气及水生产和供应业	0（0）	0（0）
建筑业	4（50%）	14（1.75）
交通运输、仓储和邮政业	0（0）	0（0）
居民服务、修理和其他服务业	0（0）	0（0）
科学研究和技术服务业	6（37.50%）	96（6）
农林牧渔业	0（0）	0（0）
批发和零售贸易	0（0）	0（0）
水利、环境和公共设施管理业	5（38.46%）	26（2）
卫生和社会工作	0（0）	0（0）
文化、体育和娱乐业	0（0）	0（0）
制造业	185（36.20%）	1035（2.03）
信息传输、软件和信息技术服务业	35（27.13%）	301（2.33）
租赁和商务服务业	0（0）	0（0）

注："披露公司数量"表示对应行业中披露技术标准信息的公司数量；"占比"为该行业中披露技术标准信息的公司占比，计算方式为：披露技术标准公司数/该行业公司总数；"披露总数"为对应行业中披露的技术标准的总数；"均值"为该行业中技术标准的均值，计算方式为：技术标准的披露总数/该行业公司总数。

3. 分区域披露情况

表 3-19 分区域技术标准信息披露描述

区域＼技术标准	披露公司数量（家）及占比	披露总数及均值（项）
东北综合经济区	5 (29.41%)	32 (1.88)
北部沿海经济区	43 (29.45%)	284 (1.95)
东部沿海经济区	87 (39.01%)	526 (2.36)
南部沿海经济区	59 (29.80%)	335 (1.69)
黄河中游经济区	8 (28.57%)	60 (2.14)
长江中游经济区	25 (37.31%)	190 (2.84)
大西南经济区	11 (29.73%)	90 (2.43)
大西北经济区	0 (0)	0 (0)

注："披露公司数量"表示对应区域中披露技术标准信息的公司数量；"占比"为该区域中披露技术标准信息的公司占比，计算方式为：披露技术标准信息公司数/该区域公司总数；"披露总数"为对应区域中披露的技术标准的总数；"均值"为该区域中技术标准的均值，计算方式为：技术标准的披露总数/该区域公司总数。表 3-45 同。

表 3-19 的统计结果显示，披露公司数比例较高的是东部沿海经济区和长江中游经济区，均超过了 30%。东部沿海经济区上市公司披露数量最多为 526 项，均值最大的是长江中游经济区上市公司，达到 2.84 项，大西北经济区的创业板上市公司未对技术标准进行披露。

（四）软件著作权

1. 整体披露情况

在 725 家样本公司中，只有 374 家创业板上市公司在其招股说明书中披露了软件著作权共计 16625 项，较上年增加 6092 项。725 家样本公司的整体平均拥有量是 22.93 项。

2. 分行业披露情况

超过七成的行业披露软件著作权超过一半。制造业，信息传输、软件和信息技术服务业，以及文化、体育和娱乐业所拥有的软件著作权数量最多，占软件著作权总量的比例分别为 48.70%、42.08% 和 4.70%，三者合计占比达总量的 9 成以上。在剔除无软件著作权样本公司的情况下，平均拥有软件著作权数量排名前三的行业分别是文化、体育和娱乐业（60.15 项），信息传输、软件和信息技术服务业（54.23 项），以及科学研究和技术服务业（28.8 项），详见表 3-20。

表 3-20 分行业软件著作权信息披露描述

行业 \ 软件著作权	披露公司数量（家）及占比	披露总数及均值（项）
采矿业	2（50%）	93（23.25）
电力、热力、燃气及水生产和供应业	1（50%）	3（1.5）
建筑业	0（0）	0（0）
交通运输、仓储和邮政业	2（100%）	6（3）
居民服务、修理和其他服务业	1（100%）	1（1）
科学研究和技术服务业	11（68.75%）	461（28.8）
农林牧渔业	1（14.29%）	2（0.25）
批发和零售贸易	4（57.14%）	85（12.14）
水利、环境和公共设施管理业	4（30.77%）	17（1.3）
卫生和社会工作	2（66.67%）	23（7.67）
文化、体育和娱乐业	11（84.62%）	782（60.15）
制造业	205（40.12%）	8096（15.84）
信息传输、软件和信息技术服务业	124（96.12%）	6994（54.23）
租赁和商务服务业	6（66.67%）	62（6.89）

注："披露公司数量"表示对应行业中披露软件著作权信息的公司数量；"占比"为该行业中披露软件著作权信息的公司占比，计算方式为：披露软件著作权信息公司数/该行业公司总数；"披露总数"为对应行业中披露的软件著作权的总数；"均值"为该行业中软件著作权的均值，计算方式为：软件著作权的披露总数/该行业公司总数。

3. 分区域披露情况

表 3-21 统计结果显示，南部沿海经济区上市公司中有 113 家公司披露了软件著作权，北部沿海经济区上市公司披露此类资产信息的公司占比最高，达 64.38%。从披露的数量上看，东部沿海经济区上市公司总量最大，为 6680 项，均值最高为 29.96 项；其次是北部沿海经济区和长江中游经济区。

表 3-21 分区域软件著作权信息披露描述

行业 \ 软件著作权	披露公司数量（家）及占比	披露总数及均值（项）
东北综合经济区	7（41.18%）	234（13.76）
北部沿海经济区	94（64.38%）	4211（28.84）
东部沿海经济区	104（46.64%）	6680（29.96）
南部沿海经济区	113（57.07%）	3430（17.32）

续表

行业　　　　软件著作权	披露公司数量（家）及占比	披露总数及均值（项）
黄河中游经济区	8（28.57%）	201（7.18）
长江中游经济区	32（47.76%）	1426（21.28）
大西南经济区	13（35.14%）	265（7.16）
大西北经济区	3（33.33%）	178（19.78）

注："披露公司数量"表示对应区域中披露软件著作权信息的公司数量；"占比"为该区域中披露软件著作权信息的公司占比，计算方式为：披露软件著作权信息公司数/该区域公司总数；"披露总数"为对应区域中披露的软件著作权的总数；"均值"为该区域中软件著作权的均值，计算方式为：软件著作权的披露总数/该区域公司总数。表3-51同。

四、 基于年报的技术类无形资产披露情况

表3-22　基于年报的创业板公司技术类无形资产披露情况（一）　　（单位：家）

年份	2013	2014	2015	2016	2017
专利技术	331（87.34%）	356（85.37%）	452（88.98%）	456（75.87%）	584（81.84%）
非专利技术	133（35.10%）	178（42.70%）	165（32.50%）	189（31.5%）	295（41.10%）
技术标准	49（13.19%）	25（6.00%）	76（14.96%）	130（21.63%）	129（17.79%）
软件著作权	186（49.08%）	190（45.80%）	236（46.46%）	245（40.78%）	258（35.93%）

注：括号外数据表示对应年份中披露某类技术类无形资产信息的公司数量，括号中数据为该年份中披露某类技术类无形资产信息的公司占比，计算方式为：披露该类信息公司数/该年份所有上市公司总数。

根据表3-22的统计结果，上市公司在年报中对专利技术的披露情况明显好于另外三类技术类无形资产。披露非专利技术的公司比例仅为专利技术的一半。技术标准的披露数量比例最低，在10%~20%。而软件著作权的披露比例呈现出下降的趋势。

就四类技术类无形资产披露的情况来看，专利技术的总量和均值高速增长，2017年的总量较2013年翻两番；非专利技术呈U形变化，2017年大幅增加，均量达到最大值，为1.17项；技术标准的总量和均值呈现出一增一降的波动变化，2017年略有下降；软件著作权的总量和均值也是表现出U形趋势，详见表3-23。

表 3-23　基于年报的创业板公司技术类无形资产披露情况（二）　（单位：项）

年份	2013	2014	2015	2016	2017
专利技术	14714 (38.82)	18188 (43.62)	27991 (55.10)	50716 (84.39)	64392 (89.68)
非专利技术	277 (0.73)	192 (0.46)	217 (0.43)	337 (0.56)	1033 (1.44)
技术标准	515 (1.56)	212 (0.51)	642 (1.26)	1174 (1.95)	838 (1.17)
软件著作权	8934 (23.57)	10939 (26.23)	4464 (8.79)	20241 (33.68)	26446 (36.83)

注：括号外数据表示对应年份中披露的某类技术类无形资产的总数，括号中数据为该年份中披露的某类技术类无形资产均值，计算方式为：披露的某类技术类无形资产的总数/该年份所有上市公司总数。

（一）专利

1. 整体披露情况

表 3-24　2013—2017 年专利信息披露整体情况

专利类型 年份	发明专利		实用新型		外观设计	
	披露公司数量（家）及占比	披露总数及均值（件）	披露公司数量（家）及占比	披露总数及均值（件）	披露公司数量（家）及占比	披露总数及均值（件）
2013	331 (87.34%)	3765 (9.93)	331 (87.34%)	8876 (23.42)	331 (87.34%)	1884 (4.97)
2014	356 (85.37%)	4640 (11.13)	356 (85.37%)	10961 (26.29)	356 (85.37%)	2264 (5.43)
2015	452 (90.95%)	7523 (14.81)	452 (90.95%)	16882 (33.23)	452 (90.95%)	3130 (6.16)
2016	456 (75.87%)	10476 (17.43)	456 (75.87%)	19534 (32.50)	456 (75.87%)	4108 (6.84)
2017	584 (81.84%)	14410 (20.07)	584 (81.84%)	23252 (32.38)	584 (81.84%)	5104 (7.11)

注："披露公司数量"表示对应年份中披露某类专利信息的公司数量；"占比"为该年份中披露某类专利信息的公司占比，计算方式为：披露该类信息公司数/该年份上市公司总数；"披露总数"为对应年份中披露的某类专利的总数；"均值"为该年份中某类专利的均值，计算方式为：某类专利的披露总数/该年份上市公司总数。表3-33、表3-40、表3-46统计对应技术类无形资产披露信息，指标计算同此说明。

根据表 3-24 对授权专利技术的统计，披露专利技术的上市公司比例整体呈现下降的趋势，情况最好时达到 90.95%，而 2017 年仅为 81.84%。

从披露的具体情况看，创业板上市公司授权专利数量持续增长。目前授权专利达到了 64392 件，平均拥有量达到了 89.7 件。除实用新型专利技术外，发明专利技术和外观设计专利均值呈现持续增长。其中，楚天科技（300358）和飞天诚信（300386）分别拥有 2505 件专利和 1144 件专利，表现十分突出。

2. 分行业披露情况

考虑到行业的代表性以及行业样本公司的数量，本报告从 14 个证监会一级行业分类中选取上市公司数量较多的四个行业来实施典型分析，具体包括制造业，信息传输、软件和信息技术服务业，科学研究和技术服务业，以及水利、环境和公共设施管理业。报告四、报告六和报告七的行业选取同此报告。

（1）制造业

根据表 3-25 的统计结果，近五年制造业披露专利技术的上市公司比例呈现下降趋势。各类专利披露占比最高的年份均为 2015 年，其中，发明专利为 93.20%，实用新型专利为 88.67%，外观设计专利为 53.82%；而 2017 年，这一比例变为 67%、50.40% 和 30.83%。虽然，披露的三类专利的总数是上升的，但实用新型和外观设计的均值稍有下降。

表 3-25　制造业专利信息披露整体情况

年份＼专利类型	发明专利		实用新型		外观设计	
	披露公司数量（家）及占比	披露总数及均值（件）	披露公司数量（家）及占比	披露总数及均值（件）	披露公司数量（家）及占比	披露总数及均值（件）
2013	195（76.77%）	1838（7.24）	177（69.69%）	2362（9.30）	69（27.17%）	453（1.78）
2014	249（87.99%）	4492（15.87）	229（80.92%）	10392（36.72）	104（36.75%）	1929（6.82）
2015	329（93.20%）	7799（22.09）	313（88.67%）	18322（51.90）	190（53.82%）	3395（9.62）
2016	282（67.79%）	8338（20.04）	220（52.88%）	16790（40.36）	134（32.21%）	3375（8.11）
2017	339（67.00%）	11216（22.17）	255（50.40%）	20094（39.71）	156（30.83%）	4013（7.93）

注："披露公司数量"表示对应年份中披露列示技术类无形资产的制造业公司数量；"占比"为该年份中披露某类专利信息的制造业公司占比，计算方式为：披露该类信息制造业公司数/该年份制造业上市公司总数；"披露总数"为对应年份制造业中披露的某类专利的总数；"均值"为该年份制造业中某类专利的均值，计算方式为：制造业中某类专利的披露总数/该年份制造业上市公司总数。以下分行业统计各类技术类无形资产披露情况的指标计算均同此说明。

（2）信息传输、软件和信息技术服务业

该行业整体公司数量在增加，但披露情况呈现明显的下降趋势。2017 年，披露发明专利和外观设计专利的上市公司占比仅为最好情况时的一半，而实用新型专利披露情况甚至不及披露情况最好时的一半。就披露的数量上看，无论总量还是均值，都有明显的上升趋势，详见表3-26。

表3-26　信息传输、软件和信息技术服务业专利信息披露整体情况

专利类型 年份	发明专利		实用新型		外观设计	
	披露公司数量 （家）及占比	披露总数 及均值（件）	披露公司数量 （家）及占比	披露总数 及均值（件）	披露公司数量 （件）及占比	披露总数 及均值（件）
2013	44（59.46%）	417（5.64）	25（33.78%）	141（1.91）	12（16.22%）	63（0.85）
2014	50（63.29%）	695（8.80）	35（44.30%）	519（6.57）	22（27.85%）	260（3.29）
2015	61（66.30%）	1098（11.93）	51（55.43%）	800（8.70）	33（35.87%）	469（5.10）
2016	44（37.93%）	1528（13.17）	32（27.59%）	993（8.56）	22（18.97%）	538（4.64）
2017	45（35.43%）	2100（16.54）	29（22.83%）	1266（9.97）	23（18.11%）	974（7.67）

（3）科学研究与技术服务业

该行业整体公司数量在增加，但专利信息披露情况呈现明显的下降趋势。2017年，披露发明专利、实用新型、外观设计信息的上市公司数量占比分别为56.25%、43.75%和25%。就披露的数量上看，不论总量还是均值，发明专利较之前都是明显增加；实用新型专利的总量增长，但均值却有下降；而外观设计在总量和均值上均有所下降，详见表3-27。

表3-27　科学研究与技术服务业专利信息披露整体情况

专利类型 年份	发明专利		实用新型		外观设计	
	披露公司数量 （家）及占比	披露总数 及均值（件）	披露公司数量 （家）及占比	披露总数 及均值（件）	披露公司数量 （家）及占比	披露总数 及均值（件）
2013	5（100%）	44（8.80）	5（100%）	73（14.60）	1（20.00%）	3（0.60）
2014	5（83.33%）	107（17.83）	5（83.33%）	151（25.17）	1（16.67%）	20（3.33）
2015	7（77.78%）	100（11.11）	7（77.78%）	318（35.33）	3（33.33%）	9（1）
2016	7（77.78%）	153（17.00）	6（66.67%）	465（51.67）	2（22.22%）	39（4.33）
2017	9（56.25%）	510（31.88）	7（43.75%）	589（36.81）	4（25.00%）	33（2.06）

（4）水利、环境和公共设施管理业

根据表3-28的统计，该行业中披露发明专利和实用新型专利信息的上市公司数量占比较之前年份明显减少；而外观设计专利的披露占比有所增加。从披露的数量上看，发明专利的总量和均值呈现上升的趋势，另外两类专利技术都呈现下降的趋势。

表3-28　水利、环境和公共设施管理业专利信息披露整体情况

专利类型　　年份	发明专利		实用新型		外观设计	
	披露公司数量（家）及占比	披露总数及均值（件）	披露公司数量（家）及占比	披露总数及均值（件）	披露公司数量（家）及占比	披露总数及均值（件）
2013	5（62.50%）	41（5.13）	7（87.50%）	56（7.00）	0（0）	0（0）
2014	9（100%）	124（13.78）	9（100%）	469（52.11）	1（11.11%）	20（2.22）
2015	9（81.82%）	155（14.09）	9（81.82%）	430（39.09）	4（36.36%）	48（4.36）
2016	6（54.55%）	121（11.00）	5（45.45%）	326（29.64）	1（9.09%）	6（0.55）
2017	6（46.15%）	190（14.62）	5（38.46%）	286（22.00）	3（23.08%）	11（0.85）

3. 分区域披露情况

本报告按照所处经济区将样本企业分组，具体包括东北综合经济区、北部沿海经济区、东部沿海经济区、南部沿海经济区、黄河中游经济区、长江中游经济区、西南经济区和大西北经济区。分区域统计为本年度《蓝皮书》新增内容，故仅以2017年年报为信息来源。报告四、报告六和报告七的区域选取同此报告。

表3-29　基于2017年年报的分区域专利信息披露描述（一）　　　　（单位：家）

专利类型　　区域	发明专利（占比）	实用新型（占比）	外观设计（占比）
东北综合经济区	12（70.59%）	12（70.59%）	12（70.59%）
北部沿海经济区	76（52.05%）	76（52.05%）	76（52.05%）
东部沿海经济区	141（64.38%）	141（64.38%）	141（64.38%）
南部沿海经济区	107（54.59%）	107（54.59%）	107（54.59%）
黄河中游经济区	13（46.43%）	13（46.43%）	13（46.43%）
长江中游经济区	49（74.24%）	49（74.24%）	49（74.24%）
大西南经济区	25（67.57%）	25（67.57%）	25（67.57%）
大西北经济区	5（55.56%）	5（55.56%）	5（55.56%）

表3-30　基于2017年年报的分区域专利信息披露描述（二）　　　　（单位：件）

专利类型　　区域	发明专利（均值）	实用新型（均值）	外观设计（均值）
东北综合经济区	708（41.65）	632（37.18）	153（9.00）
北部沿海经济区	4475（30.65）	3661（25.08）	1307（8.95）
东部沿海经济区	4365（19.93）	7421（33.89）	1604（7.32）
南部沿海经济区	4807（24.53）	6695（34.16）	1388（7.08）
黄河中游经济区	325（11.61）	693（24.75）	19（0.68）

续表

区域＼专利类型	发明专利（均值）	实用新型（均值）	外观设计（均值）
长江中游经济区	2599（39.38）	4177（63.29）	735（11.14）
大西南经济区	573（15.49）	949（25.65）	181（4.89）
大西北经济区	131（14.56）	210（23.33）	18（2.00）

根据表 3-29 和表 3-30，从不同的经济区域上看，长江中游经济区披露相关信息的上市公司占比情况最好，达到了 74.24%；其次是东北综合经济区的 70.59% 和大西南经济区的 67.57%。从披露专利的数量上看，南部沿海经济区上市公司发明专利最多，为 4807 件，但均值最大的是东北综合经济区为 41.65 件；东部沿海经济区上市公司的实用新型专利和外观设计专利最多，分别为 7421 件和 1604 件，均值最大的为长江中游经济区，为 63.39 件和 11.14 件。不同经济区的差别较大，总体上这三类专利更多集中在北部、东部和南部沿海经济区，长江中游经济区均值遥遥领先且发展迅速。

表 3-31 基于 2017 年年报的分区域专利信息披露描述（三） （单位：家）

区域＼专利类型	发明专利		实用新型		外观设计	
	已授权（占比）	正在申请（占比）	已授权（占比）	正在申请（占比）	已授权（占比）	正在申请（占比）
东北综合经济区	12（70.59%）	4（23.53%）	12（70.59%）	3（17.65%）	12（70.59%）	1（5.88%）
北部沿海经济区	76（52.05%）	22（15.07%）	76（52.05%）	17（11.64%）	76（52.05%）	11（7.53%）
东部沿海经济区	141（64.38%）	33（15.07%）	141（64.38%）	19（8.68%）	141（64.38%）	6（2.74%）
南部沿海经济区	107（54.59%）	26（13.27%）	107（54.59%）	17（8.67%）	107（54.59%）	6（3.06%）
黄河中游经济区	13（46.43%）	3（10.71%）	13（46.43%）	3（10.71%）	13（46.43%）	0（0）
长江中游经济区	49（74.24%）	16（24.24%）	49（74.24%）	9（13.64%）	49（74.24%）	2（3.03%）
大西南经济区	25（67.57%）	11（29.73%）	25（67.57%）	6（16.22%）	25（67.57%）	2（5.41%）
大西北经济区	5（55.56%）	1（11.11%）	5（55.56%）	0（0）	5（55.56%）	0（0）

表 3-32 基于 2017 年年报的分区域专利信息披露描述（四） （单位：件）

区域＼专利类型	发明专利		实用新型		外观设计	
	已授权（均值）	正在申请（均值）	已授权（均值）	正在申请（均值）	已授权（均值）	正在申请（均值）
东北综合经济区	647（38.06）	61（3.59）	578（34.00）	54（3.18）	147（8.65）	6（0.35）
北部沿海经济区	3375（23.12）	1100（7.53）	3373（23.10）	288（1.97）	1180（8.08）	127（0.87）
东部沿海经济区	3862（17.63）	503（2.30）	7112（32.47）	309（1.41）	1538（7.02）	66（0.30）
南部沿海经济区	3618（18.46）	1189（6.07）	6366（32.48）	329（1.68）	1304（6.65）	84（0.43）

专利类型 区域	发明专利		实用新型		外观设计	
	已授权 （均值）	正在申请 （均值）	已授权 （均值）	正在申请 （均值）	已授权 （均值）	正在申请 （均值）
黄河中游经济区	312（11.14）	13（0.46）	664（23.71）	29（1.04）	19（0.68）	0（0）
长江中游经济区	2001（30.32）	598（9.06）	4049（61.35）	128（1.94）	719（10.89）	16（0.24）
大西南经济区	482（13.03）	91（2.46）	899（24.30）	50（1.35）	179（4.84）	2（0.05）
大西北经济区	94（10.44）	37（4.11）	210（23.33）	0（0）	18（2.00）	0（0）

根据表 3-31 和表 3-32 可知，披露专利信息的上市公司主要集中在北部、东部、南部沿海经济区和长江中游经济区，授权专利整体的披露情况明显优于正在申请的专利。

（二）非专利技术

1. 整体披露情况

2013—2017 年，披露第一类非专利技术的上市公司占比大幅减少，而第二类和第三类非专利技术的披露情况明显转好，分别达到了 26.6% 和 10.31%。2017 年，第一类非专利技术均值已下降至 0.09 项，第二类和第三类呈现上升趋势，分别达到了最大值 0.42 项和 0.93 项。整体来看，为了增加企业的竞争实力，同时随着会计报告的规范化，上市企业披露非专利技术数量增加，详见表 3-33。

表 3-33 2013—2017 年非专利技术信息披露整体情况

非专利技术 类型 年份	第一类		第二类		第三类	
	披露公司数量 （家）及占比	披露总数 及均值（项）	披露公司数量 （家）及占比	披露总数 及均值（项）	披露公司数量 （家）及占比	披露总数 及均值（项）
2013	60（15.83%）	131（0.34）	61（16.09%）	127（0.34）	12（3.17%）	19（0.05）
2014	174（41.73%）	192（0.46）	0（0%）	0（0）	4（0.96%）	0（0）
2015	156（30.71%）	217（0.43）	0（0%）	0（0）	9（1.77%）	0（0）
2016	159（26.46%）	216（0.36）	23（3.83%）	51（0.08）	7（1.16%）	70（0.12）
2017	30（4.12%）	65（0.09）	191（26.60%）	305（0.42）	74（10.31%）	663（0.93）

2. 分行业披露情况

（1）制造业

根据表 3-34 的统计结果，较之 2016 年，2017 年披露非专利技术信息的制造业上市公司占比明显增加。2017 年，披露三类非专利技术的上市公司占比分别达到 5.53%、27.67% 和 11.46%。从三类非专利技术披露的总数来看，整体是上升趋势，仅第一类非专利技术的均值稍有减小。

表 3-34　制造业非专利技术信息披露整体情况

非专利技术 类型 年份	第一类		第二类		第三类	
	披露公司数量 （家）及占比	披露总数 及均值（项）	披露公司数量 （家）及占比	披露总数 及均值（项）	披露公司数量 （家）及占比	披露总数 及均值（项）
2016❶	20（4.81%）	51（0.12）	115（27.64%）	79（0.19）	34（8.17%）	23（0.06）
2017	28（5.53%）	58（0.11）	140（27.67%）	107（0.21）	58（11.46%）	359（0.71）

（2）信息传输、软件和信息技术服务业

根据表 3-35 的统计结果，2017 年该行业披露非专利技术信息的上市公司数量较之 2016 年明显增加。2017 年，披露三类非专利技术的上市公司占比分别达到 2.36%、19.69% 和 11.02%。从三类非专利技术披露的总数和均值来看，整体是上升趋势。

表 3-35　信息传输、软件和信息技术服务业非专利技术信息披露整体情况

非专利技术 类型 年份	第一类		第二类		第三类	
	披露公司数量 （家）及占比	披露总数 及均值（项）	披露公司数量 （家）及占比	披露总数 及均值（项）	披露公司数量 （家）及占比	披露总数 及均值（项）
2016	1（0.86%）	0（0）	23（19.83%）	133（1.15）	4（3.45%）	41（0.35）
2017	3（2.36%）	10（0.08）	25（19.69%）	143（1.13）	14（11.02%）	295（2.32）

（3）科学研究与技术服务业

根据表 3-36 的统计结果，2017 年，科学研究与技术服务业上市公司对第一类和第二类非专利技术信息的披露实现了从无到有；而第三类非专利技术的披露比例却下降到零。从三类非专利技术披露的总数和均值来看，只有第一类非专利技术有所披露。

表 3-36　科学研究与技术服务业非专利技术信息披露整体情况

非专利技术 类型 年份	第一类		第二类		第三类	
	披露公司数量 （家）及占比	披露总数 及均值（项）	披露公司数量 （家）及占比	披露总数 及均值（项）	披露公司数量 （家）及占比	披露总数 及均值（项）
2016	0（0）	0（0）	0（0）	0（0）	2（22.22%）	0（0）
2017	1（6.25%）	3（0.19）	2（12.50%）	0（0）	0（0）	0（0）

（4）水利、环境和公共设施管理业

根据表 3-37 的统计结果，该行业上市公司披露第二类和第三类非专利技术信息的

---

❶ 由于 2013—2015 年分行业非专利技术数据缺失，故分析区间为 2016—2017 年，特此说明。

公司数量有所增加。从三类非专利技术披露的总数和均值来看，只有第三类非专利技术有所披露，实现零的突破。

表 3-37　水利、环境和公共设施管理业非专利技术信息披露整体情况

非专利技术类型 年份	第一类		第二类		第三类	
	披露公司数量（家）及占比	披露总数及均值（项）	披露公司数量（家）及占比	披露总数及均值（项）	披露公司数量（家）及占比	披露总数及均值（项）
2016	0（0）	0（0）	5（45.45%）	0（0）	0（0）	0（0）
2017	0（0）	0（0）	8（61.54%）	0（0）	2（15.38%）	7（0.54）

3. 分区域披露情况

表 3-38 的统计结果显示，三类非专利技术信息披露最多的上市公司分别位于东部和南部沿海地区（各 7 家）、东部沿海经济区（53 家），以及东部和南部沿海地区（各 25 家）。整体来看，披露非专利技术的上市公司占比较低，均不足一半。

表 3-38　基于 2017 年年报的分区域非专利技术信息披露描述（一）　　（单位：家）

非专利技术类型 区域	第一类（占比）	第二类（占比）	第三类（占比）
东北综合经济区	1（5.88%）	8（47.06%）	0（0）
北部沿海经济区	6（4.11%）	47（32.19%）	10（6.85%）
东部沿海经济区	7（3.20%）	53（24.20%）	25（11.42%）
南部沿海经济区	7（3.57%）	35（17.86%）	25（12.76%）
黄河中游经济区	2（7.14%）	9（32.14%）	2（7.14%）
长江中游经济区	6（9.09%）	19（28.79%）	7（10.61%）
大西南经济区	0（0）	9（24.32%）	4（10.81%）
大西北经济区	1（11.11%）	4（44.44%）	2（22.22%）

表 3-39　基于 2017 年年报的分区域非专利技术信息披露描述（二）　　（单位：项）

非专利技术类型 区域	第一类	第二类	第三类
东北综合经济区	0（0）	8（0.47）	0（0）
北部沿海经济区	0（0）	39（0.27）	67（0.46）
东部沿海经济区	0（0）	4（0.02）	131（0.60）
南部沿海经济区	4（0.02）	10（0.05）	131（0.67）
黄河中游经济区	0（0）	0（0）	12（0.43）
长江中游经济区	0（0）	49（0.74）	45（0.68）

非专利技术类型 区域	第一类	第二类	第三类
大西南经济区	0（0）	22（0.59）	15（0.41）
大西北经济区	0（0）	0（0）	7（0.78）

从披露总量上看，南部沿海经济区上市公司的非专利技术总量最多，达145项。从均值上看，三类非专利技术披露均值最高的分别是南部沿海经济区（0.02项）、长江中游经济区（0.74项），以及大西北经济区（0.78项）。可见，非专利技术数量的披露在不同经济区的差别较大，东北综合经济区、大西北经济区上市公司披露的总量不足十项，整体的非专利技术披露情况有待改善，详见表3-39。

（三）技术标准

1. 整体披露情况

总体来看，拥有技术标准并予以披露的创业板上市公司数量呈上升的趋势。2016年披露占比最高，为21.63%；2017年下降至17.97%。在剔除未披露技术标准数量或披露不清的样本后，创业板上市公司披露的技术标准总量呈现出先增长后下降的趋势，2017年为838项，相比去年减少了336项，均值减少了0.83项，详见表3-40。

表3-40　2013—2017年技术标准信息披露整体情况

技术标准 年份	披露公司数量（家）及占比	披露总数及均值（项）
2013	49（13.19%）	515（1.36）
2014	25（6.00%）	212（0.51）
2015	76（14.96%）	642（1.26）
2016	130（21.63%）	1174（1.95）
2017	129（17.97%）	838（1.12）

2. 分行业披露情况

（1）制造业

根据表3-41的统计结果，制造业中披露技术标准的公司数量逐渐增多，2017年的披露占比为18.97%。披露的技术标准数量先增加后减少，最高的均值为1.99项，2017年下降至1项。

表 3-41　制造业技术标准信息披露整体情况

年份 技术标准	披露公司数量（家）及占比	披露总数及均值（项）
2013	22（8.66%）	244（0.96）
2014	16（5.65%）	133（0.47）
2015	64（18.13%）	430（1.22）
2016	86（20.67%）	827（1.99）
2017	96（18.97%）	507（1.00）

（2）信息传输、软件和信息技术服务业

根据表 3-42 的统计结果，该行业披露技术标准的公司数量逐渐增多，披露占比由 2014 年的 2.53% 增加至 2017 年的 14.17%。披露的技术标准总量是持续增长，2017 年达到 98 项。

表 3-42　信息传输、软件和信息技术服务业技术标准信息披露整体情况

年份 技术标准	披露公司数量（家）及占比	披露总数及均值（项）
2013	4（5.41%）	20（0.27）
2014	2（2.53%）	9（0.11）
2015	5（5.43%）	32（0.35）
2016	16（13.79%）	77（0.66）
2017	18（14.17%）	98（0.77）

（3）科学研究与技术服务业

根据表 3-43 的统计结果，科学研究与技术服务业中披露技术标准的公司占比 2016 年最高，达到 44.44%；2017 年下降至 6.25%。披露的技术标准总数呈现倒 U 形变化，2017 年仅披露了 1 项。

表 3-43　科学研究与技术服务业技术标准信息披露整体情况

年份 技术标准	披露公司数量（家）及占比	披露总数及均值（项）
2013	2（40.00%）	255（51.00）
2014	2（33.33%）	60（10.00）
2015	1（11.11%）	151（16.78）
2016	4（44.44%）	461（51.22）
2017	1（6.25%）	1（0.06）

（4）水利、环境和公共设施管理业

根据表3-44的统计结果，该行业中披露技术标准的公司数量比较稳定，披露公司占比2014年最高时曾达到44.44%；2017年下降至23.08%。披露的技术标准总数呈现先增加后减少的趋势。2016年，均值最大，达2.45项；2017年下降到了0.62项。

表3-44　水利、环境和公共设施管理业技术标准信息披露整体情况

年份　　技术标准	披露公司数量（家）及占比	披露总数及均值（项）
2013	2（25.00%）	5（0.63）
2014	4（44.44%）	9（1.00）
2015	3（27.27%）	25（2.27）
2016	4（36.36%）	27（2.45）
2017	3（23.08%）	8（0.62）

3. 分区域披露情况

东部沿海经济区披露技术标准的上市公司数量最多，有45家，但披露公司占比最高的为大西北经济区，达到33.33%。披露项数最多的是东部沿海经济区，有264项，其次是大西南经济区，有213项；披露均值最多的是大西北经济区，为11.44项，见表3-45。技术标准比较集中于东部沿海经济区和大西南经济区上市公司，且不同地区的差别比较大。

表3-45　基于2017年年报的分区域技术标准信息披露描述

区域　　技术标准	披露公司数量（家）及占比	披露总数及均值（项）
东北综合经济区	3（17.65%）	18（1.06）
北部沿海经济区	27（18.49%）	99（0.68）
东部沿海经济区	45（20.55%）	264（1.21）
南部沿海经济区	32（16.33%）	181（0.92）
黄河中游经济区	2（7.14%）	9（0.32）
长江中游经济区	8（12.12%）	50（0.76）
大西南经济区	10（27.03%）	213（5.76）
大西北经济区	3（33.33%）	103（11.44）

（四）软件著作权

1. 整体披露情况

2013—2017年，创业板上市公司中披露软件著作权的公司数量整体在上升，但是

披露此项信息的公司占比出现较大幅度的下降。前四年的披露占比均超过 40%，但 2017 年下降到了 35.93%，是 5 年来的最低值。软件著作权披露的总量增速放缓，2017 年披露总量为 26446 项。从年度均值的变化来看，2013—2017 年创业板上市公司的软件著作权平均拥有量不断增加，且增幅较大，2017 年含著作权的公司的均值达到了 36.83 项。披露软件著作权信息的企业中不乏有表现优秀者，其中神州泰岳（300002）以 1328 项软件著作权，成为拥有软件著作权最多的企业，详见表 3-46。

表 3-46　2013—2017 年软件著作权信息披露整体情况

年份　　软件著作权	披露公司数量（家）及占比	披露总数及均值（项）
2013	187（49.34%）	8934（22.97）
2014	190（45.80%）	10939（25.74）
2015	236（46.46%）	4464（8.79）
2016	245（40.78%）	20241（32.75）
2017	258（35.93%）	26446（36.83）

2. 分行业披露情况

（1）制造业

根据表 3-47 的统计结果，制造业中披露软件著作权信息的公司数量呈现先减少后增加的变化趋势，披露比例由 2013 年的 55.51% 下降至 2015 年的 21.25%，而后上涨至 2017 年 32.21%。披露的软件著作权的总量呈 U 形变化，2017 年达到均值的最大值，为 18.55 项。整体来看，制造业的软件著作权披露情况有所好转，增长趋势明显。

表 3-47　制造业软件著作权信息披露整体情况

年份　　软件著作权	披露公司数量（家）及占比	披露总数及均值（项）
2013	141（55.51%）	3790（14.92）
2014	107（37.81%）	4674（16.52）
2015	75（21.25%）	1987（5.63）
2016	138（33.17%）	7193（17.29）
2017	163（32.21%）	9386（18.55）

（2）信息传输、软件和信息技术服务业

根据表 3-48 的统计结果，该行业中披露软件著作权的公司数量波动变化，披露比例由 2013 年的 86.49% 下降至 2015 年的 58.70%，而后上涨至 2017 年的 62.99%。披露软件著作权的总量呈 U 形变化，2017 年达到均值的最大值，为 112.46 项。整体来看，信息传输业的软件著作权披露情况增长趋势明显。

表3-48　信息传输、软件和信息技术服务业软件著作权信息披露整体情况

年份＼软件著作权	披露公司数量（家）及占比	披露总数及均值（项）
2013	64（86.49%）	4558（61.59）
2014	64（81.01%）	5498（69.59）
2015	54（58.70%）	2168（23.57）
2016	87（75.00%）	11345（97.80）
2017	80（62.99%）	14282（112.46）

（3）科学研究与技术服务业

根据表3-49的统计结果，科学研究与技术服务业中披露软件著作权的公司数量以及披露的软件著作权总量与均值均于2017年达到最大值，分别为37.50%、514项和32.13项。

表3-49　科学研究与技术服务业软件著作权信息披露整体情况

年份＼软件著作权	披露公司数量（家）及占比	披露总数及均值（项）
2013	2（40.00%）	19（3.80）
2014	2（33.33%）	19（3.17）
2015	0（0）	0（0）
2016	1（11.11%）	5（0.56）
2017	6（37.50%）	514（32.13）

（4）水利、环境和公共设施管理业

根据表3-50的统计结果，该行业中披露软件著作权的公司数量变化波动较小，近五年的披露占比保持在20%～30%。披露的软件著作权总量与均值呈现下降的趋势，2017年达到最小值，仅13项和1项。

表3-50　水利、环境和公共设施管理业软件著作权信息披露整体情况

年份＼软件著作权	披露公司数量（家）及占比	披露总数及均值（项）
2013	2（25.00%）	53（6.63）
2014	2（22.22%）	53（5.89）
2015	3（27.27%）	77（7.00）

年份 \ 软件著作权	披露公司数量（家）及占比	披露总数及均值（项）
2016	3（27.27%）	13（1.18）
2017	3（23.08%）	13（1.00）

3. 分区域披露情况

如表 3-51 所示，软件著作权总量最多的是南部沿海经济区的上市公司，为 8882 项；东部沿海经济区次之。均值最多的是长江中游经济区的上市公司，为 57.14 项；东北综合经济区次之，南部沿海经济区第三。软件著作权对于企业来说，是技术实力的象征，是申请高新技术企业必备的资质，能够帮助企业提升知名度。同时，软件著作权申请下来后政府会提供相应补助、税收减免等。整体来看，披露软件著作权信息较多的上市公司更多集中在创业板公司数量多的地区。这些地区有更好的政策导向和市场环境，能够为公司的积极发展增加助力。

表 3-51　基于 2017 年年报的分区域软件著作权信息披露描述

区域 \ 技术标准	披露公司数量（家）及占比	披露总数及均值（项）
东北综合经济区	4（23.53%）	779（45.82）
北部沿海经济区	60（41.10%）	4361（29.87）
东部沿海经济区	72（32.88%）	5928（27.07）
南部沿海经济区	74（37.76%）	8882（45.32）
黄河中游经济区	9（32.14%）	1037（37.04）
长江中游经济区	22（33.33%）	3771（57.14）
大西南经济区	13（45.14%）	1353（36.57）
大西北经济区	3（33.33%）	236（29.5）

五、 结论

（一）技术类无形资产的行业差异依旧明显

从总量上看，由于各个行业之间企业数量差距等原因，制造业，信息传输、软件和信息技术服务业各类技术类无形资产总量均排在前列，具有明显的规模优势。从技术类无形资产的行业均值来看，专利平均拥有量较高的行业是信息传输、软件和信息技术服务业和制造业；非专利技术平均拥有量较高的行业是水利、环境和公共设施管理业，信息传输、软件和信息技术服务业，以及租赁和商务服务业；技术标准平均拥有量较高的行业是信息传输、软件和信息技术服务业，水利、环境和公共设施管理业，以及制造业；软件著作权平均拥有量较高的行业是信息传输、软件和信息技术服务业。另外，近几年制造业，信息传输、软件和信息技术服务业的技术类无形资产规模呈现出较高增速的趋势，原因一是现代企业更加依靠技术类无形资产带来收益，所以加大了技术类无形资产的研发投入，二是可能受到政府政策及宏观经济的影响。

（二）技术类无形资产的区域分布差异较大

按照八个经济区域来看，东部沿海、南部沿海和北部沿海经济区的企业数量占到了总的创业板上市企业数量的四分之三，另外五个区域仅为四分之一，区域分布差别较大。从总量上看，专利最多的经济区是南部沿海地区，非专利技术和技术标准数量最多的经济区是东部沿海地区，软件著作权数量最多的经济区是南部沿海地区。从均量上看，由于东部沿海和南部沿海经济区企业数量基数大，导致其均量并未处于明显领先的地位，反而是长江中游经济区在专利、非专利和著作权的均量上突出。可见，不同经济区域由于政策、教育和发展水平等外部因素的影响，创业板上市企业发展状况参差不齐，但未来随着政策、经济环境的改变，差距可能趋于缩小。

（三）技术类无形资产的结构不均衡

技术类无形资产的结构不均衡主要反映在创业板上市公司对不同类型技术类无形资产的披露质量及重视程度。在招股说明书中，专利及非专利技术类无形资产的披露情况都明显高于技术标准及软件著作权。但在上市之后，除了专利技术覆盖率呈上升的趋势之外，其他技术类无形资产的总体披露情况都有所下降。可能的原因：其一，非专利技术作为公司的主要核心技术，不适合向外界公布；其二，参与技术标准的制定的门槛相对较高，获得技术标准认定的难度比较大；其三，软件著作权对于部分行业企业的作用不显著，缺乏对软件著作权的重视。总体而言，技术类无形资产结构不平衡的现状十分明显。

参考文献

[1] 曹明，陈荣，孙济庆，等. 基于专利分析的技术竞争力比较研究 [J]. 科学学研究，2016，34（3）：380-385，470.

[2] 常爱成，孙颖. 浅谈技术类无形资产评估的原理和方法 [J]. 经贸实践，2015（7）：169-170.

[3] 陈曙. 我国专利和专有技术贸易中的问题及对策研究 [D]. 对外经济贸易大学，2016.

[4] 陈银忠，易小丽. 投资专有技术变迁与中国经济波动特征——基于小国开放经济 RBC 模型的分析 [J]. 经济问题探索，2016（3）：59-65.

[5] 崔也光，尤聚州. 创新驱动新常态下无形资产对公司绩效的贡献——基于沪深两市高技术产业上市公司的经验数据 [J]. 财会月刊，2017（20）：21-25.

[6] 冯学彬. 上市高新技术企业无形资产与企业核心竞争力关系研究 [D]. 山东建筑大学，2016.

[7] 谷丽，郝涛，任立强，等. 专利质量评价指标相关研究综述 [J]. 科研管理，2017，38（S1）：27-33.

[8] 侯建，陈恒. 外部知识源化、非研发创新与专利产出——以高技术产业为例 [J]. 科学学研究，2017，35（3）：447-458.

[9] 胡黎明，肖国安. 技术标准经济学30年：兴起、发展及新动态 [J]. 湖南科技大学学报（社会科学版），2016，19（5）：97-103.

[10] 胡仁昱，倪凯时. 中小高新技术企业无形资产价值评估研究 [J]. 财务与会计，2015（22）：72-74.

[11] 黄菁茹. 论FRAND原则对标准必要专利权行使的限制 [J]. 知识产权，2016（1）：90-96.

[12] 李黎明，陈明媛. 专利密集型产业、专利制度与经济增长 [J]. 中国软科学，2017（4）：152-168.

[13] 李燕芸. C公司技术类无形资产价值评估研究 [D]. 湖南大学，2017.

[14] 刘海云，焦文娟，赵岩. 技术类、非技术类无形资产与企业经营绩效相关性研究——基于创业板信息技术行业2009—2013年数据资料 [C]. 中国会计学会财务成本分会2015学术年会暨第28次理论研讨会论文集，2015.

[15] 卢臻. 非专利技术出资法律制度研究 [D]. 广西大学，2015.

[16] 马丽莲. 计算机软件知识产权综合法律保护模式研究 [D]. 山东大学，2017.

[17] 彭茂祥，李浩. 基于大数据视角的专利分析方法与模式研究 [J]. 情报理论与实践，2016，39（7）：108-113.

[18] 王博，刘则渊，丁堃，等. 产业技术标准和产业技术发展关系研究——基于专利内容分析的视角 [J]. 科学学研究，2016，34（2）：194-202.

[19] 王道平，韦小彦，方放. 基于技术标准特征的标准研发联盟合作伙伴选择研究 [J]. 科研管理，2015，36（1）：81-89.

[20] 王道平，韦小彦，邹思明，等. 技术标准联盟主导企业标准化能力研究 [J]. 中国科技论坛，2017（2）：92-97.

[21] 王登辉. L公司技术类无形资产价值管理研究 [D]. 西安石油大学，2015.

[22] 王锦瑾. 计算机字体著作权保护研究 [D]. 武汉大学，2016.

[23] 王黎莹，王佳敏，虞微佳. 区域专利密集型产业创新效率评价及提升路径研究——以浙江省为例 [J]. 科研管理，2017，38（3）：29-37.

［24］ 王珊珊，占思奇，王玉冬. 产业技术标准联盟专利冲突可拓模型与策略生成 ［J］. 科学学研究，2016，34（10）：1487-1497.

［25］ 王晓淑. 我国软件著作权保护现状与对策分析 ［J］. 菏泽学院学报，2016，38（1）：92-95.

［26］ 王子扬. 高新技术企业无形资产评估的问题与对策探究 ［J］. 商场现代化，2017（2）：83-84.

［27］ 魏津瑜，刘月，南广友，等. 基于技术标准的高技术产业集群创新绩效与定价模式研究 ［J］. 科学管理研究，2017，35（1）：51-54.

［28］ 郗思雨. 知识技术类无形资产对企业经营绩效的影响 ［D］. 北京化工大学，2017.

［29］ 肖建华，柴芳墨. 论开源软件的著作权风险及相应对策 ［J］. 河北法学，2017，35（6）：2-11.

［30］ 肖敏. 创业板上市公司无形资产对成长性的影响研究 ［D］. 湖南师范大学，2015.

［31］ 熊芬. 计算机软件著作权法律保护问题研究 ［J］. 法制博览，2017（9）：13-15.

［32］ 张杰，高德步，夏胤磊. 专利能否促进中国经济增长：基于中国专利资助政策视角的一个解释 ［J］. 中国工业经济，2016（1）：83-98.

［33］ 张杰，高德步，夏胤磊. 专利能否促进中国经济增长——基于中国专利资助政策视角的一个解释 ［J］. 中国工业经济，2016（1）：83-98.

［34］ 张劲帆，李汉涯，何晖. 企业上市与企业创新——基于中国企业专利申请的研究 ［J］. 金融研究，2017（5）：160-175.

［35］ Arnold N, Hasse R. Escalation of Governance：Effects of Voluntary Standardization on Organizations, Markets and Standards in Swiss Fair Trade ［J］. *Sociological Research Online*, 2015, 20（3）：1-10.

［36］ Ernst H, Conley J, Omland N. How to create commercial value from patents：the role of patent management ［J］. *R&D Management*, 2016, 46（S2）：677-690.

［37］ Dang Jianwei, Motohashi Kazuyuki. Patent statistics：A good indicator for innovation in China? Patentsubsidy program impacts on patent quality ［J］. *China Economic Review*, 2015（35）：137-155.

［38］ Kim C, Kwon S, Kim J. The Evaluation of Korea's Competitiveness in Lubricants Industries Using Patent Index Analysis ［J］. *Korean Chemical Engineering Research*, 2016, 54（3）：332-339.

［39］ Paterson M. Properly Protecting Code：Solving Copyright and Patent Rights Overlap via Computer Software Suitability in Copyright ［J］. *Social Science Electronic Publishing*, 2017.

［40］ Reilly R F. Technology Intangible Assets ［J］. *Abi Journal*, 2015.

［41］ Srividya Jandhyala. International and domestic dynamics of intellectual property protection ［J］.

Research Policy, 2015 (50): 284-293.

［42］ Unni V K. Software Protection under Copyright Law ［M］. *Copyright Law in the Digital World*, 2017.

［43］ Veneta Andonova, Guillermo. The role of industry factors and intangible assets in company performance in Columbia ［J］. 2016.

创业板上市公司市场类无形资产研究

商标、客户、竞争地位和竞争优势均是与市场高度相关的无形资产，构成了公司核心竞争力的重要组成部分。本报告沿用《蓝皮书（2016—2017）》的研究框架，对2018年5月18日前上市的725家公司的商标、客户、竞争地位、核心竞争优势等信息进行描述性统计，以探究创业板公司有关市场类无形资产的现状和变化趋势，得出有价值的研究结论。

一、概念界定

（一）商标

商标是用来区别一个经营者的品牌或服务和其他经营者的商品或服务的标记。我国商标法规定，经商标局核准注册的商标，包括商品商标、服务商标和集体商标、证明商标，商标注册人享有商标专用权，受法律保护，如果是驰名商标，将会获得跨类别的商标专用权法律保护。作为一种可辨认的常规无形资产，商标是市场经济下供买卖双方在商品交换活动中辨认商品质量、档次、品位的标志。商标权则是将商标法律化、制度化并且为消费大众所认可的一种知识产权。

（二）客户

客户指用金钱或某种有价值的物品来换取接受财产、服务、产品或某种创意的自然人或组织。客户是商业服务或产品的采购者，他们可能是最终的消费者、代理人或供应链内的中间人。大客户又被称为重点客户、主要客户、关键客户、优质客户等，指的是对产品（或服务）消费频率高、消费量大、客户利润率高而对企业经营业绩能产生一定影响的重要客户，除此之外的客户群则可划入中小客户范畴。客户属于非常规的一类无形资产，但是随着市场经济和企业竞争的加剧，客户资源逐步成为衡量企业无形资产状况的重要指标之一。

（三）竞争地位

竞争地位是指企业在目标市场中所占据的位置，是企业规划竞争战略的重要依据。

企业的竞争地位不同，其竞争战略也不同。创业板上市公司竞争地位主要由"核心产品的市场占有率"和"市场排名"两项指标加以体现。其中，市场占有率指的是，一个企业的销售量（或销售额）在市场同类产品中所占的比重，体现了企业对市场的控制能力；市场排名一般是根据既有规则对企业多个要素打分后按照权重进行加总的分数排名，能够较为全面的体现企业在行业中的竞争地位。在当前经济环境下，竞争地位也开始被纳入非常规无形资产的范畴之中，一个企业在行业中所处的竞争地位也成为其重要的资源与能力。

（四）竞争优势

竞争优势是一种特质，它可以使组织在市场中得到的价值超过它的竞争对手。企业组织通过保持竞争优势，模仿或取代竞争对手获得更多的经济价值。沿用之前《蓝皮书》的做法，本报告市场类无形资产的企业核心竞争优势从企业的技术研发、产品性能、品牌、客户资源、行业经验、人才团队、服务、营销网络、管理、资质、商业模式、市场地位、成本、产业链和企业文化15个方面进行评价。作为非常规的一类无形资源，企业的各项能力作为持续竞争优势的潜在来源，指的是一个公司比其他公司做得特别突出的一系列活动，它可能出现在特定的职能中，也可能与特定技术或产品设计相联系，或者存在管理价值链各要素的联系之中。

二、 相关典型事件和文献综述

本报告整理了市场类无形资产的相关典型事件与最新研究成果综述，以把握此类无形资产的实践发展与研究走向。

（一）典型事件

表4-1　2017年以来与市场类无形资产相关的典型事件

序号	时间	涉及的无形资产类型	事件及影响	资料来源
1	2017-8	商标	2017年8月24日，苏州中级人民法院作出判决，三名以New Boom品牌制造鞋子的生产商必须支付New Balance150万美元（约合1000万元人民币）的侵权赔偿金和法律费用，这是因为它们侵犯这家美国运动公司知名的倾斜"N"标志。苏州中级人民法院在裁决书中称，三名被告以New Boom的品牌制造鞋子，"抢占New Balance运动鞋的市场份额"，"对新百伦公司商誉的损害极大"	新浪财经：New Balance在华打赢商标诉讼获千万赔偿 http://finance.sina.com.cn/roll/2017-08-25/doc-ifykiqfe1381832.shtml

续表

序号	时间	涉及的无形资产类型	事件及影响	资料来源
2	2017-5	商标	《中国好声音》的名称使用权之争吸引了众多的关注，2月27日，香港国际仲裁中心仲裁庭在经过多轮听证之后作出最终裁决，裁定包括《中国好声音》这一中文节目名称在内的所有知识产权属于原版权方荷兰Talpa公司所有。而唐德购买了荷兰原版模式，那么这个名称也就属于唐德影视。名称之争就此尘埃落定，然而诉讼并未停止。5月24日，"好声音"商标侵权案在北京知识产权法院正式开庭审理。唐德影视认为灿星公司和世纪丽亮公司实施了商标侵权和不正当竞争行为，索赔5.1亿元。而在此之前，浙江广播电视集团已经正式针对唐德影视向浙江省高级人民法院提起不正当竞争之诉，并进一步要求唐德影视赔偿1.2亿元经济损失	搜狐财经： 产权之争落地　唐德唱响中国好声音 http://www.sohu.com/a/127549540_114986
3	2017-8	商标	王老吉与加多宝持续多年的拉锯战终于尘埃落定。2017年8月，最高人民法院终审判决广药集团与加多宝公司对"红罐王老吉凉茶"包装装潢权益的形成均作出了重要贡献，双方可在不损害他人合法利益的前提下，共同享有"红罐王老吉凉茶"包装装潢的权益 11月，加多宝官网宣称，广东高级人民法院就加多宝与王老吉公司、广药集团"怕上火"广告语一案的终审裁决：加多宝公司一直使用的"怕上火喝×××"等广告语句式改用在"加多宝凉茶"产品上，不构成不正当竞争；撤销广州中院一审判决，并驳回王老吉公司与广药集团的全部诉讼请求。这意味着，两家凉茶企业也将共享"怕上火"的广告语。战则两伤，和则两利。持久的消耗战或许只会对双方和社会资源造成巨大的浪费，放眼长远，共享无疑是对双方最好的安排	新浪网： 加多宝与王老吉红罐之争尘埃落定 http://finance.sina.com.cn/zt_d/hongguanzhizheng/
4	2017-8	商标	8月18日，作为"红牛"商标所有者的TCP集团成员泰国天丝医药保健有限公司及"红牛"商标创始者许氏家族，以"商标侵权"为首要理由，宣布起诉投资成立"中国红牛"的华彬集团董事长严彬。随后在21日，中国红牛发表声明首次回应了"红牛商标使用权"，在稳定市场的同时，表达了想在谈判桌上解决争议的想法，此举也间接承认了红牛商标的争议性 业内人士分析认为，对于泰国红牛来说，手上的红牛商标是其最大的筹码；对于中国红牛来说，20年来积累的生产能力与渠道关系，成了它对抗泰国红牛的一把利剑。泰国红牛想重新掌握对中国红牛的控制权，中国红牛则尝试在双方的博弈中争取更大的话语权	人民网： 泰国天丝和严彬抢"红牛"它躲在幕后"摘桃子" http://paper.people.com.cn/gjjrb/html/2017-08/28/content_1800840.htm
5	2017-10	竞争优势竞争地位	创业板开板八周年，截至2017年9月30日，创业板创业板共有410家公司上市前获得创投的资金支持，初始投资总额达239亿元	网易财经： http://money.163.com/17/1030/07/D1VQKM72002580S6.html

续表

序号	时间	涉及的无形资产类型	事件及影响	资料来源
6	2017—11	竞争优势	创业板公司不断强化培养创新能力，共投入研发经费475亿元，同比增长24.35%。创业板高新技术企业家数达617家，占比85.22%，拥有的与自营产品相关的核心专利技术已达22453项	《经济观察报》：创业板8周年专题《创业板八周年成绩单亮相：这八大变化你要知道》

（二）文献综述

1. 商标

信息化拓展了商标权的定义和范畴，越来越多的企业开始重视商标权的注册和保护，立法者和学术界也开始解读和重新定义商标权的边界。

（1）商标保护研究

马玉凤（2018）着重分析未注册商标的概念与特点，讨论了商标法对此类商标保护的现实意义，并在此基础上提出了实施保护的基本原则和制度设计。Dai（2018）通过 Probit 模型和 Tobit 模型考察了商标权保护这一制度环境对工业企业研发投入的作用。

（2）商标权在法律上的边界研究

袁文涛（2018）以商标法为实例缩微"大国际私法"体系，即通过对商标权法律冲突法、程序法的论述，全面系统构筑国际商标法律制度。蒋克林（2018）从 App 上传者与商店管理者两方面入手，对商标侵权认定标准进行了细化研究，提出在司法实践中有必要针对 App 商标自身特点以及当前商标侵权认定过程所存在的问题，对于商标侵权认定给出一个具体明确、可操作性强的标准。Anemaet（2016）提出，商标显著性的制度目的是防止以商标权的方式独占通用性、描述性与功能性标志以保护公平竞争，其本质是显示与所指定商品或服务之间的区别性。

（3）商标培育与商标权保护对企业绩效的影响

刘红霞和张烜（2015）以2004—2014年获得中国驰名商标认定的沪、深 A 股上市公司为样本，结合商标资产对公司绩效的影响机理，研究了驰名商标认定前后公司绩效的变化，发现上市公司获得驰名商标认定后，其绩效有显著提升；而且，公司拥有的与驰名商标商品同类的普通注册商标数量越多，公司绩效提升越多。Agostini（2016）通过建立 Rest 支持的面板回归模型，研究了专利和商标对意大利不同行业中小企业经济和财务绩效的影响，发现商标与专利的受保护数量与企业财务绩效呈正相关关系。

2. 客户

客户是企业重要的利益相关者，重要客户是否对企业的经营、财务决策以及风险产生影响是一个重要的理论和实务问题。

（1）客户集中度与企业运营能力的研究

单文涛和王永青（2018）以2007—2014年中国A股制造业上市公司为样本，研究了客户集中度对企业资产营运能力的影响。研究表明，客户集中度越高，企业资产营运能力越低，二者呈显著的负相关关系。进一步研究发现，不同产权性质的企业中，客户集中度对企业资产营运能力的影响存在差异性，客户集中度与企业资产营运能力的负相关关系只存在非国有企业中。

（2）客户集中度与企业现金持有量的研究

Matsumura（2016）研究发现，客户集中度降低了投资效率，加剧了过度投资和投资不足的问题；同时，客户集中度与公司的现金持有量之间呈现显著的正相关关系。对投资效率的进一步研究表明，现金持有在客户集中度与投资效率之间存在着部分中介效应。

王洋帅等（2017）以2011—2015年我国沪深两市A股上市公司为样本，通过多元回归分析，发现由于预防性动机和承诺性动机的存在，客户集中度与企业现金持有水平正相关；相比于国有企业，在客户关系不稳定且融资相对困难的非国有企业中，客户集中度与现金持有水平的正相关关系更为明显。

（3）客户集中度的治理效应研究

杨晰等（2018）以2007—2014年A股制造业上市公司为样本，对客户集中度与内部控制缺陷的关系进行研究，发现两者之间呈显著负相关。这一现象在非国有企业以及议价能力较低的企业中更为显著。

焦小静和张鹏伟（2017）以2007—2015年沪深交易所披露了前五大客户信息的A股上市公司为样本，研究客户集中与现金股利之间的关系。研究发现，客户集中度与公司的股利支付显著负相关，这一结论在采用PSM和Heckman检验控制内生性问题后仍然成立。进一步地分析表明，这种负相关关系的传导路径是客户的治理效应而不是风险效应。

（4）客户集中度与企业创新的研究

Shen H等（2017）以2007—2015年中国沪深两市上市公司为样本，探讨了客户集中度与企业创新的关系。结果表明，这种关系是非线性的，呈U形分布。当大客户的议价能力较弱，供应链整合水平较高时，U形关系变得更为显著。同样的情况也存在于非国有企业和现金持有水平较低的企业中。

孟庆玺等（2018）以企业技术创新为切入点，利用2005—2014年上市公司年报信息，研究了以客户集中度为指标，关系型交易的经济后果、作用机制以及客户个体特征的调节作用。实证检验表明，较高的客户集中度会阻碍而非助力企业技术创新。其作用机制在于，当客户集中度增加时，企业的融资约束加剧、经营风险上升，二者共同阻碍了技术创新。基于客户特征的进一步分析还发现，只有当客户的议价能力较强、破产风险较高或者与企业具有关联关系时，客户集中度对企业技术创新的阻碍效应才会存在，但上述效应不会受到客户技术水平的显著影响。

3. 竞争地位

（1）竞争地位对企业混合并购的影响研究

傅传锐和杨群（2017）以2007—2011年中国A股证券市场上发生的522起并购事件为样本，运用Logistic回归方法与中介效应模型分别考察了企业政治关联与竞争地位对混合并购决策及其绩效的共同影响，发现越是处于竞争劣势的企业，越倾向于利用自身政治关联身份实施混合并购行为。

（2）竞争地位对我国企业内控审计的影响研究

徐玉德和韩彬（2017）以2010—2013年我国民营上市公司为样本，对公司层面和行业层面产品市场竞争与内控审计师选择的关系进行了经验研究，指出现阶段产品市场竞争会对民营上市公司内控审计师的选择产生负向影响，这类公司选择内控审计师主要是为了应对来自同行压力。韩彬（2017）研究发现，一则市场竞争地位越高的民营上市公司越倾向于聘请高质量的内控审计师，二则所处行业竞争强度越低的民营上市公司越倾向于聘请内控审计师，即产品市场竞争的激烈程度与企业内控审计师的选择之间是呈负相关关系的。

（3）竞争加剧对竞争地位的影响研究

Koncar和Stankovic（2016）从行业竞争程度和企业竞争地位两个视角探究产品市场竞争引发的掠夺效应对企业现金流风险的影响。研究指出，在行业竞争程度较大的环境下，由于其他竞争者的制约，掠夺效应对现金流风险的影响较小；在行业竞争程度较小的行业中，掠夺效应对企业现金流风险影响的深度和广度更大。Moradi等（2017）指出，企业竞争地位对现金流风险的影响体现在对行业竞争带来的掠夺效应的放大作用上。行业竞争引发的非排斥性竞争行为、企业竞争地位与其他非价格垄断行为均会导致掠夺效应，上述效应相互叠加作用，使企业现金流的波动更加强烈。特别地，竞争地位较低的企业由于面临市场信息壁垒，其现金流风险受行业竞争的影响尤为强烈。

4. 竞争优势

（1）企业优势对市场竞争力的影响

李世刚等（2016）建立了一个包含企业异质性变量的理论模型来分析企业市场势力的决定因素。研究结果显示，行业或地区的企业数量越多，企业的平均市场势力越小；代表需求优势的企业资本、年龄、营销支出与企业市场势力呈正相关关系；代表成本优势的企业 TFP 与企业市场势力呈正相关关系。Fazıl Pac 等（2018）用结构方程模型对市场导向与组织绩效之间的关系进行了实证研究。研究结果显示，市场导向通过竞争优势作用于组织绩效，三者之间存在显著的正向因果关系。但市场导向及竞争优势的不同因素对其因变量的影响不一，而环境特征和企业所采取的战略类型对上述因果关系有显著的影响。

（2）企业核心竞争优势的构建

金子坚（2017）通过构建存在风险偏好的模糊市场容量古诺模型，运用风险偏好系数和三角模糊函数刻画企业对市场容量的预测，以及均衡产量过程；在此基础上，分析企业竞争优势获得的来源以及其变化趋势。Haapanen 等（2018）通过研究中小企业国际化案例，发现营销和研发投资是建立动态变化能力和竞争优势的必要条件，但不是充分条件。同时，企业遵循自身战略的程度与竞争优势的基础密切相关。

（3）创业、创新与企业竞争优势的关系研究

段梦等（2016）通过对全国 203 家企业的实证研究发现，开发式创新和探索式创新对企业竞争优势存在正向影响，并在创业导向和竞争优势之间发挥中介效应。付丙海等（2015）利用长三角地区 196 家企业数据进行实证分析，指出开发式创新和探索式创新均对创新绩效和企业竞争优势的建立具有显著的正向影响，且前者作用更大；但两者的交互作用对竞争优势具有显著的负向影响。

三、 基于招股说明书的市场类无形资产披露情况

本报告沿用以往《蓝皮书》的研究框架，将市场类无形资产分为商标、客户、竞争地位和核心竞争优势四类，各自包含内容及统计口径如表 4-2 所示。

表 4-2 市场类无形资产的分类及统计口径

无形资产类型	分类	统计口径
市场类无形资产	商标	商标图形或名称、持有商标数量、申请商标数量、商标荣誉、有效日期、取得方式、注册证号、商标类别、商标权属
	客户	"前五大客户销售占比"和"主要客户基本情况"
	竞争地位	"核心产品的市场占有率"和"市场排名"
	竞争优势	技术研发、产品性能、品牌、客户资源、行业经验、人才团队、服务、营销网络、管理、资质、商业模式、市场地位、成本、产业链和企业文化

从 725 家样本公司招股说明书披露的信息来看，拥有并披露商标和客户等市场类无形资产的公司占比均超过 95%，而披露竞争地位和核心竞争优势信息的公司占比也超过 90%（见表 4-3），信息披露情况基本与往年持平。

表4-3 基于招股说明书的创业板公司市场类无形资产披露情况

市场类无形资产类型	披露公司数量（家）	占比（％）
商标	725	100
客户	716	98.8
竞争地位	614	84.7
核心竞争优势	721	99.4

注："占比"的计算方式为：披露某项是市场类无形资产的公司总数/725家样本公司。

从披露市场类无形资产及相关要素的项数来看，725家公司均披露了至少两项相关信息。其中，披露四项和三项信息的公司数量分别为595家和120家，占比之和达整体企业的98.8%（见图4-1），比上年增加0.2%。这说明更多的上市公司意识到相关信息的披露有利于彰显企业实力。

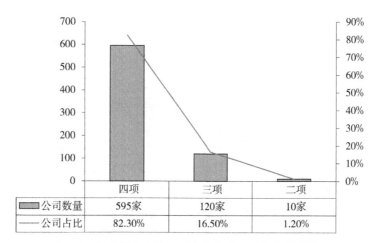

	四项	三项	二项
公司数量	595家	120家	10家
公司占比	82.30%	16.50%	1.20%

图4-1 创业板上市公司拥有市场类无形资产种类情况

（一）商标

1. 整体披露情况

基于公司招股说明书数据，725家创业板上市公司总计持有12052项商标（见表4-4），平均每家公司持有商标数为16.6项，高于上年的14.9项，说明2017年新上市的88家公司平均商标持有量较之前有明显增加。此外，共有433家公司披露了正在申请的商标数量，为2267项，从均值来看多于上年，说明大多数新上市企业在商标的选择上，更倾向于副商标模式。新上市企业使用副商标模式有利于商标的推广和保护，有助于运用商标实施品牌战略，但同时也增加了相关的管理费用。

表4-4　商标信息披露整体情况

商标状态	数量（家）	占比（%）	总数（项）	均值（项/家）
持有商标	725	100	12052	16.6
申请商标	433	59.59	2267	3.13
商标荣誉	143	19.72	190	0.26

注　"数量"指的是披露某项商标信息的公司数量；"占比"的计算方式为：披露某项商标信息的公司总数/725家样本公司；"总数"725家样本公司披露商标总数；"均值"的计算方法为：某项商标信息的披露总数/725家样本公司。

从商标荣誉来看，共有143家样本公司披露了不同等级的商标荣誉（见图4-2）。其中，持有"中国驰名商标"的公司数量为49家，持有省、直辖市一级商标荣誉的公司数量为125家，持有地级市及其他同级别商标荣誉的公司数量为16家。

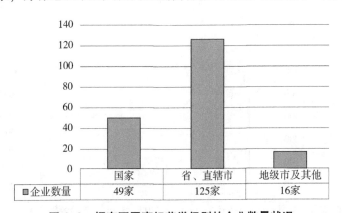

	国家	省、直辖市	地级市及其他
■企业数量	49家	125家	16家

图4-2　拥有不同商标荣誉级别的企业数量状况

2. 分行业披露情况

如表4-5所示，从商标持有量的披露情况来看，各行业创业板公司都对此项信息进行了披露。从申请商标的披露情况来看，大部分行业中有过半数的上市公司进行了披露，其中，信息传输、软件和信息技术服务业披露公司占比最高，为76.7%。相较而言，各行业的创业板公司对商标荣誉披露较少，占比均未超过30%。

表4-5　分行业商标信息披露描述（一）　　　　　　　　　　（单位：家）

行业 ＼ 商标状态	持有商标（占比）	申请商标（占比）	商标荣誉（占比）
采矿业	4（100%）	2（50%）	0（0%）
电力、热力、燃气及水生产和供应业	2（100%）	1（50%）	0（0%）
建筑业	8（100%）	4（50%）	2（25%）
交通运输、仓储和邮政业	2（100%）	1（50%）	0（0%）

续表

商标状态 行业	持有商标（占比）	申请商标（占比）	商标荣誉（占比）
居民服务、修理和其他服务业	1（100%）	0（0%）	0（0%）
科学研究和技术服务业	16（100%）	11（68.8%）	3（18.8%）
农林牧渔业	7（100%）	3（42.9%）	1（14.3%）
批发和零售贸易	7（100%）	3（42.9%）	2（28.6%）
水利、环境和公共设施管理业	13（100%）	6（46.2%）	3（23.1%）
卫生和社会工作	3（100%）	2（66.7%）	0（0%）
文化、体育和娱乐业	13（100%）	9（69.2%）	1（7.7%）
制造业	511（100%）	287（56.2%）	108（21.1%）
信息传输、软件和信息技术服务业	129（100%）	99（76.7%）	21（16.3%）
租赁和商务服务业	9（100%）	5（55.6%）	2（22.2%）

注：括号外数据表示对应行业中披露某项商标信息的公司数量，括号中数据为该行业中披露某项商标信息的公司占比，计算方式为：披露该项信息公司数/该行业公司总数。

如表4-6所示，从总量上看，由于上市企业数量较多，制造业的商标持有量、申请量和商标荣誉均较多。从均值上看，信息传输、软件和信息技术服务业和科学研究和技术服务业的表现则更好。

表4-6 分行业商标信息披露描述（二） （单位：项）

商标状态 行业	持有商标（均值）	申请商标（均值）	商标荣誉（均值）
采矿业	34（8.5）	3（0.75）	0（0）
电力、热力、燃气及水生产和供应业	47（23.5）	11（5.5）	0（0）
建筑业	68（8.5）	10（1.25）	4（0.5）
交通运输、仓储和邮政业	41（20.5）	4（2）	0（0）
居民服务、修理和其他服务业	3（3）	0（0）	0（0）
科学研究和技术服务业	430（26.88）	97（6.06）	4（0.25）
农林牧渔业	36（5.14）	2（0.29）	1（0.14）
批发和零售贸易	80（11.43）	14（2）	4（0.57）
水利、环境和公共设施管理业	218（16.77）	51（3.92）	4（0.3）
卫生和社会工作	44（14.67）	3（1）	0（0）
文化、体育和娱乐业	233（17.92）	34（2.62）	2（0.15）
制造业	7206（14.1）	1131（2.21）	137（0.27）
信息传输、软件和信息技术服务业	3586（27.8）	898（6.96）	30（0.23）
租赁和商务服务业	26（2.89）	9（1）	4（0.44）

注：括号外数据表示对应行业中披露的某项商标的总数，括号中数据为该行业中某项商标的均值，计算方式

为：某项商标的披露总数/该行业公司总数。

3. 分区域披露情况

如表4-7所示，对于持有商标的披露，八大区域中的公司占比均为100%，说明八大区域都很重视持有商标的信息披露，而申请商标的披露率则远低于持有商标，前三名分别是南部沿海经济区（71.2%）、东部沿海经济区（59.2%）和北部沿海经济区（58.9%）。这可能与申请商标存在时效上的延迟和不确定，因此有些企业未完全披露到其申请商标的情况。商标荣誉的披露率则更低，前三名分别是南部沿海经济区（26.3%）、东部沿海经济区（21.5%）和长江中游经济区（17.9%）。

表4-7　分区域商标信息披露描述（一）　　　　　　　　（单位：家）

商标状态 区域	持有商标（占比）	申请商标（占比）	商标荣誉（占比）
东北综合经济区	17（100%）	6（35.3%）	2（11.8%）
北部沿海经济区	146（100%）	86（58.9%）	14（9.6%）
东部沿海经济区	223（100%）	132（59.2%）	48（21.5%）
南部沿海经济区	198（100%）	141（71.2%）	52（26.3%）
黄河中游经济区	28（100%）	5（17.9%）	1（3.6%）
长江中游经济区	67（100%）	42（62.7%）	12（17.9%）
大西南经济区	37（100%）	13（35.1%）	5（13.5%）
大西北经济区	9（100%）	3（33.3%）	0（0%）

注：括号外数据表示对应区域中披露某项商标信息的公司数量，括号中数据为该区域中披露某项商标信息的公司占比，计算方式为：披露该项信息公司数/该区域公司总数。

如表4-8所示，从总量上看，披露持有商标数量的前三名区域分别是南部沿海经济区、东部沿海经济区和北部沿海经济区，披露申请商标数量的前三名区域分别是南部沿海经济区、长江中游经济区和北部沿海经济区，披露获得商标数量的前三名区域分别是南部沿海经济区、东部沿海经济区和北部沿海经济区，可以看出商标的绝对量与各区域的经济发展状况紧密关联。从均值上看，持有商标数量的前三名区域分别是长江中游经济区、南部沿海经济区和东北综合经济区，申请商标数量的前三名区域分别是长江中游经济区、南部沿海经济区和北部沿海经济区，获得商标数量的前三名区域分别是南部沿海经济区、东部沿海经济区和东北综合经济区，这主要是因为长江中游和东北综合经济区披露商标这一指标的企业数量较少，故均值远高于其他区域。

表 4-8　分区域商标信息披露描述（二）　　　　　　　　（单位：项）

区域 ＼ 商标状态	持有商标（均值）	申请商标（均值）	获得商标（均值）
东北综合经济区	302（17.77）	37（2.18）	3（0.18）
北部沿海经济区	2319（15.88）	529（3.62）	19（0.13）
东部沿海经济区	3412（15.3）	249（1.12）	64（0.29）
南部沿海经济区	3590（18.13）	838（4.23）	81（0.41）
黄河中游经济区	409（14.61）	33（1.18）	1（0.04）
长江中游经济区	1534（22.9）	534（7.99）	16（0.24）
大西南经济区	363（9.81）	29（0.78）	6（0.16）
大西北经济区	123（13.67）	18（2.0）	0（0.0）

注：括号外数据表示对应区域中披露的某项商标的总数，括号中数据为该区域中某项商标的均值，计算方式为：某项商标的披露总数/该区域公司总数。

（二）客户

1. 整体披露情况

本报告以"主导客户类型"反映企业最主要客户的所有制属性。例如，国企客户占多数，则该企业被归为国企客户主导类型；以"前五大客户合计销售占比"描述企业客户集中程度。客户集中度高，有利于企业管理，降低交易成本，但过度依赖大客户也会带来潜在风险。

从客户类型上看，2013—2017年，在招股说明书中明确披露公司客户信息的上市公司数量依次为75家、46家、117家、128家和86家。民企、国企、外企这三类客户主导的上市公司占比最高（见表4-9）。

表 4-9　基于招股说明书的创业板公司 2013—2017 年主导客户类型占比情况

年份	2013	2014	2015	2016	2017
披露年度客户的公司数量（家）	75	46	117	128	86
主导客户类型占比　国企	28.4%	30.9%	37.6%	29.7%	34.6%
外企	18.9%	20.7%	20.5%	18.8%	18.3%
民企	45.5%	43.7%	36.8%	43%	39.2%
行政事业单位	3.2%	1.4%	1.7%	3.1%	1.7%
其他	4.0%	3.3%	3.4%	5.5%	6.2%

注：表格中的数据只统计每年报告期内新增上市公司披露情况的数据。"其他"类型的客户包括台资企业、港资企业、中外合资企业等所有制性质的企业客户。

2. 分行业披露情况

如表4-10所示，从披露公司数量占比来看，除农林牧渔业，水利、环境和文化、体育和娱乐业，制造业，信息技术服务业外，其他行业的公司披露率都是100%，说明绝大部分行业内的企业开始逐步将客户信息纳入重要的无形资产披露范畴。从前五大客户合计销售额占比均值来看，前三名行业为文化、体育和娱乐业（39.28%）、农林牧渔业（38.88%）和建筑业（36.98%），后三名行业为交通运输、仓储和邮政业（24.20%）、科学研究和技术服务业（26.50%）和租赁和商务服务业（27.13%）。这也反映出不同行业对于大客户依赖程度的强弱存在差异。

表 4-10　分行业客户信息披露描述 　　　　　　　　　　　　　　　　（单位：家）

行业 ＼ 客户信息	披露公司数量（占比）	前五大客户合计销售占比均值
采矿业	4（100%）	34.91%
电力、热力、燃气及水生产和供应业	2（100%）	27.33%
建筑业	8（100%）	36.98%
交通运输、仓储和邮政业	2（100%）	24.20%
居民服务、修理和其他服务业	1（100%）	28.80%
科学研究和技术服务业	16（100%）	26.50%
农林牧渔业	6（85.7%）	38.88%
批发和零售贸易	7（100%）	33.99%
水利、环境和公共设施管理业	12（92.3%）	31.45%
卫生和社会工作	3（100%）	27.15%
文化、体育和娱乐业	12（92.3%）	39.28%
制造业	508（99.4%）	34.78%
信息传输、软件和信息技术服务业	126（97.7%）	35.72%
租赁和商务服务业	9（100%）	27.13%

注："披露公司数量"表示对应行业中披露相关客户信息的公司数量；"占比"为该行业中披露相关客户信息的公司占比，计算方式为：披露该项信息公司数/该行业公司总数；"前五大客户合计销售占比均值"为对应行业中前五大客户合计销售占比的均值，计算方式为：行业各公司前五大客户销售占比累加/行业企业数量。

3. 分区域披露情况

如表 4-11 所示，从披露公司数量占比来看，除南部沿海经济区和大西北经济区外，其他经济区的披露公司数量占比率都不足100%，但也都不低于85%，这也从侧面反映出不同区域对于客户信息重视程度存在差异，但是差异值较小。从前五大客户合计销售额占比均值来看，前三名区域分别为北部沿海经济区（36.38%）、大西南经济区（34.17%）和黄河中游经济区（33.94%），后三名区域分别为南部沿海经济区（27.24%）、长江中游经济区（28.42%）和东北综合经济区（29.55%）。结合表 4-10，可以看出不同区域间前五大客户销售额占比均值差距小于不同行业间的差距。

表 4-11　分区域技术标准信息披露描述　　　　　　（单位：家）

区域＼客户信息	披露公司数量（占比）	前五大客户合计销售占比均值
东北综合经济区	15（88.24%）	29.55%
北部沿海经济区	145（99.32%）	36.38%
东部沿海经济区	221（99.10%）	32.83%
南部沿海经济区	198（100.00%）	27.24%
黄河中游经济区	27（96.43%）	33.94%
长江中游经济区	66（98.51%）	28.42%
大西南经济区	35（94.60%）	34.17%
大西北经济区	9（100.00%）	33.02%

注："披露公司数量"表示对应区域中披露相关客户信息的公司数量；"占比"为该区域中披露相关客户信息的公司占比，计算方式为：披露该项信息公司数/该区域公司总数；"前五大客户合计销售占比均值"为对应区域中前五大客户合计销售的均值，计算方式为：区域各公司前五大客户销售占比累加/区域企业数量。

（三）竞争地位

1. 整体披露情况

创业板公司竞争地位主要由"核心产品的市场占有率"和"市场排名"两项指标加以体现。其中，"市场占有率"指一个企业的销售量（或销售额）在市场同类产品中所占的比重，体现了企业对市场的控制能力；"市场排名"一般是根据既有规则对企业多个要素打分后按照权重进行加总的分数排名，能够较为全面地体现企业在行业中的竞争地位。

在 725 家样本公司中，有 614 家披露了竞争地位相关信息，占比 84.7%。2017 年新上市的 88 家中，有 76 家披露，占比 86.4%。

绝大多数披露竞争地位信息的公司都拥有多个产品类型，虽然不同产品的市场占有率差异较大，但各项产品的市场排名较为稳定，多数集中于市场前 10 名。

如表 4-12 所示，从主营产品的市场占有率来看，有 10 家公司超过了 70%。其中，制造业公司占据 8 席，信息技术业占据 2 席。除天泽信息（300209）主要提供专业化服务外，其余 9 家公司均是提供具有实物形态工业产品的企业。值得注意的是，2017 年新上市的 88 家公司中仅 37 家披露了市场占有率信息，平均市场占有率仅为 12.37%，同时只有 1 家公司的市场占有率超过了 50%。

表 4-12　基于招股说明书的主营产品市场占有率大于 70% 的企业

证券代码	公司名称	行业	产品类型	市场占有率
300004	南风股份	制造业	核电领域	73.5%
300026	红日药业	制造业	血必净注射液	100.0%
			盐酸法舒地尔注射液	96.2%
300034	钢研高纳	制造业	高温合金	90.0%
300076	宁波 GQY	信息技术业	大屏幕拼接显示系统	79.1%
300077	国民技术	制造业	USBKEY 安全芯片	73.2%
300082	奥克股份	制造业	光伏电池用晶硅切割液	70.0%
300105	龙源技术	制造业	等离子体点火设备	94.1%
300159	新研股份	制造业	农机装备行业	75.0%
			耕作机械	95.0%
300209	天泽信息	信息技术业	公路运输车辆远程管理信息服务	100.0%
300285	国瓷材料	制造业	陶瓷粉体材料	75.0%

注：市场占有率数据来源于上市公司的招股说明书，未披露相关信息的公司不在统计范围内。

2. 分行业披露情况

如表 4-13 所示，从总量上看，披露竞争地位的公司数量前三大行业分别是制造业，信息传输、软件和信息技术服务业和水利、环境和公共设施管理业，而这其中制造业占据披露企业的绝大部分。从占比上看，前三名行业分别是电力、热力、燃气及水生产和供应业（100%），居民服务、修理和其他服务业（100%）和水利、环境和公共设施管理业（92.3%），后三名行业分别为卫生和社会工作（33.3%）、交通运输、仓储和邮政业（50.0%）和农林牧渔业（57.1%）。行业间存在较大差距的原因主要有两个方面：一是占比排名前三的行业中其上市公司数量极少，二是不同行业由于行业性质和所处市场环境，其竞争程度存在差异，故披露程度也存在差异。

表 4-13　分行业竞争地位信息披露描述　　　　　　　　　（单位：家）

行业 ＼ 竞争地位信息	披露公司数量（占比）
采矿业	3（75.0%）
电力、热力、燃气及水生产和供应业	2（100.0%）
建筑业	5（62.5%）
交通运输、仓储和邮政业	1（50.0%）
居民服务、修理和其他服务业	1（100.0%）
科学研究和技术服务业	11（68.8%）

行业＼竞争地位信息	披露公司数量（占比）
农林牧渔业	4（57.1%）
批发和零售贸易	6（85.7%）
水利、环境和公共设施管理业	12（92.3%）
卫生和社会工作	1（33.3%）
文化、体育和娱乐业	8（61.5%）
制造业	467（91.4%）
信息传输、软件和信息技术服务业	87（67.4%）
租赁和商务服务业	6（66.7%）

注："披露公司数量"表示对应行业中披露相关竞争地位信息的公司数量；"占比"为该行业中披露相关竞争地位信息的公司占比，计算方式为：披露该项信息公司数/该行业公司总数。

3. 分区域披露情况

如表4-14所示，披露竞争地位公司数前三名的区域分别是东部沿海经济区、南部沿海经济区和北部沿海经济区，披露竞争地位信息的公司占比前三名的区域分别为南部沿海经济区（87.9%）、东部沿海经济区（87.0%）和北部沿海经济区（85.6%）。可以看出这二者所示区域基本一致，从侧面反映出不同区域企业间竞争程度和对竞争地位的重视程度与区域经济发展水平密切相关。而其他五大区域披露企业占比相对较低，但也基本维持在60%以上。综合来看，八大区域内企业已经逐步将竞争地位这一指标纳入衡量企业无形资产能力的范畴内。

表4-14　分区域竞争地位信息披露描述　　（单位：家）

区域＼竞争地位信息	披露公司数量（占比）
东北综合经济区	11（64.7%）
北部沿海经济区	125（85.6%）
东部沿海经济区	194（87.0%）
南部沿海经济区	174（87.9%）
黄河中游经济区	21（75.0%）
长江中游经济区	57（85.1%）
大西南经济区	26（70.3%）
大西北经济区	6（66.7%）

注："披露公司数量"表示对应区域中披露相关竞争地位信息的公司数量；"占比"为该区域中披露相关竞争地位信息的公司占比，计算方式为：披露该项信息公司数/该区域公司总数。

（四）核心竞争优势

1. 整体披露情况

本报告沿用《蓝皮书（2016—2017）》的做法，从技术研发、产品性能、品牌、客户资源、行业经验、人才团队、服务、营销网络、管理、资质、商业模式、市场地位、成本、产业链和企业文化，这 15 个方面对企业核心竞争优势进行评价。根据统计，在 725 家样本公司中，有 721 家披露了竞争地位相关信息，占比 99.4%。

2. 分行业披露情况

如表 4-15 所示，制造业上市公司披露的各项核心竞争优势都是最多的，其次是信息传输、软件和信息技术服务业和科学研究和技术服务业。对核心竞争优势披露较少的行业分别是交通运输、仓储和邮政业和居民服务、修理和其他服务业。前者仅在服务和商业模式两方面拥有一定竞争优势，而后者仅在产品性能和服务两方面拥有一定竞争优势，这主要是受制于行业特性以及其发展阶段。其他行业在这 15 项核心竞争优势方面都或多或少有所欠缺。

表 4-15　各行业拥有核心竞争优势的公司数量　（单位：家）

行业 ＼ 核心竞争优势	技术研发	产品性能	品牌	客户资源	行业经验	人才团队	服务	营销网络	管理	资质	商业模式	市场地位	成本	产业链	企业文化
采矿业	2	0	3	4	2	1	0	0	0	2	1	0	0	0	0
电力、热力、燃气及水生产和供应业	2	1	1	1	0	0	0	0	0	2	1	1	0	0	0
建筑业	2	5	4	3	5	6	5	3	6	6	3	4	6	3	2
交通运输、仓储和邮政业	0	0	0	0	0	0	1	0	0	0	1	0	0	0	0
居民服务、修理和其他服务业	0	1	0	0	0	0	1	0	0	0	0	0	0	0	0
科学研究和技术服务业	16	13	9	12	7	5	6	3	5	12	9	9	15	8	5
农林牧渔业	3	3	2	5	1	2	1	0	0	3	1	3	3	4	1
批发和零售贸易	2	3	4	7	5	3	4	3	5	3	4	4	6	5	3
水利、环境和公共设施管理业	12	4	3	7	7	5	4	5	7	10	5	6	7	10	2
卫生和社会工作	1	0	1	2	1	1	0	1	2	3	0	0	1	2	0
文化、体育和娱乐业	7	9	11	6	4	8	5	3	7	6	5	6	6	8	6
制造业	454	378	411	498	362	289	306	433	217	345	273	371	429	142	117
信息传输、软件和信息技术服务业	89	76	93	103	45	78	43	67	51	74	69	70	86	40	33
租赁和商务服务业	6	4	6	5	3	3	4	2	1	3	3	1	7	5	2

如表 4-16 所示，综合来看，核心竞争优势拥有比例较高的前五大行业分别是制造业，科学研究和技术服务业，信息传输、软件和信息技术服务业，水利、环境和公共设施管理业和文化、体育和娱乐业，而核心竞争优势拥有比例较低的三大行业分别是交通运输、仓储和邮政业，居民服务、修理和其他服务业和采矿业，与表 4-15 的分析结果基本一致。

表 4-16　各行业公司核心竞争优势拥有比例　　　　　　　　　　　　（单位:%）

行业 ＼ 核心竞争优势	技术研发	产品性能	品牌	客户资源	行业经验	人才团队	服务	营销网络	管理	资质	商业模式	市场地位	成本	产业链	企业文化
采矿业	50	0	75	100	50	25	0	0	0	50	25	0	0	0	0
电力、热力、燃气及水生产和供应业	100	50	50	50	0	0	0	0	0	100	50	50	0	0	0
建筑业	25	62.5	50	37.5	62.5	75	62.5	37.5	75	75	37.5	50	75	37.5	25
交通运输、仓储和邮政业	0	0	0	0	0	0	50	0	0	0	50	0	0	0	0
居民服务、修理和其他服务业	0	100	0	0	0	0	100	0	0	0	0	0	0	0	0
科学研究和技术服务业	100	81.3	56.3	75	43.8	31.3	37.5	18.8	31.3	75	56.3	56.3	93.8	50	31.3
农林牧渔业	42.9	42.9	28.6	71.4	14.3	28.6	14.3		0	42.9	14.3	42.9	42.9	57.1	14.3
批发和零售贸易	28.6	42.9	57.1	100	71.4	42.9	42.9	57.1	71.4	42.9	57.1	57.1	85.7	71.4	42.9
水利、环境和公共设施管理业	92.3	30.8	23.1	53.8	53.8	38.5	30.8	38.5	53.8	76.9	38.5	46.2	53.8	76.9	15.4
卫生和社会工作	33.3	0	33.3	66.7	33.3	33.3	0	33.3	66.7	100	0	0	33.3	66.7	0
文化、体育和娱乐业	53.8	69.2	84.6	46.2	30.8	61.5	38.5	23.1	53.8	46.2	38.5	46.2	38.5	61.5	46.2
制造业	88.8	74	80.4	97.5	70.8	56.6	59.9	84.7	42.5	67.5	53.4	72.6	84	27.8	22.9
信息传输、软件和信息技术服务业	69	58.9	72.1	79.8	34.9	60.5	33.3	51.9	39.5	57.4	53.5	54.3	66.7	31	25.6
租赁和商务服务业	66.7	44.4	66.7	55.6	33.3	33.3	44.4	22.2	11.1	33.3	33.3	11.1	77.8	55.6	22.2

注：核心竞争优势拥有比例的计算方式为：行业中拥有该核心竞争优势的企业数量/行业企业总数。

3. 分区域披露情况

如表 4-17 所示，东部沿海经济区、南部沿海经济区和北部沿海经济区上市公司披露的核心竞争优势数量最多，一方面是这些区域的企业数量本身较多，另一方面是这三大区域经济发达，行业竞争较为激烈。披露核心竞争优势数量较少的区域分别是大西北经济区、大西南经济区和东北综合经济区。这主要是因为区域自身经济发展水平的限制。而剩下两个区域不论是企业数量或者经济发展都处于中间水平，未来需要进一步提高对核心竞争优势披露的数量和质量。

表4-17　各区域拥有核心竞争优势的公司数量　　　　　　（单位：家）

区域 ＼ 核心竞争优势	技术研发	产品性能	品牌	客户资源	行业经验	人才团队	服务	营销网络	管理	资质	商业模式	市场地位	成本	产业链	企业文化
东北综合经济区	13	6	9	10	8	6	10	7	8	9	12	8	3	6	3
北部沿海经济区	112	94	101	127	89	56	75	90	72	107	74	75	102	37	39
东部沿海经济区	189	168	183	207	132	127	106	161	86	120	96	157	186	76	43
南部沿海经济区	174	154	164	185	127	132	120	171	94	134	113	166	165	81	61
黄河中游经济区	22	16	19	24	19	12	10	15	2	17	16	16	22	7	8
长江中游经济区	54	35	48	61	39	43	38	54	23	52	45	38	54	15	12
大西南经济区	27	21	20	33	23	19	16	21	10	27	18	12	28	4	5
大西北经济区	5	3	4	6	5	6	4	2	0	3	1	3	5	1	0

　　如表4-18所示，综合来看，核心竞争优势拥有比例较高的前三大区域分别是东部沿海经济区、南部沿海经济区和北部沿海经济区，而核心竞争优势拥有比例较低的区域主要是大西北经济区，与表4-17的分析结果基本一致，但也存在一些差异：其一是三大发达经济区的企业大多数都比较重视核心竞争优势，发展的比较全面；其二是大西北经济区受制于地区经济和竞争观念的影响，在现有企业中对核心竞争优势的重视度不够高；其三是剩下的区域还处于经济发展的初步加速阶段，大多数企业仍然在摸索发展的方向。所以综合来看，尽管有些区域的企业数量不多，但是也在逐步探索适合自己发展的道路，重视自身核心竞争优势的培育。

表4-18　各区域公司核心竞争优势拥有比例　　　　　　（单位:%）

区域 ＼ 核心竞争优势	技术研发	产品性能	品牌	客户资源	行业经验	人才团队	服务	营销网络	管理	资质	商业模式	市场地位	成本	产业链	企业文化
东北综合经济区	76.5	35.3	52.9	58.8	47.1	35.3	58.8	41.2	47.1	52.9	70.6	47.1	17.6	35.3	17.6
北部沿海经济区	76.7	64.4	69.2	87.0	61.0	38.4	51.4	61.6	49.3	73.3	50.7	51.4	69.9	25.3	26.7
东部沿海经济区	84.8	75.3	82.1	92.8	59.2	57.0	47.5	72.2	38.6	53.8	43.0	70.4	83.4	34.1	19.3
南部沿海经济区	87.9	77.8	82.8	93.4	64.1	66.7	60.6	86.4	47.5	67.7	57.1	83.8	83.3	40.9	30.8
黄河中游经济区	78.6	57.1	67.9	85.7	67.9	42.9	35.7	53.6	28.6	60.7	57.1	57.1	78.6	25.0	28.6
长江中游经济区	80.6	52.2	71.6	91.0	58.2	64.2	56.7	80.6	34.3	77.6	67.2	56.7	80.6	22.4	17.9
大西南经济区	73.0	56.8	54.1	89.2	62.2	51.4	43.2	56.8	27.0	73.0	48.6	32.4	75.7	10.8	13.5
大西北经济区	55.6	33.3	44.4	66.7	55.6	66.7	44.4	22.2	0.0	33.3	11.1	33.3	55.6	11.1	0.0

　　注：核心竞争优势拥有比例的计算方式为：区域中拥有该核心竞争优势的企业数量/区域企业总数。

四、 基于年报的市场类无形资产披露情况

本报告在 725 家样本公司中剔除未披露 2017 年年度报告和未披露无形资产明细表的 7 家公司（深信服 300454、彩讯股份 300634、南京聚隆 300644、御家江 300740、华宝股份 300741、越博动力 300742、天地数码 300743），共统计了 718 家样本公司的无形资产账面价值信息。

由表 4-19 统计数据显示，2017 年年报中创业板上市公司对商标信息的披露情况最好，90.4% 的公司披露了此项信息；对竞争地位信息的披露情况最差，仅 50.7% 的上市公司对相关信息进行了披露。

表 4-19 基于 2017 年年报的创业板公司市场类无形资产披露情况 （单位：家）

年份	2017
商标	649（90.4%）
客户	579（80.6%）
竞争地位	364（50.7%）
核心竞争优势	458（63.8%）

注：括号外数据表示对应年份中披露某项市场类无形资产信息的公司数量，括号中数据为该年份中披露某项市场类无形资产信息的公司占比，计算方式为：披露该项信息公司数/该年份所有上市公司总数。

（一）商标

1. 整体披露情况

基于公司年报数据，718 家创业板上市公司披露持有商标信息的比例为 88.7%，总计持有 10645 项（见表 4-20）商标，平均每家公司持有商标数为 14.82 项，低于上年的 20.6 项，说明披露年报的公司平均商标持有量较上年有明显下降。此外，共有 216 家公司披露了正在申请的商标数量，为 423 项，从均值来看少于上一年，披露的商标荣誉的公司为 125 家，为 202 项，从均值来看同上一年持平，两类商标信息披露均值未出现上涨的态势，说明上市公司一方面更聚焦推广主商标，另一方面对副商标推广模式趋于理性。

表 4-20 2017 年商标信息披露整体情况

商标状态 年份	持有商标				申请商标				商标荣誉			
	披露公司数量（家）	占比（%）	披露总数（项）	均值（项）	披露公司数量（项）	占比（%）	披露总数（项）	均值（项）	披露公司数量（家）	占比（%）	披露总数（项）	均值（项）
2017	637	88.7	10645	14.82	216	30.1	423	0.59	125	17.4	202	0.28

注："披露公司数量"表示对应年份中披露某项商标信息的公司数量；"占比"为该年份中披露某项商标信息的公司占比，计算方式为：披露该项信息公司数/该年份上市公司总数；"披露总数"为对应年份中披露的某项商标的

总数；"均值"为该年份中某项商标的均值，计算方式为：某项商标的披露总数/该年份上市公司总数。以下对分行业及分区域披露情况的统计中，指标计算均同此说明。

2. 分行业披露情况

（1）制造业

如表4-21所示，从制造业商标信息披露情况来看，持有商标披露公司数量占比92.3%，高于整体披露情况，披露总数为6871项，均值为13.58项，低于整体披露情况，说明制造业上市公司更聚焦于主商标的培育与推广。另外，制造业上市公司中披露申请商标、商标荣誉的公司占比为28.7%、14.4%，均值为0.52项、0.18项，四个指标均低于整体披露情况，这从另一方面说明制造业中上市公司相比整体较少采用副商标战略。

表4-21　制造业商标信息披露整体情况

年份 商标状态	持有商标				申请商标				商标荣誉			
	披露公司数量（家）	占比（%）	披露总数（项）	均值（项）	披露公司数量（项）	占比（%）	披露总数（项）	均值（项）	披露公司数量（家）	占比（%）	披露总数（项）	均值（项）
2017	467	92.3	6871	13.58	145	28.7	265	0.52	73	14.4	89	0.18

（2）信息传输、软件和信息技术服务业

如表4-22所示，从信息传输、软件和信息技术服务业商标信息披露情况来看，持有商标披露公司数量占比83.5%，低于整体披露情况，披露总数为2360项，均值为18.58项，高于整体披露情况，说明信息传输、软件和信息技术服务业上市公司偏好副商标战略。另外，信息传输、软件和信息技术服务业上市公司中披露申请商标、商标荣誉的公司均值为0.61项、0.3项，两个指标均高于整体披露情况，这从另一方面说明该行业上市公司相比整体较多采用副商标战略。

表4-22　信息传输、软件和信息技术服务业商标信息披露整体情况

年份 商标状态	持有商标				申请商标				商标荣誉			
	披露公司数量（家）	占比（%）	披露总数（项）	均值（项）	披露公司数量（项）	占比（%）	披露总数（项）	均值（项）	披露公司数量（家）	占比（%）	披露总数（项）	均值（项）
2017	106	83.5	2360	18.58	35	27.6	78	0.61	26	20.5	38	0.3

（3）科学研究与技术服务业

如表4-23所示，从科学研究与技术服务业商标信息披露情况来看，持有商标披露公司数量占比93.8%，高于整体披露情况，披露总数为378项，均值为23.63项，高于

整体披露情况，说明该行业上市公司偏好副商标战略。另外，科学研究与技术服务业上市公司中披露申请商标、商标荣誉的公司占比为50%、25%，均值为1.75项、0.38项，四个指标均高于整体披露情况，这从另一方面说明该行业上市公司相比整体较多采用副商标战略。

表4-23　科学研究与技术服务业商标信息披露整体情况

年份 商标状态	持有商标				申请商标				商标荣誉			
	披露公司数量（家）	占比（%）	披露总数（项）	均值（项）	披露公司数量（项）	占比（%）	披露总数（项）	均值（项）	披露公司数量（家）	占比（%）	披露总数（项）	均值（项）
2017	15	93.8	378	23.62	8	50	28	1.75	4	25	6	0.38

3. 分区域披露情况

如表4-24所示，披露持有商标公司数前三名的区域分别是东部沿海经济区、南部沿海经济区和北部沿海经济区，而申请商标的披露率均远低于持有商标，前三名分别是黄河中游经济区（42.9%）、南部沿海经济区（36.2%）和长江中游经济区（31.3%），商标荣誉的披露率亦远低于持有商标，前三名分别是黄河中游经济区（21.4%）、长江中游经济区（19.4%）、南部沿海经济区（18.4%）。通过三类指标的统计，发现南部沿海经济区和长江中游经济区披露情况最好。

表4-24　基于2017年年报的分区域商标信息披露描述

区域 商标状态	持有商标				申请商标				商标荣誉			
	披露公司数量（家）	占比（%）	披露总数（项）	均值（项）	披露公司数量（项）	占比（%）	披露总数（项）	均值（项）	披露公司数量（家）	占比（%）	披露总数（项）	均值（项）
东北综合经济区	13	76.5	267	15.71	4	23.5	6	0.35	3	17.6	5	0.29
北部沿海综合经济区	128	87.7	2052	14.05	34	23.3	70	0.48	22	15.1	39	0.27
东部沿海综合经济区	193	88.1	3009	13.74	65	29.7	126	0.58	38	17.4	55	0.25
南部沿海综合经济区	186	94.9	3171	16.18	71	36.2	135	0.69	36	18.4	60	0.31
黄河中游综合经济区	22	78.6	362	12.93	12	42.9	17	0.61	6	21.4	9	0.32

续表

区域 商标状态	持有商标				申请商标				商标荣誉			
	披露公司数量（家）	占比（%）	披露总数（项）	均值（项）	披露公司数量（项）	占比（%）	披露总数（项）	均值（项）	披露公司数量（家）	占比（%）	披露总数（项）	均值（项）
长江中游综合经济区	60	89.6	1356	20.24	21	31.3	46	0.69	13	19.4	22	0.33
大西南综合经济区	30	81.1	322	8.70	7	18.9	20	0.54	6	16.2	10	0.27
大西北综合经济区	5	62.5	106	13.25	2	25.0	3	0.38	1	12.5	2	0.25

（二）客户

1. 整体披露情况

表4-25　2017年创业板公司主导客户类型占比

年份	主导客户占比（%）				
	国企	外企	民企	行政事业单位	其他
2017	32.10	24.86	37.78	2.11	3.15

注：“其他”类型的客户包括台资企业、港资企业、中外合资企业等所有制性质的企业客户。以下对分行业及分区域披露情况的统计中，指标计算均同此说明。

如表4-25所示，2017年创业板上市公司的主要客户类型以民企、国企和外企为主，三者占比超过90%。行政事业单位与其他类型的客户占比较小。其中以民企为主导客户的占比最高，为37.78%。

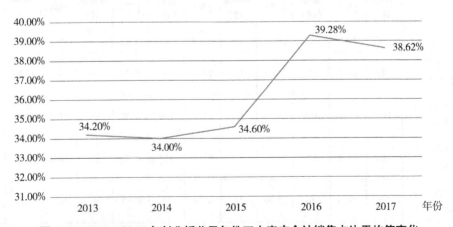

图4-3　2013—2017年创业板公司年份五大客户合计销售占比平均值变化

如图 4-3 所示，从前五大客户合计销售占比平均值来看，2013—2014 年保持平稳，2015 年略有上升（34.6%），2016 年出现大幅上升（39.28%），2017 年则有所回落（38.62%）。整体呈现先增后减的趋势。总的来看，创业板上市公司客户集中度呈现波动上升的趋势。说明创业板上市公司企业越来越重视培育优质主导客户，认识到优质的大客户会带来产业链整合效应，使整个产业链商品的流动性更加协调，最大化产业链利益。但值得注意的是，客户集中度应保持在一个适度的水平，过高或过低都存在潜在的问题。

2. 分行业披露情况

（1）制造业

如表 4-26 所示，2017 年制造业主导客户披露中民企、国企、外企分别占比40.13%、29.54%、25.11%，民企占比高于整体披露情况，说明民企在制造业产业链中发挥更为重要的作用。制造业前五大客户合计销售额占比为 38.87%，略高于整体披露情况，说明制造业对于大客户依赖程度高于整体情况。

表 4-26　2017 年制造业客户信息披露整体情况

年份	主导客户占比（%）					前五大客户合计销售占比（%）
	国企	外企	民企	行政事业单位	其他	
2017	29.54	25.11	40.13	3.12	2.10	38.87

（2）信息传输、软件和信息技术服务业

如表 4-27 所示，2017 年信息传输、软件和信息技术服务业主导客户信息披露中民企、国企、外企分别占比 36.18%、34.67%、22.68%，民企占比高于整体披露情况，说明民企在该行业产业链中发挥更大的作用。该行业前五大客户合计销售额占比为36.43%，略低于整体披露情况，说明该行业对于大客户依赖程度低于整体情况。

表 4-27　2017 年信息传输、软件和信息技术服务业客户信息披露整体情况

年份	主导客户占比（%）					前五大客户合计销售额占比（%）
	国企	外企	民企	行政事业单位	其他	
2017	34.67	22.68	36.18	1.44	5.03	36.43

（3）科学研究与技术服务业

如表 4-28 所示，2017 年科学研究与技术服务业主导客户信息披露中国企、民企、外企分别占比 36.18%、35.67%、21.81%，国企占比高于整体披露情况，说明国企在该行业产业链中发挥更大的作用。该行业前五大客户合计销售额占比为 40.15%，高于

整体披露情况，说明该行业对于大客户依赖程度高于整体情况。

表4-28 2017年科学研究与技术服务业客户信息披露整体情况

年份	主导客户占比（%）					前五大客户合计销售额占比（%）
	国企	外企	民企	行政事业单位	其他	
2017	36.18	21.81	35.67	1.56	4.78	40.15

3. 分区域披露情况

从不同经济区上市公司的客户信息披露情况来看，这些经济区的主要主导客户之一都有民企，占比均在30%以上。事实上，民企应该是绝对的主导客户，唯一例外的情况是北部沿海地区，这可能与该地区靠近政治中心、国有企业更为活跃有关。大西北和大西南经济区中主导客户为外企的企业数量较少。与之相比，沿海经济区中以外企为主导客户的企业较多，占比都超过了25%，这与沿海地区的外企数量和产业结构有关。北部沿海、大西北和大西南经济区的上市公司中以国有企业为主导客户的企业占比较高，都超过了35%，这与当地的国企数量和政府政策有关。在各大经济区中，以行政事业单位和其他作为主导客户的企业占比都较少。

在各经济区的上市公司中，前五大客户合计销售占比都超过了30%，其中大西北、大西南和黄河中游经济区的占比较高，分别为44.62%、41.33%和38.68%，显示出更高的客户集中度。其余经济区的前五大客户销售占比都在35%左右。

表4-29 基于2017年年报的分区域客户信息披露描述

区域	主导客户占比（%）					前五大客户合计销售占比（%）
	国企	外企	民企	行政事业单位	其他	
东北综合经济区	29.12	23.52	38.58	2.15	6.63	37.56
北部沿海经济区	39.38	25.8	32.35	1.86	0.61	35.25
东部沿海经济区	30.68	26.17	36.51	1.77	4.87	33.78
南部沿海经济区	27.85	29.94	37.62	2.1	2.49	32.56
黄河中游经济区	33.89	17.68	43.31	2.65	2.47	38.68
长江中游经济区	29.87	18.74	45.68	2.86	2.85	33.26
大西南经济区	36.69	8.23	46.69	3.1	5.29	41.33
大西北经济区	38.25	4.38	48.13	3.56	5.68	44.62

（三）竞争地位

1. 整体披露情况

从2013开始，部分公司开始选择"用数据说话"，采用定量方式描述竞争地位变动情况的公司数量明显增加（见表4-30）。例如：探路者（300005）在2013年年报中披露"公司线下连锁经营店铺总数已达1614家，较2012年年底净新开店219家；其中按店铺性质划分包括直营店195家，加盟店1419家，分别较2012年年底净增加36家和183家，继续巩固了公司作为国内户外用品行业领军企业的市场地位"；博腾股份（300363）在2014年年报中披露"根据Citi-Research的估算，2014年中国医药定制研发生产市场规模约为110亿元人民币，目前公司约占整个中国的6%以上，处于国内领先地位"。盛天网络（300494）在2015年年报中披露"在网吧场景中，根据《2015年中国互联网上网服务行业发展报告》，公司互联网娱乐平台产品在网吧市场占有率市场排名第二位"。

未在年报中披露竞争地位的企业占比呈波动变化趋势。2017年，未披露竞争地位的企业占比为1.26%，而披露信息的企业仍然大多数选择定性描述（56.54%），但所占比重已大幅下降，有42.20%的企业选择定量描述。

表4-30　2013—2017年竞争地位信息披露整体情况　　（单位:%）

竞争地位 年份	定性描述	定量描述	未披露	上升企业占比
2013	61.47	32.46	6.07	43.64
2014	64.97	33.83	1.20	35.73
2015	64.88	31.19	3.93	33.65
2016	79.53	14.31	6.16	24.96
2017	56.54	42.20	1.26	37.65

进一步地，本报告对创业板上市公司市场竞争地位的变动情况进行分析。统计发现，近年来市场竞争地位上升的企业占比呈现波动变化趋势，这可能与近年来行业整体产能过剩、市场竞争加剧的宏观经济背景相关。

2. 分行业披露情况

（1）制造业

如表4-31所示，2017年制造业上市公司披露竞争地位信息中55.75%选择定性描述、42.16%选择定量描述，两个指标均略低于整体情况，未披露的比例为2.09%，略高于整体情况。

表4-31 2017年制造业竞争地位信息披露整体情况 （单位:%）

年份 ＼ 竞争地位	定性描述	定量描述	未披露	上升企业占比
2017	55.75	42.16	2.09	35.64

（2）信息传输、软件和信息技术服务业

如表4-32所示，2017年信息传输、软件和信息技术服务业上市公司披露竞争地位信息中53.39%选择定性描述、45.59%选择定量描述，选择定量描述的公司比例高于整体情况，而选择定性描述的公司比例低于整体情况，说明该行业更倾向于用定量的方式披露竞争地位。

表4-32 2017年信息传输、软件和信息技术服务业竞争地位信息披露整体情况 （单位:%）

年份 ＼ 竞争地位	定性描述	定量描述	未披露	上升企业占比
2017	53.39	45.59	1.02	39.11

（3）科学研究与技术服务业

如表4-33所示，2017年科学研究与技术服务业上市公司披露竞争地位信息中59.14%选择定性描述、37.74%选择定量描述，选择定性描述的公司比例高于整体情况，而选择定量描述的公司比例远低于整体情况，说明该行业更倾向于用定性的方式披露竞争地位。

表4-33 2017年科学研究与技术服务业竞争地位信息披露整体情况 （单位:%）

年份 ＼ 竞争地位	定性描述	定量描述	未披露	上升企业占比
2017	59.14	37.74	3.12	41.32

3. 分区域披露情况

从披露情况来看，各经济区上市公司披露的竞争地位情况都以定性描述为主，占比均超过50%。未披露竞争地位的情况较少，占比不超过3%。

如表4-34所示，从竞争地位上升的企业占比来看，排名前三的经济区是东部沿海、南部沿海及长江中游经济区，分别为46.22%、44.87%和41.49%。而大西北、黄河中游及东北综合经济区的上升企业占比较少，分别为28.36%、31.63%和33.36%。其他经济区的上升企业占比都在35%以上。

表 4-34　基于 2017 年年报的分区域竞争地位信息披露描述　　（单位:%）

区域 ＼ 竞争地位	定性描述	定量描述	未披露	上升企业占比
东北综合经济区	54.81	43.08	2.11	33.36
北部沿海经济区	57.63	41.58	0.79	37.85
东部沿海经济区	54.15	44.72	1.13	46.22
南部沿海经济区	52.37	46.79	0.84	44.87
黄河中游经济区	58.21	40.71	1.08	31.63
长江中游经济区	55.82	42.71	1.47	41.49
大西南经济区	61.35	38.03	0.62	37.42
大西北经济区	58.02	39.92	2.06	28.36

（四）核心竞争优势

1. 整体披露情况

证监会准则要求公司年报应对企业核心竞争优势的变化进行有效披露，包括设备、专利、核心技术人员等七大类。表 4-35 反映了 2013—2017 年创业板企业的竞争优势总数变动情况。表 4-36 为竞争优势的变动率，计算方式为：当年的变动量除以上一年的总量。可以发现，2013—2017 年，设备、专利和特许经营权的变动率总体呈上升趋势，反映出上市公司对核心竞争优势的重视程度不断上升。这些核心竞争优势变动逐渐激烈。非专利技术和核心技术人员的变动率呈先增后减趋势，尤其是 2017 年均大幅下降。独特经营方式和盈利模式的变动率变化较小，资源要素使用则几乎没有变化。总体而言，专利、非专利技术、特许经营权和核心技术人员是创业板上市公司变动较为活跃的竞争优势。

表 4-35　2013—2017 年核心竞争优势数量变动披露情况　　（单位：项）

指标 ＼ 年份	2013	2014	2015	2016	2017
设备	55	61	82	117	158
专利	29	41	41	80	124
非专利技术	62	190	201	190	221
特许经营权	28	21	28	67	75
核心技术人员	65	37	70	257	175
独特经营方式和盈利模式	20	25	49	46	68
资源要素使用	0	0	0	0	0

注："资源要素使用"指允许他人使用自己所有的资源要素或作为被许可方使用他人的资源要素。表 4-36 至表 4-42 同此说明。

表4-36 2013—2017年核心竞争优势变动占比统计 （单位:%）

指标　＼　年份	2013	2014	2015	2016	2017
设备	21.24	16.27	17.41	15.46	19.24
专利	11.20	10.93	8.70	10.57	15.10
非专利技术	23.93	50.66	42.69	25.11	26.92
特许经营权	10.81	5.60	5.94	8.85	9.14
核心技术人员	25.10	9.87	14.86	33.95	21.32
独特经营方式和盈利模式	7.72	6.67	10.40	6.08	8.28
资源要素使用	0.0	0.0	0.0	0.0	0.0

注：变动占比指的是每种竞争优势占竞争优势总变动量比重，即某种指标变动数量/核心竞争优势变动总量。表4-38、表4-40、表4-42同此说明。

2. 分行业披露情况

（1）制造业

如表4-37所示，2017年制造业上市公司核心竞争优势数量披露中非专利技术、设备、核心技术人员为前三名，分别为132项、112项、101项，如表4-38所示，变动占比前三名同样为非专利技术、设备、核心技术人，说明这三类核心竞争优势变动更为明显。

表4-37 2017年制造业核心竞争优势数量披露情况 （单位：项）

指标　＼　年份	2017
设备	112
专利	62
非专利技术	132
特许经营权	36
核心技术人员	101
独特经营方式和盈利模式	46
资源要素使用	0

表4-38 2017年制造业核心竞争优势变动占比统计 （单位:%）

指标　＼　年份	2017
设备	22.90
专利	12.68

指标	年份 2017
非专利技术	26.99
特许经营权	7.36
核心技术人员	20.66
独特经营方式和盈利模式	9.41
资源要素使用	0.00

（2）信息传输、软件和信息技术服务业

如表4-39所示，2017年信息传输、软件和信息技术服务业上市公司核心竞争优势数量披露中非专利技术、核心技术人员、设备为前三名，分别为42项、35项、32项，如表4-40所示，变动占比前三名同样为非专利技术、核心技术人设备、设备，说明这三类核心竞争优势变动更为明显。

表4-39　2017年信息传输、软件和信息技术服务业核心竞争优势数量披露情况（单位：项）

指标	年份 2017
设备	32
专利	26
非专利技术	42
特许经营权	17
核心技术人员	35
独特经营方式和盈利模式	12
资源要素使用	0

表4-40　2017年信息传输、软件和信息技术服务业核心竞争优势变动占比统计（单位:%）

指标	年份 2017
设备	19.51
专利	15.85
非专利技术	25.61
特许经营权	10.37
核心技术人员	21.34
独特经营方式和盈利模式	7.32
资源要素使用	0.00

（3）科学研究与技术服务业

如表4-41所示，2017年科学研究与技术服务业上市公司核心竞争优势数量披露中专利、核心技术人员、非专利技术为前三名，分别为20项、19项、18项，如表4-42所示，变动占比前三名同样为专利、核心技术人员、非专利技术，说明这三类核心竞争优势变动更为明显。

表4-41　2017年科学研究与技术服务业核心竞争优势数量披露情况　　（单位：项）

指标 ＼ 年份	2017
设备	3
专利	20
非专利技术	18
特许经营权	4
核心技术人员	19
独特经营方式和盈利模式	2
资源要素使用	0

表4-42　2017年科学研究与技术服务业核心竞争优势变动占比统计　　（单位:%）

指标 ＼ 年份	2017
设备	4.55
专利	30.30
非专利技术	27.27
特许经营权	6.06
核心技术人员	28.79
独特经营方式和盈利模式	3.03
资源要素使用	0.00

3. 分区域披露情况

如表4-43所示，大多数经济区上市公司核心竞争优势变化主要集中于非专利技术和核心技术人员，如东北综合经济区、北部沿海经济区、黄河中游经济区、大西南经济区及大西北经济区，这两项要素变动占比加起来超过50%。如表4-44所示，东部沿海经济区、南部沿海经济区的每项要素变动占比则较为平均。

表 4-43　基于 2017 年年报的分区域核心竞争优势数量披露情况　　(单位：项)

区域 ＼ 指标	设备	专利	非专利技术	特许经营权	核心技术人员	独特经营方式和盈利模式	资源要素使用
东北综合经济区	3	4	6	1	5	1	0
北部沿海经济区	31	27	46	17	37	10	0
东部沿海经济区	51	34	50	21	60	20	0
南部沿海经济区	42	36	58	29	43	21	0
黄河中游经济区	5	8	12	2	10	2	0
长江中游经济区	21	9	34	4	6	8	0
大西南经济区	3	5	12	1	11	6	0
大西北经济区	2	1	3	0	3	0	0

表 4-44　基于 2017 年年报的分区域核心竞争优势变动占比统计　　(单位：%)

区域 ＼ 指标	设备	专利	非专利技术	特许经营权	核心技术人员	独特经营方式和盈利模式	资源要素使用
东北综合经济区	15.0	20.0	30.0	5.0	25.0	5.0	0.0
北部沿海经济区	18.5	16.1	27.4	10.1	22.0	6.0	0.0
东部沿海经济区	21.6	14.4	21.2	8.9	25.4	8.5	0.0
南部沿海经济区	18.3	15.7	25.3	12.7	18.8	9.2	0.0
黄河中游经济区	12.8	20.5	30.8	5.1	25.6	5.1	0.0
长江中游经济区	25.6	11.0	41.5	4.9	7.3	9.8	0.0
大西南经济区	7.9	13.2	31.6	2.6	28.9	15.8	0.0
大西北经济区	22.2	11.1	33.3	0.0	33.3	0.0	0.0

注：变动占比指的是每种竞争优势在该经济区的变动占比，即变动数量/该经济区变动总量。

五、　研究结论

(一) 市场类无形资产覆盖率较高但是质量迥异

无论从招股说明书还是年报来看，创业板公司普遍富集市场类无形资产。以招股说明书为例，绝大多数公司披露了至少一项市场类无形资产，除竞争地位的披露比例为 92.4% 外，其他三类资产的披露比例均超过 95%，而披露三项及以上资产的公司占比达到 98.8%，总体而言披露的比例较高。同时，不同创业板公司所拥有的同类资产披露情况存在较大差别，一些企业对其市场类无形资产进行了详细披露（包含报告中所涉及的各项要素），而不少企业仅披露了简单的数量信息，这也与企业自身经营情况的差异性有关。

（二）市场类无形资产存在明显的行业异质性

对于不同行业，创业板公司所拥有的市场类无形资产状况存在较大的差异。以商标类资产为例，制造业和信息传输、软件和信息技术服务业在持有商标数量、申请商标数量和获得商标荣誉数量这三项指标中占有绝对优势，且商标荣誉的均值也位居各行业首位。同样的，以客户类资产为例，文化、体育和娱乐业的前五大客户销售额占比最大，对大客户依存度最高，交通运输、仓储和邮政业占比最小，以散户为主，对大客户依存度最低。这都反映出了不同行业的创业板公司在市场类无形资产方面存在明显的行业异质性。

（三）市场类无形资产存在明显的地区异质性

对于不同区域创业板公司拥有的市场类无形资产状况也存在较大的差异，这主要与各经济区的上市公司数量和质量直接相关。从企业数量来看，沿海经济区的上市公司数量较多，占总样本数量的78.26%。所以从商标等市场类无形资产的持有总量来看，沿海经济区占大多数比重。从企业质量来看，总体而言，沿海经济区的上市企业更具优势，表现为更注重商标的推广与保护，市场竞争地位处于上升趋势的企业占比较高，其销售对核心客户的依赖度较低。值得一提的是，长江中游经济区的上市企业披露情况最为突出，其商标平均持有量和平均申请量均为最高，前五大客户占比适中，市场竞争地位处于上升趋势的企业占比也位于前列。其他经济区企业市场类无形资产相对较为薄弱，表现为较低的商标平均持有量与申请量、对核心客户的依赖度较高，以及较少的竞争地位上升企业。

（四）市场类无形资产数量年度变化趋势不一

从2013—2017年年报披露的商标数据来看，平均每家公司的商标持有数量呈现波动上升趋势，申请商标数量先降后升，商标质量（商标平均持有量、商标荣誉等）则是稳中提升，说明创业板公司越来越重视商标权的保护，商标状况总体上得到改善和提高。再以年报客户数据为例，前五大客户合计销售占比平均值在2013—2014年持续下降，2014年至今逐步回升。2015—2017年，客户导向也发生了不同程度的变化，其中，国企、外企客户导向占比略有下降，民企、行政事业单位客户导向占比则略有上升。有关竞争地位信息披露的情况在2013—2017年呈现出先增加再减少再增加的变化趋势，而核心竞争优势的各项变化趋势都不尽相同。

参考文献

[1] 单文涛, 王永青. 产权性质、客户集中度与资产营运能力 [J]. 财会通讯, 2018 (12).

[2] 段梦, 周颖, 吕巍, 等. 创业导向、双元创新与企业竞争优势 [J]. 工业工程与管理, 2018 (1).

[3] 付丙海, 谢富纪, 韩雨卿. 创新链资源整合、双元性创新与创新绩效: 基于长三角新创企业的实证研究 [J]. 中国软科学, 2015 (12): 176-186.

[4] 傅传锐, 杨群. 政治关联、竞争地位与混合并购——来自中国 A 股证券市场的经验证据 [J]. 北京理工大学学报 (社会科学版), 2017, 19 (5): 61-71.

[5] 韩彬. 产品市场竞争对内控审计师选择的影响研究——基于民营上市公司的经验证据 [D]. 重庆理工大学, 2016.

[6] 蒋克林. 移动互联网领域下 APP 商标侵权的认定研究 [J]. 法制博览, 2018 (5) - 0008-02.

[7] 焦小静, 张鹏伟. 客户集中度影响公司股利政策吗: 治理效应抑或风险效应 [J]. 广东财经大学学报, 2017, 32 (4): 70-81.

[8] 金子坚. 存在风险偏好的模糊市场容量古诺模型构建与竞争优势分析 [J]. 全国流通经济, 2017 (4): 101-104.

[9] 李世刚, 杨龙见, 尹恒. 异质性企业市场势力的测算及其影响因素分析 [J]. 经济学报, 2016 (2): 69-89.

[10] 刘红霞, 张烜. 驰名商标价值管理与企业绩效研究——以上市公司营销活动和研发活动为例 [J]. 甘肃社会科学, 2015 (6): 181-185.

[11] 刘焰. 行业生命周期、企业生命周期与混合并购绩效的实证研究 [J]. 中南财经政法大学学报, 2017 (4): 46-57.

[12] 马玉凤. 论商标法对未注册商标的保护 [J]. 法制与经济, 2017-12-1913: 54.

[13] 孟庆玺, 白俊, 施文. 客户集中度与企业技术创新: 助力抑或阻碍——基于客户个体特征的研究 [J]. 南开管理评论, 2018-08-08.

[14] 王洋帅, 陈琳, 童纪新. 客户集中度与制度环境对现金持有水平影响的实证检验 [J]. 财会月刊: 下, 2017 (5): 51-61.

[15] 徐玉德, 韩彬. 市场竞争地位、行业竞争与内控审计师选择——基于民营上市公司的经验证据 [J]. 审计研究, 2017 (1): 88-97.

[16] 杨晰, 靳燕娟, 李刚. 试论客户集中度与内部控制缺陷 [J]. 商业经济研究, 2018-08-24.

[17] 袁文涛. 论商标权的法律冲突与法律适用 [D]. 南京大学, 2016-05-21.

［18］ Agostini L, Filippini R, Nosella A. Protecting intellectual property to enhance firm performance: does it work for SMEs? ［J］. *Knowledge Management Research & Practice*, 2016, 14 (1): 96-105.

［19］ Anemaet, L. The Public Domain Is Under Pressure-Why We Should Not Rely on Empirical Data When Assessing Trademark Distinctiveness. Iic - international Review of Intellectual Property and Competition law, 2016.

［20］ CMatsumura E M, Schloetzer J D. The Structural and Executional Components of Customer Concentration: Implications for Supplier Performance ［J］. *Social Science Electronic Publishing*, 2016.

［21］ Dai, Darong. Intellectual property rights and R&D subsidies: are they complementary policies ［J］. *Journal of Economics*, 2018.

［22］ Haapanen L, Hurmelinnalaukkanen P, Hermes J. Firm Functions and the Nature of Competitive Advantage in Internationalizing Smes ［J］. *International Journal of Innovation Management*, 2018 (2): 1850022.

［23］ Hori, Yamagami. Intellectual property rights protection in the presence of exhaustible resources. *Environmental Economics And Policy Studies*, 2018.

［24］ Koncar J, Stankovic L, Lekovic S. Intensifying of Competition And Dominant Position Impact of Large Retailers In Relation to Manufacturers ［J］. *Business Logistics in Modern Management*, 2016, 16.

［25］ M. Fazıl Paç, Sergei Savin, Chander Velu. When to Adopt a Service Innovation: Nash Equilibria in a Competitive Diffusion Framework ［J］. *European Journal of Operational Research*, 2018.

［26］ Moradi M, Velashani M A B, Omidfar M. Corporate governance, product market competition and firm performance: evidence from Iran ［J］. *Humanomics*, 2017, 33 (1): 38-55.

［27］ Shen H, Xia N, Zhang J. Customer-based Concentration and Firm Innovation ［J］. *Asia-Pacific journal of financial studies*, 2017.

创业板上市公司人力资源类无形资产研究

创业板以快速成长的高科技中小企业为主体。此类企业通常具有无形资产富集的特征，除了会计制度接受并纳入计量报告范围的以专利、商标为代表的常规无形资产外，以高管团队为核心的人力资源类无形资产开始受到越来越多投资者的关注。根据证监会相关规定，上市公司需要在招股说明书和年度报告中对人力资源类无形资产进行信息披露。本报告在《蓝皮书（2016—2017）》的基础上，以2018年5月18日前上市的725家公司为对象，研究创业板公司的人力资源类无形资产。

一、 概念界定

本报告涉及的人力资源类无形资产主要包括：高级管理人员、独立董事、创业股东、员工四类。

（一）高级管理人员

高级管理人员是创业板上市公司人力资源类无形资产的重要组成部分，在企业生产经营中制定决策、规范运营和引导发展。根据《公司法》第二百一十七条：高级管理人员，是指公司的经理、副经理、财务负责人、上市公司董事会秘书和公司章程规定的其他人员。《蓝皮书（2012—2013）》对高管的概念及相关研究进行了全面详细的梳理，本报告继续沿用这些定义。

（二）独立董事

根据证监会《关于在上市公司建立独立董事制度的指导意见》，上市公司独立董事是指，不在上市公司担任除董事外的其他职务，并与其所受聘的上市公司及其主要股东不存在可能妨碍其进行独立客观判断关系的董事。独立董事作为公司治理模式的重要组成部分，在公司监管，尤其是上市公司监管方面具有重要意义。该制度的实施效果以及独立董事履行专业和制衡能力的强弱与公司治理水平高度相关。因此，可将独立董事视作上市公司的异质性无形资产，即非常规无形资产。

（三）创业股东

创业股东是企业处于创业阶段时的实际控制人，是创业板公司快速成长的关键因素。《蓝皮书（2012—2013）》对创业股东的内涵、特征与分类及其对企业价值贡献等问题进行了深入分析，本报告继续沿用相关定义和研究框架。

（四）员工

员工与高管、独董、创业股东共同构成创业板上市公司的人力资源，但较之其他类型人力资源无形资产，员工的流动性更大。本报告沿用《蓝皮书（2016—2017）》对员工类无形资产的研究路径，主要关注创业板上市公司劳动力集合（生产型人力资本）和技术研发型人力资本两部分。

二、 相关典型事件和文献综述

（一）典型事件

表5-1 2017年以来与人力资源类无形资产相关的典型事件

序号	时间	涉及的无形资产类型	事件及影响	资料来源
1	2017-6	高管	宝利国际（300135）及董事长周德洪、董事会秘书陈永勤、总经理张宇定等人，因未如实披露重大事项，收到《行政处罚决定书》，分别被处以3万~60万元罚款	巨潮资讯网，宝利国际公告，编号2017-021
2	2017-8	高管	全通教育（300359）实际控制人陈炽昌先生及林小雅女士因隐瞒股份代持关系，向全通教育报送的《股份减持告知函》存在虚假记载，收到《行政处罚决定书》，被处以60万元罚款	巨潮资讯网，全通教育公告，编号2017-057
3	2017-11	高管	金亚科技（300028）存在伪造财务数据等违法行为，其实际控制人周旭辉等人收到《行政处罚及市场禁入事先告知书》（编号：处罚字〔2017〕124号），公司股票存在暂停上市的风险	巨潮资讯网，金亚科技公告，编号2017-092
4	2017-12	高管	任子行（300311）公司董事长景晓军在任子行股票上市前与他人签订股权转让与代持协议，并于2014年回购相关股份。任子行在《首次公开发行股票并在创业板上市招股说明书》、在2012年至2014年半年度报告、年度报告中均未准确、完整披露关于股东持股、股份转让与代持情况。因此收到《行政处罚决定书》，对公司及景晓军均处以30万元罚款	巨潮资讯网，任子行公告，编号2017-114

序号	时间	涉及的无形资产类型	事件及影响	资料来源
5	2018-2	高管	振芯科技（300101）公司董事长莫晓宇、公司董事/总经理谢俊、公司董事徐进等6公司董事柏杰为解决长期困扰公司发展的实质性问题，向法院请求依法解散公司控股股东成都国腾电子集团有限公司。公司公告称，本诉讼事项对公司本期利润无重大影响，但存在影响公司实际控制人认定的风险	深交所，振芯科技公告，编号2018-010
6	2018-5	高管	易事特（300376）公司实际控制人何思模先生收到证监会《行政处罚决定书》，处罚如下：根据当事人操纵市场行为的事实、性质、情节与社会危害程度，对何思模没收违法所得63997059.25元，并处63997059.25元罚款；根据当事人短线交易行为的事实、性质、情节与社会危害程度，对何思模给予警告，并处以100000元罚款	巨潮资讯网，易事特公告，编号2018-59
7	2018-5	高管	国民技术（300077）公司董事长罗昭学，董事、常务副总经理喻俊杰，董事会秘书兼副总经理刘红晶因违法投资及未及时披露应披露的重大事项等行为，收到证监会《行政处罚决定书》，对公司及三人分别处以30万、20万、20万、10万元罚款	巨潮资讯网，国民技术公告，编号2018-36

（二）文献综述

1. 高管

（1）薪酬

近两年与高管薪酬相关的研究主要关注其与企业违规、媒体报道水平，以及企业知名度之间的关系。魏芳和耿修林（2018）利用中国上市公司数据研究发现，高管团队垂直薪酬差距与企业违规行为表现出显著的正相关关系，薪酬差距容易造成高管自利动机膨胀，产生与股东利益相违背的行为。罗进辉（2018）通过研究中国上市公司相关数据发现，上市公司的媒体报道水平越高，其高管薪酬—业绩的敏感性越高，即公司高管薪酬契约的有效性越高。同时，完善的制度环境是媒体报道发挥舆论压力和公共监督作用以提高上市公司高管薪酬契约有效性的重要条件。Florens Focke 等（2017）的研究发现，首席执行官愿意通过为一家受到公众赞誉的公司工作来抵消额外的货币补偿，在地位和职业利益之间进行权衡。因此，在声誉较高的公司中，首席执行官的收入较少。

（2）激励

戴璐和宋迪（2018）的研究表明，将中国上市公司高管的业绩目标定得更高，有助于提升公司内部控制的有效性。这一结论主要在采用股票期权的激励形式、行业竞争程度较高，以及公司信息透明度较高的情景下成立。尹美群等（2018）研究了创新投入与公司绩效之间相互影响的内生关系，以及公司治理特征对二者的影响。研究发现，高管的薪酬激励对企业创新投入和公司绩效的关系具有显著的正向调节效应，在技术密集型行业中尤其明显。柴才等（2017）的研究表明，高管的薪酬激励机制应与公司的竞争战略匹配，同时要注重高管激励方式的合理性，否则将对公司业绩产生不利影响。

（3）背景

周楷唐等（2017）的研究表明，高管的学术经历会通过降低企业信息风险和债务代理风险，影响债务融资成本。刘凤朝等（2017）以中国计算机、通信和其他电子设备制造业2005—2012年A股上市公司为样本，实证分析了高管团队海外背景对企业创新绩效的影响。结果表明，海外背景高管所占的比例，其与本土高管在年龄、任期及教育水平等方面的差异等因素会对企业的专利申请量和净资产收益率产生不同影响。文雯和宋建波（2017）选取2010—2014年中国沪深A股上市公司数据，检验了高管海外背景与企业社会责任之间的联系。研究结果表明，两者之间存在显著的正相关关系。高管团队中拥有海外背景的人数越多、占比越高，则企业的社会责任表现越好。

2. 独立董事

（1）背景

独立董事的背景影响着公司行为和价值，例如逯东等（2017）研究发现，聘用政府官员型独立董事和高校官员型独立董事的公司在违规倾向和违规被稽查概率两方面存在差异，同时这两类独立董事的监督功能也有所不同。何威风和刘巍（2017）认为，我国上市公司聘请法律独立董事的主要动因在于咨询，而非监督。进一步研究发现，聘请法律独董的上市公司一般都有着较高的市场价值。Mihail Miletkov等（2017）认为，外国独立董事可通过其建议和监督职能影响公司价值。然而，对此类董事的需求及其对公司业绩的影响可能受到公司和国家特征的影响。

（2）独董与企业绩效

袁春生和李琛毅（2018）利用2013—2015年我国A股上市民营企业数据开展实证研究，发现高校教师独立董事能够凭借其专业的科研及学术水平，提升民营企业的创新绩效；但其薪酬水平与创新绩效之间不存在明显的相关关系。周军（2018）利用社会网络分析方法，考察不同专业背景独立董事的网络中心度对企业创新绩效影响的差异。研究发现，独立董事网络中心度与企业创新绩效之间存在显著的正相关关系；进一步的，当上市公司拥有技术背景独立董事时，公司独立董事网络中心度与创新绩效的正相关关系显著增强。

3. 创业股东

根据我们的前期研究，创业股东具有部分或者全部的企业家特质，尤其是那些使企业成功上市的创业股东，其企业家特质更为明显。可以认为，创业股东人力资本属于企业家人力资本范畴。

（1）企业家精神

余文涛（2018）以中国创意产业为例，通过构建 2003—2012 年中国省际面板数据，探讨了产业集聚对创新型和创业型两类企业家精神的影响。研究表明，产业集聚尤其是中小型企业集聚，既有利于促进创新型企业家精神发展，也有利于溢出创业型企业家精神。同时，企业家精神溢出效应在不同类型创意产业集聚中的显著性存在差异。叶作义和吴文彬（2018）利用中国上市公司 2005—2009 年数据，分析了企业家精神的三个方面：经营能力、创业能力和创新能力。研究发现，企业家经营能力会减少企业 R&D 投入，而创业能力和创新能力则会显著增加企业 R&D 投入。同时，知识产权保护、金融创新和所有权性质均会一定程度上影响企业家精神。曾铖和李元旭（2017）构建了企业家精神驱动经济增长方式转变的机理模型，并运用 1998—2013 年中国省级面板数据进行实证检验。研究发现，一是企业家精神显著驱动了技术进步，但是对技术效率的驱动作用不显著；二是企业家精神倾向于通过技术引进的方式实现技术超越，但是对管理、制度等"软"技术创新的关注不足；三是企业家精神并没有促进 R&D 知识溢出，主要是外资外贸活动增进了本土企业家的技术模仿和学习，说明企业家精神对技术进步的推动作用来自开放经济的外部性，而非自主创新。

（2）企业家社会资本

沈颂东和房建奇（2018）就民营企业家社会资本对技术创新绩效的作用机制开展了实证研究，发现前者对后者具有倒 U 形影响，组织学习在其间发挥了部分中介作用，而环境不确定性正向调节两者关系。李巍等（2018）运用我国制造型中小企业的 192 份数据进行实证研究发现，企业家商业社会资本积极影响效率型与新颖型商业模式创新，而政治社会资本仅对新颖型商业模式创新的影响效果显著。

4. 员工

（1）绩效

对员工绩效方面的研究主要集中在员工绩效与领导风格、情绪的关系方面。杨陈等（2018）的研究结果显示，谦卑型领导会通过满足员工的能力需求和心理需求来提高任务绩效与创新绩效。杨琛和李建标（2017）借助公共物品博弈实验，考察了领导者情绪影响员工绩效的作用机制。结果表明，对高效率员工而言，领导者情绪稳定有利于其提高绩效，领导者情绪失调会降低其绩效，并且，员工的情感反应具有中介作用，"自己人"员工的情感反应更强，低认知动机的员工更倾向于提高绩效；对低效率员工而言，领导者情绪稳定有利于其提高绩效，领导者情绪失调会降低其绩效，其中，员工的绩效推断具有中介作用，"自己人"员工推断加工程度更强，高认知动机的员工更倾向于提高绩效。由此可见，情绪稳定的领导者对员工绩效有着正向调节作用。

（2）创造力

苏屹等（2018）研究发现，共享授权型领导对员工创新意识的激发与执行都存在着积极影响，其中，内部人身份感知起着部分中介作用。同时，员工的性别、婚姻状况及年龄对其创新意识的产生及创意执行存在不同的影响。王春国和陈刚（2018）研究发现，体面劳动对员工创造力存在显著的正向预测效果，而创新自我效能在其间起部分中介作用。进一步的，中国情境下的组织文化又显著调节了创新自我效能的中介作用。张勇等（2018）的研究表明，挑战性压力对自我效能和创造力没有显著的直接影响，然而，阻断性压力会通过抑制员工自我效能进而对其创造力产生显著的负向影响。Niks（2017）提出，认知脱离与创造力呈正相关，与认知工作需求和资源水平无关；同时，高情绪工作需求与低水平的情感分离或高水平的情感工作资源相结合，与创造力正相关。

（3）幸福感

苏涛等（2018）对员工幸福感影响因素的研究表明，社会支持、工作控制/自主权，以及工作需求均会对员工的幸福感产生影响，而幸福感的产生有利于提升员工的工作绩效、组织承诺及组织公民行为，降低员工离职倾向。Rebane 等（2017）的研究发现，灵活的工作安排可以显著提高创意研发人员的幸福感。Safari 等（2017）通过建模分析发现，内部营销对竞争优势、服务质量和员工幸福感有积极影响，员工幸福感同时对服务质量有显著影响。

三、 基于招股说明书的人力资源类无形资产披露情况

此部分延用《蓝皮书（2016—2017）》框架，对创业板公司人力资源相关信息进行统计分析。同时，每部分内容新增行业分析与区域分析。

人力资源类无形资产的分类及统计口径如表 5-2 所示。

表 5-2　人力资源类无形资产的分类及统计口径

分类		统计口径
高管	总经理	年龄、性别、学历及教育背景、内部兼职情况、薪酬、持股、更替情况
	财务总监	年龄、性别、学历及教育背景、内部兼职情况、薪酬、持股、更替情况
	董事会秘书	年龄、性别、学历及教育背景、内部兼职情况、薪酬、持股、更替情况
独立董事		年龄、性别、学历及职称、专业和从业背景、董事津贴
股东		股东整体结构现状、创业股东组织类型
员工		员工数量、学历、专业结构

　　需要说明的是，对高管中总经理、财务总监以及董事会秘书的学历及教育背景数据来自于招股说明书，年龄、性别、兼职、薪酬、持股、更替等数据来源于年报。因此，依据信息来源的不同，对高管的统计分析将分为两个部分进行。

（一）总经理学历及教育背景

　　招股说明书中披露了总经理学历的公司共有 688 家。本科及以上学历的总经理人数占比大约为 82.71%，比上一年下降了 0.09%。创业板上市公司总经理学历分布如表5-3 所示。

表5-3　创业板上市公司总经理学历分布

学历	人数（个）	占比（%）
高中及以下	27	3.92
大专	92	13.37
本科	258	37.50
硕士（包括在读）	250	36.34
博士（包括在读）	61	8.87

　　分行业看，本科及以上学历总经理比例达 100% 的行业有八个，而这一比例最低的行业是文化、体育和娱乐业，仅为 72.73%。如表 5-4 所示。

表5-4　分行业本科及以上学历总经理人数及占比

行业	人数（个）	占比（%）
采矿业	3	100
电力、热力、燃气及水生产和供应业	2	100
建筑业	7	87.5
交通运输、仓储和邮政业	2	100
居民服务、修理和其他服务业	1	100
科学研究和技术服务业	13	100
农、林、牧、渔业	6	85.71
批发和零售业	7	100
水利、环境和公共设施管理业	13	100
卫生和社会工作	3	100
文化、体育和娱乐业	8	72.73
信息传输、软件和信息技术服务业	114	90.48
制造业	460	91.45
租赁和商务服务业	7	87.5

分区域看，东北综合经济区本科及以上学历总经理比例最高，为 94.12%。该比例低于 80% 的有两个经济区，分别是东部沿海综合经济区（73.4%）和大西北综合经济区（75%），其他五个经济区本科及以上学历总经理比例较为平均，均在 80% 以上。如图 5-1 所示。

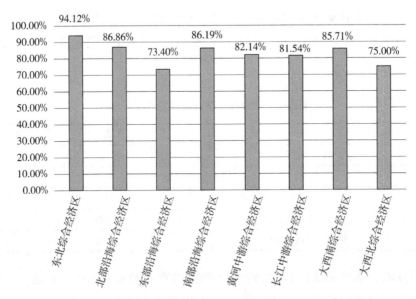

图 5-1　分区域本科及以上学历总经理占比

（二）财务总监学历及教育背景

725 家创业板上市公司有 21 家未在招股说明书中披露财务总监学历及教育背景。具有本科及以上学历的财务总监合计占比 71.45%，具有本科学历的财务总监占比最大，为 46.87%。如表 5-5 所示。

表 5-5　创业板上市公司财务总监学历分布

学历	人数（个）	占比（%）
高中及以下	60	8.52
大专	141	20.03
本科	330	46.87
硕士（包括在读）	165	23.44
博士（包括在读）	8	1.14

分行业看，有四个行业本科及以上学历财务总监比例达 100%，分别是采矿业，电力、热力、燃气及水生产和供应业，居民服务、修理和其他服务业，租赁和商务服务业。本科及以上学历财务总监比例最低的行业是交通运输、仓储和邮政业，为 50%。

如表5-6所示。

表5-6　分行业本科及以上学历财务总监人数及占比

行业	人数（个）	占比（%）
采矿业	4	100
电力、热力、燃气及水生产和供应业	2	100
建筑业	6	75
交通运输、仓储和邮政业	1	50
居民服务、修理和其他服务业	1	100
科学研究和技术服务业	13	81.25
农、林、牧、渔业	6	85.71
批发和零售业	6	85.71
水利、环境和公共设施管理业	12	92.31
卫生和社会工作	2	66.67
文化、体育和娱乐业	10	76.92
信息传输、软件和信息技术服务业	102	79.07
制造业	362	70.84
租赁和商务服务业	9	100

各经济区本科及以上学历财务总监比例存在一定的差距。比例最高的是大西南综合经济区，高达88.57%；最低的是大西北综合经济区，为62.50%，两者相差26.07%。如图5-2所示。

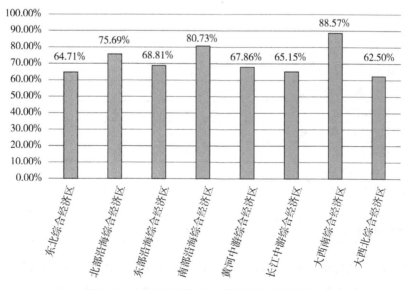

图5-2　分区域本科及以上学历财务总监占比

（三）董事会秘书学历及教育背景

有 708 家上市公司在招股说明书中披露了董秘的学历信息。具有本科及以上学历的董秘合计占比 88.42%，比上年增加 2.86%。其中，具有本科学历的董秘占比最高，为 48.31%。如表 5-7 所示。

表 5-7　创业板上市公司董事会秘书学历分布

学历	人数（个）	占比（%）
高中及以下	4	0.56
大专	78	11.02
本科	342	48.31
硕士（包括在读）	265	37.43
博士（包括在读）	19	2.68

分行业看，交通运输、仓储和邮政业中的两个企业，本科及以上董事会秘书占比 50%，其他行业本科及以上董事会秘书占比均在 85% 以上，有九个行业占比为 100%。如表 5-8 所示。

表 5-8　分行业本科及以上学历董事会秘书人数及占比

行业	人数（个）	占比（%）
采矿业	3	100
电力、热力、燃气及水生产和供应业	2	100
建筑业	7	100
交通运输、仓储和邮政业	1	50
居民服务、修理和其他服务业	1	100
科学研究和技术服务业	16	100
农、林、牧、渔业	7	100
批发和零售业	6	85.71
水利、环境和公共设施管理业	13	92.86
卫生和社会工作	3	100
文化、体育和娱乐业	13	100
信息传输、软件和信息技术服务业	119	95.2
制造业	428	85.6
租赁和商务服务业	8	100

分区域看，东北综合经济区本科及以上学历董秘比例最低，为 76.47%，其他七个经济区的这一比例均在 80% 以上。其中，大西北综合经济区的八个样本企业董秘学历均在本科及以上，如图 5-3 所示。

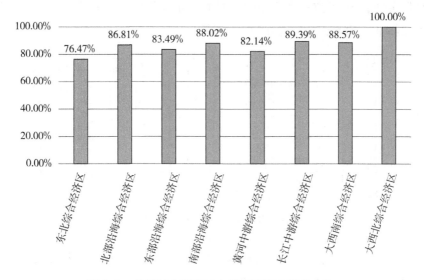

图 5-3　分区域本科及以上学历董事会秘书占比

四、 基于 2017 年年报的人力资源类无形资产披露情况

（一）创业板上市公司高管研究

1. 总经理

因温州宏丰（300283）未明确披露总经理，本报告只统计其余 717 家创业板上市公司的总经理相关信息。

（1）年龄

2017 年，创业板上市公司总经理的平均年龄为 49.62 岁。50～59 年龄段的总经理人数最多，占比 48.53%，与上年相比有所上升；其次是 40～49 年龄段，占比 37.24%。最年轻的总经理为晨曦航空（300581）的吴星宇，年龄为 28 岁，最年长的是常山药业（300255）的高树华和力星股份（300421）的施祥贵，两人均为 71 岁。如表 5-9 所示。

表 5-9　2017 年创业板上市公司总经理年龄分布

年龄	人数（个）	占比（%）
30 岁以下	1	0.14
30～39	54	7.53
40～49	267	37.24
50～59	348	48.53
60 岁及以上	47	6.56

分行业来看，各行业总经理平均年龄差距不大。平均年龄最小的是居民服务、修

理和其他服务业，为 45 岁；平均年龄最大的行业有两个，分别是交通运输、仓储和邮政业以及采矿业，均为 55 岁。如图 5-4 所示。

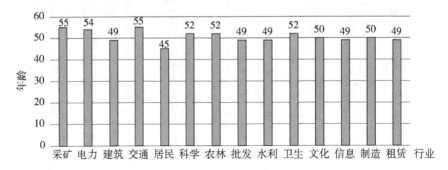

图 5-4 2017 年分行业总经理平均年龄（单位：岁）

分区域来看，总经理平均年龄最大的是大西北综合经济区，为 53.25 岁；最低的是南部沿海经济区，为 49.21 岁。如图 5-5 所示。

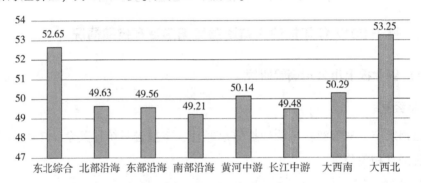

图 5-5 2017 年分区域总经理平均年龄（单位：岁）

（2）性别

2017 年，样本公司中的女性总经理人数为 49 人，占总人数的比例为 6.83%，与 2016 年相比有所下降。如图 5-6 所示。

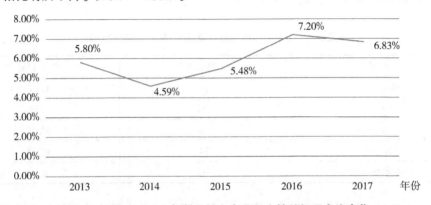

图 5-6 2013—2017 年创业板上市公司女性总经理占比变化

　　分行业来看，女性总经理比例在各行业差距较大。没有女性总经理的行业有六个，分别是采矿业，电力、热力、燃气及水生产和供应业，交通运输、仓储和邮政业，居民服务、修理和其他服务业，卫生和社会工作，租赁和商务服务业。而女性总经理比例最高的是批发和零售业，达 28.57%，如表 5-10 所示。

表 5-10　2017 年分行业女性总经理人数及占比

行业	人数（个）	占比（%）
采矿业	0	0
电力、热力、燃气及水生产和供应业	0	0
建筑业	1	12.50
交通运输、仓储和邮政业	0	0
居民服务、修理和其他服务业	0	0
科学研究和技术服务业	1	6.25
农、林、牧、渔业	1	14.28
批发和零售业	2	28.57
水利、环境和公共设施管理业	2	15.38
卫生和社会工作	0	0
文化、体育和娱乐业	2	15.38
信息传输、软件和信息技术服务业	9	7.09
制造业	31	6.13
租赁和商务服务业	0	0

　　分经济区来看，女性总经理比例最高的是黄河中游综合经济区，为 14.29%；最低的是东部沿海综合经济区，仅为 5.52%。如图 5-7 所示。

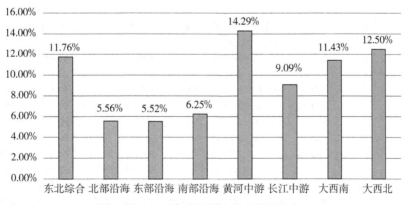

图 5-7　2017 年分区域女性总经理占比

（3）内部兼职情况

截至 2017 年年底，创业板上市公司兼任董事长或副董事长职务的总经理有 376 人，占比 52.37%，比 2016 年年底增加 4.63%。除此之外，还有部分公司的总经理兼任董事、董秘、技术总监、财务总监等职务。2017 年创业板上市公司总经理兼任董事长（副董事长）的情况如表 5-11 所示。

表 5-11　2017 年创业板上市公司总经理兼任董事长（副董事长）的情况

兼任情况	公司代码
总经理兼任董事长或副董事长	300001、300003、300004、300005、300006、300008、300009、300011、300012、300014、300017、300018、300019、300022、300023、300024、300027、300028、300030、300033、300038、300044、300047、300051、300052、300053、300057、300058、300059、300061、300062、300063、300065、300067、300069、300071、300072、300076、300077、300078、300079、300080、300081、300083、300087、300089、300091、300093、300097、300101、300103、300108、300113、300119、300120、300121、300122、300123、300124、300126、300128、300129、300130、300135、300137、300138、300140、300141、300143、300145、300147、300154、300158、300160、300162、300163、300166、300167、300168、300171、300175、300179、300184、300187、300191、300192、300193、300195、300198、300200、300202、300206、300207、300210、300214、300215、300216、300218、300220、300223、300225、300227、300228、300229、300231、300232、300233、300241、300244、300245、300246、300247、300248、300250、300251、300255、300256、300258、300260、300261、300263、300269、300269、300270、300273、300274、300276、300278、300279、300282、300286、300287、300289、300290、300293、300296、300297、300298、300299、300302、300303、300306、300307、300308、300312、300314、300317、300321、300323、300329、300333、300335、300336、300338、300339、300342、300344、300346、300347、300349、300350、300352、300353、300354、300357、300358、300359、300363、300366、300368、300369、300373、300376、300377、300381、300382、300384、300385、300387、300390、300392、300393、300394、300396、300397、300398、300401、300403、300404、300405、300409、300410、300414、300416、300418、300419、300421、300423、300426、300427、300431、300433、300434、300435、300438、300440、300441、300442、300443、300445、300447、300449、300450、300452、300457、300460、300464、300466、300468、300469、300471、300472、300474、300479、300480、300481、300483、300484、300485、300493、300494、300495、300501、300503、300506、300508、300510、300511、300513、300514、300517、300518、300519、300522、300523、300526、300529、300530、300531、300535、300537、300539、300540、300543、300545、300546、300548、300549、300550、300551、300552、300553、300554、300556、300561、300562、300565、300566、300568、300569、300571、300572、300573、300575、300577、300581、300582、300583、300584、300585、300589、300590、300592、300593、300595、300597、300599、300600、300601、300604、300605、300606、300607、300608、300609、300610、300613、300616、300618、300619、300621、300623、300624、399625、300626、300628、300629、300630、300636、300637、300640、300641、300642、300643、300645、300647、300648、300650、300652、300653、300654、300655、300656、300658、300659、300661、300663、300664、300665、300666、300667、300668、300669、300671、300673、300675、300679、300681、300683、300684、300685、300687、300688、300689、300691、300692、300693、300695、300699、300700、300702、300703、300706、300707、300708、300709、300710、300712、300713、300716、300717、300718、300719、300720、300721、300723、300727、300729、300731、300732、300733、300735、300736

分行业看，总经理兼任董事长或副董事长的情况在各行业中差距较大。兼职比例

最高的是居民服务、修理和其他服务业，但该行业只有一家企业。除此之外，比例最高的是卫生和社会工作行业以及租赁和商务服务业，为66.67%。比例最低的是交通运输、仓储和邮政业，该行业没有总经理兼任董事长或副董事长。如表5-12所示。

表5-12　2017年分行业总经理兼任董事长（副董事长）的人数及占比

行业	人数（个）	占比（%）
采矿业	1	25
电力、热力、燃气及水生产和供应业	1	50
建筑业	3	37.5
交通运输、仓储和邮政业	0	0
居民服务、修理和其他服务业	1	100
科学研究和技术服务业	9	56.25
农、林、牧、渔业	2	28.57
批发和零售业	3	42.86
水利、环境和公共设施管理业	5	38.46
卫生和社会工作	2	66.67
文化、体育和娱乐业	7	53.85
信息传输、软件和信息技术服务业	58	45.67
制造业	273	53.95
租赁和商务服务业	6	66.67

分区域来看，总经理兼职董事长或副董事长的比例最高的是东北综合经济区，为58.82%。而大西北综合经济区八家企业的总经理均没有兼职董事长或副董事长，如图5-8所示。

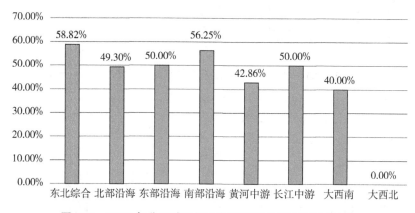

图5-8　2017年分区域总经理兼职董事长或副董事长占比

（4）薪酬

2017年，披露总经理薪酬的样本公司有710家。总经理的平均薪酬为69.39万元，比上年增长了 8.47%。如表 5-13 所示，薪酬在 50 万~100 万元（含 50 万元）的公司最多，占比为 37.05%；其次是 30 万~50 万元（含 30 万元），占比为 27.77%。薪酬最高的是蓝思科技（300433）的总经理周群飞，年薪高达 500 万元；第二名是光弘科技（300735）的总经理唐建兴，年薪为 470.77 万元；第三名是杰恩设计（300668）的总经理姜峰，年薪为 450.78 万元。

表 5-13　2017 年创业板上市公司总经理薪酬分布

薪酬（万元）	人数（个）	占比（%）
(0,10)	42	5.94
[10,30)	94	13.23
[30,50)	197	27.77
[50,100)	263	37.05
100 以上	114	16.01

2013—2017 年，创业板公司总经理的平均薪酬呈不断上升趋势，且 2017 年较 2016 年增速明显加快。2017 年，最高与最低薪酬之间的差距较之 2016 年有所下降。如图 5-9、图 5-10 所示。

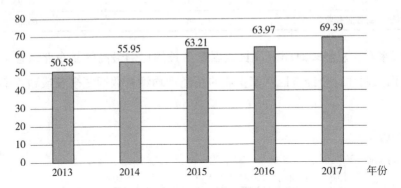

图 5-9　2013—2017 年总经理平均年薪变化情况（单位：万元）

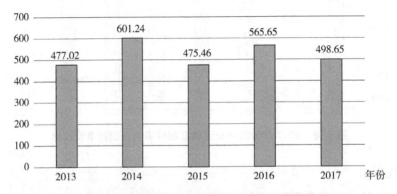

图 5-10　2013—2017 年总经理年薪最高值与最低值的差距变化（单位：万元）

分行业看，总经理平均年薪最高的是农、林、牧、渔业，为 137.01 万元；最低的是水利、环境和公共设施管理业，为 53.75 万元。如图 5-11 所示。

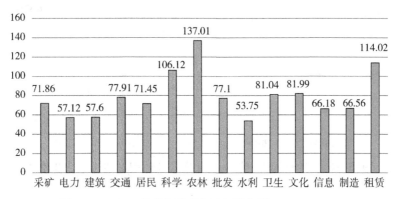

图 5-11　2017 年分行业总经理平均年薪（单位：万元）

分区域来看，总经理平均年薪最高的地区是南部沿海经济区，高达 79.04 万元，高出平均年薪最低的东北综合经济区 33.12 万元，高出平均年薪次高的长江中游综合经济区 8.78 万元。如图 5-12 所示。

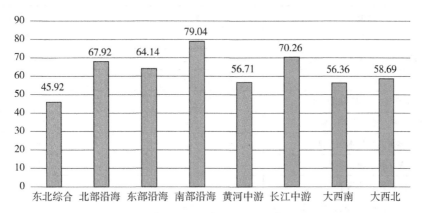

图 5-12　2017 年分区域总经理平均年薪（单位：万元）

（5）持股情况

2013—2017 年，创业板上市公司总经理持股的比例起伏较大，2017 年较之 2016 年下降了 2.91%。如图 5-13 所示。

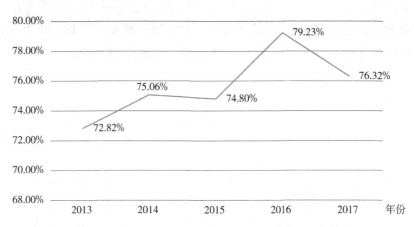

图 5-13 2013—1017 年创业板上市公司总经理持股比例变化趋势

分行业看，除居民服务、修理和其他服务业只有一家企业且该企业总经理未持股外，其他行业总经理持股比例均达 50% 以上。持股比例最高的是电力、热力、燃气及水生产和供应业，以及卫生和社会工作业，均达 100%。如表 5-14 所示。

表 5-14 2017 年分行业总经理持股人数及占比

行业	人数（个）	占比（%）
采矿业	3	75
电力、热力、燃气及水生产和供应业	2	100
建筑业	5	62.5
交通运输、仓储和邮政业	1	50
居民服务、修理和其他服务业	0	0
科学研究和技术服务业	10	62.5
农、林、牧、渔业	7	87.5
批发和零售业	6	85.71
水利、环境和公共设施管理业	8	57.14
卫生和社会工作	3	100
文化、体育和娱乐业	8	57.14
信息传输、软件和信息技术服务业	92	72.44
制造业	396	78.26
租赁和商务服务业	8	88.89

分区域看，总经理持股比例高于 80% 的经济区有三个，分别是长江中游综合经济区、南部沿海经济区和大西南综合经济区；而总经理持股比例最低的是大西北综合经济区，为 62.5%。如图 5-14 所示。

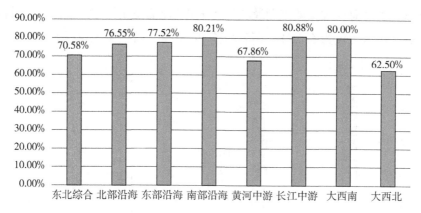

图 5-14　2017 年分区域总经理持股占比

（6）更替情况

本报告将 2017 年前上市的 638 家公司的 2016 年年报与 2017 年年报进行对比。2017 年，总经理发生变动的创业板公司有 100 家，变动比例为 15.67%，与上一年相比下降了 9.28%。

分行业看，超过一半的行业在过去一年中总经理没有发生变动。发生变动的行业中，变动比例最大的是电力、热力、燃气及水生产和供应业，变动比例为 50%；最低的是信息传输、软件和信息技术服务业，变动比例为 12.61%。如表 5-15 所示。

表 5-15　2017 年分行业总经理变动人数及占比

行业	人数（个）	占比（%）
采矿业	0	0
电力、热力、燃气及水生产和供应业	1	50
建筑业	3	37.5
交通运输、仓储和邮政业	0	0
居民服务、修理和其他服务业	0	0
科学研究和技术服务业	2	18.18
农、林、牧、渔业	0	0
批发和零售业	0	0
水利、环境和公共设施管理业	4	36.36
卫生和社会工作	0	0
文化、体育和娱乐业	0	0
信息传输、软件和信息技术服务业	15	12.61
制造业	66	14.83
租赁和商务服务业	0	0

分区域来看，总经理变动比例最高的是东北综合经济区，为 23.53%；最低的是北部沿海综合经济区，仅为 6.02%，两者相差 17.51%。如图 5-15 所示。

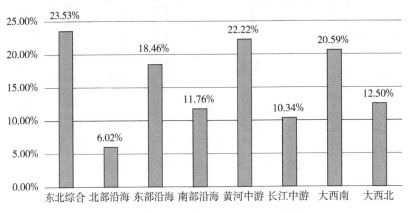

图 5-15　2017 年分区域总经理变动占比

2. 财务总监

因恒泰艾普（300157）、金城医药（300233）、红宇新材（300345）、健帆生物（300529）、顺网科技（300113）、世纪瑞尔（300150）、舒泰神（300204）、蓝英装备（300293）、星徽精密（300464）未在 2017 年年度报告中披露财务总监的信息，因此本报告只统计其余 709 家创业板上市公司财务总监的相关情况。

（1）年龄

2017 年，创业板上市公司财务总监的平均年龄为 44.71 岁。年龄最大的是聚隆科技（300475）的梁雨翔，为 65 岁，年龄最小的是海波重科（300517）的冉婷，为 26 岁。从年龄分布的情况看，40~49 岁的财务总监人数最多，占比达 59.1%；其次是 30~39 岁，占比为 20.03%。如表 5-16 所示。

表 5-16　2017 年创业板上市公司财务总监年龄分布

年龄	人数（个）	占比（%）
30 岁以下	1	0.14
30~39	142	20.03
40~49	419	59.1
50~59	134	18.9
60 岁及以上	13	1.83

分行业看，各行业财务总监平均年龄在 43~49 岁。平均年龄最小的行业有三个，分别是采矿业，建筑业，租赁和商务服务业，均为 43 岁；平均年龄最大的是卫生和社会工作行业，为 49 岁。如图 5-16 所示。

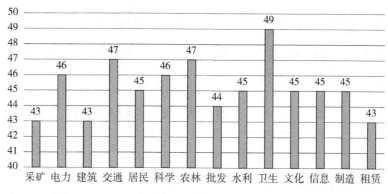

图 5-16　2017 年分行业财务总监平均年龄（单位：岁）

分区域看，财务总监平均年龄均在 45 岁左右。其中，平均年龄最大的是大西北综合经济区，为 47.5 岁；最小的是黄河中游综合经济区，为 43.93 岁。如图 5-17 所示。

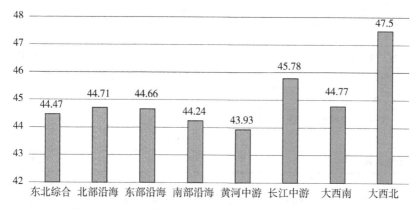

图 5-17　2017 年分区域财务总监平均年龄（单位：岁）

（2）性别

2013—2017 年，创业板上市公司的财务总监男女比例平均约为 2∶1。2017 年，男性财务总监比例为女性财务总监比例的 1.67 倍，与 2016 年相比有所下降。如图 5-18 所示。

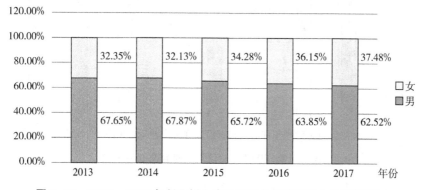

图 5-18　2013—2017 年创业板上市公司财务总监性别占比变化趋势

分行业看，有三个行业没有女性财务总监，分别是采矿业，电力、热力、燃气及水生产和供应业，交通运输、仓储和邮政业。女性财务总监比例最高的是批发和零售业，达 71.43%。如表 5-17 所示。

表 5-17　2017 年分行业女性财务总监人数及占比

行业	人数（个）	占比（%）
采矿业	0	0
电力、热力、燃气及水生产和供应业	0	0
建筑业	5	62.5
交通运输、仓储和邮政业	0	0
居民服务、修理和其他服务业	1	100
科学研究和技术服务业	5	31
农、林、牧、渔业	4	57.14
批发和零售业	5	71.43
水利、环境和公共设施管理业	5	38.46
卫生和社会工作	1	33.33
文化、体育和娱乐业	7	53.85
信息传输、软件和信息技术服务业	48	37.80
制造业	184	36.36
租赁和商务服务业	2	22.22

分区域看，女性财务总监比例最高的是大西北综合经济区，达 50%。但需要注意的是，该经济区的企业样本数较少，只有八个。比例次高的是北部沿海综合经济区，为 45.71%；最低的是南部沿海经济区，为 27.89%。如图 5-19 所示。

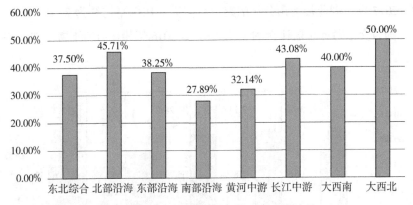

图 5-19　2017 年分区域女性财务总监占比

（3）内部兼职情况

2017 年年报披露的财务总监兼职情况呈现多元化特征。经统计，专职于财务总监一职的有 363 人，占比为 51.20%，比上年减少 6.23%。其他财务总监均存在内部兼职的情况，甚至存在兼任两份职务的状况。如图 5-20 所示。

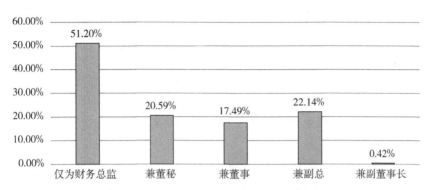

图 5-20 2017 年创业板上市公司财务总监内部兼职占比

分行业看，财务总监兼职比例最高的是居民服务、修理和其他服务业，达 100%；最低的是电力、热力、燃气及水生产和供应业，比例为 0。如表 5-18 所示。

表 5-18 2017 年分行业财务总监兼职人数及占比

行业	人数（个）	占比（%）
采矿业	1	25
电力、热力、燃气及水生产和供应业	0	0
建筑业	4	50
交通运输、仓储和邮政业	1	50
居民服务、修理和其他服务业	1	100
科学研究和技术服务业	6	37.5
农、林、牧、渔业	1	14.29
批发和零售业	4	57.14
水利、环境和公共设施管理业	4	30.77
卫生和社会工作	1	33.33
文化、体育和娱乐业	7	53.85
信息传输、软件和信息技术服务业	57	44.89
制造业	204	40.32
租赁和商务服务业	5	55.56

分区域看，财务总监兼职比例最高的是北部沿海综合经济区，达 59.29%；最低的是大西北综合经济区，仅为 25%。如图 5-21 所示。

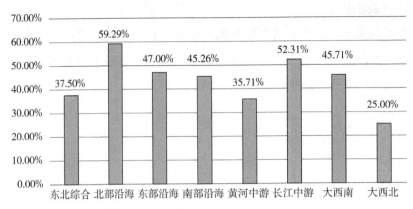

图 5-21　2017 年分区域财务总监兼职占比

（4）薪酬

2017 年，有 695 家创业板上市公司披露了财务总监的薪酬。财务总监的平均薪酬继续上升，增长至 42.66 万元，增幅为 9.72%。薪酬在 40 万元以上的占比最高，为46.76%，比 2016 年增加 8.26%，其次是在 20 万~30 万元（含 30 万元），为 22.30%。薪酬最低的是北信源（300352）的财务总监邓华明，仅为 0.03 万元。薪酬最高的是乐普医疗（300003）的财务总监王泳，年薪高达 180 万元。如表 5-19 所示。

表 5-19　2017 年创业板上市公司财务总监薪酬分布

薪酬（万元）	人数（个）	占比（%）
(0,10]	17	2.45
(10,20]	79	11.37
(20,30]	155	22.30
(30,40]	119	17.12
40 以上	325	46.76

2013—2017 年财务总监平均年薪变化情况，如图 5-22 所示。

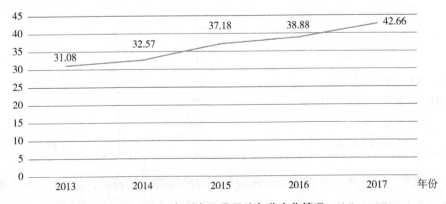

图 5-22　2013—2017 年财务总监平均年薪变化情况（单位：万元）

分行业看，财务总监平均年薪最高的是居民服务、修理和其他服务业，达93.29万元；最低的是采矿业，为33.72万元。如图5-23所示。

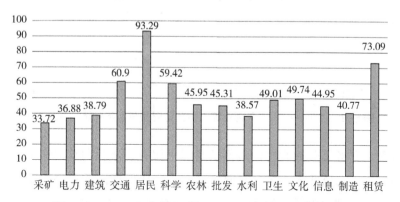

图5-23　2017年分行业财务总监平均年薪（单位：万元）

分区域看，财务总监平均薪酬最高的是北部沿海综合经济区，达48.89万元；次高的是南部沿海经济区，为46.13万元；最低的是大西南综合经济区，为30.71万元。如图5-24所示。

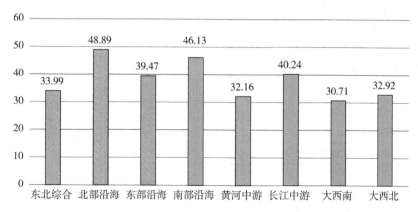

图5-24　2017年分区域财务总监平均年薪（单位：万元）

（5）持股情况

2017年，创业板上市公司中存在财务总监持股情况的公司有306家，占比43.10%，比上年减少了9.1%。如图5-25所示。

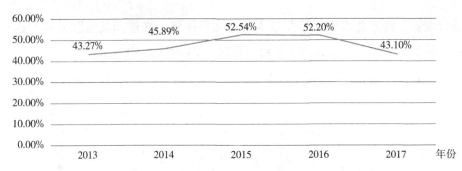

图 5-25　2013—1017 年创业板上市公司财务总监持股比例变化趋势

分行业看，财务总监持股比例最低的是居民服务、修理和其他服务业，该行业唯一一家企业的财务总监并未持股，除此之外，持股比例最低的是科学研究和技术服务业，为 37.5%，持股比例最高的是农、林、牧、渔业，达 71.43%。如表 5-20 所示。

表 5-20　2017 年分行业财务总监持股人数及占比

行业	人数（个）	占比（%）
采矿业	2	50
电力、热力、燃气及水生产和供应业	1	50
建筑业	4	50
交通运输、仓储和邮政业	1	50
居民服务、修理和其他服务业	0	0
科学研究和技术服务业	6	37.5
农、林、牧、渔业	5	71.43
批发和零售业	4	42.86
水利、环境和公共设施管理业	7	53.85
卫生和社会工作	1	33.33
文化、体育和娱乐业	7	53.85
信息传输、软件和信息技术服务业	7	53.85
制造业	208	41.19
租赁和商务服务业	4	44.44

财务总监持股比例在各区域之间也存有差距。持股比例最高的是黄河中游综合经济区，为 53.57%，高出比例最低的东北综合经济区 20.24%。如图 5-26 所示。

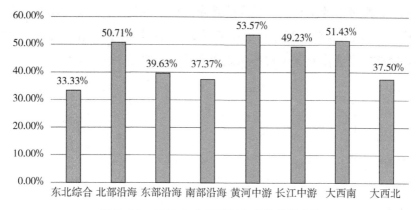

图 5-26　2017 年分区域财务总监持股占比

（6）更替情况

本报告将 2017 年前上市的 638 家公司的 2016 年年报与 2017 年年报进行对比。2017 年，财务总监发生变动的创业板公司有 111 家，变动比例为 17.40%，与上一年相比下降了 3.53%。

分行业看，财务总监没有发生变化的行业有三个，分别是采矿业，居民服务、修理和其他服务业，文化、体育和娱乐业。变化比例最高的行业是电力、热力、燃气及水生产和供应业，为 50%。如表 5-21 所示。

表 5-21　2017 年分行业财务总监变动人数及占比

行业	人数（个）	占比（%）
采矿业	0	0
电力、热力、燃气及水生产和供应业	1	50
建筑业	2	25
交通运输、仓储和邮政业	1	50
居民服务、修理和其他服务业	0	0
科学研究和技术服务业	1	9.1
农、林、牧、渔业	1	14.29
批发和零售业	1	14.29
水利、环境和公共设施管理业	3	27.27
卫生和社会工作	1	33.33
文化、体育和娱乐业	0	0
信息传输、软件和信息技术服务业	22	18.64
制造业	62	13.9
租赁和商务服务业	2	28.57

分区域看，财务总监变动比例最高的是东北综合经济区，达 31.25%；其次是大西南综合经济区，为 27.27%。其他六个经济区变动比例均低于 12%，其中，大西北综合经济区的八家样本企业没有发生财务总监变动情况。如图 5-27 所示。

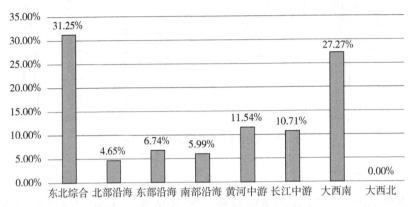

图 5-27 2017 年分区域财务总监变动占比

3. 董事会秘书

（1）年龄

根据 2017 年年报，有 706 家创业板公司披露了董事会秘书的年龄，平均年龄是 42.05 岁。相比总经理和财务总监，董秘呈现出相对年轻化的特征。40~49 岁年龄段的董秘人数最多，占比为 45.47%；其次是 30~39 岁年龄段，占比为 38.24%，此种特征与 2016 年相一致。最年轻的董秘是开尔新材（300234）的许哲远和海波重科（300517）的冉婷，均为 26 岁，最年长的董秘是东华测试（300354）的瞿小松，为 69 岁。如表 5-22 所示。

表 5-22 2017 年创业板上市公司董事会秘书年龄分布

年龄	人数（个）	占比（%）
30 岁以下	10	1.42
30~39	270	38.24
40~49	321	45.47
50~59	97	13.74
60 岁以上	8	1.13

分行业看，各行业董事会秘书平均年龄均在 40~48 岁。平均年龄最大的行业是采矿业，为 48 岁；最小的是文化、体育和娱乐业，为 40 岁。如图 5-28 所示。

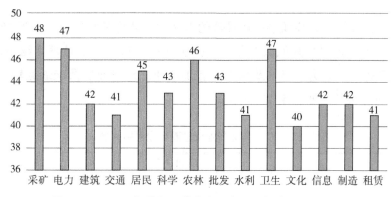

图 5-28　2017 年分行业董事会秘书平均年龄（单位：岁）

从区域看，董事会秘书平均年龄最大的是黄河中游综合经济区，为 44.19 岁；最小的是南部沿海经济区，为 40.78 岁。如图 5-29 所示。

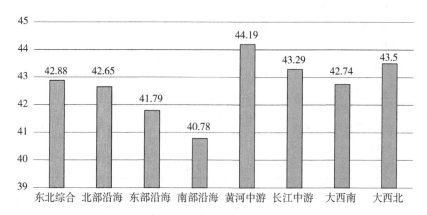

图 5-29　2017 年分区域董事会秘书平均年龄（单位：岁）

（2）性别

根据 2017 年年报，创业板上市公司女性董秘有 214 人，占比 29.81%，与上年相比有所上升。如图 5-30 所示。

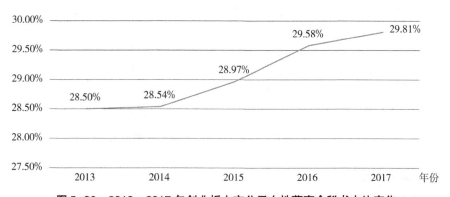

图 5-30　2013—2017 年创业板上市公司女性董事会秘书占比变化

分行业看，女性董事会秘书占比最低的是文化、体育和娱乐业，仅为 15.38%；最高的是居民服务、修理和其他服务业，该行业唯一一家企业的董事会秘书即为女性；比例次高的是电力、热力、燃气及水生产和供应业，建筑业以及交通运输、仓储和邮政业，比例均为 50%。如表 5-23 所示。

表 5-23　2017 年分行业女性董事会秘书人数及占比

行业	人数（个）	占比（%）
采矿业	1	25
电力、热力、燃气及水生产和供应业	1	50
建筑业	4	50
交通运输、仓储和邮政业	1	50
居民服务、修理和其他服务业	1	100
科学研究和技术服务业	4	25
农、林、牧、渔业	3	42.86
批发和零售业	2	28.57
水利、环境和公共设施管理业	5	38.46
卫生和社会工作	1	33.33
文化、体育和娱乐业	2	15.38
信息传输、软件和信息技术服务业	44	34.64
制造业	141	27.87
租赁和商务服务业	4	44.44

分经济区来看，女性董事会秘书比例最高的经济区是北部沿海综合经济区，达 38.89%，约为比例最低的黄河中游综合经济区的 4 倍。如图 5-31 所示。

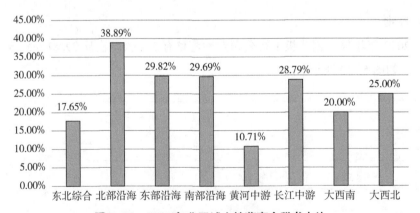

图 5-31　2017 年分区域女性董事会秘书占比

（3）内部兼职情况

根据 2017 年年报，在公司内部兼职方面，董秘的兼职比总经理和财务总监更加多样化。专职于董秘一职的人数仅为 100 人，占比 13.93%，比上年减少 4.73%。兼职副总经理的董秘人数最多，为 455 人，占比 63.37%；其次是兼职董事的情况，共 207 人，占比 28.83%。另外，兼职财务总监的董秘人数也较多，为 125 人，占比 17.41%。其中，也存在董秘兼任两份职务的情况。

分行业看，董事会秘书兼职比例均在 70% 以上。兼职比例最低的行业是农、林、牧、渔业，以及批发和零售业，为 71.43%。有七个行业董事会秘书兼职比例达 100%。如表 5-24 所示。

表 5-24　2017 年分行业董事会秘书兼职人数及占比

行业	人数（个）	占比（%）
采矿业	4	100
电力、热力、燃气及水生产和供应业	2	100
建筑业	6	75
交通运输、仓储和邮政业	2	100
居民服务、修理和其他服务业	1	100
科学研究和技术服务业	14	87.5
农、林、牧、渔业	5	71.43
批发和零售业	5	71.43
水利、环境和公共设施管理业	13	100
卫生和社会工作	3	100
文化、体育和娱乐业	11	84.62
信息传输、软件和信息技术服务业	118	92.91
制造业	425	83.99
租赁和商务服务业	9	100

不同经济区中，董秘兼职比例最高的是黄河中游综合经济区，达 92.86%；最低的是南部沿海经济区，为 79.69%。其他六个经济区兼职比例均在 80%~90%。如图 5-32 所示。

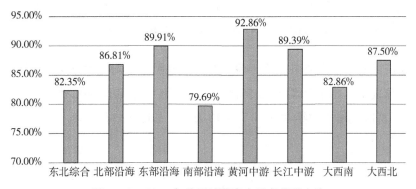

图 5-32　2017 年分区域董事会秘书兼职占比

（4）薪酬

2017 年，创业板上市公司董秘的平均薪酬为 42.38 万元，比上年增加 2.4 万元，增幅为 6%。年薪 50 万元以上的董秘人数最多，占比 29.83%，其次是 20 万元至 30 万元之间（含 20 万元），占比 21.45%。除去刚入职还没有薪酬的情况，年薪最低的董秘是聚隆科技（300475）的曾柏林，为 1.2 万元；最高的是温氏股份（300498）的梅锦方，为 299.95 万元。如表 5-25 所示。

表 5-25　2017 年创业板上市公司董事会秘书薪酬分布

薪酬（万元）	人数（个）	占比（%）
（0，20）	105	14.49
[20，30）	156	21.45
[30，40）	141	19.46
[40，50）	107	14.77
50 以上	216	29.83

分行业看，董事会秘书平均年薪最高的行业是居民服务、修理和其他服务业，高达 93.3 万元；次高的是农、林、牧、渔业，为 74.77 万元；最低的是水利、环境和公共设施管理业，为 31.36 万元。如图 5-33 所示。

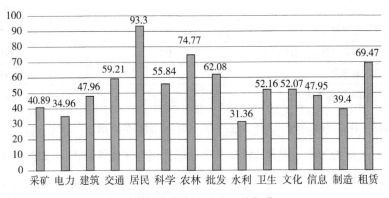

图 5-33　2017 年分行业董事会秘书平均年薪（单位：万元）

不同经济区的董事会秘书平均年薪存在一定差距。平均年薪在 40 万元以上的有两个经济区，分别是北部沿海综合经济区（49.22 万元）和南部沿海经济区（45.3 万元）。多数经济区董秘平均年薪在 30 万~40 万元。如图 5-34 所示。

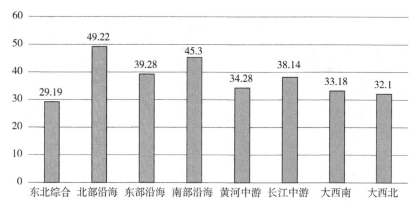

图 5-34 2017 年分区域董事会秘书平均年薪（单位：万元）

（5）持股情况

2017 年，创业板上市公司持股的董秘有 322 人，占比 44.85%，比上年减少了 10.28%。如图 5-35 所示。

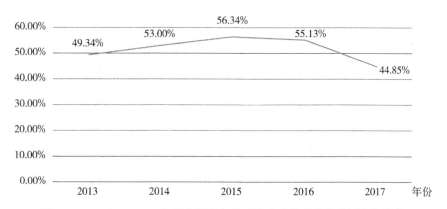

图 5-35 2013—1017 年创业板上市公司董事会秘书持股比例变化趋势

分行业看，居民服务、修理和其他服务业的一个样本企业中董秘没有持股。其他行业中，持股比例最低的是批发和零售业最低为 28.57%；最高的是卫生和社会工作行业，为 66.67%。如表 5-26 所示。

表 5-26 2017 年分行业董事会秘书持股人数及占比

行业	人数（个）	占比（%）
采矿业	2	50
电力、热力、燃气及水生产和供应业	1	50
建筑业	4	50
交通运输、仓储和邮政业	1	50

行业	人数（个）	占比（%）
居民服务、修理和其他服务业	0	0
科学研究和技术服务业	5	31.25
农、林、牧、渔业	4	57.14
批发和零售业	2	28.57
水利、环境和公共设施管理业	5	38.46
卫生和社会工作	2	66.67
文化、体育和娱乐业	6	46.15
信息传输、软件和信息技术服务业	76	59.84
制造业	273	53.95
租赁和商务服务业	3	33.33

分经济区看，董秘持股比例最高的经济区是大西南综合经济区，为60%；最低的是大西北综合经济区，八个样本企业中仅有一家企业董秘持股。如图5-36所示。

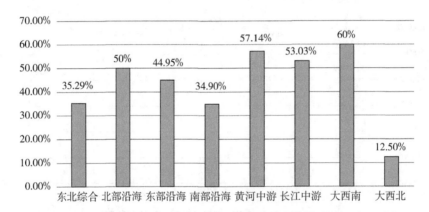

图5-36　2017年分区域董事会秘书持股占比

（6）更替情况

本报告将2017年前上市的638家公司的2016年年报与2017年年报进行对比。2017年，董秘发生变动的创业板公司有125家，占比19.59%，比上年减少2.14%。

分行业看，有三个行业董事会秘书没有发生变动，分别是采矿业，交通运输、仓储和邮政业，居民服务、修理和其他服务业。董事会秘书发生变动比例最高的行业是电力、热力、燃气及水生产和供应业，为100%。如表5-27所示。

表5-27　2017年分行业董事会秘书变动人数及占比

行业	人数（个）	占比（%）
采矿业	0	0

续表

行业	人数（个）	占比（%）
电力、热力、燃气及水生产和供应业	2	100
建筑业	2	28.57
交通运输、仓储和邮政业	0	0
居民服务、修理和其他服务业	0	0
科学研究和技术服务业	3	33.33
农、林、牧、渔业	1	14.29
批发和零售业	3	50
水利、环境和公共设施管理业	5	45.45
卫生和社会工作	1	33.33
文化、体育和娱乐业	1	9.09
信息传输、软件和信息技术服务业	34	29.31
制造业	140	33.73
租赁和商务服务业	3	42.86

不同经济区的董秘变动比例差距很大。变动比例高达30%以上的经济区包括：东北综合经济区（17家）、大西南综合经济区（33家）、大西北综合经济区（8家）。其他五个经济区董秘变动比例均在16%以下，其中，东部沿海综合经济区比例最低，为4.64%。如图5-37所示。

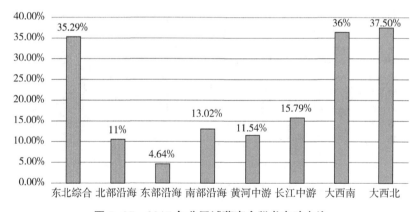

图5-37　2017年分区域董事会秘书变动占比

（二）创业板上市公司独立董事研究

1. 独立董事占董事会比例

中国证监会《关于在上市公司建立独立董事制度的指导意见（2001）》要求中国上市公司董事会成员中应当至少包括三分之一的独立董事。2017年，全部创业板上市公司均满足这一要求。

2. 年龄

2017 年，创业板上市公司的 2128 名独立董事有 1574 名处于 40～59 岁，占比 73.97%，较上年略有上升。处于 50～59 岁的独立董事占比最大，为 40.93%。年龄最小的独立董事是科锐国际（300662）的郑毅，为 29 岁；年龄最大的独立董事是通裕重工（300185）的许连义和晨曦航空（300581）的王兴治，均为 83 岁。如表 5-28 所示。

表 5-28　2017 年创业板上市公司独立董事年龄分布

年龄	人数（个）	占比（%）
30～39	111	5.21
40～49	703	33.04
50～59	871	40.93
60～69	350	16.45
70 岁及以上	93	4.37

分行业看，各行业独立董事平均年龄均在 50～56 岁。平均年龄最小的是电力、热力、燃气及水生产和供应业，为 50 岁；最大的是居民服务、修理和其他服务业，为 56 岁。如图 5-38 所示。

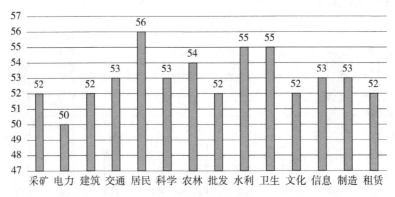

图 5-38　2017 年分行业独立董事平均年龄（单位：岁）

各区域中，独立董事平均年龄最高的是东部沿海综合经济区，达 61.18 岁。其他七个经济区独立董事平均年龄差别不大，均在 51～54 岁，其中，平均年龄最小的是大西南综合经济区，为 51.81 岁。如图 5-39 所示。

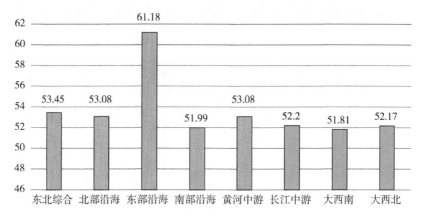

图 5-39　2017 年分区域独立董事平均年龄（单位：岁）

3. 性别

2017 年，创业板上市公司的 2128 名独立董事中，男性有 1721 名，占比达 80.87%；女性有 407 名，占比为 19.13%。女性独立董事占比较上年上升 0.34%。

分行业看，女性独立董事占比最低的行业是交通运输、仓储和邮政业，为 0；最高的是居民服务、修理和其他服务业，为 33.33%。除此之外，其他行业女性独立董事占比均低于 30%。如表 5-29 所示。

表 5-29　2017 年分行业女性独立董事人数及占比

行业	人数（个）	占比（%）
采矿业	2	18.18
电力、热力、燃气及水生产和供应业	1	16.67
建筑业	4	16.67
交通运输、仓储和邮政业	0	0
居民服务、修理和其他服务业	1	33.33
科学研究和技术服务业	7	14
农、林、牧、渔业	6	27.27
批发和零售业	4	19.05
水利、环境和公共设施管理业	11	27.5
卫生和社会工作	1	14.29
文化、体育和娱乐业	7	18.42
信息传输、软件和信息技术服务业	68	17.99
制造业	288	19.26
租赁和商务服务业	7	25.93

分区域看，女性独董比例均不超过 23%，其中，比例最高的是北部沿海综合经济

区，为 22.01%；最低的是长江中游综合经济区，为 15.42%。如图 5-40 所示。

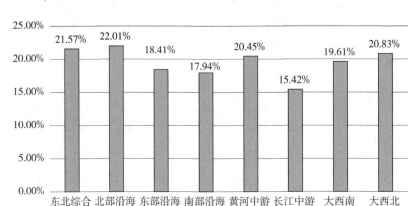

图 5-40　2017 年分区域女性独立董事占比

4. 学历及职称

从学历信息披露的情况来看，2017 年未披露学历的独立董事占比 8.79%，比上年下降了大约 0.94%，披露状况有所改善。本科占比为 21.38%，比上年下降了大约 0.13%；硕士占比 32.47%，比上年上升了大约 0.21%；博士占比为 34.58%，比上年上升了大约 0.62%。中专学历背景的独立董事有 1 位，供职于上海新阳（300236），但为具有专业从业经验的专职人员。如表 5-30 所示。

表 5-30　2017 年创业板上市公司独立董事学历分布

学历	中专	大专	本科	硕士	博士	未披露
人数（个）	1	58	455	691	736	187
占比（%）	0.05	2.73	21.38	32.47	34.58	8.79

从职称信息披露的情况来看，2017 年未披露职称的独立董事占比 22.23%，比上年下降了大约 0.01%。拥有高级职称的独立董事有 1436 人，占比 67.48%，比上年下降了大约 1.39%；拥有中级职称的独立董事有 184 人，占比 8.65%，比上年下降了大约 0.18%。如表 5-31 所示。

表 5-31　2017 年创业板上市公司独立董事职称分布

职称	高级职称	中级职称	初级职称	未披露
人数（个）	1436	184	35	473
占比（%）	67.48	8.65	1.64	22.23

分行业的独立董事学历与职称分布见表 5-32 和表 5-33。除电力、热力、燃气及

水生产和供应业没有披露独立董事学历之外，博士学历独立董事比例最高的是采矿业，高达54.55%。如表5-32所示。

表5-32　2017年分行业独立董事学历分布　　　　　　　　　（单位：%）

学历　　　　行业	本科及以下	硕士	博士	未披露
采矿业	18.18	27.27	54.55	0
电力、热力、燃气及水生产和供应业	0	0	0	100
建筑业	37.50	33.33	29.17	0
交通运输、仓储和邮政业	0	50	16.67	33.33
居民服务、修理和其他服务业	66.67	33.33	0	0
科学研究和技术服务业	25.53	48.94	25.53	0
农、林、牧、渔业	31.82	9.09	36.36	22.73
批发和零售业	14.29	47.62	28.57	9.52
水利、环境和公共设施管理业	32.50	17.50	45.00	5.00
卫生和社会工作	0	42.86	42.86	14.28
文化、体育和娱乐业	23.68	36.85	34.21	5.26
信息传输、软件和信息技术服务业	22.49	34.66	32.80	10.05
制造业	24.88	17.99	11.06	46.07
租赁和商务服务业	11.11	40.74	37.04	11.11

高级职称独立董事占比最高的是交通运输、仓储和邮政业，达83.33%；最低的是电力、热力、燃气及水生产和供应业与居民服务、修理和其他服务业，为33.33%。如表5-33所示。

表5-33　2017年分行业独立董事职称分布　　　　　　　　　（单位：%）

职称　　　　行业	高级职称	中级职称	初级职称	未披露
采矿业	63.64	0	18.18	18.18
电力、热力、燃气及水生产和供应业	33.33	0	0	66.67
建筑业	50.00	4.17	20.83	25.00
交通运输、仓储和邮政业	83.33	0	0	16.67
居民服务、修理和其他服务业	33.33	0	33.33	33.34
科学研究和技术服务业	68.00	2.00	12.00	18.00
农、林、牧、渔业	63.64	0	9.09	27.27
批发和零售业	57.14	0	4.76	38.10
水利、环境和公共设施管理业	80.00	0	2.50	17.50

续表

职称 行业	高级职称	中级职称	初级职称	未披露
卫生和社会工作	71.43	0	0.00	28.57
文化、体育和娱乐业	65.79	2.63	2.63	28.95
信息传输、软件和信息技术服务业	67.72	1.06	6.08	25.14
制造业	82.88	0.33	8.09	8.70
租赁和商务服务业	51.85	0	7.41	40.74

　　分区域的独立董事学历与职称分布见表5-34和表5-35。其中，长江中游综合经济区具有博士学历的董事占比最高，达45.27%，其他七个经济区具有博士学历的董事占比均低于40%，且只有大西北综合经济区占比低于30%。如表5-34所示。

表5-34　2017年分区域独立董事学历分布　　　　　　　　（单位:%）

学历 区域	本科及以下	硕士	博士	未披露
东北综合经济区	19.61	41.18	33.33	5.88
北部沿海综合经济区	22.49	26.23	37.70	13.58
东部沿海综合经济区	27.23	34.32	30.27	8.18
南部沿海经济区	23.80	34.99	32.86	8.35
黄河中游综合经济区	21.59	35.23	38.64	4.54
长江中游综合经济区	18.9	29.35	45.27	6.48
大西南综合经济区	22.55	33.33	36.27	7.85
大西北综合经济区	45.83	25	20.83	8.34

　　同时，具有高级职称的独立董事占比最高的是东部沿海综合经济区，达87.76%。如表5-35所示。

表5-35　2017年分区域独立董事职称分布　　　　　　　　（单位:%）

职称 区域	高级职称	中级职称	初级职称	未披露
东北综合经济区	78.44	3.92	7.84	9.80
北部沿海综合经济区	60.19	8.90	3.28	27.63
东部沿海综合经济区	87.76	1.53	0.51	10.20
南部沿海经济区	76.63	3.80	1.09	18.48
黄河中游综合经济区	75	5.68	0	19.32
长江中游综合经济区	78.11	3.48	1.99	16.42

续表

区域 ＼ 职称	高级职称	中级职称	初级职称	未披露
大西南综合经济区	63.73	6.86	5.88	23.53
大西北综合经济区	62.50	20.83	0	16.67

5. 专（从）业背景

2017 年，创业板上市公司独立董事专业背景信息披露的总体情况较上年稍有改善，未披露的比例为 18.99%，与上年相比减少了大约 0.05%。管理专业背景和法学专业背景的独立董事人数最多，总计占比 52.54%。拥有工学专业背景的独立董事占比 14.61%，较上年上升了大约 0.74%。因专业背景未披露的独立董事占比较大，2017 年与 2016 年的披露完整性也有较大差别，此项统计在反映创业板上市公司独立董事整体专业背景及变化情况时会存在偏差。如表 5-36 所示。

表 5-36　2017 年创业板上市公司独立董事专业背景分布

专业背景	管理学 （包括财务会计）	工学	法学	经济学	其他	未披露
人数（个）	771	311	347	162	133	404
占比（%）	36.23	14.61	16.31	7.61	6.25	18.99

分行业看，不同行业中独立董事的专业背景差异较大。例如，交通运输、仓储和邮政业具有管理学专业背景的独立董事比例最大，为 50%；采矿业具有工学专业背景的独立董事比例最大，为 18.18%；居民服务、修理和其他服务业具有法学专业背景的独立董事比例最大，为 33.33%；采矿业具有经济学背景的独立董事比例最大，为 27.27%。如表 5-37 所示。

表 5-37　2017 年分行业独立董事专业背景分布　　　　　　　　（单位:%）

行业 ＼ 专业背景	管理学（包括财务会计）	工学	法学	经济学	其他	未披露
采矿业	27.27	18.18	18.18	27.27	0	9.10
电力、热力、燃气及水生产和供应业	33.33	0	16.67	0	0	50.00
建筑业	37.50	16.67	25.00	8.33	4.17	8.33
交通运输、仓储和邮政业	50.00	0	0	16.67	16.67	16.66
居民服务、修理和其他服务业	33.33	0	33.33	0	0	33.34
科学研究和技术服务业	40.00	10.00	22.00	4.00	8.00	16.00
农、林、牧、渔业	27.27	9.09	18.18	4.55	4.55	36.36

续表

行业 \ 专业背景	管理学（包括财务会计）	工学	法学	经济学	其他	未披露
批发和零售业	38.10	14.29	14.29	14.29	4.76	14.27
水利、环境和公共设施管理业	35.00	17.50	10.00	5.00	5.00	27.50
卫生和社会工作	42.86	0	14.29	0	0	42.85
文化、体育和娱乐业	42.11	5.26	13.16	5.26	5.26	28.95
信息传输、软件和信息技术服务业	39.95	10.58	15.34	9.26	5.56	19.31
制造业	35.38	16.32	16.79	7.56	5.82	18.13
租赁和商务服务业	40.74	7.41	11.11	14.81	3.70	22.23

分区域看，独立董事的专业背景差别不大。但大西北综合经济区披露情况较差，管理学专业背景和工学专业背景的独立董事比例均较低。如表5-38所示。

表5-38　2017年分区域独立董事专业背景分布　（单位：%）

区域 \ 专业背景	管理学（包括财务会计）	工学	法学	经济学	其他	未披露
东北综合经济区	41.18	15.69	23.53	15.69	3.91	0
北部沿海综合经济区	35.36	15.46	15.46	7.96	5.85	19.91
东部沿海综合经济区	32.65	22.96	9.18	10.20	10.71	14.30
南部沿海经济区	31.52	20.11	10.87	14.13	10.33	13.04
黄河中游综合经济区	34.09	17.05	17.05	7.95	7.95	15.91
长江中游综合经济区	38.31	16.92	14.43	6.47	5.47	18.40
大西南综合经济区	39.22	11.76	21.57	5.88	6.86	14.71
大西北综合经济区	29.17	4.17	29.17	0.00	4.17	33.32

6. 董事津贴

2017年，未在所任职的创业板上市公司领取津贴的独立董事有85人，占比3.99%，其中大部分是在报告期末新上任的独立董事。津贴在5万~10万元的独立董事最多，占比64.86%，较上年下降了2.54%；其次是5万元以下，占比19.97%，较上年下降1.54%。津贴最高的为大富科技（300134）的独立董事卢秉恒、刘尔奎，温氏股份（300498）的陈舒、万良勇、许治，均为20万元。如表5-39所示。

表5-39　2017年创业板上市公司独立董事津贴分布

年度津贴总额	0	0~5万元	5万~10万元	10万元以上	未披露
人数（个）	85	425	1380	233	5
占比（%）	3.99	19.97	64.86	10.95	0.23

分行业看，独立董事平均津贴最高的行业是采矿业，为 9.27 万元；最低的是水利、环境和公共设施管理业，为 5.22 万元。如图 5-41 所示。

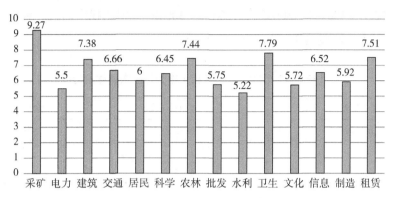

图 5-41　2017 年分行业独立董事平均津贴（单位：万元）

分区域看，独立董事平均津贴最高的是北部沿海综合经济区，为 6.57 万元，高于平均津贴最低的大西北综合经济区 2.81 万元。如图 5-42 所示。

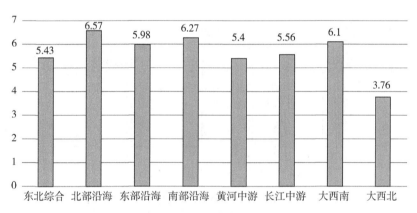

图 5-42　2017 年分区域独立董事平均津贴（单位：万元）

（三）创业板上市公司创业股东研究

本报告继续沿用《蓝皮书（2016—2017）》对创业股东的类型划分，并据此统计了创业板上市公司招股说明书和 2017 年年报中披露的前十大股东或持股 5% 以上及在公司有决策权的重要股东的信息，剔除了机构投资者、社会公众股、持股比例较小或者不在公司担任职务以及在公司决策中话语权极小的股东。

1. 股东整体结构现状

如表 5-40 所示。718 家创业板上市公司在 2017 年共有 6725 名重要股东，其中自然人股东 3979 名，占比 59.17%；法人股东 2296 名，占比 40.83%。自然人股东总数仍然多于法人股东。有 7 家创业板公司（300047、300087、300138、300323、300369、

300378、300541）未出现单一股东或一致行动人通过股权兼并产生实际控制人或控股股东的情况，仍由创业团队集体领导。有 9 家创业板公司（300077、300096、300142、300219、300228、300277、300326、300346、300458）因股权变动或一致行动协议到期失去实际控制人或控股股东。如表 5-40 所示。

表 5-40　2017 年创业板上市公司股东整体结构

股东类型	人数（个）	占比（%）
自然人	3979	59.17
法人	2296	40.83
合计	6725	100.00

与 2016 年相比，创业板上市公司股权结构和控股情况在 2017 年未发生较大变化。自然人股东占比 59.17%，比上年下降大约 3.83%，自然人股东比法人股东高出大约 18.34%。如图 5-43 所示。

图 5-43　2013—1017 年创业股东整体结构变化趋势

分行业看，有三个行业法人股东占比大于自然人股东，分别是：电力、热力、燃气及水生产和供应业，交通运输、仓储和邮政业，水利、环境和公共设施管理业交通运输，其中，交通运输、仓储和邮政业股东全部为法人股东。如表 5-41 所示。

表 5-41　2017 年分行业股东构成占比　　　　　　（单位:%）

行业 ＼ 股东类型	自然人股东	法人股东
采矿业	63.33	36.67
电力、热力、燃气及水生产和供应业	45.00	55.00
建筑业	57.14	42.86
交通运输、仓储和邮政业	0	100.00

续表

股东类型 行业	自然人股东	法人股东
居民服务、修理和其他服务业	60.00	40.00
科学研究和技术服务业	60.36	39.64
农、林、牧、渔业	54.00	46.00
批发和零售业	68.33	31.67
水利、环境和公共设施管理业	48.04	51.96
卫生和社会工作	53.33	46.67
文化、体育和娱乐业	58.40	41.60
信息传输、软件和信息技术服务业	56.72	43.28
制造业	58.32	41.68
租赁和商务服务业	54.67	45.33

分区域看，自然人股东占比最高的是大西南综合经济区，比例高达 75.16%。有两个经济区自然人股东占比比法人股东低，分别是长江中游综合经济区和大西北综合经济区。如表 5-42 所示。

表 5-42　2017 年分区域股东构成占比　　　　　（单位:%）

股东类型 区域	自然人股东	法人股东
东北综合经济区	63.33	36.67
北部沿海综合经济区	61.45	38.55
东部沿海综合经济区	55.44	44.56
南部沿海经济区	61.66	38.34
黄河中游综合经济区	66.40	33.60
长江中游综合经济区	48.53	51.47
大西南综合经济区	75.16	24.84
大西北综合经济区	48.72	51.28

2. 创业股东组织类型

创业股东是创立企业且拥有企业决策权的原始股东。通过与招股说明书披露的创业股东信息比照，2017 年年报披露的创业股东有 666 个，其中法人创业股东 28 个，自然人创业股东 638 个。在自然人创业股东中，自然人个人 300 个，占比 47.02%；自然人家族 198 个，占比 31.03%；非家族自然人团队 140 个，占比 21.94%。比例分布与招股说明书大致相似。如表 5-43 所示。

表5-43　2017年创业板上市公司创业股东组织类型整体结构

类型	数量（个）	占比（%）
自然人个人	300	47.02
自然人家族	198	31.03
非家族自然人团队	140	21.94
合计	638	100.00

通过对2017年年报的统计分析，638个自然人创业股东中，单一知识技术类❶的创业股东占比为55.17%，关系背景类❷的创业股东占比为30.56%，同时具备知识技术和关系背景的创业股东占比为14.27%。如图5-44所示。

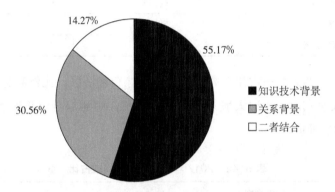

图5-44　2017年创业股东人力资本类型整体结构

分行业看创业股东组织类型。采矿业，居民服务、修理和其他服务业创业股东组织类型均为自然人个人，交通运输、仓储和邮政业创业股东组织类型均为非家族自然人团队。如表5-44所示。

表5-44　2017年分行业创业股东组织类型构成占比　　　　　　（单位:%）

行业 ＼ 类型	自然人个人	自然人家族	非家族自然人团队
采矿业	100.00	0	0
电力、热力、燃气及水生产和供应业	50.00	50.00	0
建筑业	42.86	57.14	0
交通运输、仓储和邮政业	0	0	100
居民服务、修理和其他服务业	100.00	0	0

---

❶　知识技术类创业股东是拥有某一领域专业知识、特殊技能或者专利、非专利技术等知识产权的高级人才，以其特有的知识或技术创建公司并通常负责公司的技术研发活动，受个人天赋、教育背景和培训经历的影响较大。
❷　关系背景类创业股东是具有独特的职业经历、人脉关系、客户资源、营销才能和社会影响力的高级人才。

续表

类型 行业	自然人个人	自然人家族	非家族自然人团队
科学研究和技术服务业	45.45	9.10	45.45
农、林、牧、渔业	60.00	0	40.00
批发和零售业	50.00	0	50.00
水利、环境和公共设施管理业	72.73	18.18	9.09
卫生和社会工作	66.67	0	33.33
文化、体育和娱乐业	69.24	15.38	15.38
信息传输、软件和信息技术服务业	52.38	15.24	32.38
制造业	49.13	31.76	19.11
租赁和商务服务业	50.00	37.50	12.50

分行业统计创业股东人力资本类型。交通运输、仓储和邮政业，卫生和社会工作行业均为关系背景；居民服务、修理和其他服务业均为关系背景和知识技术背景相结合。如表5-45所示。

表5-45　2017年分行业创业股东人力资本类型构成占比　　　　　（单位：%）

类型 行业	关系背景	知识技术背景	二者结合
矿业	33.33	66.67	0
电力、热力、燃气及水生产和供应业	0	50.00	50.00
建筑业	71.43	28.57	0
交通运输、仓储和邮政业	100.00	0	0
居民服务、修理和其他服务业	0	0	100.00
科学研究和技术服务业	9.09	63.64	27.27
农、林、牧、渔业	20.00	40.00	40.00
批发和零售业	50.00	33.33	16.67
水利、环境和公共设施管理业	27.27	45.46	27.27
卫生和社会工作	100.00	0	0
文化、体育和娱乐业	23.08	38.46	38.46
信息传输、软件和信息技术服务业	23.81	48.57	27.62
制造业	29.00	40.94	30.06
租赁和商务服务业	12.50	50.00	37.50

分区域看创业股东组织类型。东北综合经济区中自然人个人创业股东比例较低，仅为20%，非家族自然人团队比例达50%；黄河中游综合经济区创业股东为非家族自然人团队的比例较其他经济区低，仅为12%。如表5-46所示。

表5-46　2017年分区域创业股东组织类型构成占比　　（单位:%）

区域＼类型	自然人个人	自然人家族	非家族自然人团队
东北综合经济区	20.00	30.00	50.00
北部沿海综合经济区	54.16	21.67	24.17
东部沿海综合经济区	42.23	36.41	21.36
南部沿海经济区	44.76	31.98	23.26
黄河中游综合经济区	56.00	32.00	12.00
长江中游综合经济区	49.09	30.91	20.00
大西南综合经济区	55.17	27.59	17.24
大西北综合经济区	40.00	20.00	40.00

　　分区域统计创业股东人力资本类型。黄河中游综合经济区具有关系背景的创业股东比例最高，为36%；东北综合经济区具有知识技术背景的创业股东比例最高，达78.57%；大西北综合经济区同时具有两种背景的创业股东比例最高，为20%。如表5-47所示。

表5-47　2017年分区域创业股东人力资本类型构成占比　　（单位:%）

区域＼类型	关系背景	知识技术背景	二者结合
东北综合经济区	21.43	78.57	0.00
北部沿海综合经济区	25.00	63.33	11.67
东部沿海综合经济区	34.63	53.17	12.20
南部沿海经济区	31.58	52.63	15.79
黄河中游综合经济区	36.00	56.00	8.00
长江中游综合经济区	27.27	54.55	18.18
大西南综合经济区	27.59	65.51	6.90
大西北综合经济区	20.00	60.00	20.00

（四）创业板上市公司员工研究

1. 数量

　　从表5-48可以看出，创业板上市公司平均员工数量仍然保持上升的趋势。2017年，平均员工数量较去年增加122人，增幅为7.07%。另外，员工数量的最大值和最小值之间的差距进一步拉大，员工数量最多的蓝思科技（300433）和员工数量最少的潜能恒信（300191）相差94534人。如表5-48所示。

表 5-48　2013—2017 年创业板上市公司员工数量情况

年份	2013	2014	2015	2016	2017
样本数量（家）	379	417	497	601	718
平均员工数量（个）	1030	1201	1617	1726	1848
最小值（个）	101	65	58	26	64
最大值（个）	6866	9877	69581	74174	94598

　　本报告统计了 2013—2017 年历年的创业板上市公司年度增员变化情况。某年份的增员统计以上一年的样本企业为比照组。例如，2017 年的增员统计是以 2016 年的 601 家样本企业为比照组的，结果如表 5-49 所示。2016 年的 601 家企业在 2017 年的员工平均增长率为 14.35%，平均增员人数为 312 人，增员企业占比 69.97%。其中，蓝思科技（300433）增员人数最多，为 20424 人。如表 5-49 所示。

表 5-49　2013—2017 年创业板上市公司年度增员变化情况

时间	样本数量（家）	平均增员人数（个）	增员企业占比（%）	平均增长率（%）
2013 年	354	122	74	13
2014 年	379	178	73	17
2015 年	416	318	73.56	26.48
2016 年	497	307	71.43	19.01
2017 年	601	312	69.97	14.35

注："平均增员人数"＝（2017 年员工总人数－2016 年员工总人数）/2017 年企业样本数；"增员企业占比"
＝2017 年员工数量较 2016 年增加的样本企业个数/2017 年企业样本数；"平均增长率"＝（2017 年员工总人数－
2016 年员工总人数）/2016 年员工总人数。

　　分行业看，各行业平均员工数量差距较大。平均员工数量最多行业是卫生和社会工作业（8753 人），以及农、林、牧、渔业（8376 人），其他十二个行业平均员工数量均低于 4000 人，平均员工数量最低的是文化、体育和娱乐业，为 833 人。如图 5-45 所示。

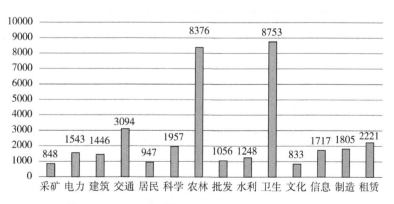

图 5-45　2017 年分行业员工平均数量（单位：个）

分区域看，如图 5-46 所示。平均员工数量最多的是长江中游综合经济区，为 3133 人，是平均员工数量最少的大西北综合经济区的三倍多。平均员工数量次高的是南部沿海综合经济区，达 2349 人。其他五个经济区平均员工数量均在 1000~1600 人。

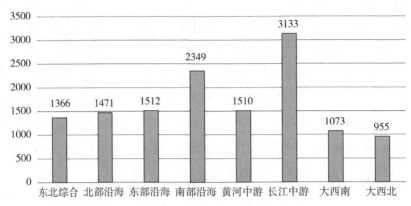

图 5-46　2017 年分区域员工平均数量（单位：个）

2. 学历

考虑到数据口径的统一性，如表 5-50 所示，本报告对员工的学历划分为"高中及以下""专科""本科""硕士及以上"四类。凡未按上述口径进行员工学历信息披露的企业均被排除在样本之外。

根据 2017 年年报数据，所有上市公司都披露了员工的学历信息，但只有 473 家企业按上述口径披露了员工学历信息。

表 5-50　2017 年样本公司员工的学历分布

学历	高中及以下	专科	本科	硕士及以上
人数（个）	359010	181694	229753	33047
占比（%）	44.49	22.64	28.56	4.31

2017 年，我国创业板上市公司学历整体水平有所下降。高中及以下学历的员工占比为 44.49%，较 2016 年上升 0.81%；专科学历的员工占比为 22.64%，较 2016 年下降 0.49%；本科学历的员工占比为 28.56%，较 2016 年下降 0.26%；硕士及以上学历的员工占比为 4.31%，较 2016 年下降 0.06%。如表 5-50 所示。

分行业看，如表 5-51 所示，硕士及以上学历员工比例最高的是采矿业，为 10.36%。

表 5-51　2017 年分行业样本公司员工学历分布　　　（单位:%）

行业 ＼ 学历	高中及以下	专科	本科	硕士及以上
采矿业	29.95	31.33	28.36	10.36
电力、热力、燃气及水生产和供应业	37.47	36.35	23.20	2.98
建筑业	23.99	30.40	37.93	7.68
交通运输、仓储和邮政业	44.50	36.73	18.00	0.77
居民服务、修理和其他服务业	29.88	50.58	18.59	0.95
科学研究和技术服务业	11.27	33.93	46.11	8.69
农、林、牧、渔业	77.01	11.71	9.95	1.33
批发和零售业	32.52	31.16	33.33	2.99
水利、环境和公共设施管理业	24.13	27.43	41.65	6.79
卫生和社会工作	32.70	22.82	36.56	7.92
文化、体育和娱乐业	16.96	28.42	46.40	8.22
信息传输、软件和信息技术服务业	10.34	24.74	58.66	6.26
制造业	55.60	21.82	19.43	3.15
租赁和商务服务业	11.96	29.58	50.91	7.55

分区域看，如表 5-52 所示。北部沿海综合经济区员工学历整体水平较高，本科及以上占比为 48.29%；南部沿海经济区员工学历整体水平较低，本科及以上占比仅为 24.87%。

表 5-52　2017 年分区域样本公司员工学历分布　　　（单位:%）

区域 ＼ 学历	高中及以下	专科	本科	硕士及以上
东北综合经济区	43.04	27.05	24.85	5.06
北部沿海综合经济区	28.01	23.70	41.59	6.70
东部沿海综合经济区	45.81	22.25	28.07	3.87
南部沿海经济区	55.79	19.34	22.13	2.74
黄河中游综合经济区	43.98	29.27	23.32	3.43
长江中游综合经济区	39.44	26.80	29.23	4.53
大西南综合经济区	32.39	24.25	36.97	6.39
大西北综合经济区	35.12	29.64	30.56	4.68

3. 岗位结构

如表 5-53 所示，本报告仅对创业板上市公司 2017 年年报所披露的销售人员、技术（研发）人员和生产人员数量进行统计分析，凡未按上述口径进行员工岗位信息披露的企业均被排除在样本之外。所有企业均披露了员工岗位信息，有714家企业按上述口径披露了员工岗位信息。

表5-53　2017年样本公司员工的岗位分布

岗位	销售	技术（研发）	生产
人数（个）	146757	417874	540692
占比（%）	11.15	31.75	41.08

2017年，创业板上市公司的销售人员、技术（研发）人员和生产人员的比例较之2016年略有变动。销售人员的比例下降了大约1.5%，技术（研发）人员上升了大约0.33%，生产人员下降了14.85%。总体来看，生产人员所占比例仍然最大，技术（研发）人员和销售人员的比例有所上升，表明创业板市场的技术性特征进一步凸显，并在发展中更加注重开拓市场。

分行业看员工岗位结构❶。如表5-54所示。销售人员占比最高的行业是批发和零售业，达44.44%；技术人员占比最高的行业是信息传输、软件和信息技术服务业，为60.53%；生产人员占比最高的行业是农、林、牧、渔业，为77.06%。

表5-54　2017年分行业样本公司员工岗位分布　　　　　　　　（单位:%）

行业 ＼ 岗位	销售	技术（研发）	生产
采矿业	8.22	23.78	39.76
电力、热力、燃气及水生产和供应业	7.78	19.54	56.61
建筑业	7.82	22.23	25.16
交通运输、仓储和邮政业	11.38	10.12	61.68
科学研究和技术服务业	10.38	39.83	47.51
农、林、牧、渔业	4.17	5.76	77.06
批发和零售业	44.44	13.84	14.04
水利、环境和公共设施管理业	9.03	29.31	31.35
卫生和社会工作	18.29	55.53	0.10
文化、体育和娱乐业	18.41	26.88	1.57
信息传输、软件和信息技术服务业	11.42	60.53	9.35
制造业	10.77	26.40	48.47
租赁和商务服务业	21.53	8.83	11.21

---

❶ 由于居民服务、修理和其他服务业中唯一的一家企业没有披露员工结构，因此只分析余下十三个行业。

分区域看，如表 5-55 所示。销售人员占比最高的经济区为黄河中游综合经济区，占比为 14.66%；技术人员占比最高的为长江中游综合经济区，比例高达 53.42%；生产人员占比最高的为黄河中游综合经济区，比例为 49.85%。

表 5-55　2017 年分区域样本公司员工岗位分布　　　　　　（单位：%）

岗位 区域	销售	技术（研发）	生产
东北综合经济区	11.83	33.93	36.64
北部沿海综合经济区	13.27	39.35	26.00
东部沿海综合经济区	9.68	27.94	45.26
南部沿海经济区	12.67	23.14	49.14
黄河中游综合经济区	14.66	21.68	49.85
长江中游综合经济区	7.10	53.42	28.91
大西南综合经济区	14.33	26.60	38.72
大西北综合经济区	9.38	18.93	44.18

四、　结论

（一）高管

整体来看，一则女性高管占比有升有降。较之 2016 年，2017 年女性总经理占比下降 0.37%，女性财务总监上升 1.33%，女性董秘上升 0.23%。二则内部兼职比例有所上升，且存在高管兼任两份甚至多份职务的情况。三则高管更替比例略微下降。2017年，总经理更替比例下降了 9.28%，财务总监下降了 3.53%，董秘则下降了 2.14%。分行业看，电力、热力、燃气及水生产和供应业的高管变动比例最为突出，总经理变动比例为 50%，财务总监变动比例为 50%，董事会秘书变动比例为 100%。分区域看，一则大西北综合经济区高管年龄偏高、学历偏低。该区域总经理和财务总监的平均年龄均为八大经济区中最高；董秘平均年龄为八大经济区中次高。而其本科及以上学历总经理比例次低，本科及以上财务总监比例为八大经济区中最低。二则北部、南部沿海经济区高管薪酬较高。北部沿海综合经济区总经理平均薪酬在八大经济区中排名第三，财务总监和董秘平均薪酬排名均为第一；南部沿海经济区总经理平均薪酬排名第一，财务总监和董秘平均薪酬均为第二。

（二）独立董事

整体来看，一则独立董事的信息披露质量有所改善。学历、职称和专业背景的披露比例较之 2016 年都有所上升。对于独立董事的姓名、性别、年龄、薪酬、近五年主要工作经历等方面的信息基本能够按照相关准则要求进行披露，且较为详细。相比而言，学历、职称和专业背景等信息的披露质量仍然有待提高。二则创业板公司的独董结构优化。具体表现为，女性独立董事占比有所上升；硕士及以上学历的独立董事占比上升；各专业背景的独立董事占比都有所上升。分行业看，交通运输、仓储和邮政业独立董事学历及职称较高。其中，硕士、博士学历独立董事占比达 66.67%，且该行业高级职称独立董事占比在各行业中最高，达 83.33%。分区域看，北部、南部沿海经济区独立董事津贴较高。同高管一样，独立董事津贴最高的两个经济区为北部沿海综合经济区和南部沿海经济区，其独立董事津贴分别为 6.57 万元和 6.27 万元。

（三）创业股东

整体来看，一则创业板上市公司的股东结构、股权结构和控股情况总体稳定。2017 年，自然人股东占比在多年的上升之后有所下降。二则知识技术类型创业股东占比居多。在有自然人创业股东的公司中，知识技术类创业股东占比大于关系背景类创业股东，其中单一知识技术类的创业股东占比最大。分行业看，自然人个人创业股东占比低的行业较少。在 14 个行业中，大多数行业自然人个人创业股东占比较高，仅有两个行业自然人个人创业股东占比低，分别是电力、热力、燃气及水生产和供应业（45.00%）和交通运输、仓储和邮政业（0）。分区域看，大多数经济区自然人股东占比高于法人股东占比。只有两个经济区例外，分别是长江中游综合经济区（自然人股东占比 48.53%）和大西北综合经济区（自然人股东占比 48.72%）。

（四）员工

整体来看，一则员工数量和结构都有所变化。2017 年，创业板上市公司员工平均数量保持增长趋势。同时，本科以上高学历员工占比下降，生产人员仍占大多数，但比例有所下降。二则信息披露口径存在差异。整体上，创业板上市公司的员工信息披露质量较高，专业结构和学历信息披露情况也较好。但 2017 年创业板上市公司普遍忽略了员工年龄信息披露。另外，各公司对员工岗位、学历的统计口径也存在较为明显的差异。分行业看，信息传输、软件和信息技术服务业员工学历最高。该行业中本科及以上学历员工占比最高，同时技术（研发）人员占比也最高。分区域看，北部沿海综合经济区员工学历较高。该区域本科、硕士及以上学历员工均为八大经济区中最高。

参考文献

[1] 曾铖，李元旭. 试论企业家精神驱动经济增长方式转变——基于我国省级面板数据的实证研究 [J]. 上海经济研究，2017.

[2] 柴才，黄世忠，叶钦华. 竞争战略、高管薪酬激励与公司业绩——基于三种薪酬激励

视角下的经验研究 [J]. 会计研究，2017.

[3] 戴璐，宋迪. 高管股权激励合约业绩目标的强制设计对公司管理绩效的影响 [J]. 中国工业经济，2018.

[4] 何威风，刘巍. 公司为什么选择法律背景的独立董事？[J]. 会计研究，2017.

[5] 李巍，代智豪，丁超. 企业家社会资本影响经营绩效的机制研究——商业模式创新的视角 [J]. 华东经济管理，2018.

[6] 刘凤朝，默佳鑫，马荣康. 高管团队海外背景对企业创新绩效的影响研究 [J]. 管理评论，2017.

[7] 逯东，谢璇，杨丹. 独立董事官员背景类型与上市公司违规研究 [J]. 会计研究2017.

[8] 罗进辉. 媒体报道与高管薪酬契约有效性 [J]. 金融研究，2018.

[9] 沈颂东，房建奇. 民营企业家社会资本与技术创新绩效的关系研究——基于组织学习的中介作用和环境不确定性的调节作用 [J]. 吉林大学社会科学学报，2018.

[10] 苏涛，陈春花，宋一晓，王甜. 基于 Meta 检验和评估的员工幸福感前因与结果研究 [J]. 管理学报，2018.

[11] 苏屹，周文璐，崔明明，赵健宇. 共享授权型领导对员工创新行为的影响：内部人身份感知的中介作用 [J]. 管理工程学报，2018.

[12] 王春国，陈刚. 体面劳动、创新自我效能与员工创造力：中国情境下组织文化的调节作用 [J]. 管理评论，2018.

[13] 魏芳，耿修林. 高管薪酬差距的阴暗面——基于企业违规行为的研究 [J]. 经济管理，2018.

[14] 文雯，宋建波. 高管海外背景与企业社会责任 [J]. 管理科学，2017.

[15] 杨琛，李建标. 情绪和谐还是情绪失调更有利于员工提高绩效？——基于领导者情绪劳动的实验研究 [J]. 管理评论，2017.

[16] 杨陈，杨付，景熠，唐明凤. 谦卑型领导如何改善员工绩效：心理需求满足的中介作用和工作单位结构的调节作用 [J]. 南开管理评论，2018.

[17] 叶作义，吴文彬. 企业研发投入的驱动因素分析——基于中国上市公司企业家精神角度 [J]. 上海对外经贸大学学报，2018.

[18] 尹美群，盛磊，李文博. 高管激励、创新投入与公司绩效——基于内生性视角的分行业实证研究 [J]. 南开管理评论，2018.

[19] 余文涛. 集聚能否溢出异质性企业家精神？来自中国创意产业的经验证据 [J]. 科学学与科学技术管理，2018.

[20] 袁春生，李琛毅. 高校教师背景的独立董事对企业创新绩效影响研究 [J]. 财会通讯，2018.

[21] 张勇，刘海全，王明旋，青平. 挑战性压力和阻断性压力对员工创造力的影响：自我

效能的中介效应与组织公平的调节效应 [J]. 心理学报，2018.

［22］周军. 社会网络视角下独立董事与企业创新绩效 [J]. 财经论丛，2018.

［23］周楷唐，麻志明，吴联生. 高管学术经历与公司债务融资成本 [J]. 经济研究，2017.

［24］Ali Safari, Reza Salehzadeh, Asieh Dehbashi, Delaram Sarraf Yazdi. Studying the impact of internal marketing on achieving competitive advantage: the role of employee happiness and perceived service quality [J]. *International Journal of Business Excellence*.

［25］Irene M. W. Niks, Jan de Jonge, Josette M. P. Gevers & Irene L. D. Houtman. Divergent effects of detachment from work: a day-level study on employee creativity [J]. *European Journal of Work and Organizational Psychology*, 2017.

［26］Marit Rebane, Heili Hein, Aaro Hazak. Does flexible work make R&D employees happier? [J]. *Economic Research Series*, 2017.

［27］Mihail Miletkov, Annette Poulsen, M. Babajide Wintoki. Foreign independent directors and the quality of legal institutions [J]. *Journal of International Business Studies*, 2017.

创业板上市公司无形资产投入研究

　　期间费用是企业本期发生的、不能直接或间接归入营业成本，而是直接计入当期损益的各项费用，包括销售费用、管理费用和财务费用等。期间费用会直接影响企业的利润，并且与无形资产之间存在紧密联系。一方面，企业无形资产的形成往往依赖于企业内外部资金的投入与支持，如计入管理费用的研发支出等；另一方面，无形资产的使用也直接影响期间费用，如企业自用无形资产的摊销计入管理费用等。此外，政府为企业提供的各类税收优惠和财政补贴为上市公司提供了一定的资金支持。因此，关于企业的期间费用、研发支出以及政府补助的研究对探讨创业板上市公司无形资产的形成路径具有重要意义。本报告在《蓝皮书（2016—2017）》的基础上，对截至2018 年 5 月 18 日前上市的 725 家创业板公司的销售费用、管理费用、财务费用、研发支出和政府补助等五类财务数据进行统计分析，以较为全面地反映创业板上市公司无形资产的投入情况。

一、　概念界定

　　本报告涉及的无形资产投入主要包括：销售费用、管理费用、财务费用、研发支出、政府补助五类。

（一）销售费用

　　销售费用是指企业在销售产品、自制半成品和工业性劳务等过程中发生的各项费用，包括由企业负担的包装费、运输费、装卸费、展览费、广告费、租赁费（不包括融资租赁费），以及为销售本企业产品而专设的销售机构的费用，包括职工工资、福利费、差旅费、办公费、折旧费、修理费、物料消耗和其他经费。销售费用和管理费用、财务费用属于期间费用，在发生的当期计入损益，同时应在利润表中予以披露。

　　销售费用在企业无形资产价值创造的过程中扮演重要角色，是驱动企业无形资产形成的必要条件。首先，广告费的投入能够提高产品知名度和美誉度，树立企业形象，培养忠实的消费群体，甚至可以利用长期的高额广告投入形成行业壁垒，因此有助于形成商标或品牌类无形资产。其次，销售人员的薪酬和展览费都是形成客户类无形资产的必要投入，而分销和促销活动则有助于形成销售网络等无形资产。最后，销售人员在营销活动中积累的营销技巧和销售经验都属于企业重要的智力资本，因此销售费用还有助于形成人力资本类无形资产。

（二）管理费用

管理费用是指企业为组织和管理企业生产经营所发生的费用，包括企业在筹建期间内发生的开办费、董事会和行政管理部门在企业的经营管理中发生的或者应由企业统一负担的公司经费（包括行政管理部门职工工资及福利费、物料消耗、低值易耗品摊销、办公费和差旅费等）、工会经费、董事会费（包括董事成员津贴、会议费和差旅费等）、聘请中介机构费、咨询费（含顾问费）、诉讼费、业务招待费、房产税、车船税、土地使用税、印花税、技术转让费、矿产资源补偿费、研究费用、排污费，以及企业生产车间（部门）和行政管理部门等发生的固定资产修理费用等。

《企业会计准则第6号——无形资产》中第十七条规定："使用寿命有限的无形资产，其应摊销金额应当在使用寿命内系统合理摊销"，"无形资产的摊销金额一般应当计入当期损益，其他会计准则另有规定的除外"。2001年的《企业会计准则——无形资产》也提到"无形资产的成本，应当自取得当月起在预计使用年限内分期平均摊销"。《会计科目使用说明》中第171号"无形资产"中提到"各种无形资产应分期平均摊销，摊销无形资产时，借记'管理费用'科目，贷记本科目"。这就使得多年来实务界一直通过管理费用而非其他期间费用科目核算无形资产摊销，并计入当期损益。只是在某项无形资产包含的经济利益通过所生产的产品或其他资产实现时，其摊销金额将计入相关资产的成本。

（三）财务费用

按照《企业会计准则应用指南》的规定，财务费用是指企业为筹集生产经营所需资金等而发生的费用，包括应作为期间费用的利息支出（减利息收入）、汇兑损失以及相关的手续费等。财务费用与企业的筹资规模和结构相关，但并不成正比。值得注意的是，与其他期间费用不同，由于利息和汇兑不仅会产生支出和损失，也可能产生收入或收益，因此财务费用可能出现负值。对于非外贸企业而言，汇兑收益往往占比极小，若财务费用出现负值，则往往是由于企业闲置资金过多导致利息收入超过贷款利息支出而产生的，这一规律对于分析创业板上市公司财务费用的数额和结构具有重要意义。

（四）研发支出

研发支出是无形资产核算中新增加的一个科目，它是指在研究与开发过程使用资产的折旧、消耗的原材料、直接参与开发人员的工资及福利费、开发过程中发生的租金以及借款费用等。研发活动从广义上来讲也是一种投资行为，但较一般的经营性投资活动而言，具有更大的风险性与收益不确定性，因而增加了研发支出在会计上确认与计量的困难。

国际上关于研发费用的会计处理方法归纳起来主要有三种。一是销记法，即遵循谨慎性原则将研发费用在当期全部费用化；二是递延法，即先将研发费用资本化为一项资产，在以后获得收入时再摊销该无形资产；三是有条件资本化法，即研发前期将研发支出费用化，待满足资本化条件后再将其进行资本化处理。

在中国，早期对于研发支出的会计处理沿用了国际上费用化处理的惯例。我国财政部会计司于 1995 年 5 月发布了关于 R&D 会计处理的准则征求意见稿，并于 2001 年 1 月正式发布了《企业会计准则——无形资产》，其中规定："自行开发并依法申请取得的无形资产，其入账价值应按依法取得时发生的注册费、律师费等确定；依法申请取得前发生的研究与开发费用应于发生时确认为当期费用"。随后，2006 年我国财政部对企业会计准则进行了修订，并颁布了新的会计准则。根据新《企业会计准则第 6 资产——无形资产》的规定："企业内部研究开发项目的支出，应当区分研究阶段支出与开发阶段支出。研究阶段的支出，应于发生时计入当期损益。开发阶段的支出，如果能够证明符合规定的条件，应当确认为无形资产"。这种两阶段的会计处理模式体现了我国会计准则与国际会计准则的趋同与进步，为我国企业的跨国经营与稳步发展提供了良好的条件。

（五）政府补助

政府补助是指企业从政府无偿取得货币性资产或非货币性资产，但不包括政府作为企业所有者投入的资本。政府包括各级政府及其所属机构，国际类似组织也在此范围之内。

关于政府补助的分类，2017 年修订后的《企业会计准则第 16 号——政府补助》应用指南规定："政府补助表现为政府向企业转移资产，通常为货币性资产，也可能为非货币性资产。政府补助主要包括财政拨款、财政贴息、税收返还和无偿划拨非货币性资产"。

关于政府补助的确认，《企业会计准则第 16 号——政府补助》应用指南规定，政府补助分为与资产相关的政府补助和与收益相关的政府补助。前者是指企业取得的、用于购建或以其他方式形成长期资产的政府补助。后者是指除与资产相关的政府补助之外的政府补助。

无论是国际专业组织，还是不同国家颁布的政府补助相应准则，虽然在表述上有些许差异，但是都强调了政府补助是政府对企业某些活动的推动和促进，而不是与企业之间的交易。创业板作为中小企业直接融资的特殊平台，其成立的初衷主要是使大批高科技的中小企业能够通过这一平台纾解融资困境，进而促进科学技术的产业化。在这一点上，政府补助的投入目的与创业板的作用殊途同归，因此，研究创业板公司的政府补助，也具有更强的显著性和特殊性。

在以高科技企业为主的创业板中，大部分上市公司都获得了各类政府补助，并形成了相对于其他板块而言更多的无形资产。因此，创业板公司的政府补助，也是研究该类无形资产形成原因的一个关键要素。

二、 相关典型事件和文献综述

本报告整理了与无形资产投入相关的典型事件与最新研究成果综述，以把握无形资产投入的实践发展与研究走向。

（一）典型事件

本报告整理了 2017 年发生的关于无形资产投入的典型事件（见表 6-1）。

表 6-1　2017 年以来与无形资产投入相关的典型事件

序号	时间	涉及的无形资产投入类型	事件及影响	资料来源
1	2017-1	销售费用	2017 年 1 月 20 日证监会发审委召开会议，柳州欧维姆机械股份有限公司（首发）未通过。而发审委会议针对欧维姆提出询问的主要问题有，欧维姆报告期内销售费用率大大高于同行业上市公司，其中业务费用占销售费用的比例在 27% ~ 38% 之间。要求欧维姆说明向相关咨询类公司支付业务费的比例，报告期每年接受业务费的咨询类公司数量；针对报告期内，欧维姆子公司缆索公司的缆索体系产品均通过母公司向外销售，母公司向缆索公司开具票据作为货款支付方式。欧维姆存在多开银行（商业）承兑汇票，而后通过银行贴现获得融资的情形，多开票据比例比较高。要求欧维姆说明公司向缆索公司多开的票据是否具有真实交易背景。随着欧维姆的被否，2017 年 1 月上市公司 IPO 被否的数量已经达到了 6 家，而 2016 年全年 IPO 被否数量仅 18 家公司。也就是说，今年不到 1 个月的数量已经占到 2016 年全年 IPO 被否数量的三分之一	每经网（www.nbd.com.cn）、中国证券监督管理委员会官网
2	2017-5	政府补助	2017 年 5 月印发修订的《企业会计准则第 16 号——政府补助》增加了对政府补助特征的表述，以便于区分企业从政府取得的经济资源是政府补助、政府资本性投入还是政府购买服务。修订准则允许企业从经济业务的实质出发，判断政府补助如何计入损益。与企业日常经营活动相关的政府补助，应当计入其他收益或冲减相关成本费用，并在利润表中的"营业利润"项目之上单独列报；与企业日常经营活动无关的政府补助，应当计入营业外收支	中华人民共和国财政部会计司

续表

序号	时间	涉及的无形资产投入类型	事件及影响	资料来源
3	2017-5	研发支出	数据显示，在披露2016年年报的3214家公司中，2666家公布了研发支出情况，共计支出4615亿元。相较2015年的2286家、3613亿元，分别增加380家、1002亿元。从公司平均研发费用看，2016年的数据为1.73亿元，比2015年的1.58亿元多出0.15亿元。研发支出两极分化明显，投入多的公司支出超过百亿元，少的公司仅数千元，部分公司没有研发支出。其中，研发支出过亿元的公司达743家，百万元以内的公司有46家	东方财富网（http://finance. eastmoney. com/news/1353, 2017 050973634 3644. html）
4	2017-6	销售费用	海特生物（300683）的招股说明书显示，报告期内海特生物2014—2016年的销售费用分别为3.62亿元、4.44亿元、5.09亿元，占公司营业收入超六成。值得注意的是，海特生物2016年销售费用率为65.97%，而行业均值为49.51%。海特生物在招股说明书中对此进行了解释，其表示通过学术推广、建立了基本覆盖全国的营销网络、加大了公司的销售费用支出；同时，由于公司为提高产品的市场形象和品牌知名度，不断控股和提高市场占有率，导致公司在营销方面投入较大，从而导致销售费用保持在较高的水平。在发审委的问询里，监管部门要求海特生物说明是否存在商业贿赂或违反《反不正当竞争法》的行为	每经网（www.nbd. com.cn）、中国证券监督管理委员会官网
5	2017-7	政府补助	证监会发布2016年度上市公司年报会计监管报告，年报分析发现，部分上市公司在执行企业会计准则、内部控制规范和财务信息披露规则中存在的主要问题有：资产分类不正确，资产减值计提不充分，资产计量方法运用不恰当；收入确认与计量不符合会计准则和信息披露的规定；递延所得税、非经常性损益、政府补助相关的规定执行不到位；资产减值、持续经营、分部报告、会计政策等信息披露不充分，少数公司财务报告还存在文字表述、附注列示、数据计算、数字勾稽、内容关联方面的简单错误；内控评价报告和内控审计报告未严格遵守相关要求，内部控制缺陷披露不充分，内控信息与年报其他信息披露之间存在不一致等	中国证券监督管理委员会官网
6	2017-10	研发支出	研发支出纳入GDP（地区生产总值）后，2016年各地的GDP发生了变化。其中，沿海经济大省增加不少，有的少则新增700亿元左右，多的达到1000亿元左右。各省的GDP总量调整幅度不一，研发支出占GDP比重高的省份收益较大。所谓研发支出纳入GDP，是指在实施研发支出核算方法改革之后，扣除价格因素等，将其由中间投入调整为固定资本形成计入GDP。2016年，北京、上海、天津的研发支出占GDP比重在3%~6%，为全国最高，这些地区GDP总量经过修订后有望增加1.5%~3.5%。一些沿海经济大省，比如广东、江苏、浙江、山东的研发支出占GDP比重为2%~3%，相应GDP修订后也有望增加1%~1.8%	东方财富网（http://finance. eastmoney. com/news/1350, 2017 101278426 7332.html）

（二）文献综述

1. 期间费用

黄晓波等（2018）利用中国上市公司数据进行研究，发现本年的销售费用率对当年公司绩效产生显著的负面影响；前两年的销售费用率对当年公司绩效存有显著的正面影响。王欣（2018）认为，企业的营销能力是企业提升自身竞争优势的不可忽视的重要手段，通过增加销售投入，以及各种营销策略，能够在短期内有效提高企业的经营利润，从而呈现好的企业绩效，并推动企业稳定发展。卓敏和范梦茹（2017）利用沪深股市制造业上市公司2010—2015年的财务数据，实证分析了企业营业成本、销售费用与管理费用的"粘性"行为。研究结果表明，我国制造业上市公司成本费用确实存在"粘性"现象，但不同类型成本费用的"粘性"程度有所差异。其中，管理费用最强，销售费用次之，营业成本最小。曹莉莉（2018）和石善冲等人（2018）研究发现，提高内部控制质量有助于抑制费用粘性。

2. 研发支出

田丽欣（2018）基于我国A股高新技术上市公司2013—2015年数据开展实证研究，发现企业R&D支出与企业绩效存在显著正相关关系。郑海元和李兴杰（2018）以2010—2015年我国创业板上市公司为研究样本，分析了研发投入与企业绩效的关系。研究表明，创业板上市公司研发投入与当期企业绩效呈显著正相关关系，且研发投入对绩效影响存在滞后效应。董晋（2018）以2012—2015年沪深两市A股上市企业为主要样本的研究，得到了类似结论，即研发支出会对企业业绩产生正向的滞后影响。Hurtado-Torres（2018）收集了110家能源行业跨国公司六年内的401个观察数据，发现企业研发的国际化程度和研发活动的国际地理多样化增加了跨国公司的创新产出，但如果超过一定的阈值，则会降低企业的创新绩效。也有学者研究发现，研发支出与绩效并无正相关关系。例如，何梦兰和陈矜（2018）对73家创业板上市公司的研发支出与企业绩效数据进行回归分析，发现前者对后者并不存在显著影响。

3. 政府补助

学者们普遍认为政府补助对研发支出有推动作用。饶萍（2018）运用我国2014—2016年575家创业板上市企业的面板数据进行实证分析，结果表明政府补助对企业研发投入起到了正向推动作用。桂灏钰（2018）研究发现，我国财政科技投入与企业研发支出之间存在密切联系，增加财政对科研机构及企业的科技拨款可以有效推动企业R&D投入的增加。汪慧（2018）基于2009—2016年行业层面规模以上工业企业面板数据，检验了政府补助对企业研发投入的影响。结果显示，政府补助的影响系数显著为正，随着政府补助强度的增加，企业研发投入也会提高。张云箫（2018）从理论角度剖析了政府补助、税收优惠对企业研发投入的影响，并利用制造业沪深主板大型企业和深市创业板中小企业 2012—2016 年数据进行回归分析。研究表明，所得税优惠对中小企业研发投入有正向促进作用，对大型企业研发投入作用不显著；政府补助和税收优惠对中小企业研发投入的激励作用大于对大型企业研发投入的激励作用。

从外文文献来看，Huergo 和 Moreno（2017）使用 2002—2005 年期间 4407 家西班牙公司的数据进行分析，发现任何类型的直接政府补助均会显著增加研发活动的可能性。Choi 和 Lee（2017）利用韩国制药业数据研究了公共研发补贴对私人研发支出构成的影响，发现政府研发补贴刺激而非挤出小型生物技术风险投资公司的私人研发活动。这一发现表明，政府研发补贴可以解决私人研发投资中的市场失灵问题。此外，Guo 等人（2018）利用中国 1998—2007 年间公司层面板数据，研究了公共研发补贴对企业生产力的影响。结果表明，公共研发补贴倾向于支持更具生产力的企业，而这些企业在获得政府支持后，其生产力得到进一步提高。

三、 基于年报的无形资产投入披露情况

由于本报告更关注无形资产投入的变化趋势，旨在为分析投入变化对无形资产形成的影响作用提供借鉴，因此，本报告主要以创业板上市公司年报信息为数据来源进行分析。

本报告对无形资产投入的统计口径如见表 6-2。

表 6-2　无形资产投入的分类及统计口径

类型	分类	统计口径
无形资产投入	销售费用	销售费用率
	管理费用	管理费用率
	财务费用	财务费用率
	研发支出	研发支出金额、研发投入强度、开发支出金额
	政府补助	政府补助金额

（一）销售费用

1. 整体披露情况

本报告统计分析创业板上市公司 2013—2017 年销售费用率的平均值，结果见表 6-3。

表6-3　2013—2017年销售费用率披露情况　　　　　　　　（单位：家）

年份	披露公司数量（占比）	平均销售费用率
2013	379（100%）	9.94%
2014	417（100%）	9.43%
2015	508（100%）	9.06%
2016	597（99.33%）	9.15%
2017	713（99.30%）	9.19%

注："披露公司数量"指的是披露销售费用的公司数量；"占比"为披露销售费用的公司数量所占比例，计算方式为：披露销售费用的公司数量/当年所有上市公司总数；销售费用率的计算方式为：销售费用/营业收入，"平均销售费用率"的计算方式为：披露销售费用的公司的销售费用率总和/当年所有上市公司总数。表6-4～表6-8按对应行业或按对应区域选取样本，指标计算同此说明。

由表6-3可知，一则创业板上市公司的销售费用披露率从2016年开始下降。前三年所有公司都披露了销售费用，2016年有4家公司未披露销售费用，2017年有5家公司未披露销售费用。二则销售费用率不断波动，2013—2015年的销售费用率逐年下降，到2016年后又有所上升。这五年间销售费用率平均值的变动幅度都较小，都基本稳定在9%～10%之间。销售费用主要是指在生产经营过程中耗费的资金，企业在发展初期侧重于生产和销售，销售费用率的降低说明市场已经相对稳定。表6-3数据表明，多数公司在前期已基本通过高额营销费用的持续投入获取了相对稳定的销售渠道和市场规模，并开始逐步摆脱对营销投入持续增长的惯性依赖。

2. 分行业披露情况

（1）制造行业

表6-4　制造业销售费用率披露情况　　　　　　　　　　（单位：家）

年份	披露公司数量（占比）	平均销售费用率
2013	254（100%）	9.96%
2014	283（100%）	9.34%
2015	353（100%）	8.93%
2016	415（99.76%）	8.94%
2017	506（100%）	9.21%

由表6-4可知，制造行业的创业板上市公司对销售费用的披露情况比较好，除了2016年佳沃股份（300268）未披露销售费用外，其余年份的所有公司都披露了企业的销售费用。近五年制造行业的销售费用率变化是先下降后上升，2013年的销售费用率最高，随后开始下降，最近两年销售费用率又有所上涨。总体而言，制造业的销售费用率变化幅度较小，基本都稳定在9%～10%之间。

（2）信息传输、软件和信息技术服务业

表6-5　信息传输、软件和信息技术服务业销售费用率披露情况　　（单位：家）

年份	披露公司数量（占比）	平均销售费用率
2013	74（100%）	12.61%
2014	79（100%）	11.92%
2015	92（100%）	11.21%
2016	116（100%）	10.60%
2017	127（100%）	10.47%

从表6-5的披露情况可以看出，信息传输、软件和信息技术服务行业的所有公司都披露了企业的销售费用。该行业近五年的销售费用率是不断下降的，但通过上下表的对比可以发现，该行业是四个行业中销售费用率最高的行业，销售费用率均在10%以上。

（3）科学研究和技术服务业

表6-6　科学研究和技术服务业销售费用率披露情况　　（单位：家）

年份	披露公司数量（占比）	平均销售费用率
2013	5（100%）	6.86%
2014	6（100%）	5.48%
2015	9（100%）	3.96%
2016	9（100%）	4.18%
2017	16（100%）	5.27%

如表6-6所示，2013—2017年，科学研究和技术服务行业的所有公司都披露了企业的销售费用。该行业的平均销售费用率2013—2015年呈下降趋势，在2016年销售费用率开始上升。2017年的销售费用增长幅度较大，这主要是因为2017年新上市的华大基因（300676）和建科院（300675）的销售费用率偏大，导致整个行业的平均销售费用率上升。

（4）水利、环境和公共设施管理业

表6-7　水利、环境和公共设施管理业销售费用率披露情况　　（单位：家）

年份	披露公司数量（占比）	平均销售费用率
2013	8（100%）	3.91%
2014	9（100%）	3.26%
2015	10（100%）	3.07%

续表

年份	披露公司数量（占比）	平均销售费用率
2016	10（90.91%）	3.02%
2017	12（92.31%）	3.07%

如表6-7所示，水利、环境和公共设施管理行业的上市公司在前三年中全都披露了销售费用，2016年和2017年有一家公司（300495）未披露销售费用。该行业的平均销售费用率也是先下降再上升。水利、环境和公共设施管理行业的平均销售费用率是四个行业中最小的，保持在3%~4%之间。

3. 分区域披露情况

本报告分别计算八大经济区2017年的平均销售费用率，统计结果如表6-8所示。

表6-8　基于2017年年报的分区域销售费用率披露描述　　　　　　（单位：家）

区域	披露公司数量（占比）	平均销售费用率
东北综合经济区	17（100%）	8.17%
北部沿海综合经济区	145（99.32%）	9.73%
东部沿海综合经济区	218（99.54%）	8.08%
南部沿海经济区	195（99.49%）	9.49%
黄河中游综合经济区	28（100%）	10.06%
长江中游综合经济区	64（96.97%）	9.97%
大西南综合经济区	37（100%）	10.17%
大西北综合经济区	9（100%）	10.73%

从表6-8可以看出，2017年东北综合经济区、黄河中游综合经济区、大西南综合经济区和大西北综合经济区的所有创业板上市公司都对销售费用进行了披露，而其余的经济区均存在有公司未披露销售费用的情况。八大经济区的平均销售费用率相差不大，只有黄河中游综合经济区、大西南综合经济区和大西北综合经济区的销售费用率超过了10%，大西北综合经济区的销售费用率最高，为10.73%；其他五个经济区的平均销售费用率都在8%~10%之间，东部沿海综合经济区的销售费用率最低，为8.08%。

（二）管理费用

1. 整体披露情况

本报告统计分析2013—2017年创业板上市公司的管理费用率平均值，结果如表6-9所示。

表 6-9 2013—2017 年管理费用率披露情况 （单位：家）

年份	披露公司数量（占比）	平均管理费用率
2013	379（100%）	15.23%
2014	417（100%）	15.06%
2015	508（100%）	16.06%
2016	601（100%）	15.16%
2017	718（100%）	14.49%

注："披露公司数量"指的是披露管理费用的公司数量；"占比"为披露管理费用的公司数量所占比例，计算方式为：披露管理费用的公司数量/当年所有上市公司总数；管理费用率的计算方式为：管理费用/营业收入，"平均管理费用率"的计算方式为：披露管理费用的公司的管理费用率总和/当年所有上市公司总数。表6-10~表6-14按对应行业或按对应区域选取样本，指标计算同此说明。

由表 6-9 可以看出，创业板上市公司在 2013—2017 年间全都披露了企业的管理费用。上市公司近五年的平均管理费用率呈现波动趋势。2015 年的平均管理费用率最高，随后两年持续下降，2017 年的管理费用率降到 15% 以下。

2. 分行业披露情况

（1）制造业

表 6-10 制造业管理费用率披露情况 （单位：家）

年份	披露公司数量（占比）	平均管理费用率
2013	254（100%）	14.19%
2014	283（100%）	14.20%
2015	353（100%）	15.51%
2016	416（100%）	14.76%
2017	506（100%）	13.69%

制造行业的创业板上市公司对管理费用的披露情况较好，所有的公司都披露了管理费用。从表 6-10 可以发现，制造行业近五年的平均管理费用率是先上升后下降，2015 年的平均管理费用率最高，为 15.51%；随后制造行业的管理费用率开始下降，2017 年的管理费用率为 13.69%，下降幅度较大，下降了近 1%。

（2）信息传输、软件和信息技术服务业

表 6-11 信息传输、软件和信息技术服务业管理费用率披露情况 （单位：家）

年份	披露公司数量（占比）	平均管理费用率
2013	74（100%）	21.00%
2014	79（100%）	20.47%

年份	披露公司数量（占比）	平均管理费用率
2015	92（100%）	19.40%
2016	116（100%）	19.07%
2017	127（100%）	19.60%

由表 6-11 可知，信息传输、软件和信息技术服务行业的所有公司都披露了企业的管理费用。该行业 2013—2016 年间的平均管理费用率是不断下降的，2017 年稍有上涨。该行业的平均管理费用率是四个行业中最高的行业，都在 19% 以上。

（3）科学研究和技术服务业

表 6-12　科学研究和技术服务业管理费用率披露情况　　（单位：家）

年份	披露公司数量（占比）	平均管理费用率
2013	5（100%）	16.79%
2014	6（100%）	15.14%
2015	9（100%）	16.30%
2016	9（100%）	19.05%
2017	16（100%）	17.39%

由表 6-12 可以看出，科学研究和技术服务行业中所有公司在 2013—2017 年间均披露了管理费用。从整体上看，该行业的平均管理费用率较高，均在 15% 以上。近五年中，该行业的平均管理费用率不断波动，且变化幅度较大。

（4）水利、环境和公共设施管理业

表 6-13　水利、环境和公共设施管理业管理费用率披露情况　　（单位：家）

年份	披露公司数量（占比）	平均管理费用率
2013	8（100%）	9.57%
2014	9（100%）	8.33%
2015	11（100%）	8.78%
2016	11（100%）	10.00%
2017	13（100%）	9.61%

由表 6-13 可以看出，近五年，水利、环境和公共设施管理行业的平均管理费用率也是不断波动的，但其变化幅度较小。对比四个行业的平均管理费用率可以发现，水利、环境和公共设施管理行业的平均管理费用率最低，2013—2017 年的管理费用率都在 10% 以下。

3. 分区域披露情况

表 6-14　基于 2017 年年报的分区域管理费用率披露描述　　（单位：家）

区域	披露公司数量（占比）	平均管理费用率
东北综合经济区	17（100%）	14.51%
北部沿海综合经济区	146（100%）	14.89%
东部沿海综合经济区	219（100%）	14.37%
南部沿海经济区	196（100%）	14.43%
黄河中游综合经济区	28（100%）	13.41%
长江中游综合经济区	66（100%）	13.70%
大西南综合经济区	37（100%）	16.35%
大西北综合经济区	9（100%）	13.90%

由表 6-14 可知，八大经济区在 2017 年对管理费用的披露都是 100%，同时，平均管理费用率都在 10% 以上。其中，大西南综合经济区的管理费用率超过 15%，是八大经济区中最高的，其余的七个经济区的管理费用率在 13%~15% 之间，黄河中游综合经济区的管理费用率最低，为 13.41%。

（三）财务费用

1. 整体披露情况

表 6-15　2013—2017 年财务费用率披露情况　　（单位：家）

年份	披露公司数量（占比）	平均财务费用率
2013	379（100%）	-1.04%
2014	417（100%）	-0.31%
2015	508（100%）	-0.49%
2016	601（100%）	0.21%
2017	718（100%）	1.18%

注："披露公司数量"指的是披露财务费用的公司数量；"占比"为披露财务费用的公司数量所占比例，计算方式为：披露财务费用的公司数量/当年所有上市公司总数；财务费用率的计算方式为：财务费用/营业收入，"平均财务费用率"的计算方式为：披露财务费用的公司的财务费用率总和/当年所有上市公司总数。表 6-16~表 6-20 按对应行业或按对应区域选取样本，指标计算同此说明。

由表 6-15 可以看出，创业板上市公司都披露了财务费用，且平均财务费用率在最近五年中总体上呈上升趋势。2015 年之前的财务费用率均为负数，2016 年开始由负转正，2017 年超过了 1%。财务费用率为负往往意味着公司的闲置资金过多。近两年财务费用率由负转正并不断上升表明创业板上市公司的闲置资金在减少，企业的融资成本开始提高，企业利润会受到影响。

2. 分行业披露情况

（1）制造业

表 6-16　制造业财务费用率披露情况 （单位：家）

年份	披露公司数量（占比）	平均财务费用率
2013	254（100%）	-0.75%
2014	283（100%）	-0.17%
2015	353（100%）	-0.01%
2016	416（100%）	0.14%
2017	506（100%）	1.26%

制造业所有的创业板上市公司都披露了财务费用。如表 6-16 所示，整体上看，该行业的平均财务费用率呈上升趋势。2016 年财务费用率开始由负变正；2017 年的财务费用率增长幅度较大，超过 1%。

（2）信息传输、软件和信息技术服务业

表 6-17　信息传输、软件和信息技术服务业财务费用率披露情况 （单位：家）

年份	披露公司数量（占比）	平均财务费用率
2013	74（100%）	-2.43%
2014	72（100%）	-1.53%
2015	92（100%）	-0.53%
2016	118（100%）	-0.01%
2017	127（100%）	0.42%

如表 6-17 所示，信息传输、软件和信息技术服务行业的所有公司也都披露了财务费用，且行业的平均财务费用率整体上也是不断上升的。2013—2016 年的财务费用率均值均为负数，2017 年首次实现由负转正，说明信息传输、软件和信息技术服务行业的多数公司资金都比较充裕。

（3）科学研究和技术服务业

表 6-18　科学研究和技术服务业财务费用率披露情况 （单位：家）

年份	披露公司数量（占比）	平均财务费用率
2013	5（100%）	-0.45%
2014	6（100%）	0.84%
2015	9（100%）	2.03%
2016	11（100%）	2.57%
2017	16（100%）	2.15%

由表 6-18 可以看出，科学研究和技术服务行业的创业板上市公司都披露了财务费用，其平均财务费用率只有 2013 年为负数，其余年份都是正数，且 2015—2017 年的平均费用率都在 2% 以上。

（4）水利、环境和公共设施管理业

表 6-19　水利、环境和公共设施管理业财务费用率披露情况　　（单位：家）

年份	披露公司数量（占比）	平均财务费用率
2013	8（100%）	−0.33%
2014	9（100%）	2.09%
2015	11（100%）	1.79%
2016	11（100%）	1.79%
2017	13（100%）	2.75%

由表 6-19 可知，水利、环境和公共设施管理行业的创业板上市公司全都披露了财务费用，且行业平均财务费用率总体上呈波动上升趋势。只有 2013 年的平均财务费用率是负数，其余年份都在 2% 左右。

3. 分区域披露情况

表 6-20　基于 2017 年年报的分区域财务费用率披露描述　　（单位：家）

区域	披露公司数量（家）及占比	平均财务费用率
东北综合经济区	17（100%）	2.85%
北部沿海综合经济区	146（100%）	1.31%
东部沿海综合经济区	219（100%）	1.13%
南部沿海经济区	196（100%）	0.84%
黄河中游综合经济区	28（100%）	1.55%
长江中游综合经济区	66（100%）	1.03%
大西南综合经济区	37（100%）	1.58%
大西北综合经济区	9（100%）	2.91%

由表 6-20 可以发现，所有创业板上市公司均披露了财务费用。在八大经济区中，只有南部沿海经济区的平均财务费用率在 1% 以下，其余的均在 1% 以上，且东北综合经济区和大西北综合经济区的平均财务费用率超过了 2%，大西北综合经济区的平均财务费用率最高，为 2.91%。

（四）研发支出

1. 整体披露情况

本报告在剔除未披露研发支出或研发支出为零的部分样本之后，计算 2013—2017 年间创业板上市公司研发支出金额与研发投入强度的平均值，结果如表 6-21 所示。

表 6-21　2013—2017 年研发支出相关指标披露情况

年份	2013	2014	2015	2016	2017
披露公司数量（占比）	377（99.47%）	412（98.80%）	499（98.23%）	588（97.84%）	706（98.33%）
平均研发支出（万元）	3768	4432	5682	6461	7238
增长率	22%	18%	28%	13.71%	12.03%
平均研发投入强度	7.80%	7.20%	7.10%	7.06%	6.95%

注：2017 年有 12 家公司未披露研发支出金额，分别是 300022、300175、300251、300268、300291、300336、300426、300492、300528、300621、300622、300629。"披露公司数量"指的是披露研发支出的公司数量；"占比"为披露研发支出的公司数量所占比例，计算方式为：披露研发支出的公司数量/当年所有上市公司总数；"平均研发支出"这一栏中的金额是四舍五入后的近似值；"增长率"的计算方法为：（本年的平均研发支出-上年的平均研发支出）/上年的平均研发支出；"平均研发投入强度"的计算方法为：研发支出/营业收入。

由表 6-21 可知，2013—2016 年创业板上市公司对研发支出的披露率不断下降，2017 年有所上升。而研发投入强度不断下降，2017 年下降至最低，为 6.95%。虽然研发投入强度不断下降，但创业板上市公司的平均研发投入支出是在不断上升的，从 2013 年的 3768 万元/家增长至 2017 年的 7238 万元/家，年均复合增长率为 13.95%。

根据《企业会计准则第 6 号——无形资产》的规定，企业内部研究开发项目的支出应当区分研究阶段支出和开发阶段支出。研究阶段的支出应当于发生时计入当期损益（管理费用）；开发阶段的支出如果能够证明符合规定的条件，应当确认为无形资产，即进行资本化处理从而计入"开发支出"科目。基于上述规定，本报告对 2013—2017 年创业板公司的"开发支出"数据进行了统计，并由此计算创业板公司的平均资本化率，统计结果如表 6-22 所示。

表 6-22　2013—2017 年开发支出相关指标披露情况

年份	2013	2014	2015	2016	2017
披露公司数量（家）及占比	130（34.30%）	135（32.37%）	147（28.94%）	158（26.29%）	173（24.09%）
平均开发支出（万元）	2339	2886	3310	4036	4262
增长率	25%	23%	15%	21.93%	5.60%
平均资本化率	46%	46%	43%	41%	44.12%

注："披露公司数量"指的是披露开发支出的公司数量；"占比"为披露开发支出的公司数量所占比例，计算方式为：披露开发支出的公司数量/当年所有上市公司总数；"平均开发支出"的计算方法为：披露的开发支出总额/当年所有上市公司总数；"增长率"的计算方法为：（本年的平均开发支出-上年的平均开发支出）/上年的平

均开发支出；"资本化率"的计算公式为：开发支出/研发支出，"平均资本化率"的计算方法为：披露的资本化率的总和/当年所有上市公司总数。

由表6-22可知，创业板公司研发支出的资本化情况在2013—2017年呈现以下特征：一是将研发投入进行资本化处理的企业数量较少，尽管从2013年的130家增加至2017年的173家，但2017年资本化的样本公司仅占总数的24.09%，相较于2013年下降了10.21%；二是进行资本化的样本公司开发支出增加较为迅速，从2013年的平均每家2339万元增长至2017年的每家4262万元；三是开发支出的增长速度波动起伏较大，尤其是2017年，增长率下降至5.60%，相比2016年下降了16.33%；四是样本公司的平均资本化率呈波动变化趋势，从2015年开始下降后，2017年又有所增长；五是存在部分企业"开发支出"大于"研发支出"的情况。原因在于"研发支出"具有流量属性，反映的是企业在一个报告期内关于研发活动的所有成本之和，而"开发支出"则具有存量属性，反映的是企业在该报告期末所形成资本化支出的累计值，不仅包含当期的资本化支出，也包含前期转入"无形资产"的资本化支出，其含义相当于企业自创无形资产的"半成品"。"吉艾科技""沃森生物""莱美药业""我武生物"等企业业近几年的资本化率都超过了100%。

2. 分行业披露情况

(1) 制造业

表6-23 制造业研发支出披露情况 （单位：家）

年份	披露公司数量（占比）	平均研发投入强度
2013	254（100%）	6.66%
2014	282（99.65%）	6.43%
2015	351（99.43%）	6.52%
2016	414（99.52%）	6.53%
2017	503（99.41%）	6.46%

注："披露公司数量"指的是制造业中披露研发支出的公司数量；"占比"为披露研发支出的制造业公司数量所占比例，计算方式为：披露研发支出的制造业公司数量/当年该行业所有上市公司总数；"平均研发投入强度"的计算方式为：披露研发支出的制造业公司的研发投入强度总和/当年该行业所有上市公司总数。表6-24~表6-27按对应行业或对应区域选取样本，指标计算同此说明。

由表6-23可知，制造行业的上市公司披露研发支出的比例是先下降后上升的。仅2013年，该行业所有公司都披露了研发支出，之后年份均有公司没有披露此项信息。制造行业的平均研发投入强度在近五年里是不断波动的，但变化幅度都很小，基本上稳定在6.50%左右。

（2）信息传输、软件和信息技术服务业

表 6-24　信息传输、软件和信息技术服务业研发支出披露情况　（单位：家）

年份	披露公司数量（占比）	平均研发投入强度
2013	74（100%）	13.09%
2014	79（100%）	11.73%
2015	92（100%）	11.08%
2016	115（99.14%）	10.83%
2017	127（100%）	10.89%

信息传输、软件和信息技术服务行业除了 2016 年不是全部公司都披露了研发支出，其余四年该行业所有公司均披露了研发支出。从表 6-24 可以看出，2013—2016 年间该行业的平均研发投入强度是不断下降的，2017 年略有上升。该行业的平均研发投入强度均在 10% 以上，是四个行业中最高的。

（3）科学研究和技术服务业

表 6-25　科学研究和技术服务业研发支出披露情况　（单位：家）

年份	披露公司数量（占比）	平均研发投入强度
2013	5（100%）	6.09%
2014	6（100%）	5.05%
2015	8（88.89%）	4.91%
2016	8（88.89%）	5.01%
2017	15（93.75%）	5.34%

2015—2017 年，科学研究和技术服务行业均有公司未披露研发支出情况。由表 6-25 可知，近五年，该行业的平均研发投入强度先下降后上升。2015 年的研发投入强度最低，为 4.91%。

（4）水利、环境和公共设施管理业

表 6-26　水利、环境和公共设施管理业研发支出披露情况　（单位：家）

年份	披露公司数量（占比）	平均研发投入强度
2013	8（100%）	3.69%
2014	9（100%）	3.27%
2015	11（100%）	3.13%
2016	11（100%）	3.45%
2017	13（100%）	2.86%

水利、环境和公共设施管理行业在近五年的研发支出披露情况较好，所有公司都披露了此项信息。如表 6-26 所示，从整体上看，该行业的平均研发投入强度是四个行业中最低的，且总体上呈现下降趋势，2017 年的研发投入强度均值已低于 3%。

3. 分区域披露情况

表 6-27　基于 2017 年年报的分区域研发支出披露描述　　　　（单位：家）

区域	披露公司数量（占比）	平均研发投入强度
东北综合经济区	17（100%）	5.32%
北部沿海综合经济区	143（97.95%）	7.86%
东部沿海综合经济区	216（98.63%）	6.31%
南部沿海经济区	193（98.47%）	7.36%
黄河中游综合经济区	28（100%）	5.56%
长江中游综合经济区	65（98.48%）	6.87%
大西南综合经济区	35（94.59%）	7.47%
大西北综合经济区	9（100%）	5.00%

从表 6-27 可以看出，东北综合经济区、黄河中游综合经济区和大西北综合经济区的所有创业板上市公司都披露了研发支出，其他的经济区存在有企业不披露相关信息的情况。八大经济区的平均研发投入强度在 5%~8% 之间，其中大西北综合经济区的研发投入强度最低，为 5.00%；北部沿海综合经济区的研发投入强度最高，为 7.86%。

（五）政府补助

1. 整体披露情况

本报告将 2013—2017 年间获得过政府补助的创业板上市公司纳入统计范围，对各年份样本公司所获政府补助的覆盖率及补助金额进行统计，结果如表 6-28 所示。

表 6-28　2013—2017 年政府补助披露情况　　　　（单位：万元）

年份	2013	2014	2015	2016	2017
获得补助企业数量	376	415	501	596	716
样本企业数量	379	417	504	601	718
补助覆盖率	99.2%	99.5%	99.4%	99.2%	99.7%
所获补助合计（万元）	310076	378695	582450	811282	1117323
所获补助的平均值（万元）	825	913	1156	1361	1561
所获补助的最大值（万元）	13455	10131	38327	44521	34446
所获补助的最小值（万元）	6.5	3	0.05	1	0.6
标准差	1526	1230	2280	2720	2749

由表6-28可知，2013—2017年，创业板上市公司获取政府补助呈现以下特征：一是补助覆盖率稳中有升，一直保持在99%以上的高水平。二是补助水平大幅增长，创业板公司获取政府补助的总额从2013年的31亿元快速增长至2017年的111亿元。三是不同公司所获取的政府补助相对差距日趋增大，样本标准差从2013年的1526增长至2017年的2749，说明政府补助在成为"普惠政策"的同时也拉大了不同企业之间的"贫富差距"。

2. 分行业披露情况

（1）制造业

表6-29　制造业政府补助披露情况　　　　　　　　　　　　　（单位：家）

年份	披露公司数量（占比）	政府补助均值（万元）
2013	252（99.21%）	855.12
2014	282（99.65%）	901.91
2015	346（98.02%）	1110.38
2016	414（99.52%）	1354.24
2017	506（100%）	1638.07

注："披露公司数量"指的是制造业中披露政府补助的公司数量；"占比"为披露政府补助的制造业公司数量所占比例，计算方式为：披露政府补助的制造业公司数量/当年该行业所有上市公司总数；"政府补助均值"的计算方式为：制造业公司的政府补助总和/当年该行业所有上市公司总数。表6-30~表6-33按对应行业或对应区域选取样本，指标计算同此说明。

由表6-29可以看出，仅2017年制造行业所有公司都披露了政府补助，其余年份均存在有企业未披露政府补助的情况。制造行业的政府补助均值在2013—2017年是不断上升的，且上升的幅度较大。2017年该行业上市公司的政府补助均值比2013年多了将近一倍。与其他三个行业相比，制造业的政府补助均值也是四个行业中最多的。

（2）信息传输、软件和信息技术服务业

表6-30　信息传输、软件和信息技术服务业政府补助披露情况　　（单位：家）

年份	披露公司数量（占比）	政府补助均值（万元）
2013	72（97.30%）	649.53
2014	77（97.47%）	735.69
2015	90（97.83%）	1039.50
2016	114（98.28%）	1142.18
2017	127（100%）	1244.87

与制造业情况类似，由表 6-30 可知，2013—2016 年间，信息传输、软件和信息技术服务行业均有企业未披露政府补助，仅 2017 年的披露比例为 100%。该行业的政府补助均值在近五年是上升的，2017 年的政府补助均值约是 2013 年的两倍。

（3）科学研究和技术服务业

表 6-31　科学研究和技术服务业政府补助披露情况 （单位：家）

年份	披露公司数量（占比）	政府补助均值（万元）
2013	5（100%）	731.59
2014	6（100%）	905.62
2015	9（100%）	694.27
2016	8（72.73%）	786.48
2017	16（100%）	1083.17

由表 6-31 可以发现，科学研究和技术服务行业的政府补助披露情况较好，只在 2016 年有一家公司未披露政府补助情况，其余四年该行业所有公司都披露了政府补助信息。科学研究和技术服务行业的政府补助均值在 2013—2017 年间是不断波动的，到 2017 年该行业的政府补助均值超过 1000 万元。

（4）水利、环境和公共设施管理业

表 6-32　水利、环境和公共设施管理业政府补助披露情况 （单位：家）

年份	披露公司数量（占比）	政府补助均值（万元）
2013	8（100%）	524.07
2014	9（100%）	618.63
2015	10（90.91%）	1170.38
2016	11（100%）	1079.02
2017	13（100%）	1383.69

水利、环境和公共设施管理行业只有在 2015 年有一家公司"兴源环境（300266）"未披露政府补助信息。由表 6-32 可知，该行业的政府补助均值整体上呈上升趋势，且增长幅度较大。与 2013 年相比，2017 年的政府补助均值增长了两倍多。

3. 分区域披露情况

表 6-33　基于 2017 年年报的分区域政府补助披露描述 （单位：家）

区域	披露公司数量（占比）	政府补助均值（万元）
东北综合经济区	17（100%）	2702.36
北部沿海综合经济区	145（99.32%）	1558.52

续表

区域	披露公司数量（占比）	政府补助均值（万元）
东部沿海综合经济区	219（100%）	1264.77
南部沿海经济区	195（99.49%）	1708.43
黄河中游综合经济区	28（100%）	1107.99
长江中游综合经济区	66（100%）	2412.60
大西南综合经济区	37（100%）	1021.12
大西北综合经济区	9（100%）	805.36

由表6-33可知，2017年，八大经济区的政府补助披露中只有北部沿海综合经济区和南部沿海经济区披露政府补助公司占比未达到100%。八大经济区所获得的政府补助金额差距较大，多数经济区的政府补助超过1000万元，只有大西北综合经济区的政府补助均值在1000万元以下。政府补助均值超过2000万元的有两个经济区，分别是东北综合经济区和长江中游综合经济区，其中，东北综合经济区的政府补助均值是八大经济区中最高的，为2702.36万元/家，是均值最低的大西北综合经济区的3倍之多。

四、 结论

（一）销售费用

整体来看，创业板上市公司中未披露销售费用的公司数量是不断增加的，但销售费用率平均值变动幅度都较小，基本稳定在9%~10%之间。从行业披露情况看，2017年除了水利、环境和公共设施管理行业有一家公司未披露销售费用外，其他三个行业的所有公司都披露了销售费用。四个行业中，信息传输、软件和信息技术服务行业的平均销售费用率最高，而水利、环境和公共设施管理业最低。从区域披露情况看，2017年仅一半的经济区其所有上市公司均披露了销售费用信息。其中，大西北综合经济区的平均销售费用率最高。

（二）管理费用

整体来看，在2013—2017年年间，所有创业板上市公司都披露了企业的管理费用。近五年的平均管理费用率呈现先上升后下降的趋势。从行业披露情况来看，信息传输、软件和信息技术服务行业的平均管理费用率最高，而水利、环境和公共设施管理业最低。从区域披露情况来看，2017年八大经济区的平均管理费用率都在10%以上，其中大西南综合经济区的最高；黄河中游综合经济区最低。

（三）财务费用

整体来看，2013—2017年所有的上市公司都披露了财务费用，且平均财务费用率在最近五年内总体上呈上升趋势。从行业披露来看，四个行业的销售费用率都是上升的，且2017年均为正值。水利、环境和公共设施管理行业的平均财务费用率最高。从区域披露来看，在八大经济区中，南部沿海经济区的平均财务费用率最低；而大西北综合经济区的平均费用率最高。

（四）研发支出

整体来看，创业板上市公司在2013—2016年对研发支出进行披露的公司数量占比不断下降，但在2017年数量占比有所上升。近五年中，创业板上市公司的研发投入强度持续下降；但平均研发投入支出是不断上升的，且增长速度较快。从行业披露来看，水利、环境和公共设施管理行业的研发支出披露情况较好，该行业所有的公司都披露了企业的研发投入；其余三个行业都存在有公司未披露研发支出的情况。信息传输、软件和信息技术服务行业的平均研发投入强度最高；而水利、环境和公共设施管理行业的平均研发投入强度最低。从区域披露来看，2017年只有东北综合经济区、黄河中游综合经济区和大西北综合经济区这三个经济区的上市公司都披露了研发支出信息，其他五个经济区均存在未披露的情况。大西北综合经济区的研发投入强度最低；而北部沿海综合经济区的研发投入强度最高。

（五）政府补助

整体来看，2013—2017年间创业板上市公司的补助覆盖率稳中有升，且政府补助水平大幅增长。然而，不同公司获得的政府补助差距日趋增大。从行业披露情况看，科学研究和技术服务行业，以及水利、环境和公共设施管理行业的政府补助披露情况较好。四个行业的政府补助金额在整体上都是上升的，且增长幅度较大。其中，制造业的政府补助均值最多；科学研究和技术服务行业最少。从区域披露情况看，2017年只有北部沿海综合经济区和南部沿海经济区披露政府补助的公司比例未达到100%。不同区域上市公司获得的政府补助金额差距较大，政府补助最多的经济区是东北综合经济区；最少的是大西北综合经济区。

参考文献

[1] 曹莉莉. 内部控制、外部审计与费用粘性——基于A股上市公司的经验证据 [J]. 企业科技与发展，2018 (3).

[2] 董晋. 广告支出、研发支出与企业业绩——深沪两地上市企业为例 [J]. 现代商贸工业，2018 (18).

[3] 桂灏钰. 财政科技投入与企业研发支出的关联性——基于实证分析 [J]. 河北企业，2018 (6).

［4］ 何梦兰，陈矜. 基于回归分析下研发支出与企业绩效相关性的实证探讨 ［J］. 中国乡镇企业会计，2018（2）：14-16.

［5］ 黄晓波，张丽云，黄硕. 研发投入、营销费用与公司绩效 ［J］. 财务与金融，2018（1）.

［6］ 饶萍. 资本结构、政府补助对企业研发投入的影响——基于创业板上市公司的实证检验 ［J］. 管理现代化，2018（1）：42-44.

［7］ 石善冲，王晋珍，林亚囡. 内部控制、产权性质与费用粘性——基于中国上市公司的实证研究 ［J］. 工业技术经济，2018（2）：32-41.

［8］ 田丽欣. 吸收能力调节下研发支出对企业绩效影响的实证研究. 东北电力大学 ［D］. 2018.

［9］ 汪慧. 政府补助对我国工业企业研发投入的影响研究——基于行业国有比重的门槛效应模型分析 ［D］. 上海师范大学. 2018.

［10］ 王欣. 基于创业板医药行业 R&D 投入、销售费用与企业绩效的分析 ［J］. 商情，2018（24）.

［11］ 张云箫. 政府补助、税收优惠与研发投入—基于制造业企业的比较分析 ［D］. 浙江大学，2018.

［12］ 郑海元，李兴杰. 研发投入、市场竞争与企业绩效 ［J］. 财会通讯，2018（18）.

［13］ 卓敏，范梦茹. 我国制造业上市公司成本性态分析——基于成本费用"粘性"角度 ［J］. 宜春学院学报，2017，39（7）：44-48.

［14］ Choi，Joonhwan；Lee，Jaegul. Repairing the R&D market failure：Public R&D subsidy and the composition of private R&D ［J］. *Research Policy*. 2017 46（8）：1465-1478.

［15］ Di Guo；Yan Guo；Kun Jiang. Governance and effects of public R&D subsidies：Evidence from China ［J］. *Technovation*，2018 74-75：18-31.

［16］ Elena Huergo；Lourdes Moreno. Subsidies or loans？Evaluating the impact of R&D support programmes ［J］. *Research Policy*，2017 46（7）：1198-1214.

［17］ Nuria E. Hurtado－Torres；J. Alberto Aragón－Correa；Natalia Ortiz－de－Mandojana. How does R&D internationalization in multinational firms affect their innovative performance？The moderating role of international collaboration in the energy industry ［J］. *International Business Review*. 2018 27（3）：514-527.

创业板上市公司资质研究

资质是公司无形资产的重要组成部分。本报告延续《蓝皮书（2016—2017）》的研究框架，对 2018 年 5 月 18 日前上市的 725 家公司的资质信息进行统计分析，进一步剖析资质信息披露的行业与区域特征，归纳了资质信息披露中尚存的问题。

一、概念界定

资质是指组织能力的证明，包含四个基本属性：条件属性、证明属性、公信力属性、稀缺属性。资质拥有者能够通过获得资质进入某一领域（市场）的权利，或取得政府的特许补助，或得到相关利益者的认可，进而能够为公司创造超额利润，具有无形资产属性。因此，本报告认为资质是政府或非政府组织为维护市场秩序、调整市场结构和优化资源配置，在特定行业、特定期限和特定范围内对符合条件的组织或个人行为给予的以证书或证明性文件为载体的权利证明或能力认证，并将其界定为无形资产。

资质因授予单位的不同表现出较大的差异。一是政府授予资质，认可度最高，公信力最强，包括强制性认证和专业能力认证。强制性认证资质包括强制产品认证和行政许可，专业能力认证是由政府机构授予证明其也具备在该行业从事生产、经营、销售的能力。二是由第三方认证机构授予资质，包括质量管理体系认证、环境管理体系认证。三是行业协会、合作公司等其他机构授予的资质，其认可度相对较小。

本报告涉及的资质内容主要包括：准入类资质、能力类资质、荣誉类资质三类。

（一）准入类资质

准入类资质，即政府或非政府组织授予的市场/资源等垄断性或准入性权利。包括 5G 牌照、高铁牌照等，主要影响企业的市场地位。按照内容分类，该类资质有四种形式：一是由政府授予的对特殊行业或市场的垄断性经营资格，如烟草、电信等行业的经营资格；二是由政府授予的对某类自然或非自然资源的使用或经营性权利，如采矿权、航线经营权、频道使用权等；三是由政府授予的对某些行业或市场的准入性经营资格，如中介服务行业中的审计和资产评估机构的证券业从业资格。

（二）能力类资质

能力类资质，即政府或非政府组织根据单位的能力水平不同，授予的能力等级认证，不同等级的单位在经营范围方面有所不同。该类资质普遍存在于建筑、医药类行业中，主要影响企业的经营范围。按照内容分类，该类资质主要包括：一是政府专业认证类，如政府专业认可的建筑企业甲等，系统集成资质乙级，医院三级甲等，不同的等级有不同的规模、能力和经营范围；二是特殊能力扶持认证类资质，拥有这样的资质每年可以获得政府的政策扶持，如高新技术企业每年可以获得税收减免的优惠等；三是行业协会认证类，行业协会颁发的证书可以让组织获得领先优势或其他好处；四是质量管理体系得认证，其证明了企业的质量控制水平和产品达标的能力，是对企业质量控制水平的一种认可；五是环境保护认证，在实施ISO14001环境管理体系标准认证时，要审核企业在产品设计、生产工艺、材料选用、废物处置等各个阶段是否达标。随着环境意识的逐渐增强，消费者在进行品牌联想时会考虑环境保护因素，产品达到不同的排放标准，企业的形象会有所差异，进而影响其对环保的反应和企业环境绩效。

（三）荣誉类资质

荣誉类资质，即政府组织、行业协会或专业组织对企业或产品在质量、环保、创新等方面的认可和奖励。按照内容分类，该类资质主要包括：一是单位的获奖证书，如中国IT服务管理优秀解决方案奖、国家火炬计划项目等，表明了企业在行业和社会中的影响力和认可水平；二是产品获奖证书，如汽车用高性能尼龙复合材料获得高新技术产品认证，可以提升产品的市场影响力和公信力。

表7-1　资质的分类与内涵

资　质	准入类资质	政府注册登记证
		政府许可证
	能力类资质	政府专业能力认证
		特殊能力扶持认证
		行业协会等级认证
		质量认证证书
		环境认证证书
	荣誉类资质	公司获奖证书
		产品获奖证书

二、 相关典型事件和文献综述

本报告列出资质相关典型事件与最新研究成果综述，以把握资质类无形资产的实践发展与研究走向。

（一）典型事件

2017 年以来，政府及相关部门为进一步规范公司资质管理，相继出台相关政策规定，同时也有一些公司因资质问题终止上市。表 7-2 列举了 2017 年以来发生的与资质类无形资产相关的典型事件。

表 7-2　2017 年以来与资质类无形资产相关的典型事件

序号	时间	涉及的无形资产类型	事件及影响	资料来源
1	2017-5	准入类	国务院办公厅印发《关于加快推进"多证合一"改革的指导意见》，部署推进"多证合一"改革，进一步优化营商环境，解决目前仍然存在的各类证照数量过多、"准入不准营"、简政放权措施协同配套不够等问题。各相关部门在本系统内加强"多证合一、一照一码"营业执照的认可、使用、推广	百度百家号
2	2017-7	准入类	证监会修订了《中国证券监督管理委员会发行审核委员会办法》，将主板发审委和创业板发审委合并。主板与创业板发审委的合并最大挑战来自于未来拟上报 IPO 目标公司的资质要求会有明显提升	搜狐财经
3	2017-10	能力类	认监委印发了《国家认监委关于发布 2017 年第四批认证认可行业标准的通知》（国认科〔2017〕124 号），发布了《检验检测机构资质认定能力评价　检验检测机构通用要求》（RB/T 214—2017）等五项涉及检验检测机构资质认定评审和管理的认证认可行业标准。相关行业标准吸收了国际标准最新内容，融合了国内相关管理部门的特殊要求，对检验检测机构资质认定的评审和管理活动进行了进一步规范，进一步推进检验检测机构资质管理制度改革完善	食品资讯中心
4	2017-12	准入类	国家标准委发布了《养老机构服务质量基本规范》，对养老机构的服务资质、服务项目等方面做了明确规定，并为全国养老机构服务质量提出了最低要求。其中包括养老机构提供服务应符合相关法律法规要求，依法获得相关许可等。这是养老机构服务质量管理方面的首个国家标准，标志着全国养老机构服务质量迈入标准化管理的新时代	每日经济新闻

续表

序号	时间	涉及的无形资产类型	事件及影响	资料来源
5	2017-12	准入类	国家认监委 12 月 5 日更新了法国婴幼儿配方乳品生产企业在华注册名单，世界第三大乳品集团兰特黎斯旗下奶粉工厂被暂停在华注册资质。兰特黎斯中国今天 12 月 6 日表示，这或与其近期 3 款涉嫌 "沙门氏菌" 奶粉的事件有关。	新京报快讯
6	2018-4	准入类	受发改委生产资质审批暂停影响，广汽新能源宣布放缓上市计划。	证券时报网

（二）文献综述

近年来，我国学者研究资质相关问题时注重于对资质政策变化的分析，并以此为行业资质管理提供建议；而国外学者则更关注各项资质认证与公司绩效关系的研究。

1. 资质管理

资质管理对中小施工企业发展日趋重要。李玉龙（2018）认为，在制定资质标准时，应加强资质条件中的施工技术要求，通过资质管理的引导，推进公司技术进步。同时，资质借用现象在施工行业中普遍存在，盛松涛（2018）、杜巧莉等（2016）对此现象进行了分析，认为政府监管部门有能力有效遏制借用资质的行为，但同时也要建立规范的资质管理秩序、加强监管惩罚力度和提升寻租成本。

2. 资质与公司绩效

Fonseca 等（2017）对 1996—2017 年所发表的科学论文进行系统评价，结果表明管理体系的采用和认证为认证组织的财务绩效、竞争力等方面带来了相当积极的效益。Roman 等（2018）通过调查发现，大多数公司认为 ISO9001 促进了组织、运营、商业以及客户管理等方面的改进。Lee 等（2017）发现，ISO14001 认证使公司能够在短期内获得盈利能力和市场效益方面的优势，但从长期来看，公司的市场价值并没有较大变化。Orzes 等（2017）发现，SA8000 认证对生产效率和销售业绩带来积极影响，但对盈利能力没有影响。同时，Perales 等（2018）通过分析西班牙能源部门 157 个项目的数据，发现管理体系标准与项目可持续性之间存在明确的关系，并且在认证公司开展的项目中，失败的概率明显较低。因此，从公司层面上讲，是否需要进行认证以及不同资质所带来的效益会因公司或产品的不同而有所差异。

从国内研究来看，谢海洋等（2017）以 2007—2013 年沪深 A 股上市公司作为研究对象，从公司的研发和财务绩效两个方面分析了高科技资质认定政策的有效性，并使用双重差分 PSM 方法进行实证，研究结果表明：在其他条件不变的情况下，高科技资质认定政策有利于公司财务绩效的提升，但对于研发绩效的影响并不显著。并且高科技认定政策能提高国有公司的研发绩效，对非国有公司影响不明显。由于研发活动的风险较大，公司申请资质认定的动机存在差异等原因，高科技资质认定政策并没有达到预期效果，并不是完全有效的。

3. 资质改革

随着国家制度的改革，资质的认定和检验标准等均产生了重大变化。雷健（2018）认为，在无资质时代，行业应当完善质量认证体系，引进社会监督力量；构建信用管理体系，营建行业自律文化；借助第三方评估，打造闭环式新机制。刘德明（2017）则提出，要建立物业服务公司黑名单制度，建立惩戒机制；推动与相关政府部门的信息共享，加强公司信息的备案以重构行业。同时，随着通信技术的发展，Knox 等（2017）提出，社会经营许可在改善公司环境和社会标准方面的作用将日益凸显。

三、 基于招股说明书的资质无形资产披露情况

本报告延续以往蓝皮书的研究框架，将资质类无形资产分为准入类、能力类和荣誉类三类，各自包含内容及统计口径如表7-3所示。

表 7-3 资质类无形资产的分类及统计口径

无形资产类型	分类		统计口径
资质类 无形资产	准入类资质	政府注册登记证	名称、编号、有效期、级别、 品种范围、审批机关
		政府许可证	
	能力类资质	政府专业能力认证	名称、编号、级别、品种范围、 地域范围、有效期、审批机关
		特殊能力扶持认证	名称、编号、有效期、授权单位
		行业协会等级认证	名称、级别、品种范围、编号、 有效期、授权单位
		质量认证	
		环境认证	名称、编号、有效期、认证机构
	荣誉类资质	公司获奖证书	公司荣誉、编号、认证时间、认证机构
		产品获奖证书	产品荣誉、名称、编号、 认证时间、认证机构

基于招股说明书信息，创业板公司资质类无形资产披露的整体情况见表7-4~表7-7。披露能力类资质的公司最多，有701家，占到总量的96.69%。相较于其他两类资质，创业板上市公司获得的荣誉类无形资产最多，达到了9354项，是能力类资质的1.78倍，准入类的1.22倍。

表 7-4　基于招股说明书的创业板上市公司资质类无形资产披露情况

资质类无形资产类型	披露公司数量（家）	占比（%）
准入类	534	73.66
能力类	701	96.69
荣誉类	631	87.03

注："占比"的计算方式为：披露某类资质的公司总数/725家样本公司。

表 7-5　基于招股说明书的创业板上市公司资质类无形资产披露数量情况　（单位：项）

资质类无形资产类型	披露数量	均值	最大值	最小值
准入类	7653	10.56	247	0
能力类	5251	7.24	133	0
荣誉类	9354	12.90	93	0

注："均值"的计算方式为：某类资质的披露总数/725家样本公司（为了本书各报告均值具有比较性，"均值"计算除数选用固定值725，实际披露相关资质企业均值可以通过"均值"除"占比"得出）。

　　分行业来看，制造业披露资质数量最多达到了 15696 项；其次是信息传输、软件和信息技术服务业 4064 项；科学研究和技术服务业 729 项；文化、体育和娱乐业 591 项。但科学研究和技术服务业以及文化、体育和娱乐业获得的资质均值最高，平均每家公司分别有 45.56 项和 45.46 项资质。如表 7-6 所示。

表 7-6　基于招股说明书的创业板上市公司分行业资质类无形资产披露情况

行业	公司数量（家）	准入类（项）	能力类（项）	荣誉类（项）	合计（项）	均值（项）
采矿业	4	20	26	32	78	19.50
电力、热力、燃气及水生产和供应业	2	4	9	17	30	15.00
建筑业	8	9	65	169	243	30.38
交通运输、仓储和邮政业	2	43	8	2	53	26.50
居民服务、修理和其他服务业	1	2	1	1	4	4.00
科学研究和技术服务业	16	152	183	394	729	45.56
农林牧渔业	7	24	26	69	119	17.00
批发和零售贸易	7	16	18	8	42	6.00
水利、环境和公共设施管理业	13	39	98	175	312	24.00
卫生和社会工作	3	45	8	41	94	31.33
文化、体育和娱乐业	13	306	33	252	591	45.46
制造业	511	5368	3649	6679	15696	30.72
信息传输、软件和信息技术服务业	129	1577	1076	1411	4064	31.50
租赁和商务服务业	9	48	51	104	203	22.56

注："合计"列数值为"准入类""能力类"和"荣誉类"三列数值之和，"均值"的计算方式为：某类资质的披露总数/各行业公司数量。表7-7同。

分区域来看，东部沿海经济区、南部沿海经济区公司披露资质数量最多，分别为6839项和6226项，但大西南经济区和长江中游经济区公司获得的资质均值最高，平均每家公司分别有34.59项和32.94项资质。如表7-7所示。

表7-7 基于招股说明书的创业板公司分区域资质类无形资产披露情况

区域	公司数量（家）	准入类（项）	能力类（项）	荣誉类（项）	合计	均值（项）
东北综合经济区	17	134	177	192	503	29.59
北部沿海经济区	146	1453	1028	1701	4182	28.64
东部沿海经济区	223	2120	1584	3135	6839	30.67
南部沿海经济区	198	2164	1514	2548	6226	31.44
黄河中游经济区	28	335	153	303	791	28.25
长江中游经济区	67	711	456	1040	2207	32.94
大西南经济区	37	635	269	376	1280	34.59
大西北经济区	9	101	70	59	230	25.56

（一）准入类

1. 整体披露情况

有534家公司披露了准入类资质的信息，占所有样本公司的比例为73.66%，具体披露情况见表7-8。

表7-8 准入类资质披露整体情况

准入类资质类型	披露公司数量（家）	占比（%）	总数（项）	均值（项）
政府注册登记证	323	44.55	5265	7.26
政府许可证	466	64.28	2388	3.29

注："占比"的计算方式为：披露某类准入类资质的公司总数/725家样本公司；"均值"的计算方法为：某类准入类资质的披露总数/725家样本公司。表7-13、7-18同。

2. 分行业披露情况

披露政府注册登记证和政府许可证信息最多的是制造业公司，分别有236家和319家。但由于制造业公司基数大，相较于其他公司数量少的行业，制造业披露了资质的公司所占比例并不高，仅为46.18%和62.43%，具体情况见表7-9。

表 7-9 分行业准入类资质信息披露描述（一） （单位：家）

行业 / 准入类资质类型	政府注册登记证（占比）	政府许可证（占比）
采矿业	1（25%）	2（50%）
电力、热力、燃气及水生产和供应业	1（50%）	0（0%）
建筑业	0（0%）	4（50%）
交通运输、仓储和邮政业	2（100%）	2（100%）
居民服务、修理和其他服务业	0（0%）	1（100%）
科学研究和技术服务业	4（25%）	9（56.25%）
农林牧渔业	3（42.86%）	5（71.43%）
批发和零售贸易	3（42.86%）	5（71.43%）
水利、环境和公共设施管理业	2（15.38%）	9（69.23%）
卫生和社会工作	1（33.33%）	3（100%）
文化、体育和娱乐业	3（23.08%）	12（92.31%）
制造业	236（46.18%）	319（62.43%）
信息传输、软件和信息技术服务业	63（48.84%）	92（71.32%）
租赁和商务服务业	4（44.44%）	3（33.33%）

注：括号外数据表示对应行业中披露某类资质信息的公司数量，括号中数据为该行业中披露某类资质信息的公司占比，计算方式为：披露该类信息公司数/该行业公司总数。表 7-14、表 7-19 同。

同样，制造业公司披露的政府注册登记证和政府许可证数量最多，为 3873 项和 1495 项。但从行业均值来看，披露政府注册登记证最高的是交通运输、仓储和邮政业（15 项），披露政府许可证最高的是文化、体育和娱乐业（18.85 项），具体情况见表 7-10。

表 7-10 分行业准入类资质信息披露描述（二） （单位：项）

行业 / 准入类资质类型	政府注册登记证（均值）	政府许可证（均值）
采矿业	2（0.50）	18（4.50）
电力、热力、燃气及水生产和供应业	4（2.00）	0（0.00）
建筑业	0（0）	9（1.13）
交通运输、仓储和邮政业	30（15.00）	13（6.50）
居民服务、修理和其他服务业	0（0）	2（2.00）
科学研究和技术服务业	117（7.31）	35（2.19）
农林牧渔业	8（1.14）	16（2.29）
批发和零售贸易	7（1.00）	9（1.29）
水利、环境和公共设施管理业	6（0.46）	33（2.54）

续表

准入类资质类型 行业	政府注册登记证（均值）	政府许可证（均值）
卫生和社会工作	9（3.00）	36（12.00）
文化、体育和娱乐业	61（4.69）	245（18.85）
制造业	3873（7.58）	1495（2.93）
信息传输、软件和信息技术服务业	1141（8.84）	436（3.38）
租赁和商务服务业	7（0.78）	41（4.56）

注：括号外数据表示对应行业中披露的某类资质的总数，括号中数据为该行业中某类资质的均值，计算方式为：某类资质的披露总数/该行业公司总数。表7-15、表7-20同。

3. 分区域披露情况

分区域来看，南部沿海经济区披露政府注册登记证信息的公司最多，披露的数量也最多，为1614项；东部沿海经济区上市公司披露政府许可证最多，为785项。从区域均值来看，大西南经济区平均每家公司披露政府注册登记证和政府许可证最多，分别为11.14项和6.03项，具体情况见表7-11、表7-12。

表7-11　分区域准入类资质信息披露描述（一）　　　　（单位：家）

准入类资质类型 区域	政府注册登记证（占比）	政府许可证（占比）
东北综合经济区	7（41.18%）	8（47.06%）
北部沿海经济区	62（42.47%）	90（61.64%）
东部沿海经济区	89（39.91%）	147（65.92%）
南部沿海经济区	97（48.99%）	118（59.60%）
黄河中游经济区	13（46.43%）	20（71.43%）
长江中游经济区	29（43.28%）	48（71.64%）
大西南经济区	21（56.76%）	27（72.97%）
大西北经济区	5（55.56%）	7（77.78%）

注：括号外数据表示对应区域中披露某类资质信息的公司数量，括号中数据为该区域中披露某类资质信息的公司占比，计算方式为：披露该类信息公司数/该区域公司总数。表7-16、表7-21同。

表7-12　分区域准入类资质信息披露描述（二）　　　　（单位：项）

准入类资质类型 区域	政府注册登记证（均值）	政府许可证（均值）
东北综合经济区	114（6.71）	20（1.18）
北部沿海经济区	947（6.49）	506（3.47）
东部沿海经济区	1335（5.99）	785（3.52）
南部沿海经济区	1614（8.15）	550（2.78）

续表

区域 ＼ 准入类资质类型	政府注册登记证（均值）	政府许可证（均值）
黄河中游经济区	226（8.07）	109（3.89）
长江中游经济区	539（8.04）	172（2.57）
大西南经济区	412（11.14）	223（6.03）
大西北经济区	78（8.67）	23（2.56）

注：括号外数据表示对应区域中披露的某类资质的总数，括号中数据为该区域中某类资质的均值，计算方式为：某类资质的披露总数/该区域公司总数。表7-17、表7-22同。

（二）能力类

1. 整体披露情况

有701家公司披露了能力类资质，占所有样本公司的比例为96.69%。其中，披露特殊能力认证的公司最多，有667家，占比92%。披露的特殊能力认证资质的数量也最多，达到了1649项。在五种能力类资质中，披露行业协会等级认证的公司数量最少，此项资质的披露数量也是最少。

表7-13 能力类资质披露整体情况

能力类	披露公司数量（家）	占比（%）	总数（项）	均值（项）
政府专业能力认证	415	57.24	1629	2.25
特殊能力扶持认证	667	92.00	1649	2.27
行业协会等级认证	106	14.62	277	0.38
质量认证证书	523	72.14	1301	1.79
环境认证证书	265	36.55	395	0.54

2. 分行业披露情况

披露能力类资质的公司数量和披露能力类资质数量排名前三的行业都是制造业，信息传输、软件和信息技术服务业，以及科学研究和技术服务业，具体情况见表7-14、表7-15。

表7-14 分行业能力类资质信息披露描述（一）　　　　（单位：家）

行业 ＼ 能力类资质类型	政府专业能力认证（占比）	特殊能力扶持认证（占比）	行业协会等级认证（占比）	质量认证证书（占比）	环境认证证书（占比）
采矿业	1（25.00%）	4（100.00%）	0（0.00%）	4（100.00%）	2（50.00%）

续表

能力类资质类型 / 行业	政府专业能力认证（占比）	特殊能力扶持认证（占比）	行业协会等级认证（占比）	质量认证证书（占比）	环境认证证书（占比）
电力、热力、燃气及水生产和供应业	1（50.00%）	2（100.00%）	0（0.00%）	1（50.00%）	0（0.00%）
建筑业	7（87.50%）	6（75.00%）	3（37.50%）	7（87.50%）	6（75.00%）
交通运输、仓储和邮政业	1（50.00%）	1（50.00%）	0（0.00%）	2（100.00%）	1（50.00%）
居民服务、修理和其他服务业	0（0.00%）	0（0.00%）	0（0.00%）	1（100.00%）	0（0.00%）
科学研究和技术服务业	14（87.50%）	14（87.50%）	2（12.50%）	9（56.25%）	4（25.00%）
农林牧渔业	2（28.57%）	3（42.86%）	0（0.00%）	5（71.43%）	2（28.57%）
批发和零售贸易	2（28.57%）	2（28.57%）	1（14.29%）	5（71.43%）	1（14.29%）
水利、环境和公共设施管理业	10（76.92%）	11（84.62%）	1（7.69%）	7（53.85%）	4（30.77%）
卫生和社会工作	0（0.00%）	3（100.00%）	0（0.00%）	1（33.33%）	0（0.00%）
文化、体育和娱乐业	2（15.38%）	4（30.77%）	0（0.00%）	4（30.77%）	4（30.77%）
制造业	187（36.59%）	487（95.30%）	75（14.68%）	386（75.54%）	212（41.49%）
信息传输、软件和信息技术服务业	82（63.57%）	124（96.12%）	24（18.60%）	87（67.44%）	27（20.93%）
租赁和商务服务业	1（11.11%）	7（77.78%）	0（0.00%）	4（44.44%）	2（22.22%）

表7-15　分行业能力类资质信息披露描述（二）　　　　（单位：项）

能力类资质类型 / 行业	政府专业能力认证（均值）	特殊能力扶持认证（均值）	行业协会等级认证（均值）	质量认证证书（均值）	环境认证证书（均值）
采矿业	4（1.00）	10（2.50）	0（0.00）	9（2.25）	3（0.75）
电力、热力、燃气及水生产和供应业	2（1.00）	6（3.00）	0（0.00）	1（0.50）	0（0.00）
建筑业	29（3.63）	11（1.38）	5（0.63）	12（1.50）	8（1.00）
交通运输、仓储和邮政业	2（1.00）	1（0.50）	0（0.00）	4（2.00）	1（0.50）
居民服务、修理和其他服务业	0（0.00）	0（0.00）	0（0.00）	1（1.00）	0（0.00）
科学研究和技术服务业	129（8.06）	32（2.00）	2（0.13）	16（1.00）	4（0.25）
农林牧渔业	6（0.86）	7（1.00）	0（0.00）	11（1.57）	2（0.29）
批发和零售贸易	4（0.57）	7（1.00）	1（0.14）	5（0.71）	1（0.14）
水利、环境和公共设施管理业	60（4.62）	20（1.54）	1（0.08）	12（0.92）	5（0.38）
卫生和社会工作	0（0.00）	4（1.33）	0（0.00）	4（1.33）	0（0.00）
文化、体育和娱乐业	11（0.85）	9（0.69）	0（0.00）	7（0.54）	6（0.46）
制造业	1002（1.96）	1092（2.14）	192（0.38）	1038（2.03）	325（0.64）

行业　　　　能力类资质类型	政府专业 能力认证 （均值）	特殊能力 扶持认证 （均值）	行业协会 等级认证 （均值）	质量认证 证书（均值）	环境认证 证书（均值）
信息传输、软件和 信息技术服务业	362（2.81）	434（3.36）	76（0.59）	167（1.29）	37（0.29）
租赁和商务服务业	18（2.00）	16（1.78）	0（0.00）	14（1.56）	3（0.33）

3. 分区域披露情况

从经济区分类来看，披露了能力类资质的公司数量和披露的能力类资质数量排名前三的区域都是东部、南部和北部综合经济区，具体情况见表7-16、表7-17。

表7-16　分区域能力类资质信息披露描述（一）　（单位：家）

区域　　　　能力类资质类型	政府专业 能力认证	特殊能力 扶持认证	行业协会 等级认证	质量认证 证书	环境认证 证书
东北综合经济区	8（47.06%）	17（100.00%）	2（11.76%）	14（82.35%）	11（64.71%）
北部沿海经济区	71（48.63%）	130（89.04%）	25（17.12%）	109（74.66%）	68（46.58%）
东部沿海经济区	90（40.36%）	209（93.72%）	27（12.11%）	157（70.40%）	99（44.39%）
南部沿海经济区	79（39.90%）	182（91.92%）	32（16.16%）	146（73.74%）	70（35.35%）
黄河中游经济区	12（42.86%）	26（92.86%）	3（10.71%）	22（78.57%）	5（17.86%）
长江中游经济区	27（40.30%）	62（92.54%）	11（16.42%）	46（68.66%）	26（38.81%）
大西南经济区	19（51.35%）	34（91.89%）	4（10.81%）	22（59.46%）	9（24.32%）
大西北经济区	4（44.44%）	7（77.78%）	2（22.22%）	7（77.78%）	3（33.33%）

表7-17　分区域能力类资质信息披露描述（二）　（单位：项）

区域　　　　能力类资质类型	政府专业 能力认证	特殊能力 扶持认证	行业协会 等级认证	质量认证 证书	环境认证 证书
东北综合经济区	95（5.59）	34（2.00）	4（0.24）	27（1.59）	17（1.00）
北部沿海经济区	239（1.64）	384（2.63）	70（0.48）	267（1.83）	68（0.47）
东部沿海经济区	513（2.30）	488（2.19）	50（0.22）	387（1.74）	146（0.65）
南部沿海经济区	489（2.47）	460（2.32）	100（0.51）	371（1.87）	94（0.47）
黄河中游经济区	51（1.82）	51（1.82）	10（0.36）	34（1.21）	7（0.25）
长江中游经济区	112（1.67）	137（2.04）	24（0.36）	141（2.10）	42（0.63）
大西南经济区	97（2.62）	81（2.19）	15（0.41）	59（1.59）	17（0.46）
大西北经济区	33（3.67）	14（1.56）	4（0.44）	15（1.67）	4（0.44）

（三）荣誉类

1. 整体披露情况

有 631 家公司披露了荣誉类资质的信息，占所有样本公司的比例为 87.03%，具体披露情况见表 7-18。

表 7-18　荣誉类资质披露整体情况

荣誉类	披露公司数量（家）	占比（%）	总数（项）	均值（项）
公司获奖证书	565	77.93	4847	6.69
产品获奖证书	498	68.69	4507	6.22

2. 分行业披露情况

披露了公司获奖证书的公司数量最多的行业是制造业，信息传输、软件和信息技术服务业，以及科学研究和技术服务业；披露了产品获奖证书的公司数量最多的行业是制造业，信息传输、软件和信息技术服务业，以及水利、环境和公共设施管理业，具体情况见表 7-19。

表 7-19　分行业荣誉类资质信息披露描述（一）　　　　　　　（单位：家）

行业　　　　　　　　荣誉类资质类型	公司获奖证书（占比）	产品获奖证书（占比）
采矿业	2（50.00%）	2（50.00%）
电力、热力、燃气及水生产和供应业	2（100.00%）	2（100.00%）
建筑业	8（100.00%）	8（100.00%）
交通运输、仓储和邮政业	2（100.00%）	0（0.00%）
居民服务、修理和其他服务业	1（100.00%）	0（0.00%）
科学研究和技术服务业	14（87.50%）	9（56.25%）
农林牧渔业	4（57.14%）	6（85.71%）
批发和零售贸易	4（57.14%）	0（0.00%）
水利、环境和公共设施管理业	11（84.62%）	11（84.62%）
卫生和社会工作	3（100.00%）	1（33.33%）
文化、体育和娱乐业	9（69.23%）	9（69.23%）
制造业	405（79.26%）	372（72.80%）
信息传输、软件和信息技术服务业	93（72.09%）	76（58.91%）
租赁和商务服务业	8（88.89%）	3（33.33%）

披露公司和产品获奖证书数量最多的行业均为制造业、信息传输、软件和信息技术服务业以及科学研究和技术服务业。从均值看，卫生和社会工作行业的上市公司获

奖证书均值最高，达到了 13.33 项；建筑业的产品获奖证书均值最高，达到了 14.00 项，具体情况见表 7-20。

表 7-20 分行业荣誉类资质信息披露描述（二）

（单位：项）

荣誉类资质类型 行业	公司获奖证书（均值）	产品获奖证书（均值）
采矿业	8（2.00）	24（6.00）
电力、热力、燃气及水生产和供应业	14（7.00）	3（1.50）
建筑业	57（7.13）	112（14.00）
交通运输、仓储和邮政业	2（1.00）	0（0.00）
居民服务、修理和其他服务业	1（1.00）	0（0.00）
科学研究和技术服务业	183（11.44）	211（13.19）
农林牧渔业	52（7.43）	17（2.43）
批发和零售贸易	8（1.14）	0（0.00）
水利、环境和公共设施管理业	99（7.62）	76（5.85）
卫生和社会工作	40（13.33）	1（0.33）
文化、体育和娱乐业	101（7.77）	151（11.62）
制造业	3376（6.61）	3303（6.46）
信息传输、软件和信息技术服务业	813（6.30）	598（4.64）
租赁和商务服务业	93（10.33）	11（1.22）

3. 分区域披露情况

从经济区分类来看，披露了公司获奖证书和产品获奖证书的公司数量，以及披露的资质数量最多的均值是东部沿海经济区，但从披露荣誉类资质数量的均值来看，长江中游经济区处于领先地位。具体情况见表 7-21、表 7-22。

表 7-21 分区域荣誉类资质信息披露描述（一）

（单位：家）

荣誉类资质类型 区域	公司获奖证书（占比）	产品获奖证书（占比）
东北综合经济区	15（88.24%）	10（58.82%）
北部沿海经济区	110（75.34%）	96（65.75%）
东部沿海经济区	179（80.27%）	163（73.09%）
南部沿海经济区	156（78.79%）	131（66.16%）
黄河中游经济区	20（71.43%）	15（53.57%）
长江中游经济区	54（80.60%）	49（73.13%）
大西南经济区	26（70.27%）	28（75.68%）
大西北经济区	5（55.56%）	6（66.67%）

表 7-22　分区域荣誉类资质信息披露描述（二）　　　（单位：项）

荣誉类资质类型 区域	公司获奖证书（均值）	产品获奖证书（均值）
东北综合经济区	93（5.47）	99（5.82）
北部沿海经济区	895（6.13）	806（5.52）
东部沿海经济区	1567（7.03）	1568（7.03）
南部沿海经济区	1402（7.08）	1146（5.79）
黄河中游经济区	175（6.25）	128（4.57）
长江中游经济区	518（7.73）	522（7.79）
大西南经济区	171（4.62）	205（5.54）
大西北经济区	26（2.89）	33（3.67）

四、　基于年报的资质类无形资产披露情况

此部分将 2013—2017 年年报中新增的资质情况进行了对比。如表 7-23 所示，除 2014 年外，披露能力类资质的公司数量都是最多的。如表 7-24 所示，在所有样本公司中，披露的荣誉类资质数量都是最多的。

表 7-23　基于年报的创业板公司资质类无形资产披露情况（一）　　（单位：家）

年份	2013	2014	2015	2016	2017
准入类	106（27.97%）	77（18.51%）	92（18.51%）	170（28.29%）	127（17.52%）
能力类	263（69.93%）	313（75.24%）	314（63.18%）	515（85.69%）	508（70.07%）
荣誉类	133（35.09%）	359（86.30%）	218（43.86%）	348（57.90%）	368（50.76%）

注：括号外数据表示对应年份中披露某类资质类无形资产信息的公司数量，括号中数据为该年份中披露某类资质类无形资产信息的公司占比，计算方式为：披露该类信息公司数/该年份所有上市公司总数。

表 7-24　基于年报的创业板公司资质类无形资产披露情况（二）　　（单位：项）

年份	2013	2014	2015	2016	2017
准入类	1574（4.15）	665（1.60）	595（1.20）	1324（2.20）	766（1.06）
能力类	821（2.17）	836（2.01）	697（1.40）	2125（3.54）	1164（1.61）
荣誉类	1351（3.56）	838（2.01）	1037（2.09）	2232（3.72）	1561（2.15）

注：括号外数据表示对应年份中披露的某类资质类无形资产的总数，括号中数据为该年份中披露的某类资质类无形资产均值，计算方式为：披露的某类资质类无形资产的总数/该年份所有上市公司总数。

（一）准入类

1. 整体披露情况

披露政府注册登记证的公司数量呈上升趋势，但在 2017 年稍有下降，披露政府许可证的公司数量在 2016 年达到五年的最高值。整体看来，披露政府注册登记证的公司占比最高只有 13.22%，而披露政府许可证公司数量占比最高为 20.80%。

在 2013—2017 年中，2013 年披露的政府注册登记证最多，有 1231 项，是披露数量最少时的 3.69 倍，均值达到了 3.25 项。2016 年披露的政府许可证数量最多，有 398 项，是披露数量最少时的 4.14 倍。每年披露的政府注册登记证数量均多于政府许可证数量。如表 7-25 所示。

表 7-25　2013—2017 年准入类资质信息披露整体情况

年份／准入类资质类型	政府注册登记证				政府许可证			
	披露公司数量（家）	占比（%）	披露总数（项）	均值（项）	披露公司数量（家）	占比（%）	披露总数（家）	均值（项）
2013	49	12.93	1231	3.25	71	18.73	343	0.91
2014	55	13.22	559	1.34	32	7.69	96	0.23
2015	54	10.87	334	0.67	53	10.66	227	0.46
2016	76	12.65	926	1.54	125	20.80	398	0.66
2017	66	9.10	516	0.71	78	10.76	250	0.35

注："披露公司数量"表示对应年份中披露某类准入类资质信息的公司数量；"占比"为该年份中披露某类准入类资质信息的公司占比，计算方式为：披露该类信息公司数/该年份上市公司总数；"披露总数"为对应年份中披露的某类准入类资质的总数；"均值"为该年份中某类准入类资质的均值，计算方式为：某类准入类资质的披露总数/该年份上市公司总数。表 7-26~7-48 按对应资质类型、对应行业或对应区域选取样本，指标计算同此说明。

2. 分行业披露情况

（1）制造业

整体来看，制造业披露准入类资质的公司数量占此行业公司总数的比重并不高。最高的是 2016 年，披露政府许可证的公司占比达到了 18.18%。2013—2017 年中，制造业公司披露的政府注册登记证均多于政府许可证。2013 年披露的政府注册登记证最多有 1005 项，均值达到了 3.96 项；2015 年披露的数量最少，为 277 项，均值为 0.80 项。而 2016 年披露的政府许可证最多，有 161 项，均值为 0.39 项；2014 年披露的最少，为 47 项，均值为 0.17 项。如表 7-26 所示。

表 7-26　制造业准入类资质信息披露整体情况

年份 \ 准入类资质类型	政府注册登记证				政府许可证			
	披露公司数量（家）	占比（%）	披露总数（项）	均值（项）	披露公司数量（家）	占比（%）	披露总数（家）	均值（项）
2013	40	15.75	1005	3.96	43	16.93	153	0.60
2014	46	16.25	329	1.16	17	6.01	47	0.17
2015	44	12.68	277	0.80	37	10.66	102	0.29
2016	64	15.31	862	2.06	76	18.18	161	0.39
2017	59	11.66	504	1.00	53	10.47	89	0.18

（2）信息传输、软件和信息技术服务业

信息传输、软件和信息技术服务业披露准入类资质的公司数量不及制造业。披露情况最好时，有 9 家公司披露了政府注册登记证，26 家公司披露了政府许可证。2013—2017 年间，该行业披露政府注册登记证数量呈下降趋势，年份间极差达 157 项，均值从 2.26 项减少到 0.08 项。政府许可证披露数量最多的年份是 2016 年，有 51 项，是披露最少时的 4.63 倍。如表 7-27 所示。

表 7-27　信息传输、软件和信息技术服务业准入类资质信息披露整体情况

年份 \ 准入类资质类型	政府注册登记证				政府许可证			
	披露公司数量（家）	占比（%）	披露总数（项）	均值（项）	披露公司数量（家）	占比（%）	披露总数（家）	均值（项）
2013	7	9.46	167	2.26	12	16.22	19	0.26
2014	8	10.26	135	1.73	7	8.97	11	0.14
2015	9	10.34	55	0.63	7	8.05	18	0.21
2016	8	7.08	52	0.91	26	23.01	51	0.89
2017	6	4.72	10	0.08	13	10.24	21	0.17

（3）科学研究和技术服务业

科学研究和技术服务业披露准入类资质的公司数量较少，2016 年和 2017 年各有 1 家公司披露了政府注册登记证，占比为 11.11% 和 6.25%。相对于政府注册登记证，较多公司披露了政府许可证信息，但五年间披露公司数量也仅有 6 家，最大占比为 20.00%。该行业披露政府许可证的数量多于政府注册许可证，五年共披露了 3 项政府注册登记证、10 项许可证。如表 7-28 所示。

表7-28   科学研究与技术服务业准入类资质信息披露整体情况

年份 \ 准入类资质类型	政府注册登记证				政府许可证			
	披露公司数量（家）	占比（%）	披露总数（项）	均值（项）	披露公司数量（家）	占比（%）	披露总数（家）	均值（项）
2013	0	0.00	0	0.00	1	20.00	1	0.20
2014	0	0.00	0	0.00	1	16.67	3	0.50
2015	0	0.00	0	0.00	1	11.11	3	0.33
2016	1	11.11	1	0.20	1	11.11	1	0.20
2017	1	6.25	2	0.13	2	12.50	2	0.13

（4）水利、环境和公共设施管理业

水利、环境和公共设施管理业披露准入类资质的公司数量较少，仅2016年有1家公司披露了政府注册登记证，占比为12.50%。五年间，有6家公司披露了政府许可证信息，最大占比为25.00%。该行业五年共披露了3项政府注册登记证、10项许可证。如表7-29所示。

表7-29   水利、环境和公共设施管理业准入类资质信息披露整体情况

年份 \ 准入类资质类型	政府注册登记证				政府许可证			
	披露公司数量（家）	占比（%）	披露总数（项）	均值（项）	披露公司数量（家）	占比（%）	披露总数（家）	均值（项）
2013	0	0.00	0	0.00	1	12.50	1	0.13
2014	0	0.00	0	0.00	0	0.00	3	0.50
2015	0	0.00	0	0.00	0	0.00	3	0.33
2016	1	12.50	0	0.20	2	25.00	1	0.20
2017	0	0.00	2	0.13	3	23.08	2	0.13

3. 分区域披露情况

本报告对2017年公司年报中新增的准入类资质统计。如表7-30所示，南部沿海综合经济区披露政府许可证的公司数量较多，有21家。其次是东部和北部沿海综合经济区披露政府许可证的公司，分别各有17家。但从披露相关信息的公司占比来看，政府注册登记证和政府许可证披露公司占比最大的均是长江中游综合经济区，分别是18.18%和22.73%。

披露的政府注册登记证数量最多的是大西南综合经济区，有177项；披露的政府许可证最多的是北部沿海综合经济区，有144项。从均值来看，东北综合经济区披露的政府注册登记证均值最高，达到了4.88项；北部沿海综合经济区披露的政府许可证

均值最高，达到了 0.99 项。

表 7-30　基于 2017 年年报的分区域准入类资质信息披露描述

区域＼准入类资质类型	政府注册登记证				政府许可证			
	披露公司数量（家）	占比（%）	披露总数（项）	均值（项）	披露公司数量（家）	占比（%）	披露总数（家）	均值（项）
东北综合经济区	3	17.65	83	4.88	1	5.88	1	0.06
北部沿海综合经济区	13	8.90	121	0.83	17	11.64	144	0.99
东部沿海综合经济区	15	6.85	46	0.21	17	7.76	24	0.11
南部沿海综合经济区	15	7.65	43	0.22	21	10.71	26	0.13
黄河中游综合经济区	2	7.14	14	0.50	2	7.14	4	0.14
长江中游综合经济区	12	18.18	31	0.47	15	22.73	40	0.61
大西南综合经济区	5	13.51	177	4.78	4	10.81	10	0.27
大西北综合经济区	1	12.50	1	0.11	1	12.50	1	0.11

（二）能力类

1. 整体披露情况

如表 7-31 所示，2013—2017 年，披露特殊能力扶持认证的公司数量历年都是最多的，五年共有 1743 家公司对此项信息进行了披露。披露环境认证证书公司数量最少，五年仅 112 家。

表 7-31　2013—2017 年能力类资质信息披露整体情况（一）

年份＼能力类资质类型	政府专业能力认证		特殊能力扶持认证		行业协会等级认证		质量认证证书		环境认证证书	
	披露公司数量（家）	占比（%）	披露公司数量（家）	占比（%）	披露公司数量（家）	占比（%）	披露公司数量（家）	占比（%）	披露公司数量（家）	占比（%）
2013	58	15.30	230	60.69	6	1.58	38	10.03	23	6.07
2014	60	14.42	303	72.84	10	2.40	21	5.05	7	1.68
2015	77	15.49	264	53.12	9	1.81	35	7.04	17	3.42
2016	148	24.63	470	78.20	45	7.49	96	15.97	50	8.32
2017	62	8.55	476	65.66	28	3.86	65	8.97	15	2.07

如表 7-32 所示，从总体来看，披露的特殊能力扶持认证数量最多，五年共披露 3392 项，其中 2016 年披露的最多，有 1174 项；披露的环境认证证书数量最少，五年共披露 167 项。从均值来看，特殊能力扶持认证高于其他四种，2016 年最高，达到了 1.95 项；行业协会等级认证和环境认证证书较小，2016 均值最大，仅有 0.17 项和 0.16 项。

表 7-32　2013—2017 年能力类资质信息披露整体情况（二）

能力类资质类型 年份	政府专业能力认证		特殊能力扶持认证		行业协会等级认证		质量认证证书		环境认证证书	
	披露总数（项）	均值（项）	披露总数（项）	均值（项）	披露总数（项）	均值（项）	披露总数（项）	均值（项）	披露总数（项）	均值（项）
2013	246	0.65	479	1.26	8	0.02	59	0.16	29	0.08
2014	118	0.28	474	1.14	10	0.02	36	0.09	7	0.02
2015	177	0.36	418	0.84	17	0.03	65	0.13	20	0.04
2016	484	0.81	1174	1.95	100	0.17	272	0.45	95	0.16
2017	138	0.19	847	1.17	53	0.07	110	0.15	16	0.02

2. 分行业披露情况

（1）制造业

从披露相关信息的公司总数来看，制造业披露特殊能力扶持认证的公司数量较多，2017 年披露公司数量为五年最多，共有 336 家公司进行了披露；披露行业协会等级认证的公司数量较少，2016 年年报披露最多时，仅 31 家公司进行了披露。从占比来看，2013 年披露环境认证证书的公司占比最高，达 93.31%，其次是 2016 年披露特殊能力扶持认证的公司占比，达 80.14%。如表 7-33 所示。

表 7-33　制造业能力类资质信息披露整体情况（一）

能力类资质类型 年份	政府专业能力认证		特殊能力扶持认证		行业协会等级认证		质量认证证书		环境认证证书	
	披露公司数量（家）	占比（%）	披露公司数量（家）	占比（%）	披露公司数量（家）	占比（%）	披露公司数量（家）	占比（%）	披露公司数量（家）	占比（%）
2013	36	14.17	146	57.48	4	1.57	26	10.24	237	93.31
2014	38	13.43	210	74.20	6	2.12	14	4.95	6	2.12
2015	57	16.43	180	51.87	6	1.73	26	7.49	14	4.03
2016	91	21.77	335	80.14	31	7.42	122	29.19	56	13.40
2017	36	7.11	336	66.40	28	5.53	48	9.49	12	2.37

如表 7-34 所示，制造业在 2016 年披露的各种能力类资质均多于其他几年，共披露了 1385 项。从均值来看，除 2013 年披露的政府专业能力认证均值多于 2016 年的披露均值，其他几种能力类资质均值均是 2016 年最大。

表7-34　制造业能力类资质信息披露整体情况（二）

能力类资质类型 / 年份	政府专业能力认证		特殊能力扶持认证		行业协会等级认证		质量认证证书		环境认证证书	
	披露总数（项）	均值（项）	披露总数（项）	均值（项）	披露总数（项）	均值（项）	披露总数（项）	均值（项）	披露总数（项）	均值（项）
2013	159	0.63	265	1.04	6	0.02	40	0.16	22	0.09
2014	61	0.22	306	1.08	9	0.03	20	0.07	6	0.02
2015	107	0.31	271	0.78	12	0.03	46	0.13	17	0.05
2016	249	0.60	789	1.89	66	0.16	212	0.51	69	0.17
2017	63	0.12	570	1.13	28	0.06	80	0.16	13	0.03

（2）信息传输、软件和信息技术服务业

如表7-35所示，从披露公司总数来看，信息传输、软件和信息技术服务业披露特殊能力扶持认证的公司数量较多，2016年年报披露最多时，共有95家公司进行了披露；披露环境认证证书的公司数量较少，2016年披露最多时，仅11家公司进行了披露。从占比来看，2016年披露特殊能力扶持认证的公司占比达84.07%，其次是2013年披露特殊能力扶持认证的公司，占比达78.38%。

表7-35　信息传输、软件和信息技术服务业能力类资质信息披露整体情况（一）

能力类资质类型 / 年份	政府专业能力认证		特殊能力扶持认证		行业协会等级认证		质量认证证书		环境认证证书	
	披露公司数量（家）	占比（%）	披露公司数量（家）	占比（%）	披露公司数量（家）	占比（%）	披露公司数量（家）	占比（%）	披露公司数量（家）	占比（%）
2013	18	24.32	58	78.38	1	1.35	10	13.51	4	5.41
2014	17	21.79	60	76.92	1	1.28	4	5.13	1	1.28
2015	16	18.39	57	65.52	3	3.45	7	8.05	2	2.30
2016	40	35.40	95	84.07	13	11.50	19	16.81	11	9.73
2017	16	12.60	92	72.44	12	9.45	10	7.87	2	1.57

如表7-36所示，信息传输、软件和信息技术服务业在2016年披露的各种能力类资质均多于其他几年，共披露了495项。从均值来看，2016年各能力类资质均值最大。

表7-36　信息传输、软件和信息技术服务业能力类资质信息披露整体情况（二）

能力类资质类型 / 年份	政府专业能力认证		特殊能力扶持认证		行业协会等级认证		质量认证证书		环境认证证书	
	披露总数（项）	均值（项）	披露总数（项）	均值（项）	披露总数（项）	均值（项）	披露总数（项）	均值（项）	披露总数（项）	均值（项）
2013	68	0.92	163	2.20	1	0.01	17	0.23	5	0.07

续表

年份 \ 能力类资质类型	政府专业能力认证		特殊能力扶持认证		行业协会等级认证		质量认证证书		环境认证证书	
	披露总数（项）	均值（项）	披露总数（项）	均值（项）	披露总数（项）	均值（项）	披露总数（项）	均值（项）	披露总数（项）	均值（项）
2014	47	0.60	115	1.47	1	0.01	6	0.08	1	0.01
2015	56	0.64	100	1.15	5	0.06	15	0.17	2	0.02
2016	146	2.56	273	4.79	21	0.37	42	0.74	13	0.23
2017	41	0.32	184	1.45	21	0.17	21	0.17	2	0.02

（3）科学研究和技术服务业

如表 7-37 所示，从披露公司总数来看，科学研究和技术服务业披露特殊能力扶持认证的公司数量较多，2017 年披露最多时，共有 12 家公司进行了披露；披露环境认证证书的公司数量较少，五年间仅 2 家公司进行了披露。从占比来看，2014 年披露特殊能力扶持认证的公司占比达 83.33%，其次是 2017 年披露特殊能力扶持认证的公司，占比达 75.00%。

表 7-37　科学研究和技术服务业能力类资质信息披露整体情况（一）

年份 \ 能力类资质类型	政府专业能力认证		特殊能力扶持认证		行业协会等级认证		质量认证证书		环境认证证书	
	披露公司数量（家）	占比（%）	披露公司数量（家）	占比（%）	披露公司数量（家）	占比（%）	披露公司数量（家）	占比（%）	披露公司数量（家）	占比（%）
2013	0	0.00	3	60.00	0	0.00	1	20.00	1	20.00
2014	1	16.67	5	83.33	0	0.00	0	0.00	0	0.00
2015	2	22.22	1	11.11	0	0.00	0	0.00	0	0.00
2016	4	44.44	7	77.78	1	11.11	3	33.33	1	11.11
2017	1	6.25	12	75.00	1	6.25	0	0.00	0	0.00

如表 7-38 所示，科学研究和技术服务业在 2016 年披露的各种能力类资质均多于其他几年，共披露了 55 项。从均值来看，几种能力类资质均值均是 2016 年最大。

表 7-38　科学研究和技术服务业能力类资质信息披露整体情况（二）

年份 \ 能力类资质类型	政府专业能力认证		特殊能力扶持认证		行业协会等级认证		质量认证证书		环境认证证书	
	披露总数（项）	均值（项）	披露总数（项）	均值（项）	披露总数（项）	均值（项）	披露总数（项）	均值（项）	披露总数（项）	均值（项）
2013	0	0.00	8	1.60	0	0.00	1	0.20	1	0.20
2014	5	0.83	8	1.33	0	0.00	0	0.00	0	0.00
2015	12	1.33	3	0.33	0	0.00	0	0.00	0	0.00
2016	19	3.80	19	3.80	11	2.20	4	0.80	2	0.40

年份	能力类资 质类型 	政府专业能力认证		特殊能力扶持认证		行业协会等级认证		质量认证证书		环境认证证书	
		披露总数 （项）	均值 （项）	披露总数 （项）	均值 （项）	披露总数 （项）	均值 （项）	披露总数 （项）	均值 （项）	披露总数 （项）	均值 （项）
2017		1	0.06	22	1.38	2	0.13	0	0.00	0	0.00

（4）水利、环境和公共设施管理业

如表 7-39 所示，从披露公司总数来看，水利、环境和公共设施管理业披露特殊能力扶持认证的公司数量较多，五年共有 29 家公司进行了披露；披露质量认证证书和环境认证证书的公司数量较少，五年分别各有 2 家公司进行了披露。从占比来看，2014年披露特殊能力扶持认证的公司占比达 66.67%；其次是 2013 年、2015 年和 2016 年，均为 62.50%。

表 7-39　水利、环境和公共设施管理业能力类资质信息披露整体情况（一）

年份	能力类资 质类型 	政府专业能力认证		特殊能力扶持认证		行业协会等级认证		质量认证证书		环境认证证书	
		披露公司 数量（家）	占比 （%）	披露公司 数量（家）	占比 （%）	披露公司 数量（家）	占比 （%）	披露公司 数量（家）	占比 （%）	披露公司 数量（家）	占比 （%）
2013		1	12.50	5	62.50	0	0.00	0	0.00	0	0.00
2014		2	22.22	6	66.67	0	0.00	0	0.00	0	0.00
2015		0	0.00	5	62.50	0	0.00	0	0.00	0	0.00
2016		4	50.00	5	62.50	1	12.50	2	25.00	2	25.00
2017		3	23.08	8	61.54	0	0.00	0	0.00	0	0.00

如表 7-40 所示，水利、环境和公共设施管理业在 2017 年披露的特殊能力扶持认证多于其他几年，共披露了 16 项，而在 2016 年披露的其他四种能力类资质的数量要多于其他年份。从均值来看，2016 年五种能力类资质的均值均为最大。

表 7-40　水利、环境和公共设施管理业能力类资质信息披露整体情况（二）

年份	能力类资 质类型 	政府专业能力认证		特殊能力扶持认证		行业协会等级认证		质量认证证书		环境认证证书	
		披露总数 （项）	均值 （项）	披露总数 （项）	均值 （项）	披露总数 （项）	均值 （项）	披露总数 （项）	均值 （项）	披露总数 （项）	均值 （项）
2013		6	0.75	7	0.88	0	0.00	0	0.00	0	0.00
2014		2	0.22	10	1.11	0	0.00	0	0.00	0	0.00
2015		0	0.00	8	1.00	0	0.00	0	0.00	0	0.00
2016		35	4.38	11	1.38	1	0.13	4	0.50	7	0.88
2017		19	1.46	16	1.23	0	0.00	0	0.00	0	0.00

3. 分区域披露情况

如表 7-41 所示，对 2017 年公司年报中新增的能力类资质的统计结果显示，东部、南部和北部沿海综合经济区披露特殊能力认证的公司数量较多，分别有 150 家、117 家和 109 家。但从占比来看，最大的是北部沿海综合经济区披露特殊能力扶持认证的公司占比，有 74.66%；其次是东部沿海综合经济区披露特殊能力扶持认证的公司占比，有 68.49%。各经济区披露特殊能力扶持认证的公司数量都是最多的，披露质量认证证书与环境认证证书的公司数量较少。

表 7-41 基于 2017 年年报的分区域能力类资质信息披露描述（一）

能力类资质类型 区域	政府专业能力认证		特殊能力扶持认证		行业协会等级认证		质量认证证书		环境认证证书	
	披露公司数量（家）	占比（%）	披露公司数量（家）	占比（%）	披露公司数量（家）	占比（%）	披露公司数量（家）	占比（%）	披露公司数量（家）	占比（%）
东北综合经济区	1	5.88	8	47.06	1	5.88	0	0.00	0	0.00
北部沿海综合经济区	14	9.59	109	74.66	4	2.74	14	9.59	3	2.05
东部沿海综合经济区	15	6.85	150	68.49	13	5.94	18	8.22	2	0.91
南部沿海综合经济区	13	6.63	117	59.69	2	1.02	16	8.16	5	2.55
黄河中游综合经济区	3	10.71	19	67.86	2	7.14	3	10.71	0	0.00
长江中游综合经济区	10	15.15	45	68.18	2	3.03	10	15.15	3	4.55
大西南综合经济区	5	13.51	21	56.76	3	8.11	3	8.11	2	5.41
大西北综合经济区	1	12.50	4	50.00	1	12.50	1	12.50	0	0.00

如表 7-42 所示，披露的能力类资质数量最多的分别是东部、北部和南部沿海综合经济区上市公司，有 343 项、276 项和 265 项；披露最少的是大西北综合经济区，仅 10 项。从均值来看，大西南综合经济区披露的能力类均值最高，达到了 2.04 项；长江中游综合经济区达到了 1.89 项。

表 7-42　基于 2017 年年报的分区域能力类资质信息披露描述（二）

能力类资质类型 / 区域	政府专业能力认证		特殊能力扶持认证		行业协会等级认证		质量认证证书		环境认证证书	
	披露总数（项）	均值（项）	披露总数（项）	均值（项）	披露总数（项）	均值（项）	披露总数（项）	均值（项）	披露总数（项）	均值（项）
东北综合经济区	1	0.06	16	0.94	2	0.12	0	0	0	0.00
北部沿海综合经济区	25	0.17	212	1.45	9	0.06	27	0.18	3	0.02
东部沿海综合经济区	34	0.16	247	1.13	23	0.11	36	0.16	3	0.01
南部沿海综合经济区	21	0.11	212	1.08	2	0.01	25	0.13	5	0.03
黄河中游综合经济区	6	0.21	38	1.36	4	0.14	3	0.11	0	0.00
长江中游综合经济区	27	0.41	79	1.20	2	0.03	13	0.2	3	0.05
大西南综合经济区	22	0.59	39	1.05	9	0.24	4	0.11	2	0.05
大西北综合经济区	2	0.22	4	0.44	2	0.22	2	0.22	0	0

（三）荣誉类

1. 整体披露情况

如表 7-43 所示，披露荣誉类资质信息的公司数量从 2014 年开始呈上升趋势，但产品获奖证书披露公司在 2017 年稍有下降。整体来看，披露公司获奖证书的公司数量多于披露产品获奖证书的公司数量。从占比来看，2013 年披露公司获奖证书的公司占比最高，达 64.12%；2017 年披露产品获奖证书的公司占比最小，为 21.79%。

在 2013—2017 年中，2017 年披露的公司获奖证书最多，有 1088 项，均值达到了 1.50 项。2016 年披露的产品获奖证书最多，有 726 项。每年披露的公司获奖证书数量均多于产品获奖证书。

表7-43　2013—2017年荣誉类资质信息披露整体情况

年份 \ 荣誉类资质类型	公司获奖证书				产品获奖证书			
	披露公司数量（家）	占比（%）	披露总数（项）	均值（项）	披露公司数量（家）	占比（%）	披露总数（家）	均值（项）
2013	243	64.12	624	1.65	105	27.70	170	0.45
2014	160	38.46	543	1.31	96	23.08	295	0.71
2015	173	34.81	679	1.37	123	24.75	358	0.72
2016	294	48.92	1506	2.51	195	32.45	726	1.21
2017	307	42.35	1088	1.50	158	21.79	473	0.65

2. 分行业披露情况

（1）制造业

如表7-44所示，从总数来看，制造业披露公司获奖证书的公司数量多于披露产品获奖证书的公司数量。2013年，披露公司获奖证书和产品获奖证书的公司数量最多，分别有729家和222家。从占比来看，2016年披露公司获奖证书和产品获奖证书的公司占比最高，分别达53.11%和36.36%。

制造业在2016年披露的公司获奖证书和产品获奖证书数量均多于其他几年，共披露了1511项。从均值来看，2013年披露的公司获奖证书和产品获奖证书均值最大，分别有66.93项和30.71项。

表7-44　制造业荣誉类资质信息披露整体情况

年份 \ 荣誉类资质类型	公司获奖证书				产品获奖证书			
	披露公司数量（家）	占比（%）	披露总数（项）	均值（项）	披露公司数量（家）	占比（%）	披露总数（家）	均值（项）
2013	729	2.87	170	66.93	222	0.87	78	30.71
2014	109	38.52	359	1.27	66	23.32	181	0.64
2015	121	34.87	409	1.18	80	23.05	204	0.59
2016	222	53.11	1023	2.45	152	36.36	488	1.17
2017	212	41.90	628	1.24	108	21.34	261	0.52

（2）信息传输、软件和信息技术服务业

如表7-45所示，从披露相关信息的公司数量来看，信息传输、软件和信息技术服务业披露公司获奖证书的公司数量较多，2017年披露最多时，共有58家公司进行了披露；而披露产品获奖证书最多的2017年，共有27家公司进行了披露。从占比来看，2013年披露公司获奖证书的公司占比达59.46%，其次是2017年披露公司获奖证书的

公司占比，达 45.67%。

信息传输、软件和信息技术服务业在 2016 年披露的各种荣誉类资质数量和均值均多于其他几年，共披露了 368 项，均值达 6.46 项。

表 7-45　信息传输、软件和信息技术服务业荣誉类资质信息披露整体情况

年份 / 荣誉类资质类型	公司获奖证书				产品获奖证书			
	披露公司数量（家）	占比（%）	披露总数（项）	均值（项）	披露公司数量（家）	占比（%）	披露总数（家）	均值（项）
2013	44	59.46	173	2.34	14	18.92	41	0.55
2014	27	34.62	106	1.36	16	20.51	36	0.46
2015	32	36.78	143	1.64	24	27.59	72	0.83
2016	50	44.25	284	4.98	25	22.12	84	1.47
2017	58	45.67	273	2.15	27	21.26	79	0.62

（3）科学研究和技术服务业

如表 7-46 所示，从总数来看，科学研究和技术服务业披露公司获奖证书的公司数量与披露产品获奖证书的公司数量相同。2017 年，披露公司获奖证书的公司数量最多，有 7 家。2016 年，披露产品获奖证书的公司数量最多，有 5 家。从占比来看，2016 年披露公司获奖证书的公司占比最高，达 55.56%；2013 年披露产品获奖证书的公司占比最高，达 60.00%。

科学研究和技术服务业在 2017 年披露的各种荣誉类资质数量均多于其他几年，共披露了 74 项。从均值来看，2016 年披露的荣誉类资质均值最高，达 8.80 项。

表 7-46　科学研究与技术服务业荣誉类资质信息披露整体情况

年份 / 荣誉类资质类型	公司获奖证书				产品获奖证书			
	披露公司数量（家）	占比（%）	披露总数（项）	均值（项）	披露公司数量（家）	占比（%）	披露总数（家）	均值（项）
2013	2	40.00	25	3.13	3	60.00	6	0.75
2014	2	33.33	12	2.00	2	33.33	7	1.17
2015	2	22.22	11	1.22	4	44.44	16	1.78
2016	5	55.56	26	5.20	5	55.56	18	3.60
2017	7	43.75	46	2.88	4	25.00	28	1.75

（4）水利、环境和公共设施管理业

如表 7-47 所示，从披露公司总数来看，水利、环境和公共设施管理业五年共有 27 家和 19 家公司对公司获奖证书和产品获奖证书进行了披露。从占比来看，2013 年披露

公司获奖证书的公司占比最高，达87.50%；其次是2016年披露公司获奖证书的公司占比，达62.50%。

水利、环境和公共设施管理业在2013年披露的公司获奖证书多于其他几年，共披露了25项。2017年披露的产品获奖证书多于其他几年，共披露了28项。从均值来看，2013年披露的公司获奖证书均值最高，达3.13项，2017年披露的产品获奖证书均值最高，达2.15项。

表7-47　水利、环境和公共设施管理业荣誉类资质信息披露整体情况

年份\荣誉类资质类型	公司获奖证书				产品获奖证书			
	披露公司数量（家）	占比（%）	披露总数（项）	均值（项）	披露公司数量（家）	占比（%）	披露总数（家）	均值（项）
2013	7	87.50	25	3.13	3	37.50	6	0.75
2014	4	44.44	10	1.11	4	44.44	13	1.44
2015	3	37.50	12	1.50	3	37.50	3	0.38
2016	5	62.50	21	2.63	3	37.50	9	1.13
2017	8	61.54	19	1.46	6	46.15	28	2.15

3. 分区域披露情况

对2017年公司年报中新增的荣誉类资质的统计结果显示，各经济区公司披露公司获奖证书数量多于产品获奖证书数量。如表7-48所示，东部、南部和北部沿海综合经济区公司披露获奖证书的公司数量较多，分别有89家、87家和70家。从占比来看，最大的是大西北综合经济区，披露产品获奖证书的公司占比为62.50%；其次是东北综合经济区，披露公司获奖证书的公司占比为52.94%。

披露荣誉类资质数量最多的分别是南部、东部和北部沿海综合经济区上市公司，有475项、449项和350项；披露最少的是大西北综合经济区，仅20项。其中，东部沿海综合经济区披露的公司获奖证书最多，达335项；南部沿海综合经济区披露的产品获奖证书最多，达161项。从均值来看，南部沿海综合经济区披露的荣誉类均值最高，达到了2.42项，北部沿海综合经济区达到了2.39项。

表7-48　基于2017年年报的分区域荣誉类资质信息披露描述

区域\荣誉类资质类型	公司获奖证书				产品获奖证书			
	披露公司数量（家）	占比（%）	披露总数（项）	均值（项）	披露公司数量（家）	占比（%）	披露总数（家）	均值（项）
东北综合经济区	9	52.94	23	1.35	4	23.53	9	0.53

续表

荣誉类资质类型 / 区域	公司获奖证书				产品获奖证书			
	披露公司数量（家）	占比（%）	披露总数（项）	均值（项）	披露公司数量（家）	占比（%）	披露总数（家）	均值（项）
北部沿海综合经济区	70	47.95	275	1.88	26	17.81	75	0.51
东部沿海综合经济区	89	40.64	335	1.53	41	18.72	114	0.52
南部沿海综合经济区	87	44.39	314	1.6	48	24.49	161	0.82
黄河中游综合经济区	8	28.57	21	0.75	7	25.00	34	1.21
长江中游综合经济区	29	43.94	92	1.39	20	30.30	46	0.7
大西南综合经济区	13	35.14	25	0.68	7	18.92	17	0.46
大西北综合经济区	2	25.00	3	0.33	5	62.50	17	1.89

五、 结论

从招股说明书披露的信息来看，整体上，披露能力类资质的公司数量最多，而公司披露数量最多的是荣誉类资质，反映出不同类型资质的获取门槛与重要程度存在差异。分行业来看，制造业，信息传输、软件和信息技术服务业，以及文化、体育和娱乐业中披露准入类资质信息的上市公司数量最多，同时这三个行业披露的准入类资质数量也是最多的。制造业，信息传输、软件和信息技术服务业，以及科学研究和技术服务业披露能力类和荣誉类资质信息的上市公司数量最多，同时披露的上述两类资质的数量也最多。分区域看，各经济区披露能力类资质的公司数量均多于披露准入类和荣誉类资质的公司数量。其中，东部沿海经济区、南部沿海经济区披露三类资质信息的上市公司数量，以及披露的三类资质数量均名列前茅，优于其他经济区。

从年报披露的信息来看，2013—2017 年的五年间，披露的三类资质总数最多的是2016 年。其中，2016 年披露准入类和能力类资质的公司数量最多；2017 年披露荣誉类资质的公司数量最多。分行业来看，由于制造业公司数量多于其他行业，因此披露了资质信息的制造业公司数量，以及该行业披露的资质数量均多于其他行业。但从披露相关资质信息的公司占比，以及披露的资质均值来看，不同行业差异明显，各具重点。分区域看，不同经济区中的上市公司对三类资质的披露情况各不相同。但综合来看，各经济区披露特殊能力扶持认证的公司数量，以及披露的特殊能力扶持认证数量均多于其他几种能力类资质。类似地，各经济区披露公司获奖证书的公司数量，以及披露的公司获奖证书数量均多于产品获奖证书。

参考文献

［1］杜巧莉，李秀武. 借用资质行为对合同效力的影响研究［J］. 赤峰学院学报（汉文哲学社会科学版），2016，37（5）：70-74.

［2］雷健. 后资质时代，如何构建新机制［J］. 中国物业管理，2018，（1）：38-39.

［3］李玉龙. 公司资质管理对中小施工公司技术进步的影响［J］. 公司改革与管理，2018，（6）：4-9.

［4］刘德明. 供给侧结构性改革带来机遇与挑战——以资质取消为时间节点重新定义当前行业和未来公司［J］. 城市开发，2017，（19）：90-91.

［5］盛松涛，付艺丹. 建筑业资质违法借用监管策略的经济博弈分析［J］. 工程经济，2018，28（3）：57-59.

［6］谢海洋，曹少鹏，高敏. 高科技资质认定政策有效性研究——基于双重差分 PSM 方法的检验［J］. 现代经济探讨，2017，（9）：75-82.

［7］Camilo Prado-roman, Carlos del Castillo-PeCes, Carmelo merCado-idoeta, Julian del Castillo-PeCes. The effects of implementing ISO 9001 in the Spanish construction industry［J］. *Cuadernos de Gestión*, 2018, 18：149-172.

［8］Coco Cullen - Knox, Richard Eccleston. Contemporary Challenges in Environmental Governance：Technology, governance and the social license［J］. *Environmental Policy and Governance Env. Pol. Gov*, 2017, 27：3-13.

［9］Guido Orzes, Fu Jia, Marco Sartor, Guido Nassimbeni. Performance implications of SA8000 certification［J］. *International Journal of Operations & Production Management*, 2017, 37（11）：1625-1653.

［10］Luis Miguel Ciravegna Martins da Fonseca, José Pedro Domingues, Pilar Baylina Machado, Mario Calderón. Management System Certification Benefits：Where Do We Stand？ ［J］. *Journal of Industrial Engineering and Management*, 2017, 10（3）：476-4.

［11］Sang M. Lee, Yonghwi Noh, Donghyun Choi, Jin Sung Rha. Environmental Policy Performances for Sustainable Development：From the Perspective of ISO 14001 Certification：The Financial Effects of ISO 14001［J］. *Corporate Social Responsibility & Environmental Management*, 2017, 24：108-120.

［12］Silvia Martínez-Perales, Isabel Ortiz-Marcos, Jesús Juan Ruiz and Francisco Javier Lázaro［J］. *Sustainability*, 2018, 10（5）：1408-1426.

第三篇

创业板上市公司分行业无形资产研究

创业板机械设备仪表行业无形资产研究

团队前期已有的研究成果表明，创业板公司无形资产会因行业技术经济特征存在结构和规模的差异，因此对典型行业进行专项研究十分必要。本报告基于证监会二级行业分类标准（2012），对机械设备仪表行业（包括通用设备制造业、专用设备制造业、电气机械和器械制造业、仪器仪表制造业4个细分行业）❶进行典型分析。研究样本包括：截至2018年5月18日机械设备仪表行业的创业板上市公司，共计195家。样本数据来源于招股说明书和历年年报。招股说明书构成如下：2009年16份；2010年33份；2011年36份；2012年16份；2013年9份；2014年16份；2015年32份；2016年30份；2017年7份。年报构成如下：2009年16份；2010年49份；2011年85份；2012年101份；2013年110份；2014年126份；2015年158份；2016年188份；2017年195份。

一、行业概况

（一）企业数量变化

截至2018年5月18日，创业板机械设备仪表行业上市公司共195家，约占创业板公司总数量的26.90%。2017年5月18日至2018年5月18日，新增11家，较上年增加7家。该行业企业数量占创业板公司总数比例自2016年开始连续两年下降，2017年降幅为2.57%，但总体比例波动不大，如表8-1所示。

表8-1　2009—2017年机械设备仪表行业企业数量变化　　　　　　　　　　（单位：家）

时　间	2009年	2010年	2011年	2012年	2013年	2014年	2015年	2016年	2017年
行业企业数量	16	49	85	101	110	126	158	188	195
行业新增企业数量	16	33	36	16	9	16	32	30	7

---

❶　本报告根据《上市公司行业指引分类指标（2012年修订版）》中对行业的划分标准，将专用设备制造业、通用设备制造业、电器机械和器械制造业和仪器仪表制造业统归于机械设备仪表行业。原因在于上述细分行业本身在无形资产方面具有相似性，同时，较大的样本量也便于分析总体特征。

时　　间	2009 年	2010 年	2011 年	2012 年	2013 年	2014 年	2015 年	2016 年	2017 年
创业板企业总数	58	188	292	355	379	425	508	638	725
行业企业占比	27.59%	26.06%	29.11%	28.45%	29.02%	29.65%	31.10%	29.47%	26.90%

（二）行业成本分析

本年度蓝皮书对行业成本的分析主要集中在营业成本、销售费用、管理费用和应付职工薪酬。以下所有行业分析报告均采用相同指标。

根据对 2016—2017 年年报信息的整理，机械设备仪表行业企业成本如表 8-2 所示。行业成本均呈上升趋势，其中财务费用均值增幅最大，达到 255.93%。应付职工薪酬均值次之，增幅达 33.33%；销售费用和营业成本紧随其后，分别为 29.41% 和 28.20%；管理费用的增幅最低，为 24.78%。上述数据表明创业板机械设备仪表行业经营成本整体呈上升趋势。

表 8-2　2016—2017 年机械设备仪表行业成本变动　　　　（单位：亿元）

成本构成	2016 年总额	2017 年总额	2016 年均值	2017 年均值	均值同比增长
营业成本	1161.40	1622.65	6.49	8.32	28.20%
销售费用	120.92	171.32	0.68	0.88	29.41%
管理费用	202.91	275.04	1.13	1.41	24.78%
财务费用	10.61	40.86	0.06	0.21	255.93%
应付职工薪酬	32.02	47.03	0.18	0.24	33.33%

（三）行业利润分析

本年度蓝皮书对行业利润的分析主要基于企业利润总额和净利润两个指标，对变化趋势、企业盈亏以及行业集中度进行描述。以下所有行业分析报告均采用相同指标。

1. 整体变化趋势

根据对 2013—2017 年年报信息的整理，机械设备仪表行业上市公司利润数据如表 8-3 所示。行业平均利润在 2013—2016 年间呈稳步增长特征，2017 年出现明显下降。值得关注的是，平均利润总额与平均净利润均出现了负增长的情况，说明机械设备仪表行业在 2017 年发展势头较为严峻。

表 8-3　2013—2017 年机械设备仪表行业利润变动　　　　（单位：亿元）

指标　　　时间	2013 年	2014 年	2015 年	2016 年	2017 年
利润总额	135.28	149.93	176.74	234.40	225.49

续表

时间 指标	2013 年	2014 年	2015 年	2016 年	2017 年
平均利润总额	0.85	0.94	1.10	1.31	1.16
平均利润总额同比增长	7.59%	10.59%	17.02%	19.05%	−11.45%
净利润	115.02	127.37	151.03	199.14	182.03
平均净利润	0.72	0.80	0.94	1.11	0.93
平均净利润同比增长	7.46%	11.11%	17.50%	18.35%	−16.22%

2. 企业盈亏

如表 8-4 所示，2017 年，机械设备仪表行业有 39.49% 的企业年度利润总额增长为负，超过 1/2 的企业利润增长率低于 20%，利润增长率超过 100% 的企业占行业总数的 12.31%。净利润增长率为负的企业占行业总数的 41.54%，增长超过 100% 的企业占行业总数的 13.33%。说明创业板机械设备仪表行业本年度亏损范围较大。2017 年度，机械设备仪表行业中利润增长率最令人瞩目的企业当属开元股份（300338），其利润总额增幅达 3663% 以上。

表 8-4 2017 年机械设备仪表行业利润增长分布情况 （单位：家）

区间 指标	<0	0~20%	20%~40%	40%~60%	60%~80%	80%~100%	100%以上
利润总额增长率	77	31	28	11	17	7	24
净利润增长率	81	33	20	13	11	11	26

3. 利润集中度

就整个行业利润集中程度来看（见表 8-5），前 5.64%（前 11 家）的企业累计利润总额约占全行业利润的 30%；前 14.87%（前 29 家）的企业累计利润总额占整个行业 50%；前 58.97%（前 115 家）的企业累计利润总额占整个行业 90%，表明利润主要集中在少数企业，行业利润集中度较高。

表 8-5 2017 年机械设备仪表行业利润集中情况 （单位：家）

累计利润比例	累计企业数	累计企业数占整个行业企业比例
达 30%	11	5.64%
达 40%	18	9.23%
达 50%	29	14.87%
达 60%	43	22.05%
达 70%	59	30.26%

续表

累计利润比例	累计企业数	累计企业数占整个行业企业比例
达80%	82	42.05%
达90%	115	58.97%

二、 行业无形资产规模

本年度蓝皮书所有行业分析报告对行业无形资产规模的描述遵循统一框架，如表8-6所示。

表8-6　行业无形资产规模与结构描述框架

信息来源	指标分类	具体指标	统计信息
招股说明书	常规无形资产	专利	披露专利数量的总额和均值
		非专利技术	披露非专利技术数量的总额和均值
		著作权	披露著作权（软件著作权）数量的总额和均值
		商标	披露商标数量的总额和均值
	非常规无形资产	技术标准	技术标准数量的总额和均值
		总经理	总经理薪酬的总额和均值
		股东	前十大股东持股比例总额和均值
		资质	资质数量的总额和均值
年报	常规无形资产	专利	披露专利数量的总额和均值
		非专利技术	披露非专利技术数量的总额和均值
		著作权	披露著作权（软件著作权）数量的总额和均值
		商标	披露商标数量的总额和均值
	非常规无形资产	技术标准	技术标准数量的总额和均值
		客户	前五名客户销售额占销售总额比例的总额和均值
		总经理	总经理薪酬的总额和均值
		独立董事	独立董事津贴的总额和均值
		股东	前十大股东持股比例的总额和均值
		技术（研发）人员	技术（研发）人员占员工总数比例的总额和均值
		资质	资质数量的总额和均值

我国《企业会计准则———无形资产》以列举的方式确定了无形资产由专利权、非专利技术、商标权、著作权、土地使用权、特许权、商誉等构成。因此，本报告将有专门法律规制和由会计准则纳入核算体系的无形资产定义为常规无形资产。非常规无形资产就是除常规无形资产以外的符合无形资产特征的其他无形资产。考虑到年报和招股书信息披露的差异性以及数据的可获得性，也为了便于行业间横向比较，本报

告选取专利、非专利技术、著作权和商标作为常规无形资产的代表性指标，选取技术标准、客户、股东、资质等作为非常规无形资产的代表性指标。需要指出的是，非常规无形资产虽尚未得到法律和会计制度的有效关注，但对企业经营中的贡献却在不断强化，在某些行业甚至呈现超越常规无形资产的态势，因此，对非常规无形资产进行多角度的指标衡量既有意义又有必要。

（一）基于招股说明书的无形资产规模

表 8-7 为基于招股说明书信息的创业板机械设备仪表行业上市公司无形资产构成情况。

表 8-7　基于招股说明书信息的 2013—2017 年机械设备仪表行业无形资产构成情况

行业总值（均值） \ 年份	2013	2014	2015	2016	2017
授权专利（项）	5133（46.66）	6432（51.05）	8940（56.58）	11900（63.30）	12566（64.44）
非专利技术（项）	1155（10.50）	1223（9.71）	1283（8.12）	1506（8.01）	1555（7.97）
著作权（项）	957（8.70）	1203（9.55）	1542（9.76）	2036（10.83）	2154（11.05）
持有商标（项）	846（7.69）	1312（10.41）	1680（10.63）	2271（12.08）	2305（11.82）
技术标准（项）	168（1.53）	320（2.54）	404（2.56）	472（2.51）	497（2.55）
总经理薪酬（万元）	4396.70（39.97）	5198.76（41.26）	6710.26（42.47）	10435.88（55.51）	8764.83（44.95）
前十大股东持股比例（%）	8046.50（73.15）	9234.54（73.29）	12025.38（76.11）	12135.40（64.55）	15134.84（77.61）
资质（项）	10033（91.21）	10959（86.98）	14198（89.86）	15113（80.39）	15243（78.17）

1. 常规无形资产规模变动特征

2013—2017 年，创业板机械设备仪表行业常规无形资产变动特征如下：

第一，授权专利数量稳步上升，2017 年增速放缓，由 2013 年平均每家企业 46.66 项专利上升至 2017 年平均每家企业 64.44 项，增长 38.11%，说明该行业对专利重视程度提升。

第二，非专利技术数量均值呈现逐年下降的趋势，近三年下降缓慢，2017 年为 7.97 项，与 2013 年的 10.50 项相比下降了 24.10%。

第三，著作权数量均值在各年均呈现稳步上升的趋势，2016 年增长幅度明显，2017 年上升不大，为 11.05 项，相比 2013 年的 8.70 项增长了 27.01%。整体来看，该行业对著作权的重视程度不断提升。

第四，持有商标数量均值在 2013 年至 2016 年连续四年上升，由 7.69 项上升至 12.08 项，其中 2014 年上升幅度最大。2017 年相比 2016 年出现略微下降，降至 11.82 项。

2. 非常规无形资产规模变动特征

2013—2017 年，创业板机械设备仪表行业非常规无形资产变动特征如下：

第一，技术标准数量均值自 2013 年由 1.53 项上升至 2014 年的 2.54 项之后，近四年保持相对稳定，均在 2.54 项左右略微波动，2017 年为 2.55 项。

第二，总经理薪酬均值整体上呈现波动的态势，2016 年上升至 55.51 万元，2017 年又下降至 44.95 万元。

第三，前十大股东持股比例均值整体上呈现缓慢上升的态势，同样在 2016 年变动较大，相比 2015 年的 76.11% 下降至 64.55%，2017 年又上升至 77.61%。

第四，资质数量均值整体上呈现波动下降的态势，由 2013 年的 91.21 项下降至 2017 年的 78.17 项，其中 2016 年下降幅度最大。

（二）基于年报的无形资产规模

表 8-8 为基于年报信息的创业板机械设备仪表行业上市公司无形资产构成情况。

表 8-8 基于年报信息的 2013—2017 年机械设备仪表行业无形资产构成情况

行业总 值（均值）＼年份	2013	2014	2015	2016	2017
授权专利（项）	2588（23.53）	8824（70.03）	15901（100.64）	26279（139.78）	28959（148.51）
非专利技术（项）	133（1.21）	50（0.40）	46（0.29）	68（0.36）	185（0.95）
著作权（项）	1708（15.53）	2090（16.59）	913（5.78）	4621（24.58）	5241（26.88）
持有商标（项）	631（5.74）	1657（13.15）	2037（12.89）	2805（14.92）	2858（14.66）
技术标准（项）	165（1.50）	60（0.48）	152（0.96）	384（2.04）	229（1.17）
前五名客户销售额 占比（%）	4083.20（37.12）	3722.04（29.54）	5741.72（36.34）	6871.40（36.55）	6947.81（35.63）
总经理薪酬（万元）	4396.70（39.97）	5137.02（40.77）	6752.92（42.74）	10435.88（55.51）	11644.14（59.71）
独立董事津贴（万元）	588.50（5.35）	653.94（5.19）	948（6.00）	1122.36（5.97）	1184.64（6.08）
前十大股东持股 比例（%）	7425（67.50）	7988.40（63.40）	9769.14（61.83）	12007.56（63.87）	11877.52（60.91）
技术（研发）人员 占比（%）	3053.60（27.76）	3651.48（28.98）	4551.98（28.81）	4530.80（24.10）	4812.39（24.68）
资质（项）	4234（38.49）	2114（16.78）	499（3.16）	1784（9.49）	780（4.00）

1. 常规无形资产规模变动特征

2013—2017 年，创业板机械设备仪表行业常规无形资产变动特征如下：

第一，授权专利数量均值呈现快速上升的趋势，但增速逐年下降，2017 年授权专利数量的行业均值达到 148.51 项，相比 2013 年的 23.53 项增长了 5.31 倍。

第二，非专利技术数量均值较少，总体上看呈现波动的态势，2013 年至 2015 年由 1.21 项下降至 0.29 项之后，2017 年又回升至 0.95 项。

第三，著作权数量均值整体上呈现缓慢上升的趋势，2017 年达到 26.88 项，但在 2015 年出现较大波动，仅为 5.78 项。

第四，持有商标数量均值整体上较为平稳，2014 年增长较大，从 2013 年 5.74 项上升至 13.15 项，近四年相对稳定，2017 年行业持有商标数量均值达到 14.66 项。

2. 非常规无形资产规模变动特征

2013—2017 年，创业板机械设备仪表行业非常规无形资产变动特征如下：

第一，技术标准数量的行业均值呈波动特征，其中 2014 年最低，仅为 0.48 项，2016 年最高，达到 2.04 项，2017 年降至 1.17 项。

第二，前五名客户销售额占比均值整体上较为稳定，除了 2014 年降至 29.54% 以外，一直在 35% 左右浮动，2017 年前五名客户销售额占比为 35.63%，说明该行业客户集中度较稳定。

第三，总经理薪酬均值呈现逐年上升趋势，且上升幅度逐年增大，2013 年仅为 39.97 万元，2017 年达到 59.71 万元。

第四，独立董事津贴均值整体上呈现缓慢上升的趋势，从 2013 年的 5.35 万元上升至 2017 年的 6.08 万元。

第五，前十大股东持股比例均值整体上呈现缓慢下降的趋势，由 2013 年的 67.50% 下降至 2017 年的 60.91%。

第六，技术（研发）人员占比均值呈现阶段性平稳的特征，2013 年至 2015 年稳定在 28% 左右，2016 年至 2017 年稳定在 24% 左右。

第七，资质数量均值呈现大幅下降的趋势，2013 年平均每家企业拥有资质 38.49 项，为历年最高，2015 年仅有 3.16 项，为历年最低，2016 年回升至 9.49 项，2017 年再次下降至 4 项。

三、 行业无形资产的区域分布

（一）整体描述

195 家创业板机械设备仪表行业上市公司的区域构成如下：东部沿海经济区 66 家，南部沿海经济区 49 家，北部沿海经济区 34 家，长江中游经济区 22 家，东北综合经济区 9 家，大西南综合经济区 8 家，黄河中游经济区 7 家，大西北综合经济区 0 家。其中，东部沿海经济区、南部沿海经济区企业共计 115 家，占行业总数的 58.97%，说明该行业企业大多处于东南部沿海地区，行业的区域集中度较高。

1. 基于招股说明书的区域无形资产规模

表 8-9 为基于招股说明书信息的创业板机械设备仪表行业上市公司无形资产在不同区域的构成情况。

表 8-9　2017 年创业板机械设备仪表行业无形资产区域分布情况

地域＼总值（均值）	北部沿海综合经济区	东部沿海综合经济区	南部沿海综合经济区	大西南综合经济区	大西北综合经济区	东北综合经济区	长江中游综合经济区	黄河中游综合经济区	行业总值（均值）
授权专利（项）	1291 (37.97)	4120 (62.42)	3205 (65.41)	388 (48.50)	0 (0)	442 (49.11)	2765 (125.68)	355 (50.71)	12566 (64.44)
非专利技术（项）	325 (9.56)	420 (6.36)	401 (8.18)	108 (13.50)	0 (0)	105 (11.67)	119 (5.41)	77 (11.00)	1555 (7.97)
著作权（项）	399 (11.74)	617 (9.35)	643 (13.12)	43 (5.38)	0 (0)	82 (9.11)	277 (12.59)	93 (13.29)	2154 (11.05)
持有商标（项）	207 (6.09)	646 (9.79)	1024 (20.90)	104 (13.00)	0 (0)	86 (9.56)	218 (9.91)	20 (2.86)	2305 (11.82)
技术标准（项）	43 (1.26)	246 (3.73)	61 (1.24)	45 (5.63)	0 (0)	21 (2.33)	70 (3.18)	11 (1.57)	497 (2.55)
总经理薪酬（万元）	1361.31 (40.04)	3473.76 (52.63)	2340.89 (47.77)	349.2 (43.65)	0 (0)	292.46 (32.50)	761.63 (34.62)	185.58 (26.51)	8764.83 (44.95)
前十大股东持股比例（%）	2698.85 (79.38)	5300.53 (80.31)	3733.80 (76.20)	566.75 (70.84)	0 (0)	703.98 (78.22)	1614.60 (73.39)	516.23 (73.75)	15134.84 (77.61)
资质（项）	2208 (64.94)	6025 (91.29)	3618 (73.84)	997 (124.63)	0 (0)	178 (19.78)	1538 (69.91)	679 (97.00)	15243 (78.17)

从招股说明书披露信息来看，不同区域上市公司的无形资产构成存在显著差异。北部沿海综合经济区在非专利技术方面远高于整体平均水平，但在授权专利、持有商标、技术标准方面远低于整体平均水平。东部沿海综合经济区在各方面均接近或超过整体平均水平。南部沿海综合经济区在持有商标方面位于第一，但在技术标准和资质方面低于整体平均水平。大西南综合经济区在非专利技术、技术标准和资质方面位于第一，但在著作权方面远低于整体平均水平。东北综合经济区在授权专利和资质方面远低于整体平均水平，在其他方面接近或略超过平均水平。长江中游综合经济区在授权专利方面位于第一，但在非专利技术和总经理薪酬方面远低于整体平均水平。黄河

中游综合经济区在著作权方面位于第一，但在持有商标、技术标准方面远低于整体平均水平。

2. 基于年报的区域无形资产规模

表8-10为基于年报信息的创业板机械设备仪表行业上市公司无形资产在不同区域的构成情况。

表8-10　2017年创业板机械设备仪表行业无形资产区域分布情况

地域 总值 （均值）	北部沿海综合经济区	东部沿海综合经济区	南部沿海综合经济区	大西南综合经济区	大西北综合经济区	东北综合经济区	长江中游综合经济区	黄河中游综合经济区	行业总值（均值）
授权专利（项）	3442 （101.24）	9346 （141.61）	7455 （152.14）	777 （97.13）	0 （0）	1449 （161.00）	5481 （249.14）	1009 （172.00）	28959 （148.51）
非专利技术（项）	9 （0.26）	138 （2.09）	31 （0.63）	0 （0.00）	0 （0）	0 （0.00）	7 （0.32）	0 （0.00）	185 （0.95）
著作权（项）	1004 （29.53）	1168 （17.70）	1783 （36.39）	81 （10.13）	0 （0）	202 （22.44）	519 （23.59）	484 （69.14）	5241 （26.88）
持有商标（项）	357 （10.50）	757 （11.47）	1188 （24.24）	170 （21.25）	0 （0）	117 （13.00）	168 （7.64）	101 （14.43）	2858 （14.66）
技术标准（项）	25 （0.74）	131 （1.98）	27 （0.55）	8 （1.00）	0 （0）	2 （0.22）	10 （0.45）	26 （3.71）	229 （1.17）
前五名客户销售额占比（%）	1279.74 （37.64）	2369.31 （35.90）	1710.52 （34.91）	389.74 （48.72）	0 （0）	279.83 （31.09）	692.04 （31.46）	226.63 （32.38）	6947.81 （35.63）
总经理薪酬（万元）	1720.34 （50.60）	3854.45 （58.40）	3517.80 （71.79）	323.27 （40.41）	0 （0）	357.21 （39.69）	1210.66 （55.03）	660.41 （94.34）	11644.14 （59.71）
独立董事津贴（万元）	229.75 （6.76）	394.20 （5.97）	323.25 （6.60）	33.43 （4.18）	0 （0）	58.99 （6.55）	113.00 （5.14）	32.02 （4.57）	1184.64 （6.08）
前十大股东持股比例（%）	2006.53 （59.02）	4192.22 （63.52）	3078.35 （62.82）	490.15 （61.27）	0 （0）	552.60 （61.40）	1175.82 （53.45）	381.76 （54.54）	11877.52 （60.91）
技术人员占比（%）	975.80 （28.70）	1426.25 （21.61）	1133.34 （23.13）	183.25 （22.91）	0 （0）	283.97 （31.55）	630.98 （28.68）	178.80 （25.54）	4812.39 （24.68）
资质（项）	157 （4.62）	221 （3.35）	171 （3.49）	22 （2.75）	0 （0）	72 （8.00）	101 （4.59）	36 （5.14）	780 （4.00）

从年报披露信息来看，北部沿海综合经济区在授权专利、非专利技术方面远低于整体平均水平，在其他方面接近或略高于平均水平。东部沿海综合经济区在非专利技术方面位于第一，但在著作权方面远低于整体平均水平。南部沿海综合经济区在著作权、持有商标和总经理薪酬方面远高于整体平均水平，但在技术标准方面低于整体平均水平。大西南综合经济区在前五名客户销售额占比方面位于第一，在持有商标方面远高于整体平均水平，但在授权专利、非专利技术、著作权、总经理薪酬和资质方面远低于整体平均水平。东北综合经济区在技术人员占比和资质方面位于第一，但在非专利技术、技术标准和总经理薪酬方面远低于整体平均水平。长江中游综合经济区在授权专利方面位于第一，但在非专利技术、持有商标和技术标准方面远低于整体平均水平。黄河中游综合经济区在著作权、技术标准和总经理薪酬方面位于第一，但在非专利技术和独立董事津贴方面远低于整体平均水平。

（二）典型区域分析

1. 东部沿海经济区

东部沿海经济区包括上海、江苏和浙江3省市，总面积29.9万平方千米。根据国务院发展研究中心的构想，该区域将建设成为具有国际影响力的世界性金融中心，全国最具影响力的多功能的制造业中心，特别是轻工业装备产品制造中心，以及高新技术研发和制造中心。截至2018年5月18日，该区域共有66家企业，如图8-1所示，其中江苏省30家，浙江省25家，上海市11家，占创业板机械设备仪表行业企业总数的33.85%。

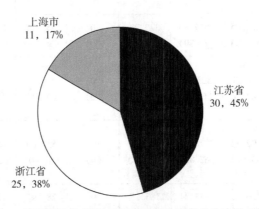

图8-1　截至2018年5月18日东部沿海经济区机械设备仪表行业上市公司的地理分布（单位：家）

由图8-2可知，2013—2017年，该区域机械设备仪表行业上市公司数量不断增加，2017年达到66家。新增企业数量呈现先增加后减少的趋势，2015年新增10家企业，为历史最高。

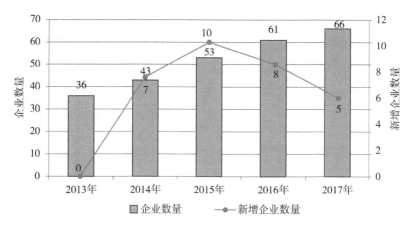

图 8-2 2013—2017 年东部沿海经济区机械设备仪表行业企业数量变化（单位：家）

（1）基于招股说明书的东部沿海经济区上市公司无形资产规模

表 8-11 为基于招股说明书信息的东部沿海经济区机械设备仪表行业上市公司无形资产构成情况。

表 8-11 基于招股说明书的 2013—2017 年东部沿海经济区机械设备仪表行业无形资产构成情况

时间 总值（均值）	2013 年	2014 年	2015 年	2016 年	2017 年
授权专利（项）	1158（32.17）	1654（38.46）	2375（44.82）	3147（51.59）	4120（62.42）
非专利技术（项）	325（9.03）	357（8.30）	382（7.21）	435（7.13）	420（6.36）
著作权（项）	279（7.75）	340（7.91）	331（6.25）	458（7.51）	617（9.35）
持有商标（项）	225（6.25）	297（6.91）	413（7.79）	577（9.46）	646（9.79）
技术标准（项）	120（3.33）	135（3.14）	151（2.85）	170（2.79）	246（3.73）
总经理薪酬（万元）	1632.96（45.36）	1869.64（43.48）	2489.94（46.98）	2715.72（44.52）	3473.76（52.63）
前十大股东持股比例（%）	2792.16（77.56）	3294.66（76.62）	4193.89（79.13）	4760.44（78.04）	5300.53（80.31）
资质（项）	3962（110.06）	4328（100.65）	5607（105.79）	5969（97.85）	6025（91.29）

东部沿海综合经济区与其他经济区相比在各方面均接近或超过整体平均水平。2013—2017 年间，该区域上市公司的授权专利和持有商标呈持续上升趋势，非专利技术和资质呈下降趋势，其余无形资产在 2017 年均有小幅上升。

（2）基于年报的东部沿海经济区上市公司无形资产规模

表 8-12 为基于年报信息的东部沿海经济区机械设备仪表行业上市公司无形资产构成情况。

表 8-12　基于年报的 2013—2017 年东部沿海经济区机械设备仪表行业无形资产构成情况

时间 总值（均值）	2013 年	2014 年	2015 年	2016 年	2017 年
授权专利（项）	1773（49.25）	2356（54.79）	4607（86.92）	7551（123.79）	9346（141.61）
非专利技术（项）	21（0.58）	26（0.60）	32（0.60）	26（0.43）	138（2.09）
著作权（项）	347（9.64）	446（10.37）	242（4.57）	700（11.48）	1168（17.70）
持有商标（项）	401（11.14）	482（11.21）	602（11.36）	640（10.49）	757（11.47）
技术标准（项）	20（0.56）	7（0.16）	40（0.75）	115（1.89）	131（1.98）
前五名客户销售额 占比（%）	1020.24（28.34）	1267.64（29.48）	1611.20（30.40）	2319.83（38.03）	2369.31（35.90）
总经理薪酬（万元）	1625.40（45.15）	2063.57（47.99）	2571.56（48.52）	3142.11（51.51）	3854.45（58.40）
独立董事津贴（万元）	145.44（4.04）	203.39（4.73）	265.00（5.00）	359.90（5.90）	394.20（5.97）
前十大股东持股比例 （%）	2481.12（68.92）	2873.69（66.83）	3445.00（65.00）	3882.04（63.64）	4192.22（63.52）
技术（研发）人员 占比（%）	730.08（20.28）	903.00（21.00）	1065.30（20.10）	1324.92（21.72）	1426.25（21.62）
资质（项）	274（7.61）	642（14.93）	157（2.96）	503（8.25）	221（3.35）

从年报信息来看，东部沿海综合经济区在非专利技术方面位于第一，但著作权落后于整体平均水平。2013—2017 年间，该区域上市公司的授权专利、非专利技术、著作权、技术标准、总经理薪酬和独立董事津贴均呈上升趋势，前十大股东持股比例呈小幅下降趋势，资质数量波动较大，前五名客户销售额占比 2017 年首次出现下降，其余无形资产保持在一定范围内小幅波动。

2. 南部沿海经济区

南部沿海经济区包括福建、广东和海南 3 省，总面积 33 万平方千米。根据国务院发展研究中心的构想，该区域将建设成为最重要的外向型经济发展基地，消化国外先进技术的基地，高档耐用消费品和非耐用消费品生产基地，高新技术产品制造中心。截至 2018 年 5 月 18 日，该区域共有 49 家企业，如图 8-3 所示，其中福建省 6 家，广东省 43 家，海南省 0 家，占创业板机械设备仪表行业企业总数的 25.13%。

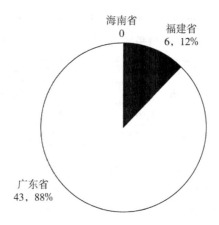

图8-3 截至2018年5月18日南部沿海经济区机械设备仪表行业上市公司的地理分布（单位：家）

由图8-4可知，2013—2017年，该区域机械设备仪表行业上市公司数量不断增加，2017年达到49家。新增企业数量呈现先增加后减少的趋势，2016年新增10家企业，为历史最高。

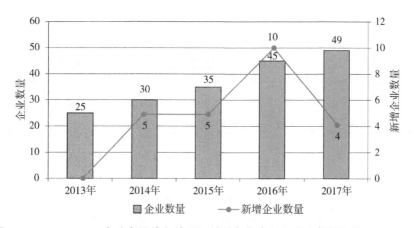

图8-4 2013—2017年南部沿海经济区机械设备仪表行业企业数量变化（单位：家）

（1）基于招股说明书的南部沿海经济区上市公司无形资产规模

表8-13为基于招股说明书信息的南部沿海经济区机械设备仪表行业上市公司无形资产构成情况。

表8-13 基于招股说明书的2013—2017年南部沿海经济区机械设备仪表行业无形资产构成情况

总值（均值） 时间	2013年	2014年	2015年	2016年	2017年
授权专利（项）	891（35.64）	1231（41.03）	1896（54.17）	2972（66.04）	3205（65.41）
非专利技术（项）	181（7.24）	240（8.00）	244（6.97）	356（7.91）	401（8.18）

时间 总值（均值）	2013 年	2014 年	2015 年	2016 年	2017 年
著作权（项）	290 （11.60）	326 （10.87）	224 （6.40）	621 （13.80）	643 （13.12）
持有商标（项）	433 （17.32）	580 （19.33）	713 （20.37）	1006 （22.36）	1024 （20.90）
技术标准（项）	45 （1.80）	48 （1.60）	55 （1.57）	56 （1.24）	61 （1.24）
总经理薪酬（万元）	1200.25 （48.01）	1429.80 （47.66）	1652.70 （47.22）	2101.50 （46.70）	2340.89 （47.77）
前十大股东持股 比例（%）	1804.75 （72.19）	2195.10 （73.17）	2654.75 （75.85）	3422.70 （76.06）	3733.90 （76.20）
资质（项）	1745 （69.80）	1997 （66.57）	2407 （68.77）	2768 （61.51）	3618 （73.84）

从招股说明书披露的信息来看，南部沿海综合经济区在持有商标方面位于第一，但技术标准相对落后。此外，授权专利和前十大股东持股比例呈上升趋势，技术标准呈下降趋势，其余无形资产在一定范围内波动。

（2）基于年报的南部沿海经济区上市公司无形资产规模

表 8-14 为基于年报信息的南部沿海经济区机械设备仪表行业上市公司无形资产构成情况。

表 8-14 基于年报的 2013—2017 年南部沿海经济区机械设备仪表行业无形资产构成情况

时间 总值（均值）	2013 年	2014 年	2015 年	2016 年	2017 年
授权专利（项）	1623 （64.92）	2320 （77.33）	3695 （105.57）	6358 （141.29）	7455 （152.14）
非专利技术（项）	8 （0.32）	15 （0.50）	0 （0.00）	9 （0.20）	31 （0.63）
著作权（项）	382 （15.28）	536 （17.87）	345 （9.86）	1653 （36.73）	1783 （36.39）
持有商标（项）	680 （27.20）	840 （28.00）	1014 （28.97）	1235 （27.44）	1188 （24.24）
技术标准（项）	25 （1.00）	18 （0.60）	49 （1.40）	95 （2.11）	27 （0.55）
前五名客户销售额 占比（%）	750.25 （30.01）	869.40 （28.98）	1192.45 （34.07）	1596.60 （35.48）	1710.52 （34.91）
总经理薪酬（万元）	1696.00 （67.84）	1946.70 （64.89）	2483.95 （70.97）	2758.05 （61.29）	3517.80 （71.79）
独立董事津贴（万元）	141.00 （5.64）	167.70 （5.59）	245.00 （7.00）	275.85 （6.13）	323.25 （6.60）
前十大股东持股 比例（%）	1705.25 （68.21）	2017.80 （67.26）	2269.75 （64.85）	3029.85 （67.33）	3078.35 （62.82）
技术（研发）人员 占比（%）	469.50 （18.78）	615.00 （20.50）	724.50 （20.70）	993.60 （22.08）	1133.34 （23.13）
资质（项）	370 （14.80）	467 （15.57）	108 （3.09）	414 （9.20）	171 （3.49）

从年报披露的信息来看，南部沿海综合经济区在持有商标和著作权方面远高于整体平均水平，但在技术标准方面相对落后。2013—2017 年间，该区域上市公司的授权

专利、著作权、技术人员占比呈上升趋势，前十大股东持股比例呈小幅下降趋势，资质和技术标准数量波动较大，其余无形资产保持在一定范围内波动。

四、 基于无形资产竞争矩阵的行业无形资产竞争分析

本年度蓝皮书基于无形资产规模结构、无形资产持续能力和无形资产竞争能力三大维度对所有分行业上市公司进行对比分析。三大维度下设二级指标，其中无形资产规模结构包括专利及非专利技术数量、商标数量、资质数量和软件著作权数量四项二级指标；无形资产持续能力包括技术标准数量、研发费用占比和员工学历三项二级指标；无形资产竞争能力包括前五名客户占比、前十大股东持股比例和高管平均年薪三项二级指标。

通过比较各项二级指标对分行业各企业的相对实力予以排序。排序方法为：某二级指标中的数量最高者赋予 1 分，其他非最高者与最高者比值即为某企业该项二级指标得分；对 10 项二级指标均以此方法处理，得到每家企业每项二级指标得分；对各企业所有指标得分加总，计算最后得分，得分最高者为行业中的优秀样本企业。之后的分行业报告中，如果没有特殊说明，均采用上述方法。

（一）行业无形资产规模结构分析

2017 年，机械设备仪表行业专利及非专利技术共计 29144 项，平均每家企业拥有 149.46 项，楚天科技（300358）、慈星股份（300307）和汇川技术（300124）三家企业共有专利及非专利技术 4245 项，占行业总量的 14.57%。

商标数量共计 2858 项，平均每家企业约有 14.66 项，地尔汉宇（300403）、锐奇股份（300126）和阳普医疗（300030）三家企业共持有商标 445 项，占行业总量的 15.57%。

资质数量共计 780 项，平均每家企业拥有 4 项，迪瑞医疗（300396）、乐普医疗（300003）和汇中股份（300371）三家企业共有资质 99 项，占行业总量的 12.69%。

软件著作权数量共计 5244 项，平均每家企业拥有 26.89 项，新天科技（300259）、理邦仪器（300206）和聚光科技（300203）三家企业共有软件著作权 1031 项，占行业总量的 19.66%。

（二）行业无形资产持续能力分析

机械设备仪表行业研发支出占比的行业均值为 6.21%，该项指标排名前三的企业为理邦仪器（300206）、长川科技（300604）和新雷能（300593），分别为 20.95%、20.51% 和 20.06%。

员工本科及以上学历占比的行业均值为 28.20%，该项指标排名前三的企业为机器

人（300024）、华力创通（300045）和深冷股份（300540），分别为 74.6%、71.7% 和 66.8%。

技术标准数量的行业均值为 1.17 项，该项指标排名前三的企业为金卡智能（300349）、汉威科技（300007）和长盛轴承（300718），分别为 24 项、18 项和 18 项。

（三）行业无形资产竞争能力分析

机械设备仪表行业前五名客户占比的行业均值为 35.63%，该项指标排名前三的企业为恒顺众昇（300208）、聚隆科技（300475）和神雾环保（300156），分别为 99.92%、98.96% 和 95.91%。

前十大股东持股比例的行业均值为 60.91%，该项指标排名前三的企业为天邑股份（300504）、开立医疗（300633）和斯莱克（300382），分别为 100.00%、86.62% 和 79.40%。

高管薪酬的行业均值为 35.87 万元，该项指标排名前三的企业为凯利泰（300326）、通裕重工（300185）和隆华节能（300263），分别为 128.68 万元、128.05 万元和 119.33 万元。

表 8-15 列示了依据无形资产竞争矩阵计算所得的创业板机械设备仪表行业排名前 30 的优秀样本企业。

表 8-15　2017 年创业板机械设备仪表行业无形资产竞争力前 30 名企业一览

股票代码	股票名称	专利与非专利技术得分	商标得分	资质得分	软件著作权得分	技术标准数量得分	研发支出占比得分	员工学历得分	前五名客户占比得分	十大股东持股比例得分	高管薪酬得分	总得分
300206	理邦仪器	0.24	0.16	0.13	0.85	0.00	1.00	0.76	0.13	0.62	0.61	4.50
300567	精测电子	0.13	0.03	0.10	0.19	0.00	0.62	0.79	0.90	0.71	0.40	3.88
300604	长川科技	0.04	0.00	0.03	0.09	0.00	0.98	0.63	0.81	0.70	0.36	3.64
300396	迪瑞医疗	0.08	0.22	1.00	0.13	0.00	0.56	0.74	0.10	0.66	0.11	3.61
300124	汇川技术	0.30	0.15	0.15	0.31	0.00	0.59	0.59	0.00	0.56	0.78	3.42
300349	金卡智能	0.06	0.02	0.33	0.14	1.00	0.28	0.41	0.17	0.64	0.27	3.32
300130	新国都	0.11	0.47	0.18	0.55	0.00	0.60	0.51	0.39	0.22	0.24	3.26
300403	地尔汉宇	0.11	1.00	0.08	0.00	0.00	0.25	0.24	0.65	0.70	0.22	3.23
300018	中元股份	0.03	0.02	0.33	0.38	0.17	0.63	0.79	0.18	0.44	0.22	3.19
300633	开立医疗	0.11	0.00	0.08	0.00	0.00	0.85	0.82	0.15	0.87	0.27	3.16
300156	神雾环保	0.07	0.00	0.25	0.00	0.00	0.14	0.78	0.96	0.48	0.45	3.13
300024	机器人	0.09	0.04	0.43	0.12	0.00	0.32	1.00	0.14	0.42	0.44	3.08
300105	龙源技术	0.11	0.02	0.10	0.03	0.00	0.41	0.88	0.70	0.56	0.25	3.06

续表

股票代码	股票名称	专利与非专利技术得分	商标得分	资质得分	软件著作权得分	技术标准数量得分	研发支出占比得分	员工学历得分	前五名客户占比得分	十大股东持股比例得分	高管薪酬得分	总得分
300007	汉威科技	0.14	0.24	0.10	0.12	0.75	0.30	0.64	0.08	0.42	0.26	3.05
300153	科泰电源	0.05	0.05	0.13	0.00	0.67	0.13	0.44	0.48	0.71	0.39	3.04
300274	阳光电源	0.29	0.23	0.10	0.00	0.00	0.19	0.87	0.30	0.48	0.58	3.04
300551	古鳌科技	0.20	0.00	0.03	0.17	0.76	0.32	0.65	0.61	0.30	3.04
300407	凯发电气	0.00	0.35	0.25	0.42	0.17	0.19	0.66	0.27	0.51	0.16	2.97
300045	华力创通	0.03	0.20	0.10	0.13	0.00	0.52	0.96	0.27	0.52	0.23	2.95
300540	深冷股份	0.02	0.00	0.03	0.01	0.00	0.26	0.90	0.86	0.59	0.29	2.95
300259	新天科技	0.00	0.03	0.15	1.00	0.13	0.30	0.46	0.13	0.63	0.12	2.94
300003	乐普医疗	0.00	0.10	0.83	0.00	0.00	0.30	0.44	0.07	0.59	0.59	2.92
300648	星云股份	0.02	0.00	0.15	0.00	0.00	0.64	0.72	0.44	0.70	0.23	2.90
300370	安控科技	0.04	0.16	0.18	0.48	0.04	0.19	0.59	0.36	0.46	0.39	2.89
300316	晶盛机电	0.11	0.01	0.08	0.00	0.00	0.40	0.31	0.68	0.63	0.65	2.88
300545	联得装备	0.04	0.00	0.05	0.10	0.00	0.43	0.26	0.92	0.76	0.31	2.86
300499	高澜股份	0.05	0.04	0.08	0.15	0.25	0.01	0.56	0.80	0.65	0.25	2.85
300667	必创科技	0.03	0.00	0.00	0.07	0.17	0.59	0.72	0.31	0.72	0.24	2.84
300557	理工光科	0.03	0.00	0.00	0.14	0.00	0.48	0.76	0.39	0.60	0.38	2.80
300445	康斯特	0.05	0.03	0.03	0.06	0.00	0.65	0.67	0.19	0.76	0.37	2.80

五、 案例分析❶

由于理邦仪器（300206）连续两年得分第一，为避免重复分析，本年度蓝皮书选取排名第二的精测电子（300567）作为优秀样本企业进行分析。

（一）企业简介

"精测电子"全称"武汉精测电子集团股份有限公司"，成立于2006年4月，于2016年11月在创业板上市，股票代码300567。精测电子旗下拥有苏州精濑、武汉精立、昆山精讯、台湾宏濑四家子公司并在韩国设立分公司，是一家专业从事平板显示测试系统研发、生产、销售与服务的高科技上市企业。该公司在国内平板显示测试领域处于领先地位，产品包括模组检测系统、面板检测系统、OLED检测系统、AOI光学检测系统、Touch Panel检测系统和平板显示自动化等设备，并通过ISO 9000—2008质

---

❶ 此案例分析的主要数据来源为武汉精测电子集团股份有限公司网站以及该公司2017年年报，主要参考文献包括董事会报告以及安信证券（2017）和东吴证券（2018）的个股研究报告等。

量管理体系认证、CE 欧盟产品认证。目前产品已在京东方、三星、夏普、华星光电、中电熊猫、富士康、友达光电等企业得到批量应用。

"以自主创新为核心，以联合研发为两翼"是该公司的发展战略。公司依托上市公司的资本平台，以"光""机""电"一体化技术为基点，整合全球研发资源，围绕光学检测、自动化控制以及信号检测（光、机、电）技术，开展技术攻关和创新工作，其整体技术水平达到国际先进水平。该公司被国家知识产权局批准为"国家知识产权优势企业"，湖北省发改委认定为"湖北省认定企业技术中心"，并获得"2017 福布斯中国上市公司潜力企业榜""中国专利金奖""中国中小企业创新 100 强""光电行业持续进步企业"等多项荣誉称号。

（二）无形资产相关情况分析

1. 优势分析

"精测电子"之所以能够在行业内成为无形资产领域的标杆企业，主要原因在于其前五名客户占比、员工学历、研发费用占比和十大股东持股比例排名较为靠前。其中，前五名客户收入占公司全部营业收入的比例达到 90.4%，居行业第 6 位；本科以上学历员工占比达到 58.73%，居行业第 9 位；研发费用占收入的比例达到 13.08%，居行业第 13 位；前十大股东持股比例达到 71.25%，居行业第 41 位。总体来看，"精测电子"在无形资产持续能力和竞争能力方面表现较好，使其在机械设备仪表行业无形资产竞争中脱颖而出。

2. 不足分析

"精测电子"在技术标准、商标、资质和专利与非专利技术四项二级指标上略显不足，技术标准为 0 项，居行业第 44 位；商标为 6 项，居行业第 76 位；资质为 4 项，居行业第 58 位；专利与非专利技术为 333 项，居行业第 21 位。这几项指标与行业无形资产的规模结构和持续能力有关，值得企业关注。综合来看，相较于其他机械设备仪表行业上市公司，"精测电子"在专利与非专利技术和商标的投入上都相对较低；同时，技术标准与资质偏低，这些都可能成为该企业未来发展的短板。

3. 无形资产优化建议

"精测电子"虽然在整个行业的无形资产得分上位居前列，但是企业的无形资产分布也存在着明显的问题，针对这些问题提出以下建议：

第一，制定规范的技术标准。"精测电子"作为机械设备仪表行业企业应当积极参与制定相应的技术标准。技术标准的制定有利于降低企业生产的成本，提高企业的生产效率，有利于提高企业的竞争力。

第二，注重商标的申请注册。注册商标可以保护自己的商标不受侵犯，不被他人使用，维护商品的信誉和形象。另外，注册了的商标不仅可以增强消费者的认同感，还可以增强企业自身维护品牌价值的信念，提升品牌形象，在国际市场上拓展市场。

第三，加强企业相关资质的认证。资质等级证书实际上就是企业实力的证明，能够极大地提高企业的社会知名度，还可用于行业招标投标项目，提升企业的竞争能力。

第四，重视专利与非专利技术。专利与非专利数量代表一个企业生产产品的核心技术水平和技术成熟程度。申请专利和非专利技术，可以保护自己的发明成果，提升竞争能力，占据新技术及其产品的市场空间，获取更高利润来弥补研发投入。

（三）其他方面竞争优势分析

根据招股说明书（或年报）披露信息，"精测电子"除在无形资产质量竞争中具有优势之外，在产品一体化整合、专业人才团队和高质量的服务三个方面也具有一定的竞争优势。

1. 产品一体化整合优势

平板显示检测行业内多数企业的产品仅涉及"光、机、电、算、软"中的一项或两项，难以满足客户的整体需求。精测电子基于公司模组检测系统的优势，不断丰富产品种类，产品已覆盖 AOI 光学检测系统和平板显示自动化设备，通过引进台湾光达及宏濑光电的技术和人才，形成了"光、机、电、算、软"一体化的产品线，具有较强的整体方案解决能力。精测电子具有基于"光、机、电、算、软"一体化的整体方案解决能力优势，公司产品覆盖了平板显示各类主要检测系统：从检测对象来看，目前公司产品已覆盖 LCD、PDP、OLED 等各类平板显示器件，能提供基于 LTPS、IGZO 等新型显示技术以及 8K 屏等高分辨率的平板显示检测系统，并能提供触摸屏检测系统，满足客户的各类检测系统需求；从生产制程来看，公司产品已覆盖 Module 制程的检测系统，并成功实现了 Cell 制程产品的规模销售，Array 制程的产品亦已完成开发，部分产品实现了销售，成为行业内少数几家能够提供平板显示三大制程检测系统的企业。

2. 专业人才团队优势

精测电子是国内较早从事平板显示检测系统业务的公司之一，研发、市场、管理等专业人才团队是公司快速发展的关键。经过多年的积累，该公司组建了一支结构合理、人员稳定、业务精良的研发团队，其中的核心成员均具有专业教育背景，参与过本行业多项研发项目和公司新产品开发项目，在平板显示检测技术的研发方面具有丰富的实践经验。该公司销售团队成员大多具有丰富的平板显示行业从业经验，能够深入理解客户的需求，进而促进公司产品的研发方向更加符合行业发展趋势，在市场竞争中易于获得客户的认可。该公司主要创始人具有多年的市场经验和扎实的研发能力，管理层具有丰富的行业经验，能够基于公司实际情况和行业发展动向制定符合公司持续发展的战略规划，以丰富的营运经验和优秀的管理技能制定和执行合理的生产经营决策。

3. 高质量的服务优势

我国平板显示检测行业发展初期，国内平板显示厂商多从日本、韩国以及我国台湾地区进口检测系统，存在价格昂贵、操作界面较为复杂、售后服务不及时、服务定制化程度差等问题。精测电子坚持以客户需求为导向，在客户相对集中的地区配置了客户服务小组，配备专门的技术支持人员，辐射全国主要平板显示器件生产基地，形成了较为完善的客户服务体系，能够迅速响应客户的需求，及时解决可能发生的问题，提升客户的使用满意度。另外，高质量的服务使其能够深入理解客户的需求，与客户形成研发互动，在客户新建生产线或技术升级早期阶段，即可通过研发的早期介入，了解客户的个性化需求，提升产品的客户体验水平，增强产品的市场竞争力。

创业板软件、信息技术服务行业
无形资产研究

本报告基于证监会二级行业分类标准（2012），对软件、信息技术服务行业进行典型分析。研究样本包括：截至 2018 年 5 月 18 日软件、信息技术服务行业的创业板上市公司，共计 109 家❶。样本数据来源于招股说明书和历年年报。招股说明书构成如下：2009 年 13 份；2010 年 13 份；2011 年 18 份；2012 年 7 份；2013 年 0 份❷；2014 年 14 份；2015 年 6 份；2016 年 26 份；2017 年 12 份。年报构成如下：2009 年 13 份；2010 年 26 份；2011 年 44 份；2012 年 51 份；2013 年 51 份；2014 年 65 份；2015 年 71 份；2016 年 97 份；2017 年 109 份。

一、 行业概况

（一）企业数量变化

截至 2018 年 5 月 18 日，创业板软件、信息技术服务行业上市公司共 109 家，约占创业板公司总数量的 15.04%。2017 年 5 月 18 日至 2018 年 5 月 18 日，新增 12 家❸。该行业企业数量占创业板企业总数比例近些年存在波动，2009 年占比最高，第二年就开始大幅降至 12% 左右，但是自 2011 年至今行业企业数量不断呈现上升趋势，偶有小幅下降，总体呈稳态，如表 9-1 所示。

---

❶ 300052、300315 和 300494 在 2015 年、2016 年蓝皮书行业类别划分有误，从 2017 年开始往前追溯调整，修正近五年数据，特此说明。

❷ 2013 年创业板暂停 IPO。

❸ 这 12 家公司中，华鹏飞（300350）为已上市企业，之前证券二级行业类别为仓储业，2017 年 9 月 20 日发布了关于变更公司行业类别的公告，变更行业类别为软件、信息技术服务业，其余 11 家则是 2017 年 5 月 18 日至 2018 年 5 月 18 日正常新上市企业。

表 9-1　2009—2017 年软件、信息技术服务行业企业数量变化❶　　（单位：家）

时　间	2009 年	2010 年	2011 年	2012 年	2013 年	2014 年	2015 年	2016 年	2017 年
行业企业数量	13	26	44	51	51	65	71	97	109
行业新增企业数量	13	13	18	7	0	14	6	26	12
创业板企业总数	78	216	314	353	353	454	504	636	725
行业企业占比	16.67%	12.04%	14.01%	14.45%	14.45%	14.32%	14.09%	15.25%	15.04%

（二）行业成本分析

根据对 2016—2017 年年报信息的整理，软件、信息技术服务行业企业成本如表 9-2 所示。行业成本呈上升趋势，从均值增幅来看，应付职工薪酬增幅较大，达 19.23%；营业成本次之，增幅达 17.59%；销售费用紧随其后，达 16.67%；管理费用增幅最低，达 16.20%。上述数据表明创业板软件、信息技术服务行业经营成本整体呈上升趋势。

表 9-2　2016—2017 年软件、信息技术服务行业成本变动　　（单位：亿元）

成本构成	2016 年总额	2017 年总额	2016 年均值	2017 年均值	2017 年均值同比增长
营业成本	468.97	627.02	4.89	5.75	17.59%
销售费用	68.77	91.46	0.72	0.84	16.67%
管理费用	136.45	179.42	1.42	1.65	16.20%
应付职工薪酬	24.67	34.2	0.26	0.31	19.23%

（三）行业利润分析

1. 整体变化趋势

根据对 2013—2017 年年报信息的整理，软件、信息技术服务行业上市公司利润数据如表 9-3 所示。行业平均利润在 2013—2016 年间呈稳步增长特征，2017 年有小幅下降。值得关注的是，平均利润总额与平均净利润均出现了负增长的情况，说明软件、信息技术服务业在 2017 年发展势头较为严峻，这也与行业竞争趋于激烈有关。

---

❶　由于以前部分上市公司实际上市时间与招股说明书披露存在差异，故此处对以往上市公司数量进行重新统计。

表 9-3　2013—2017 年软件、信息技术服务行业利润变动　　（单位：亿元）

指标＼时间	2013 年	2014 年	2015 年	2016 年	2017 年
利润总额	46.42	64.24	94.86	160.39	156.88
平均利润总额	0.91	0.99	1.34	1.65	1.44
平均利润总额同比增长	6.32%	8.79%	35.35%	23.13%	−12.73%
净利润	41.82	57.99	83.85	143.25	139.93
平均净利润	0.82	0.89	1.18	1.48	1.28
平均净利润同比增长	9.25%	8.54%	32.58%	25.42%	−13.51%

2. 企业盈亏

如表 9-4 所示，2017 年，软件、信息技术服务行业有近一半企业年度利润增长为负，近 1/5 企业利润增长率低于 20%，利润增长率超过 100% 的企业不足 5%。2017 年度，软件、信息技术服务行业中利润增长率最令人瞩目的企业当属易联众（300096），其利润总额增幅达 200% 以上。

表 9-4　2017 年软件、信息技术服务行业利润增长分布情况

指标＼增长率区间	<0	0~20%	20%~40%	40%~60%	60%~80%	80%~100%	100%以上
利润总额增长率在此区间的企业数量（家）	52	18	22	6	3	3	5
净利润增长率在此区间的企业数量（家）	53	16	14	10	6	0	10

3. 利润集中度

就整个行业利润集中程度来看（见表 9-5），前 5.5%（前 6 家）的企业累计利润总额约占全行业利润的 30%；前 12.8%（前 14 家）的企业累计利润总额占整个行业 50%；前 47.7%（前 52 家）的企业累计利润总额占整个行业 90%，表明：第一，软件、信息技术服务行业中不同企业之间的实力差距较大；第二，该行业利润集中程度较高，近一半的企业垄断了几乎整个行业的利润。

表 9-5　2017 年软件、信息技术服务行业利润集中情况

累计利润比例	累计企业数（家）	累计企业数占整个行业企业比例
达 30%	6	5.5%
达 40%	10	9.2%

累计利润比例	累计企业数（家）	累计企业数占整个行业企业比例
达50%	14	12.8%
达60%	20	18.3%
达70%	28	25.7%
达80%	39	35.8%
达90%	52	47.7%

二、 行业无形资产规模

（一）基于招股说明书的无形资产规模

表9-6为基于招股说明书信息的创业板软件、信息技术服务行业上市公司无形资产构成情况。

表9-6　基于招股说明书信息的2013—2017年软件、信息技术服务行业无形资产构成情况

行业 总值（均值） 年份	2013	2014	2015	2016	2017
授权专利（项）	365（7.16）	1070（16.46）	1161（16.35）	1815（18.71）	2283（20.94）
非专利技术（项）	661（12.96）	791（12.17）	812（11.44）	1090（11.24）	1168（10.72）
著作权（项）	2071（40.61）	2902（44.65）	3457（48.69）	5574（57.46）	6490（59.54）
持有商标（项）	469（9.20）	592（9.11）	668（9.41）	1155（11.91）	1624（14.90）
技术标准（项）	143（2.80）	180（2.77）	190（2.68）	281（2.90）	295（2.71）
总经理薪酬（万元）	2535.72（49.72）	3177.85（48.89）	3515.92（49.52）	5048.85（52.05）	5642.93（51.77）
前十大股东持股比例（%）	3893.34（76.34）	5001.75（76.95）	5518.83（77.73）	7341.93（75.69）	8243.67（75.63）
资质（项）	1582（31.02）	1956（30.09）	1879（26.47）	3488（35.96）	3904（35.82）

1. 常规无形资产规模变动特征

2013—2017年，创业板软件、信息技术服务行业常规无形资产变动特征如下：

第一，授权专利的行业总值、均值基本都保持逐年增长态势，快速增长大致有两个阶段，一个是2013—2014年，2014年总值增长幅度接近200%；另一个是2015—2016年间，2016年总值增长幅度超过50%，其他时期增长较为平稳。

第二，非专利技术总值一直呈现稳步上升趋势，但是均值则呈下降趋势，2013—2017年基本维持在11~12项，较为稳定，但近三年来呈现小幅下降趋势，2017年降幅为4.6%，这可能是近些年该行业非专利技术数量的增长速度低于行业企业数量的增长速度造成的。

第三，著作权，尤其是软件著作权对于软件、信息技术服务业来说是构成核心竞争力的重要内容，所以该项无形资产的拥有量明显高于其他无形资产。自 2013 年起，该行业样本公司的软件著作权总值和均值持续增长，其中 2015—2016 年增速最快，2016 年总值增幅为 61%，2017 年增长至 6490 项。

第四，持有商标，整体呈现增长趋势，随后呈两阶段增长，2013—2015 年总值增长较缓慢，因此均值数量也比较稳定，维持在 9 项左右，2016—2017 年总值增幅较大，每年都维持在 40% 以上。

2. 非常规无形资产规模变动特征

2013—2017 年，创业板软件、信息技术服务行业非常规无形资产变动特征如下：

第一，技术标准数量总值保持增长趋势，均值整体较低且保持稳定，其变化幅度与总值的增长率保持一致，2013—2015 年总值增长缓慢，均值开始下降，随着 2016 年总值大幅上升，均值也略有回升，但 2017 年又开始回落。

第二，总经理薪酬总值整体保持逐年增长，从 2013 年的 2535.72 万元增长至 2017 年 5642.93 万元，但是均值的增长幅度不明显，2014—2016 年呈现小幅上升态势，基本维持在 50 万元的水平，2017 年略有下降，这也从侧面反映尽管越来越多的企业开始注重高管薪酬激励，但是不同企业间还存在较大的薪酬差距。

第三，前十大股东持股比例总值逐年增长，其中 2014 年和 2016 年增幅最大，分别为 28% 和 33%。另外，行业均值在 2013—2015 年逐步增长，2016—2017 年开始呈现下降趋势，由 2015 年的 77.73% 下降到 2017 年的 75.63%，说明股权集中度进一步降低，股权结构优化。

第四，资质数量总值在 2013—2014 年小幅增长，2015 年略降，2016 年大幅上涨至 3488 项。均值在 2013—2015 年呈下降趋势，由 2013 年 31.02 项下降到 2015 年 26.47 项，2016 年开始大幅增加，至 2017 年已经增长至 35 项左右，说明近两年企业越来越重视相关资质的申请和保护。

（二）基于年报的无形资产规模

表 9-7 为基于年报信息的创业板软件、信息技术服务行业上市公司无形资产构成情况。

表 9-7 基于年报信息的 2013—2017 年软件、信息技术服务行业无形资产构成情况

行业 总值（均值） 年份	2013	2014	2015	2016	2017
授权专利（项）	427（8.37）	1230（18.93）	1999（28.15）	860（8.87）	5486（50.33）

续表

行业\ 总值（均值）\ 年份	2013	2014	2015	2016	2017
非专利技术（项）	60 (1.17)	92 (1.42)	87 (1.22)	137 (1.41)	404 (3.71)
著作权（项）	4281 (83.95)	6108 (93.97)	3133 (44.13)	10837 (111.72)	13857 (127.13)
持有商标（项）	399 (7.83)	1112 (17.10)	1234 (17.38)	1304 (13.44)	1736 (15.93)
技术标准（项）	10 (0.20)	12 (0.19)	31 (0.44)	80 (0.82)	74 (0.68)
前五名客户销售额占比（%）	1505.01 (29.51)	2018.25 (31.05)	2078.17 (29.27)	3036.10 (31.30)	3731.28 (34.23)
总经理薪酬（万元）	2383.23 (46.73)	3198 (49.20)	4023.57 (56.67)	5964.53 (61.49)	7275.69 (66.75)
独立董事津贴（万元）	295.8 (5.80)	360.75 (5.55)	426 (6)	618.86 (6.38)	743.05 (6.82)
前十大股东持股比例（%）	3163.53 (62.03)	3852.55 (59.27)	4156.34 (58.54)	5916.03 (60.99)	6351.41 (58.27)
技术（研发）人员占比（%）	2632.62 (51.62)	3387.15 (52.11)	4110.19 (57.89)	5279.71 (54.43)	6533.73 (59.94)
资质（项）	721 (14.14)	447 (6.87)	399 (5.62)	857 (8.83)	431 (3.95)

1. 常规无形资产规模变动特征

2013—2017年，创业板软件、信息技术服务行业常规无形资产变动特征如下：

第一，授权专利整体波动幅度较大，从行业均值来看，2013—2015年大幅增长，涨幅超过1倍，2016年则大幅回落，降至8.87项，2017年又开始大幅上升至50.33项，这可能与以前年份部分企业未披露授权专利以及2017年新增企业授权专利数量较多密切相关。

第二，非专利技术整体呈两阶段上升态势，从行业均值来看，2013—2014年略有上升，上升至1.42项，2015年有所下降，随后又开始稳步上升，2017年增幅最大，平均每家企业持有3.71项非专利技术，是2016年的近2.5倍，总值增长趋势与均值一致。

第三，著作权除了2015年有所回落，行业总值和均值整体保持上涨趋势，2017年总值超过13000项，均值超过120项，远高于其他无形资产，这也说明该行业越来越重视保护软件著作权。

第四，持有商标数量总值呈逐年增长态势且基数较大，2014年增幅最大，超过150%，而行业均值则分两个阶段增长，2013—2015年逐年增长，2014年达到近1倍的最大增幅，2015年继续上升至17.38项，但是次年下降至13.44项，2017年开始回升。

2. 非常规无形资产规模变动特征

2013—2017年，创业板软件、信息技术服务行业非常规无形资产变动特征如下：

第一，技术标准数量整体来看呈上升趋势，但是行业总值整体较低，截至2017年未超过80项，平均每家不足1项，结合前文对招股说明书中技术标准数量的分析，本报告认为，近年来新增上市公司技术标准数量偏少和本身相关披露不足是技术标准整体数量较少的主要原因。

第二，前五名客户销售额占比总值保持上升趋势，2016年增幅最大，接近50%。同时行业均值在过去五年内表现较为稳定，一直在30%左右，2017年上升至34.23%，说明该行业客户集中度相对平稳。

第三，总经理薪酬总值的年增长率一直在提高，2017年增至7204.9万元。而均值增长率则稳定在5%~16%的区间，在五年内持续小幅增长，由2013年的46.73万元上升至2017年的66.75万元。

第四，独立董事津贴整体保持稳定增长，均值保持在5万~6万/家，2017年上升至6.82万元，说明该行业企业开始逐步关注内部治理结构的调整和独立董事所发挥的作用。

第五，前十大股东持股比例总值逐年稳定增长，行业均值近些年呈现小幅下降趋势，但总体趋于稳定，保持在60%左右。

第六，技术（研发）人员占比的均值五年间稳定在50%以上，超过公司人数一半，远高于其他行业，这主要是由软件、信息技术服务业的行业性质所决定，对技术型人才的高度需求。

第七，资质总值在2013—2015年呈下降趋势，2016年大幅回升，2017年又开始下降，而行业均值除了2016年略有回升，2013—2017年持续下降，由2013年的14.14项/家降至2017年的3.95项，为历史最低。

三、 行业无形资产的区域分布

（一）整体描述

109家创业板软件、信息技术服务行业上市公司的区域构成如下：北部沿海综合经济区35家；东部沿海经济区26家，南部沿海经济区35家，大西南综合经济区5家、大西北综合经济区3家、东北综合经济区2家、长江中游经济区2家，黄河中游经济区1家。其中，北部沿海综合经济区、东部沿海经济区和南部沿海经济区企业共计96家，占行业总数的88%，说明软件、信息技术服务行业的发展与不同地区间的经济水平和外贸环境密切相关。

1. 基于招股说明书的区域无形资产规模

表9-8为基于招股说明书信息的创业板软件、信息技术服务行业上市公司无形资

产在不同区域的构成情况。

表 9-8　2017 年创业板软件、信息技术服务行业无形资产区域分布情况

区域 总值 （均值）	北部沿海综合经济区	东部沿海综合经济区	南部沿海综合经济区	大西南综合经济区	大西北综合经济区	东北综合经济区	长江中游综合经济区	黄河中游综合经济区	行业总值 （均值）
授权专利 （项）	1025 (29.29)	331 (12.73)	605 (17.29)	138 (27.60)	129 (43)	31 (15.50)	4 (2)	20 (20)	2283 (20.94)
非专利 技术（项）	377 (10.77)	296 (11.38)	486 (13.89)	0 (0)	0 (0)	3 (1.50)	6 (3)	0 (0)	1168 (10.72)
著作权 （项）	2596 (74.17)	1335 (51.35)	1596 (45.60)	183 (36.60)	178 (59.30)	152 (76)	383 (191.50)	67 (67)	6490 (59.54)
持有商标 （项）	334 (9.54)	463 (17.81)	482 (13.77)	29 (5.8)	293 (97.67)	8 (4)	4 (2)	11 (11)	1624 (14.90)
技术标准 （项）	142 (4.06)	44 (1.69)	56 (1.60)	21 (4.20)	0 (0)	9 (4.50)	23 (11.50)	0 (0)	295 (2.71)
总经理薪酬（万元）	1381.45 (39.47)	1889.16 (72.66)	1858.37 (53.10)	226.15 (45.23)	116.1 (38.70)	90.78 (45.39)	67.88 (33.94)	13.04 (13.04)	5642.93 (51.77)
前十大股东持股比例（%）	2622.20 (74.92)	1950.51 (75.20)	2694.3 (76.98)	419.05 (83.81)	220.77 (73.59)	142.78 (71.39)	128.94 (64.47)	65.12 (65.12)	8243.67 (75.63)
资质 （项）	1322 (37.77)	971 (37.35)	1178 (33.66)	110 (22.00)	45 (15.00)	204 (102.00)	39 (19.50)	35 (35.00)	3904 (35.82)

　　第一，从总值来看，北部沿海综合经济区、东部沿海综合经济区和南部沿海综合经济区在所有常规和非常规无形资产指标上都远高于行业平均水平，其中北部沿海综合经济区在授权专利、著作权、技术标准和资质四个方面位于第一，东部沿海经济区在总经理薪酬方面位居第一，南部沿海经济区在非专利技术、持有商标和前十大股东持股比例三个方面位居第一。

　　第二，从均值来看，前三大经济区域在授权专利、非专利技术和总经理薪酬上仍拥有行业领先优势，但是在其他几项无形资产指标上，其他五大经济区也拥有各自的有利地位。其中，长江中游综合经济区在著作权和技术标准上居于第一，大西北综合经济区在持有商标上居于第一，东北综合经济区在资质数量上居于第一。

　　综上，在总量上，北部、东部和南部沿海三大经济区的上市公司基本拥有该行业 80% 左右的无形资产，占据该行业发展的绝对优势；但是从均值也可以看出剩下五个区域尽管在上市企业数量上不占据优势，但是某些区域目前仅有的几家上市企业拥有比

较好的无形资产资源，这也有利于带动该区域其他相关中小型企业的发展。

2. 基于年报的区域无形资产规模

表9-9为基于年报信息的创业板软件、信息技术服务行业上市公司无形资产在不同区域的构成情况。

表9-9　2017年创业板软件、信息技术服务行业无形资产区域分布情况

区域 总值 （均值）	北部沿海综合经济区	东部沿海综合经济区	南部沿海综合经济区	大西南综合经济区	大西北综合经济区	东北综合经济区	长江中游综合经济区	黄河中游综合经济区	行业总值（均值）
授权专利（项）	2963 (84.66)	708 (27.23)	1464 (41.83)	226 (45.2)	111 (37)	10 (5)	4 (2)	0 (0)	5486 (50.33)
非专利技术（项）	56 (1.60)	303 (11.65)	23 (0.66)	9 (1.8)	6 (2)	0 (0)	7 (3.5)	0 (0)	404 (3.71)
著作权（项）	5066 (144.74)	3331 (128.12)	4187 (119.63)	305 (61)	205 (68.33)	304 (152)	459 (229.5)	0 (0)	13875 (127.13)
持有商标（项）	645 (18.43)	692 (26.62)	278 (7.94)	40 (8)	6 (2)	24 (12)	3 (1.5)	48 (48)	1736 (15.93)
技术标准（项）	48 (1.37)	9 (0.35)	8 (0.23)	0 (0)	0 (0)	9 (4.5)	0 (0)	0 (0)	74 (0.68)
前五名客户销售额占比（%）	1093.75 (31.25)	772.46 (29.71)	1351.35 (38.61)	178.2 (35.64)	190.2 (63.40)	72.48 (36.24)	62.98 (31.49)	9.86 (9.86)	3731.28 (34.23)
总经理薪酬（万元）	2151.45 (61.47)	1950 (75.00)	2437.05 (69.63)	252.25 (50.45)	181.08 (60.36)	157.02 (78.51)	63.88 (31.94)	18.96 (18.96)	7275.69 (66.75)
独立董事津贴（万元）	264.25 (7.55)	179.4 (6.90)	229.95 (6.57)	23.55 (4.71)	18 (6)	10.24 (5.12)	11.96 (5.98)	5.7 (5.7)	743.05 (6.82)
前十大股东持股比例（%）	1930.25 (55.15)	1525.16 (58.66)	2054.15 (58.69)	315.25 (63.05)	245.52 (81.84)	106.94 (53.47)	124.74 (62.37)	49.4 (49.4)	6351.41 (58.27)
技术人员占比（%）	2209.9 (63.14)	1534 (59.00)	2045.4 (58.44)	285.95 (57.19)	130.2 (43.4)	151.4 (75.7)	105.72 (52.86)	71.16 (71.16)	6533.73 (59.94)
资质（项）	221 (6.31)	0 (0)	168 (4.79)	26 (5.2)	0 (0)	7 (3.5)	5 (2.5)	4 (4)	431 (3.95)

第一，从总值来看，北部沿海综合经济区在所有常规无形资产指标上都远高于行业平均水平，在授权专利、著作权、技术标准、独立董事津贴、技术人员占比和资质

六个方面居于第一；除了技术标准和资质外，东部沿海综合经济区在其他无形资产方面也高于行业平均水平，在非专利技术、持有商标两方面居于第一；除了非专利技术和技术标准，南部沿海综合经济区在其他无形资产方面也高于行业平均水平，在前五名客户销售额占比、总经理薪酬和前十大股东持股比例三个方面居于第一。

第二，从均值来看，除了授权专利、非专利技术、独立董事津贴和资质，剩下七项无形资产指标均值第一名都分布在大西北综合经济区、东北综合经济区、长江中下游综合经济区和黄河中游综合经济区这四大区域中。其中，大西北综合经济区在前五名客户销售额占比和前十大股东持股比例两方面居于第一，东北综合经济区在技术标准、总经理薪酬和技术人员占比三个方面居于第一，长江中下游综合经济区在著作权方面居于第一，黄河中游综合经济区在持有商标方面居于第一。

综上，在总量上，北部、东部和南部沿海三大经济区的上市公司拥有该行业绝大多数的无形资产总量，与其他经济区相比，具有一定的竞争优势；但是剩下五个区域在无形资产均值上仍占有一定优势，这可能与不同地区由于政策环境等因素导致的上市企业数量存在差异有关，三大优势经济区需要保持优势，并不断提升无形资产的质量，而剩下五大经济区也不必盲目扩大该行业规模，而要因地制宜地选择该地区适合发展的产业，实现产业的可持续发展。

（二）典型区域分析

1. 北部沿海综合经济区

北部沿海综合经济区包括北京、天津、河北和山东4省市，总面积37万平方千米。根据国务院发展研究中心的构想，该区域将建设成为全国最有实力的技术研发和制造中心之一。截至2018年5月18日，该区域共有35家企业（见图9-1），其中北京市33家，山东省2家，占创业板软件、信息技术服务行业上市公司总数的32.11%。

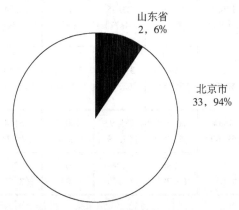

图9-1 截至2018年5月18日北部沿海综合经济区软件、信息技术服务行业上市公司的地理分布（单位：家）

由图 9-2 可知，2013—2017 年，该区域软件、信息技术服务行业上市公司数量不断增加，但增幅呈现两个阶段的波峰和波谷，2013—2014 年新增企业数量增加，2015年有所回落，但 2016 年又开始大幅增加至 7 家，2017 年又回落至 2 家。

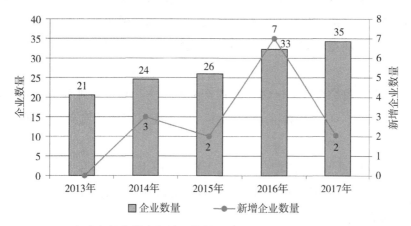

图 9-2　2013—2017 年北部沿海综合经济区软件、信息技术服务行业企业数量变化（单位：家）

（1）基于招股说明书的北部沿海综合经济区上市公司无形资产规模

表 9-10 为基于招股说明书信息的北部沿海综合经济区软件、信息技术服务行业上市公司无形资产构成情况。

表 9-10　基于招股说明书的 2013—2017 年北部沿海综合经济区软件、信息技术服务行业无形资产构成情况

时间 总值（均值）	2013 年	2014 年	2015 年	2016 年	2017 年
授权专利（项）	96（4.57）	656（27.33）	670（25.77）	987（29.91）	1025（29.29）
非专利技术（项）	246（11.76）	247（10.29）	258（9.92）	328（9.94）	340（9.71）
著作权（项）	1009（48.05）	1234（51.42）	1607（61.81）	2522（76.42）	2596（74.17）
持有商标（项）	178（8.57）	212（8.83）	243（9.35）	328（9.94）	334（9.54）
技术标准（项）	78（3.71）	84（3.50）	84（3.23）	142（4.30）	142（4.06）
总经理薪酬（万元）	666.54（31.74）	782.16（32.59）	875.42（33.67）	1318.02（39.94）	1381.45（39.47）
前十大股东持股比例（%）	1630.86（77.66）	1852.08（77.17）	2019.42（77.67）	2486.88（75.36）	2622.20（74.92）
资质（项）	432（20.57）	478（19.92）	593（22.81）	842（25.52）	1322（37.77）

第一，从总值来看，在 2013—2017 年五年间，北部沿海综合经济区所有常规和非常规无形资产基本都保持增长趋势。从绝对数来看，该区域的授权专利、著作权、

总经理薪酬远高于其他无形资产；从增长率来看，近两年增长较快的有授权专利、著作权、技术标准和资质，说明该区域在主要常规和非常规无形资产上都保持增长优势。

第二，从均值来看，在2013—2017年五年间，北部沿海综合经济区大部分常规和非常规无形资产基本都保持在一个相对稳定的区间内，但也有个别无形资产存在较大波动，例如授权专利在2013—2014年间出现大幅增长，著作权在2013—2016年间增速也较快。

综上，北部沿海综合经济区在无形资产拥有量方面处于行业领先地位，但是由于上市企业数量较多，不同规模企业间存在一定差距，因此导致某些均值低于其他经济区。

（2）基于年报的北部沿海综合经济区上市公司无形资产规模

表9-11为基于年报信息的北部沿海综合经济区软件、信息技术服务行业上市公司无形资产构成情况。

表9-11 基于年报的2013—2017年北部沿海综合经济区软件、信息技术服务行业无形资产构成情况

时间 总值（均值）	2013 年	2014 年	2015 年	2016 年	2017 年
授权专利（项）	187（8.90）	492（20.50）	845（32.50）	652（19.76）	2963（84.66）
非专利技术（项）	0（0.00）	16（0.67）	16（0.62）	51（1.55）	56.00（1.60）
著作权（项）	2095（99.76）	2444（101.83）	1809（69.58）	3976（120.48）	5065.90（144.74）
持有商标（项）	67（3.19）	249（10.38）	277（10.65）	374（11.33）	645.05（18.43）
技术标准（项）	8（0.38）	8（0.33）	18（0.69）	30（0.91）	48（1.37）
前五名客户销售额占比（%）	587.58（27.98）	785.52（32.73）	815.10（31.35）	972.51（29.47）	1093.75（31.25）
总经理薪酬（万元）	954.45（45.45）	1071.60（44.65）	1325.74（50.99）	1888.92（57.24）	2151.45（61.47）
独立董事津贴（万元）	129.36（6.16）	132.48（5.52）	160.68（6.18）	229.68（6.96）	264.25（7.55）
前十大股东持股比例（%）	1450.47（69.07）	1520.64（63.36）	1552.98（59.73）	1919.61（58.17）	1930.25（55.15）
技术（研发）人员占比（%）	1123.29（53.49）	1265.52（52.73）	1659.32（63.82）	1931.82（58.54）	2209.90（63.14）
资质（项）	329（15.67）	0（0.00）	0（0.00）	357（10.82）	221（6.31）

第一，从总值来看，在2013—2017年五年间，除了授权专利、著作权和资质在数量上有所波动，北部沿海综合经济区其他常规和非常规无形资产基本都保持增长趋势。从绝对数来看，该区域的授权专利、著作权、持有商标、总经理薪酬、独立董事津贴

和资质远高于其他无形资产；从增长率来看，近两年年增长较快的有授权专利、著作权、持有商标和技术标准。

第二，从均值来看，前五名客户销售额占比、独立董事津贴、前十大股东持股比例和技术人员占比保持在一个小幅波动的区间，说明该区域非常规无形资产发展较为平稳；非专利技术、持有商标、技术标准、总经理薪酬则整体呈现逐年上升态势，同时，授权专利、著作权、资质上下波动较大，说明该区域常规无形资产在发展中受内外环境影响较大。

综上，北部沿海综合经济区在大部分无形资产绝对量上处于优势地位，但是由于自身发展战略和外部政策环境等因素，一小部分无形资产的增长存在不稳定因素，在相邻年份存在较大幅度的波动。

2. 东部沿海综合经济区

东部沿海综合经济区包括上海、江苏和浙江3省市，总面积29.9万平方千米。根据国务院发展研究中心的构想，该区域将建设成为最具影响力的多功能制造业中心。截至2018年5月18日，该区域共有26家企业（见图9-3），其中上海市15家，江苏省4家，浙江省7家，占创业板软件、信息技术服务行业上市公司总数的23.85%。

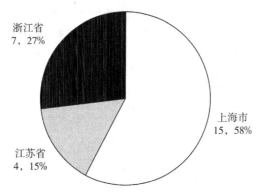

图9-3　截至2018年5月18日东部沿海综合经济区软件、信息技术服务行业上市公司的地理分布（单位：家）

由图9-4可知，2013—2017年，该区域软件、信息技术服务行业上市公司数量不断增加，新增企业数量自2013—2016年不断增加，到2016年达到最大值6家，2017年开始下降至1家。

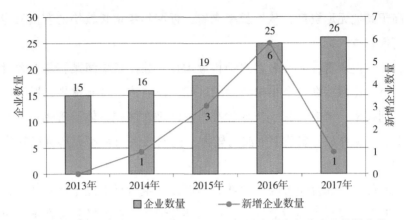

图 9-4　2013—2017 年东部沿海综合经济区软件、信息技术服务行业企业数量变化（单位：家）

（1）基于招股说明书的东部沿海综合经济区上市公司无形资产规模

表 9-12 为基于招股说明书信息的东部沿海综合经济区软件、信息技术服务行业上市公司无形资产构成情况。

表 9-12　基于招股说明书的 2013—2017 年东部沿海综合经济区软件、
信息技术服务行业无形资产构成情况

时间 总值（均值）	2013 年	2014 年	2015 年	2016 年	2017 年
授权专利（项）	136（9.07）	137（8.56）	215（11.32）	315（12.60）	331（12.73）
非专利技术（项）	219（14.60）	220（13.69）	229（12.05）	277（11.08）	284（10.92）
著作权（项）	442（29.47）	603（37.69）	784（41.26）	1220（48.80）	1335（51.35）
持有商标（项）	233（15.53）	242（15.13）	277（14.58）	443（17.72）	463（17.81）
技术标准（项）	26（1.73）	32（2.00）	42（2.21）	42（1.68）	44（1.69）
总经理薪酬（万元）	1244.70（82.98）	1278.08（79.88）	1468.70（77.30）	1839.50（73.58）	1889.16（72.66）
前十大股东持股比例（%）	1058.10（70.54）	1152.32（72.02）	1427.28（75.12）	1861.25（74.45）	1950.26（75.01）
资质（项）	215（14.33）	324（20.25）	567（29.84）	873（34.92）	971（37.35）

　　第一，从总值来看，在 2013—2017 年五年间，东部沿海综合经济区所有常规和非常规无形资产整体都保持增长趋势。从绝对数来看，除了技术标准数量较低，该区域的其他无形资产绝对数拥有量在行业内都处于领先地位；从增长率来看，所有无形资产在近两三年增长都较为平稳，说明该区域开始逐步重视保持各类无形资产的数量增长，以此来取得行业竞争优势。

　　第二，从均值来看，在 2013—2017 年五年间，授权专利、著作权、前十大股东持股比例和资质都基本保持逐年增长，而非专利技术和总经理薪酬则出现了小幅下降趋

势，但不论是增长还是下降，所有无形资产均值的波动幅度都较小，这也说明该区域
上市企业间的差距较小。

综上，东部沿海综合经济区在无形资产拥有量具有一定的竞争优势，同时总值的
增长和均值的上下波动都处在一个较为稳定的区间内，说明该区域上市企业在发展无
形资产数量的同时，也注重保持其质量的稳健提升，不同企业间的差距也日益减小。

（2）基于年报的东部沿海综合经济区上市公司无形资产规模

表9-13为基于年报信息的东部沿海综合经济区软件、信息技术服务行业上市公司
无形资产构成情况。

表9-13　基于年报的2013—2017年东部沿海综合经济区软件、信息技术服务行业无形资产构成情况

总值（均值）＼时间	2013年	2014年	2015年	2016年	2017年
授权专利（项）	101（6.73）	286（17.88）	588（30.95）	186（7.44）	708（27.23）
非专利技术（项）	74（4.93）	77（4.80）	72（3.79）	77（3.08）	303（11.65）
著作权（项）	1110（74.00）	1687（105.44）	536（28.21）	2566（102.64）	3331（128.12）
持有商标（项）	246（16.40）	541（33.81）	614（32.32）	613（24.52）	692（26.62）
技术标准（项）	0（0.00）	0（0.00）	11（0.58）	14（0.56）	9（0.35）
前五名客户销售额占比（%）	350.70（23.38）	412.48（25.78）	461.70（24.30）	589.00（23.56）	772.46（29.71）
总经理薪酬（万元）	774.15（51.61）	972.16（60.76）	1252.67（65.93）	1762.50（70.50）	1950.00（75.00）
独立董事津贴（万元）	99.45（6.63）	118.88（7.43）	109.06（5.74）	153.25（6.13）	179.40（6.90）
前十大股东持股比例（%）	953.70（63.58）	942.56（58.91）	1106.18（58.22）	1583.00（63.32）	1525.16（58.66）
技术（研发）人员占比（%）	847.65（56.51）	898.08（56.13）	1000.54（52.66）	1177.50（47.10）	1534.00（59.00）
资质（项）	192（12.80）	0（0.00）	0（0.00）	235（9.39）	128（4.92）

第一，从总值来看，在2013—2017年五年间，除了授权专利、著作权和资质在数
量上有大幅波动，技术标准数量先升后降，东部沿海综合经济区其他常规和非常规无
形资产基本都保持增长趋势。从绝对数来看，该区域的授权专利、著作权、持有商标、
总经理薪酬和独立董事津贴都远高于其他无形资产；从增长率来看，近两年年增长较
快的有授权专利、非专利技术、著作权、前五名客户销售额占比和技术人员占比。

第二，从均值来看，技术标准、前五名客户销售额占比、独立董事津贴、前十大
股东持股比例和技术人员占比保持在一个小幅波动的区间；总经理薪酬整体呈现逐年
增长态势，同时，授权专利、非专利技术、著作权、持有商标和资质的数量近五年均

值波动较大，这可能与该区域部分企业未在年报中披露当年的常规无形资产密切相关。

综上，东部沿海综合经济区在大部分无形资产拥有量上处于八大经济区的前三位，其中常规无形资产各年之间的波动明显大于非常规无形资产，这与企业自身披露和发展规划具有一定的关联度。

3. 南部沿海综合经济区

南部沿海综合经济区包括福建、广东和海南 3 省市，总面积 33 万平方千米。根据国务院发展研究中心的构想，该区域将建设成为最重要的外向型经济发展的基地之一。截至 2018 年 5 月 18 日，该区域共有 35 家企业（见图 9-5），其中福建市 7 家，广东省 28 家，占创业板软件、信息技术服务行业上市公司总数的 32.11%。

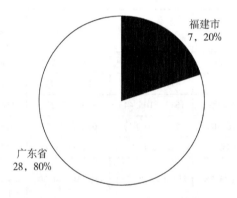

图 9-5　截至 2018 年 5 月 18 日南部沿海综合经济区软件、
信息技术服务行业上市公司的地理分布（单位：家）

由图 9-6 可知，2013—2017 年，该区域软件、信息技术服务行业上市公司数量不断增加，新增企业数量呈现两阶段增长趋势，2013—2015 年小幅增长，2015—2016 年大幅上涨至 8 家，2017 年回落至 6 家。

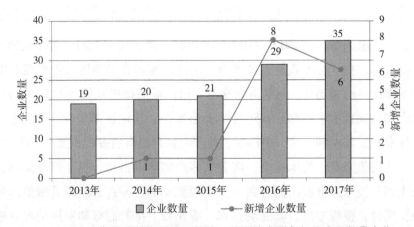

图 9-6　2013—2017 年南部沿海综合经济区软件、信息技术服务行业企业数量变化（单位：家）

（1）基于招股说明书的南部沿海综合经济区上市公司无形资产规模

表 9-14 为基于招股说明书信息的南部沿海综合经济区软件、信息技术服务行业上市公司无形资产构成情况。

表 9-14　基于招股说明书的 2013—2017 年南部沿海综合经济区软件、
信息技术服务行业无形资产构成情况

时间 总值（均值）	2013 年	2014 年	2015 年	2016 年	2017 年
授权专利（项）	128（6.74）	180（9.00）	178（8.57）	363（12.52）	605（17.29）
非专利技术（项）	197（10.42）	198（9.90）	198（9.43）	452（15.59）	486（13.89）
著作权（项）	637（33.53）	719（35.95）	806（38.38）	1166（40.21）	1596（45.60）
持有商标（项）	115（6.05）	123（6.15）	133（6.33）	291（10.03）	482（13.77）
技术标准（项）	40（2.11）	43（2.15）	44（2.05）	46（1.59）	56（1.60）
总经理薪酬（万元）	933.28（49.12）	958.20（47.91）	1012.83（48.23）	1530.91（52.79）	1858.15（53.09）
前十大股东持股 比例（%）	1480.86（77.94）	1555.80（77.79）	1630.86（77.66）	2199.94（75.86）	2694.30（76.98）
资质（项）	385（20.26）	356（17.80）	579（27.57）	941（32.45）	1178（33.66）

第一，从总值来看，在 2013—2017 年五年间，南部沿海综合经济区所有常规和非常规无形资产整体都保持增长趋势。从绝对数来看，除了技术标准数量较低，该区域的其他无形资产在拥有量上处于行业优势地位；从增长率来看，近两年内，授权专利、著作权、总经理薪酬增幅较大，其他无形资产均存在小幅增长。

第二，从均值来看，在 2013—2017 年五年间，授权专利、著作权、持有商标和资质都基本保持逐年上升趋势，而技术标准则出现了小幅下降趋势；非专利技术和总经理薪酬在波动中增长，而前十大股东持股比例维持在 75%～78% 之间，总体来说，各项无形资产的均值波动幅度较小，这也说明该区域上市企业间的差距较小。

综上，南部沿海综合经济区在各项无形资产的总值上处于优势地位，同时总值的增长和均值的上下波动都较为平稳，说明该区域上市企业越来越注重提升不同类型的无形资产数量，发展速度也越来越快。

（2）基于年报的南部沿海综合经济区上市公司无形资产规模

表 9-15 为基于年报信息的南部沿海综合经济区软件、信息技术服务行业上市公司无形资产构成情况。

表 9-15　基于年报的 2013—2017 年南部沿海综合经济区软件、信息技术服务行业无形资产构成情况

时间 总值（均值）	2013 年	2014 年	2015 年	2016 年	2017 年
授权专利（项）	200（10.53）	299（14.95）	431（20.52）	36（1.24）	1464（41.83）
非专利技术（项）	0（0.00）	0（0.00）	0（0.00）	0（0.00）	23（0.66）
著作权（项）	1391（73.21）	1538（76.90）	585（27.86）	3155（108.79）	4187（119.63）
持有商标（项）	134（7.05）	250（12.50）	291（13.86）	293（10.10）	278（7.94）
技术标准（项）	4（0.21）	4（0.20）	3（0.14）	17（0.59）	8（0.23）
前五名客户销售额 占比（%）	683.24（35.96）	686.4（34.32）	651.21（31.01）	1063.72（36.68）	1351.35（38.61）
总经理薪酬（万元）	857.28（45.12）	942.00（47.10）	1169.70（55.70）	1804.96（62.24）	2437.05（69.63）
独立董事津贴（万元）	127.68（6.72）	101.80（5.09）	118.86（5.66）	169.36（5.84）	229.95（6.57）
前十大股东持股 比例（%）	1207.83（63.57）	1224.60（61.23）	1211.70（57.70）	1718.25（59.25）	2054.15（58.69）
技术（研发）人员 占比（%）	944.68（49.72）	1044.6（52.23）	1165.29（55.49）	1582.24（54.56）	2045.4（58.44）
资质（项）	222（11.68）	0（0.00）	0（0.00）	220（7.59）	168（4.8）

第一，从总值来看，在 2013—2017 年五年间，除了授权专利、著作权、技术标准和资质在数量上有大幅波动，持有商标数量现升后降，南部沿海综合经济区其他常规和非常规无形资产基本都保持增长趋势。从绝对数来看，该区域的授权专利、著作权、持有商标、总经理薪酬和独立董事津贴都远高于其他无形资产；从增长率来看，近两年年增长较快的有授权专利、非专利技术、著作权和总经理薪酬。

第二，从均值来看，持有商标、技术标准、前五名客户销售额占比、独立董事津贴和前十大股东持股比例保持在一个小幅波动的稳定区间；总经理薪酬和技术研发人员占比基本呈现逐年增长态势；同时，授权专利、非专利技术、著作权和资质近五年均值波动较大，这可能与该区域部分企业未在年报中披露当年的常规无形资产密切相关。

综上，南部沿海综合经济区在大部分常规和非常规无形资产的拥有量上具有竞争优势，但是不同类型无形资产间波动幅度存在较大差异，这可能与该区域不同规模上市企业在不同时期对不同类型无形资产的需求不同有关。

四、 基于无形资产竞争矩阵的行业无形资产竞争分析

（一）行业无形资产规模结构分析

2017 年，软件、信息技术服务行业专利及非专利技术共计 5890 项，平均每家企业拥有 54.03 项，飞天诚信（300386）、高新兴（300098）和神州泰岳（300002）三家企业共有专利及非专利技术 2260 项，占行业总量的 38.37%。

商标数量共计 1736 项，平均每家企业约有 15.93 项，天泽信息（300209）、易华录（300212）和中科创达（300496）三家企业共持有商标 417 项，占行业总量的 23.59%。

资质数量共计 431 项，平均每家企业拥有 3.95 项，银江股份（300020）、美亚柏科（300188）和神州泰岳（300002）三家企业共有资质 73 项，占行业总量的 13.06%。

软件著作权数量共计 13875 项，平均每家企业拥有 127.13 项，神州泰岳（300002）、银江股份（300020）和蓝盾股份（300297）三家企业共有软件著作权 2675 项，占行业总量 19.30%。

（二）行业无形资产持续能力分析

软件、信息技术服务行业研发支出占比的行业均值为 11.43%，该项指标排名前三的企业为赢时胜（300377）、冰川网络（300533）和方直科技（300235），分别为 35.85%、34.74% 和 26%。

员工本科及以上学历占比的行业均值为 63.2%，该项指标排名前三的企业为科蓝软件（300663）、富瀚微（300613）和思特奇（300608），分别为 93.5%、92% 和 91.95%。

技术标准数量的行业均值为 0.68 项，该项指标排名前三的企业为东方通（300379）、东软载波（300183）和网宿科技（300017），分别为 30 项/家、10 项/家和 9 项/家。

（三）行业无形资产竞争能力分析

软件、信息技术服务行业前五名客户占比的行业均值为 34.23%，该项指标排名前三的企业为冰川网络（300533）、富瀚微（300613）和万兴科技（300624），分别为 99.16%、96.31% 和 90.64%。

前十大股东持股比例的行业均值为 58.27%，该项指标排名前三的企业为万兴科技（300624）、奥飞数据（300738）和朗新科技（300682），分别为 99.01%、89.04% 和 87.24%。

高管薪酬的行业均值为 66.75 万元，该项指标排名前三的企业为鼎捷软件

（300378）、网宿科技（300017）和兆日科技（300333），分别为 106.33 万元、102.23 万元和 101.7 万元。

表 9-16 列示了依据无形资产竞争矩阵计算所得的创业板软件、信息技术服务行业排名前 30 的优秀样本企业。

表 9-16　2017 年创业板软件、信息技术服务行业无形资产竞争力前 30 名企业一览

股票代码	股票名称	专利与非专利技术得分	商标得分	资质得分	软件著作权得分	技术标准数量得分	研发支出占比得分	员工学历得分	前五名客户占比得分	十大股东持股比例得分	高管薪酬得分	总得分
300002	神州泰岳	0.43	0.06	0.92	1.00	0.00	0.28	0.79	0.36	0.53	0.21	4.58
300212	易华录	0.14	0.80	0.48	0.47	0.00	0.21	0.79	0.36	0.53	0.79	4.58
300624	万兴科技	0.10	0.00	0.00	0.07	0.00	0.55	0.90	0.91	1.00	0.74	4.28
300379	东方通	0.01	0.13	0.12	0.17	1.00	0.59	0.80	0.58	0.41	0.44	4.26
300608	思特奇	0.13	0.39	0.04	0.28	0.00	0.54	0.98	0.41	0.73	0.60	4.11
300188	美亚柏科	0.16	0.20	1.00	0.25	0.00	0.42	0.76	0.17	0.54	0.48	3.99
300386	飞天诚信	1.00	0.03	0.44	0.14	0.00	0.31	0.54	0.56	0.68	0.28	3.98
300533	冰川网络	0.00	0.00	0.08	0.03	0.00	0.97	0.59	1.00	0.76	0.47	3.89
300020	银江股份	0.13	0.35	1.00	0.52	0.00	0.17	0.76	0.14	0.36	0.37	3.80
300017	网宿科技	0.13	0.23	0.16	0.16	0.30	0.29	0.93	0.28	0.37	0.96	3.80
300209	天泽信息	0.08	1.00	0.04	0.22	0.00	0.23	0.60	0.34	0.67	0.58	3.76
300613	富瀚微	0.00	0.00	0.00	0.01	0.00	0.44	0.98	0.97	0.76	0.55	3.72
300033	同花顺	0.07	0.63	0.12	0.12	0.00	0.69	0.78	0.14	0.76	0.40	3.69
300098	高新兴	0.54	0.02	0.68	0.48	0.07	0.21	0.62	0.27	0.56	0.23	3.67
300369	绿盟科技	0.12	0.01	0.12	0.14	0.00	0.64	0.97	0.41	0.56	0.68	3.65
300183	东软载波	0.12	0.02	0.32	0.20	0.33	0.49	0.75	0.18	0.62	0.57	3.61
300523	辰安科技	0.04	0.00	0.16	0.21	0.13	0.37	0.91	0.60	0.70	0.45	3.57
300166	东方国信	0.02	0.03	0.60	0.32	0.00	0.60	0.91	0.21	0.44	0.43	3.57
300333	兆日科技	0.04	0.16	0.08	0.05	0.00	0.69	0.88	0.30	0.35	0.96	3.51
300496	中科创达	0.06	0.64	0.00	0.00	0.00	0.35	0.98	0.44	0.58	0.46	3.50
300532	今天国际	0.13	0.00	0.48	0.00	0.07	0.15	0.76	0.70	0.70	0.49	3.47
300229	拓尔思	0.01	0.17	0.76	0.14	0.00	0.49	0.77	0.13	0.60	0.39	3.46
300377	赢时胜	0.00	0.30	0.04	0.17	0.00	1.00	0.82	0.18	0.51	0.26	3.28
300264	佳创视讯	0.03	0.01	0.00	0.46	0.10	0.60	0.80	0.59	0.40	0.27	3.27
300518	盛讯达	0.00	0.04	0.20	0.00	0.00	0.58	0.78	0.62	0.73	0.30	3.25
300468	四方精创	0.00	0.06	0.00	0.00	0.00	0.52	0.87	0.79	0.59	0.40	3.22
300168	万达信息	0.00	0.16	0.20	0.31	0.00	0.35	0.72	0.20	0.49	0.75	3.18

续表

股票代码	股票名称	专利与非专利技术得分	商标得分	资质得分	软件著作权得分	技术标准数量得分	研发支出占比得分	员工学历得分	前五名客户占比得分	十大股东持股比例得分	高管薪酬得分	总得分
300520	科大国创	0.01	0.00	0.12	0.13	0.00	0.60	0.91	0.46	0.67	0.23	3.13
300609	汇纳科技	0.01	0.38	0.00	0.00	0.00	0.37	0.50	0.60	0.70	0.56	3.12
300047	天源迪科	0.01	0.02	0.76	0.19	0.00	0.22	0.81	0.11	0.35	0.62	3.10

五、 案例分析[1]

由于神州泰岳（300002）连续两年得分第一，为避免重复分析，本年度蓝皮书选取排名第二且得分上升速度较快（2016 年排名 19 名，2017 年上升 17 名）的易华录（300212）作为优秀样本企业进行分析。

（一）企业简介

"易华录"全称"北京易华录信息技术股份有限公司"，成立于 2001 年 4 月，于 2011 年 5 月在创业板上市，股票代码 300212。"易华录"以自主研发的集成指挥平台系统软件 ATMS 为核心竞争能力及业务切入点，以承接智能交通管理系统工程的方式为用户提供定制化的智能交通管理整体解决方案，是目前国内最主要的智能交通管理系统提供商之一。2017 年，"易华录"将原有的"1+4"战略调整为以数据湖为主体，协同发展大交通、大安全、大健康业务的"1+3"发展战略，将大数据产业作为公司的核心发展内容，并覆盖数据产生、数据采集、数据存储、数据运营与应用及数据安全等内容。目前，"易华录"下辖 30 余家子公司，业务已经覆盖了全国 30 个省、自治区、直辖市及多个海外城市，已为国内 300 多个城市及海外多个国家提供了技术服务。

（二）无形资产相关情况分析

1. 优势分析

"易华录"之所以能够在行业内成为无形资产领域的标杆企业，主要原因在于其持有商标数量、高管薪酬均值、软件著作权数量、专利与非专利数量和资质数量排名较为靠前。其中，持有商标数量 136 项，居行业第 2 位；高管薪酬均值 84.1 万元，居行业第 4 位；软件著作权数量为 627 项，居行业第 5 位；专利与非专利数量有 164 项，居行业第 7 位；资质数量有 12 项，居行业第 14 位。总体来看，"易华录"在无形资产规模结构和无形资产竞争能力方面表现较好，使其在创业板软件、信息技术服务行业无

---

[1] 此案例分析的主要数据来源为神州泰岳 2017 年年报。

形资产竞争中脱颖而出。

2. 不足分析

由表 9-16 可知，"易华录"在研发支出占比、员工学历、前五大客户占比和前十大股东持股比例等四项二级指标上略显不足，研发支出占比仅为 7.44%，居行业第 71 位；本科及以上员工学历占比 74.25%，居行业第 34 位；前五大客户占比 35.7%，居行业第 46 位；前十大股东持股比例 52.93%，居行业第 67 位。这几项指标与行业无形资产的持续能力和竞争能力有关，值得企业关注。综合来看，相较于其他软件、信息技术服务行业上市公司，"易华录"在研发支出和人才选拔的投入上都相对较低；同时，前五大客户销售额占比与股权集中度偏低。这些都可能成为该企业未来发展的短板。

3. 无形资产优化建议

未来，"易华录"需要继续保持其在持有商标数量、高管薪酬均值、软件著作权数量、专利与非专利数量和资质数量等方面的优势地位，并且优化这些无形资产的质量和结构。与此同时，一方面要加大企业对研发支出的投入比重，重视专业型和科技型人才的引进以及后期的人才培训体系建设，在企业内营造重视创新和人才的文化氛围；另一方面，要重视培养客户关系，注重与优质重要客户之间建立长远的商业伙伴关系，进一步提高前五大客户持股比例。通过对企业无形资产发展短板的弥补，力图提升企业无形资产的持续能力和竞争能力。

（三）其他方面竞争优势分析

根据招股说明书和年报披露信息，"易华录"除在无形资产质量竞争中具有优势之外，在资源凝聚力、营销网络化和品牌影响力这三个方面也具有一定的竞争优势。

1. 资源凝聚力

其一，央企是国民经济的重要支柱，而"易华录"作为中国华录集团的控股子公司，具有较强的政策导向与资源凝聚能力，能够转化为企业发展的内生动力，推动相关产业的加速发展。目前，"易华录"已通过其资源优势，与 9 个地区签署了框架合作协议，持续推进地区共计 20 余个。其二，"易华录"作为登陆资本市场多年的上市企业，一直遵循公开透明的规范化经营道路，也使得其拥有良好的资本融资渠道，为企业发展提供充足的资金支持。其三，"易华录"作为软件、信息技术服务行业的领头羊，也积极与百度、高德、滴滴等互联网企业展开合作，实现了交通行业数据、互联网行业数据、社会资源数据的深度融合，通过数据资源管理平台加工，形成了具有针对性的数据服务，成功在重庆、济南等地得到成功应用。

2. 营销网络化

作为国内最早进入智慧城市领域的整体解决方案供应商，随着公司业务和市场的不断拓展，项目订单量逐年增加，"易华录"在国内市场的营销体系日益完善、营销支付和产品服务日益优化，其主要业务已经遍布全国 30 个省市、自治区、直辖市，累计为全国 300 多个城市、政府部门提供了技术服务，尤其是 2017 年的数据湖项目，一经推出，立刻在企业内部进行学习复制，并迅速在国内市场落地实施，分别在天津、徐州、姜堰建设了试验湖基地。"易华录"独特的商业模式和高效的市场拓展能力，已在该领域占据竞争优势。

3. 品牌影响力

2017 年，"易华录"新增了 10 余项荣誉和资质：世界物联网排行榜上榜企业、2017 中国软件综合竞争力百强企业、2017 北京软件和信息服务综合实力百强、2016 年度中国城市智能交通系统集成商业绩 10 强、2016 年度中国智能交通行业领军企业奖、2016 年度中国智能交通行业杰出贡献奖、2017 年中国软件和信息服务业最具匠心精神企业奖等。这些荣誉奖项的获得使得"易华录"在国际和国内市场形成了独具民族特征的企业品牌影响力，进一步巩固了其在软件、信息技术服务行业的市场领先地位。

创业板计算机、通信及电子行业无形资产研究

本报告基于证监会二级行业分类标准（2012），对计算机、通信及电子行业进行典型分析。研究样本包括：截至 2018 年 5 月 18 日计算机、通信及电子行业的创业板上市公司，共计 112 家。样本数据来源于招股说明书和历年年报招股说明书构成如下：2009 年 5 份；2010 年 21 份；2011 年 14 份；2012 年 13 份；2013 年 2 份；2014 年 7 份；2015 年 10 份；2016 年 22 份；2017 年 18 份。年报构成如下：2009 年 5 份；2010 年 26 份；2011 年 40 份；2012 年 53 份；2013 年 55 份；2014 年 62 份；2015 年 72 份；2016 年 94 份；2017 年 112 份。

一、行业概况

（一）企业数量变化

截至 2018 年 5 月 18 日，创业板计算机、通信及电子行业上市公司共 112 家，约占创业板公司总数量的 15.45%。2017 年 5 月 18 日至 2018 年 5 月 18 日，新增 18 家。该行业企业数量占创业板公司总数比例从 2009 年的 8.62% 增长到 2012 年的 14.93%，2013—2016 年总体呈稳态，占比维持在 14%～15% 之间，2017 年占比最高，达到 15.45%，如表 10-1 所示。

表 10-1　2009—2017 年计算机、通信及电子行业企业数量变化　　（单位：家）

时间	2009 年	2010 年	2011 年	2012 年	2013 年	2014 年	2015 年	2016 年	2017 年
行业企业数量	5	26	40	53	55	62	72	94	112
行业新增企业数量	5	21	14	13	2	7	10	22	18
创业板企业总数	58	188	292	355	379	425	508	638	725
行业企业占比	8.62%	13.83%	13.70%	14.93%	14.51%	14.59%	14.17%	14.73%	15.45%

（二）行业成本分析

根据对 2016—2017 年年报信息的整理，计算机、通信及电子行业企业成本如表 10-2

所示。行业成本均呈上趋势，其中营业成本的均值同比增幅最大，为 19.65%；管理费用次之，2017 年均值同比增幅为 12.18%；销售紧随其后，2017 年均值同比增长 10.71%；应付职工薪酬均值同比增幅最低，为 9.09%。上述数据表明创业板计算机、通信及电子行业经营成本整体呈上升趋势。

表 10-2　2016—2017 年计算机、通信及电子行业成本变动　（单位：亿元）

成本构成	2016 年总额	2017 年总额	2016 年均值	2017 年均值	2017 年均值同比增长
营业成本	870.18	1241.29	9.26	11.08	19.65%
销售费用	52.22	69.30	0.56	0.62	10.71%
管理费用	146.21	194.71	1.56	1.74	12.18%
应付职工薪酬	61.73	80.21	0.66	0.72	9.09%

（三）行业利润分析

1. 整体变化趋势

根据对 2013—2017 年年报信息的整理，计算机、通信及电子行业上市公司利润数据如表 10-3 所示。行业平均利润在 2013—2017 年呈上升趋势，2013 年和 2014 年利润总额与净利润的均值大幅增长，均超 50% 以上，2015 年和 2016 年则回落至 20% ~ 30%，说明创业板计算机、通信及电子行业在 2013 年和 2014 年发展明显，2015 年和 2017 年增速放缓，2017 年平均净利润仅增长 9.38%。

表 10-3　2013—2017 年计算机、通信及电子行业利润变动　（单位：亿元）

指标 ＼ 时间	2013 年	2014 年	2015 年	2016 年	2017 年
利润总额	31.61	59.11	84.58	139.08	183.14
平均利润总额	0.57	0.95	1.18	1.48	1.64
平均利润总额同比增长	58.39%	66.67%	24.21%	25.42%	10.81%
净利润	26.67	50.74	72.21	120.23	156.44
平均净利润	0.48	0.82	1.00	1.28	1.40
平均净利润同比增长	63.63%	70.83%	21.95%	28%	9.38%

2. 企业盈亏

如表 10-4 所示，2017 年，计算机、通信及电子行业有近 1/3 的企业年度利润增长为负，近 1/2 的企业利润增长率低于 20%，利润呈倍数增长的企业不足 15%。2017 年度创业板计算机、通信及电子行业利润增长最令人瞩目的企业当属长方集团

（300301），该年度长方集团利润总额增幅达 12.9 倍，净利润增幅达 7.3 倍。

表 10-4　2017 年计算机、通信及电子行业利润增长分布情况

增长率区间 指标	<0	0~20%	20%~40%	40%~60%	60%~80%	80%~100%	100%以上
利润总额增长率在此区间的企业数量（家）	36	14	9	7	4	3	12
净利润增长率在此区间的企业数量（家）	39	15	6	6	5	3	11

3. 利润集中度

就整个行业利润集中程度来看（见表 10-5），前 3.57%（前 4 家）的企业累计利润总额约占全行业利润的 30%；前 8.04%（前 9 家）的企业累计利润总额占整个行业 50%；前 35.71%（前 40 家）的企业累计利润总额占整个行业 90%，表明创业板计算机、通信及电子行业利润集中度较高。

表 10-5　2017 年计算机、通信及电子行业利润集中情况

累计利润比例	累计企业数（家）	累计企业数占整个行业企业比例
达 30%	4	3.57%
达 40%	6	5.36%
达 50%	9	8.04%
达 60%	13	11.61%
达 70%	18	16.07%
达 80%	27	24.11%
达 90%	40	35.71%

二、 行业无形资产规模

（一）基于招股说明书的无形资产规模

表 10-6 为基于招股说明书信息的创业板计算机、通信及电子行业上市公司无形资产构成情况。

表 10-6 基于招股说明书信息的 2013—2017 年计算机、通信及电子行业无形资产构成情况

年份 行业总值（均值）	2013	2014	2015	2016	2017
授权专利（项）	45（22.55）	177（25.29）	330（33.00）	904（41.09）	821（45.61）
非专利技术（项）	21（10.50）	68（9.71）	86（8.60）	202（9.18）	162（9.00）
著作权（项）	34（17.00）	130（18.57）	204（20.40）	272（12.36）	227（12.61）
持有商标（项）	19（9.50）	64（9.14）	90（9.00）	292（13.27）	212（11.78）
技术标准（项）	3（1.50）	11（1.57）	15（1.50）	37（1.68）	27（1.50）
总经理薪酬（万元）	83（41.50）	302（43.14）	493（49.30）	1187（53.96）	1062（59.00）
前十大股东持股比例（%）	165（82.50）	535（76.45）	807（80.70）	1598（72.64）	1330（73.89）
资质（项）	31（15.50）	106（15.17）	159（15.90）	408（18.55）	289（16.06）

1. 常规无形资产规模变动特征

2013—2017 年，创业板计算机、通信及电子行业常规无形资产变动特征如下：

第一，由于相关披露规则改变，本年度创业板企业对申请专利信息披露较少，大多企业仅披露授权专利情况。2013—2014 年，行业平均授权专利数量保持稳定水平，维持在平均每家企业 23 项左右，2015 年开始后行业授权专利均值出现大幅上升趋势，2015 年相比 2014 年增长了 32%，2016 年相比 2015 年增长了 23.39%，而 2017 年比 2016 年增长 11%。

第二，非专利技术数量的行业均值均维持在每家企业 10 项左右，较为稳定，但近两年来呈现小幅下降趋势。

第三，著作权，行业均值近两年维持在每家企业 12 项左右，2017 年较 2016 年微涨。

第四，持有商标数量的行业均值整体呈现先保持平稳后显著增加状态，2016 年行业平均持有商标数量出现大幅上升趋势，相比 2015 年增长了 47%，2017 年又出现小幅度下滑。

2. 非常规无形资产规模变动特征

2013—2017 年，创业板计算机、通信及电子行业非常规无形资产变动特征如下：

第一，技术标准数量的行业均值整体呈稳定态势，2013 年至 2017 年技术标准类无形资产的行业均值为 1.5 项左右。

第二，总经理薪酬的行业均值在五年内基本保持稳步增长态势，2017 年相比 2016 年增长 5.04 万元，涨幅达 9.3%。

第三，前十大股东持股比例均值整体呈现波动态势，2013 年达到峰值 82.50%，2016 年达到最小值 72.64%。

第四，资质数量的行业均值在 2013 年至 2015 年内保持平稳趋势，行业均值基本维持在 15~16 项之间，2016 年资质数量的行业均值出现大幅上升，相比 2015 年增长了 17%，2017 年小幅下滑。

（二）基于年报的无形资产规模

表 10-7 为基于年报信息的创业板计算机、通信及电子行业上市公司无形资产构成情况。

表 10-7　基于年报信息的 2013—2017 年计算机、通信及电子行业无形资产构成情况

行业总值（均值）＼年份	2013	2014	2015	2016	2017
授权专利（项）	1308（23.78）	4238（68.35）	7132（99.06）	9666（102.83）	12701（113.40）
非专利技术（项）	139（2.53）	157（2.53）	184（2.56）	241（2.56）	181（1.62）
著作权（项）	920（16.73）	1141（18.40）	1386（19.25）	2069（22.01）	2944（26.29）
持有商标（项）	858（15.60）	1262（20.35）	1821（25.29）	2226（23.68）	619（5.53）
技术标准（项）	6（0.11）	1（0.01）	32（0.44）	119（1.27）	73（0.65）
前五名客户销售额占比（%）	2279（41.43）	2469（39.82）	2520（35.00）	3901（41.50）	4224（37.71）
总经理薪酬（万元）	2605（47.36）	3628（58.52）	4792（66.55）	6529（69.46）	8242（73.59）
独立董事津贴（万元）	335（6.09）	389（6.27）	436（6.06）	572（6.09）	660（5.89）
前十大股东持股比例（%）	3596（65.39）	4038（65.13）	4347（60.38）	5921（62.99）	6795（60.67）
技术（研发）人员占比（%）	1438（26.15）	1622（26.16）	1899（26.38）	2488（26.47）	3396（30.32）
资质（项）	1265（23.00）	1712（27.61）	1973（27.40）	3215（34.20）	405（3.62）

1. 常规无形资产规模变动特征

2013—2017 年，创业板计算机、通信及电子行业常规无形资产变动特征如下：

第一，由于相关披露规则改变，本年度创业板企业对申请专利披露较少，大多企业仅披露授权专利情况。授权专利数量的行业均值整体呈上升趋势，尤其是 2014 年、2015 年度分别较上年增长了 187%、44.93%，2016 年增速放缓之后，2017 年增速回升。

第二，非专利技术行业均值 2017 年出现下滑，2012—2016 年均值维持在 2.54 项左右，2017 年下降到 1.62 项。

第三，软件著作权是创业板计算机、通信及电子行业核心竞争力的重要体现，年

报中披露的著作权行业均值 2013—2017 年呈现逐年上升趋势，2017 年行业均值达到 26.29 项。

第四，持有商标数量的行业均值呈波动上升趋势。2014—2016 年均值稳定在 23 项左右，其中 2015 年增幅明显，较上年增长 24%，但 2017 年由于年报信息披露得不全，导致均值骤降至 5.53。

2. 非常规无形资产规模变动特征

2013—2017 年，创业板计算机、通信及电子行业非常规无形资产变动特征如下：

第一，技术标准的行业均值呈现波动的趋势，2016 年技术标准到达了近几年的峰值，均值为 1.27 项，2017 年下滑至 0.65 项。

第二，前五名客户销售额占比在过去五年内表现较为稳定，一直在 40% 左右浮动，说明该行业客户集中度相对平稳。

第三，总经理薪酬的行业均值在五年内呈波动增长趋势，2014 年和 2015 年增幅尤为明显，2017 年总经理薪酬的均值达到历史最高点，73.59 万元/家，说明该行业对管理人员十分重视。

第四，独立董事津贴的行业均值基本保持稳定，2013—2017 年份均保持在 6 万元/家以上。

第五，前十大股东持股比例在 2013—2015 年呈现下降趋势，由 2013 年的 65.39%下降至 2015 年的 60.38%，2016 年出现小幅度上升之后，2017 年前十大股东持股比例再次下滑，股权集中度再次走向分散。

第六，技术研发人员的占比呈现不断上涨的趋势，接近公司人数的 1/3，远高于其他行业，显示出创业板计算机、通信及电子行业对技术型人才的高度依赖。

第七，资质数量的行业均值在 2013—2016 年呈现大幅提升趋势，其中 2013 年平均每家企业持有资质 23 项，2013—2016 年行业均值保持在 28 项左右。而 2017 年由于信息披露不全导致数据断崖式下滑。

三、 行业无形资产的区域分布

（一）整体描述

112 家创业板计算机、电子及通信行业上市公司的区域构成如下：东部沿海经济区 32 家，南部沿海经济区 47 家，北部沿海经济区 14 家，长江中游经济区 10 家，东北综合经济区没有该行业企业，大西南综合经济区 5 家，黄河中游经济区 4 家，大西北综合经济区没有该行业企业。其中，东部沿海经济区、南部经济区和北部沿海经济区企业共计 93 家，占行业总数的 83.04%，而东北和大西北经济区没有该行业企业，说明计算机、电子及通信行业上市公司地域上比较集中。

1. 基于招股说明书的区域无形资产规模

表10-8为基于招股说明书信息的创业板计算机、电子及通信行业上市公司无形资产在不同区域的构成情况。

表 10-8　2017 年创业板计算机、电子及通信行业无形资产区域分布情况

区域 总值 （均值）	北部沿海综合经济区	东部沿海综合经济区	南部沿海综合经济区	大西南综合经济区	大西北综合经济区	东北综合经济区	长江中游综合经济区	黄河中游综合经济区	行业总值（均值）
授权专利（项）	529 (37.79)	1478 (46.19)	2551 (54.28)	96 (19.20)	0 (0.00)	0 (0.00)	288 (28.80)	111 (27.75)	5106 (45.59)
非专利技术（项）	76 (5.43)	344 (10.75)	425 (9.04)	20 (4.00)	0 (0.00)	0 (0.00)	130 (13.00)	22 (5.50)	1009 (9.01)
著作权（项）	547 (39.07)	269 (8.41)	448 (9.53)	12 (2.40)	0 (0.00)	0 (0.00)	100 (10.00)	5 (1.25)	1410 (12.59)
持有商标（项）	118 (8.43)	356 (11.13)	504 (10.72)	10 (2.00)	0 (0.00)	0 (0.00)	104 (10.40)	229 (57.25)	1322 (11.80)
技术标准（项）	16 (1.14)	24 (0.75)	85 (1.81)	17 (3.40)	0 (0.00)	0 (0.00)	24 (2.40)	0 (0.00)	168 (1.50)
总经理薪酬（万元）	636 (45.43)	1565 (48.91)	3195 (67.98)	117 (23.40)	0 (0.00)	0 (0.00)	341 (34.10)	65 (16.25)	6606 (58.98)
前十大股东持股比例（%）	1112 (79.43)	2484 (77.63)	3448 (73.36)	318 (63.60)	0 (0.00)	0 (0.00)	833 (83.30)	298 (74.50)	8366 (74.70)
资质（项）	512 (36.57)	850 (26.56)	909 (19.34)	80 (16.00)	0 (0.00)	0 (0.00)	196 (19.60)	56 (14.00)	2603 (23.24)

从表10-8可以看出，北部沿海经济区在著作权、前十大股东持股比例和资质方面高于行业平均水平，其中著作权均值和资质均值处于行业领先水平，但非专利技术和总经理薪酬远不及行业均值；东部沿海经济区授权专利、非专利技术、前十大股东持股比例和资质均高于行业平均水平，但著作权、技术标准和总经理薪酬不及行业均值；南部沿海经济区在授权专利和总经理薪酬方面处于行业领先地位，但著作权和资质方面和行业均值存在较大差距；大西南综合经济区在技术标准方面处于行业领先地位，但除此之外，该区域在其余项目无形资产均远低于行业均值，其中持有商标数量均值是行业最低值；长江中游综合经济区在非专利技术、技术标准和前十大股东持股比例

方面高于行业均值，而在授权专利、著作权和总经理薪酬等方面远低于行业均值；黄河中游综合经济区在持有商标方面处于行业领先水平，但著作权、技术标准、总经理薪酬和资质方面均是行业的最低水平。此外，大西北综合经济区和东北综合经济区没有计算机、电子及通信行业公司。从整体看，沿海地区无形资产优于内陆地区。

2. 基于年报的区域无形资产规模

表10-9为基于年报信息的创业板计算机、电子及通信行业上市公司无形资产在不同区域的构成情况。

表10-9　2017年创业板计算机、电子及通信行业无形资产区域分布情况

区域 总值 （均值）	北部沿海综合经济区	东部沿海综合经济区	南部沿海综合经济区	大西南综合经济区	大西北综合经济区	东北综合经济区	长江中游综合经济区	黄河中游综合经济区	行业总值 （均值）
授权专利 （项）	2007 (143.36)	2893 (90.41)	5988 (127.40)	289 (57.80)	0 (0.00)	0 (0.00)	1318 (131.80)	206 (51.50)	12701 (113.40)
非专利技术（项）	8 (0.57)	55 (1.72)	78 (1.66)	0 (0.00)	0 (0.00)	0 (0.00)	28 (2.80)	12 (3.00)	181 (1.62)
著作权 （项）	1144 (81.71)	793 (24.78)	546 (11.62)	111 (22.20)	0 (0.00)	0 (0.00)	350 (35.00)	0 (0.00)	2944 (26.29)
持有商标 （项）	219 (15.64)	61 (1.91)	264 (5.62)	113 (22.60)	0 (0.00)	0 (0.00)	99 (9.90)	0 (0.00)	619 (5.53)
技术标准 （项）	6 (0.43)	1 (0.03)	58 (1.23)	8 (1.60)	0 (0.00)	0 (0.00)	0 (0.00)	0 (0.00)	73 (0.65)
前五名客户销售额占比（%）	500 (35.71)	1175 (36.72)	2104 (44.77)	299 (59.80)	0 (0.00)	0 (0.00)	534 (53.43)	191 (47.75)	4424 (37.71)
总经理薪酬（万元）	677 (48.36)	1992 (62.25)	4041 (85.98)	251 (50.20)	0 (0.00)	0 (0.00)	1020 (102.00)	175 (43.97)	8242 (73.59)
独立董事津贴（万元）	72 (5.17)	172 (5.37)	294 (6.26)	31 (6.27)	0 (0.00)	0 (0.00)	51 (5.10)	30 (7.52)	660 (5.89)
前十大股东持股比例（%）	705 (50.36)	1924 (60.13)	2874 (61.15)	289 (57.80)	0 (0.00)	0 (0.00)	596 (59.60)	285 (71.25)	6795 (60.67)
技术人员占比（%）	742 (53.00)	832 (26.00)	1128 (24.00)	140 (28.00)	0 (0.00)	0 (0.00)	380 (38.00)	112 (28.00)	3360 (30.00)

续表

区域 总值 (均值)	北部沿海综合经济区	东部沿海综合经济区	南部沿海综合经济区	大西南综合经济区	大西北综合经济区	东北综合经济区	长江中游综合经济区	黄河中游综合经济区	行业总值（均值）
资质 (项)	59 (4.21)	129 (4.03)	158 (3.36)	17 (3.40)	0 (0.00)	0 (0.00)	39 (3.90)	6 (1.50)	405 (3.62)

从表10-9可以看出，北部沿海经济区授权专利、著作权和资质都处于行业领先水平，但非专利技术、总经理薪酬处于行业较低水平；东部沿海经济区在非专利技术和资质方面稍高于行业平均水平，除此之外，各方面无形资产均低于行业均值；南部沿海经济区在授权专利、总经理薪酬方面优于行业均值，但著作权和技术人员占比方面相比行业均值还有较大的差距；大西南综合经济区在持有商标、技术标准和前五名客户销售额占比方面处于行业领先地位，但非专利技术拥有量为0；长江中游综合经济区在总经理薪酬方面属于行业领先地位，授权专利也高于行业均值，但技术标准拥有量为0；黄河中游综合经济区在非专利技术和独立董事津贴方面处于行业领先地位，但著作权、持有商标、技术标准和资质方面都处于行业最低水平。从整体看，沿海地区无形资产较为优质。

（二）典型区域分析

1. 南部沿海经济区

南部沿海经济区包括福建省、广东省和海南省，总面积33万平方千米。根据国务院发展研究中心的构想，该区域将建设成为重要的外向型经济发展的基地和消化国外先进技术的基地。截至2018年5月18日，该区域共有47家企业（见图10-1），其中，广东省43家，福建省4家，占创业板计算机、电子及通信行业上市公司总数的41.96%。

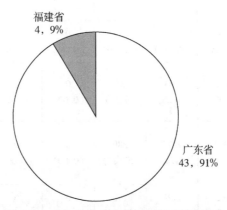

福建省
4，9%

广东省
43，91%

图10-1 截至2018年5月18日南部沿海经济区计算机、
通信及电子行业上市公司的地理分布（单位：家）

由图 10-2 可知，2013—2017 年，该区域计算机、通信及电子行业上市公司数量不断增加，从 2013 年的 20 家增长到 2017 年的 47 家，增长迅速。

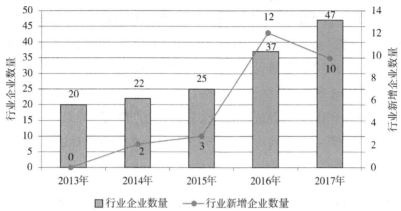

图 10-2 2013—2017 年南部沿海经济区计算机、电子及通信行业企业数量变化（单位：家）

（1）基于招股说明书的南部沿海经济区上市公司无形资产规模

表 10-10 为基于招股说明书信息的南部沿海经济区计算机、电子及通信行业上市公司无形资产构成情况。

表 10-10 基于招股说明书的 2013—2017 年南部沿海经济区计算机、

电子及通信行业无形资产构成情况

时间 总值（均值）	2013 年	2014 年	2015 年	2016 年	2017 年
授权专利（项）	0（0.00）	134（67.00）	212（70.67）	746（62.17）	856（85.60）
非专利技术（项）	0（0.00）	11（5.50）	25（8.33）	242（20.17）	84（8.40）
著作权（项）	0（0.00）	5（2.50）	25（8.33）	242（20.17）	128（12.80）
持有商标（项）	0（0.00）	52（26.00）	22（7.33）	198（16.50）	53（5.30）
技术标准（项）	0（0.00）	0（0.00）	0（0.00）	36（3.00）	8（0.80）
总经理薪酬（万元）	0（0.00）	171（85.50）	126（42.00）	872（72.67）	1038（103.80）
前十大股东持股 比例（%）	0（0.00）	128（64.00）	207（69.00）	865（72.08）	727（72.70）
资质（项）	0（0.00）	134（67.00）	212（70.67）	746（62.17）	856（85.60）

从表 10-10 来看，南部沿海经济区近 5 年上市的公司在授权专利方面不断的优化，2013 年该区域无计算机、电子及通信公司上市，2014 年上市的计算机、电子及通信公司的均值为 67 项，2015 年增长到 70.67 项，2016 年上市公司专利数量小幅下跌，但 2017 年上涨达到近 5 年的峰值 85.60 项。非专利技术方面，2016 年该区域上市的公司

拥有量最高，达到了 20.17 项，并且 2016 年该区域上市的公司著作权拥有量也是 5 年的最大值，达到 20.17 项。持有商标方面，各年上市的公司持有数量差异较大，2014 年上市公司拥有商标量最大，达到 26 项，2017 年上市的公司拥有量均为 5.30 项。技术标准方面，2014 年和 2015 年上市的公司均不拥有技术标准，而 2016 年上市的公司拥有的技术标准最多。总经理薪酬方面，2017 年上市的公司均值最大，达到 103.80 万，并且 2017 年上市的公司资质数量也为最高，达到 85.60 项。近 5 年该区域上市的公司前十大股东持股比例均较高，维持在 60%~80% 之间。

（2）基于年报的南部沿海经济区上市公司无形资产规模

表 10-11 为基于年报信息的南部沿海经济区计算机、电子及通信行业上市公司无形资产构成情况。

表 10-11　基于年报的 2013—2017 年南部沿海经济区计算机、电子及通信行业无形资产构成情况

时间 总值（均值）	2013 年	2014 年	2015 年	2016 年	2017 年
授权专利（项）	751（37.55）	2393（108.77）	3582（143.28）	3735（100.95）	5988（127.40）
非专利技术（项）	0（0.00）	0（0.00）	0（0.00）	0（0.00）	78（1.66）
著作权（项）	134（6.70）	160（7.27）	23（0.92）	758（23.49）	546（11.62）
持有商标（项）	454（22.70）	649（29.50）	784（31.36）	222（6.00）	264（5.62）
技术标准（项）	1（0.05）	1（0.05）	13（0.52）	68（1.84）	58（1.23）
前五名客户销售额占比（%）	746（37.30）	751（34.13）	868（34.72）	1220（32.97）	2104（44.77）
总经理薪酬（万元）	953（47.65）	1550（70.45）	1637（65.48）	1843（49.81）	4041（85.98）
独立董事津贴（万元）	155（7.75）	138（6.29）	148（5.92）	178（4.81）	294（6.26）
前十大股东持股比例（%）	1248（62.40）	1261（57.32）	1446（57.84）	1848（49.95）	2874（61.15）
技术（研发）人员占比（%）	488（24.40）	588（26.73）	624（24.96）	646（17.46）	1128（24.00）
资质（项）	0（0.00）	47（2.14）	61（2.44）	185（5.00）	158（3.36）

从表 10-11 来看，在授权专利方面，整体呈现波动的趋势，2013 年到 2015 年授权专利均值大幅上升，达到近五年峰值，2016 年开始下降，2017 年再次上涨，达到 127.40 项；非专利技术近五年表现不佳，前 4 年非专利技术均为 0，到 2017 年才达到 1.66 项；著作权方面，近五年波动较大，2015 年最小值为 0.92 项，2016 年达到 23.49 项，2017 年下降至 11.62 项；持有商标方面，2013 年到 2015 年上涨，达到近五年的峰值，2015 年每家企业拥有 31.36 项，之后开始下降，2017 年达到最低值，每家企业仅

拥有 5.62 项；总经理薪酬近五年呈现波动趋势，2014 年达到 70.45 万，之后开始下降，到 2017 年反弹，达到 85.98 万，为近五年的最大值；独立董事津贴近五年呈下降趋势，2013 年为最大值 7.75 万，之后维持在 6 万左右。近五年资质数量从 2013 年的 0 项上升到 2016 年的 5 项，之后开始下降，2017 年资质数量为 3.36 项。

2. 北部沿海经济区

北部沿海经济区是中国的区域经济协作区，包括北京、天津、河北和山东四省市。其目的就是充分发挥人才、知识密集及信息中心的优势地位，建设成全国最有实力的技术研发和制造中心。截至 2018 年 5 月 18 日，该区域共有 14 家企业（见图 10-3），其中，北京市 13 家，山东省 1 家，占创业板计算机、电子及通信行业上市公司总数的 12.50%。

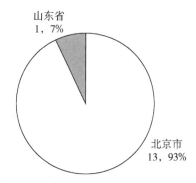

图 10-3　截至 2018 年 5 月 18 日北部沿海经济区计算机、通信及电子行业上市公司的地理分布（单位：家）

由图 10-4 可知，2013—2017 年，该区域计算机、通信及电子行业上市公司数量增加，其中 2015 年新上市企业最多，4 家新公司上市，2013 年和 2016 年无计算机、电子及通信行业公司上市。

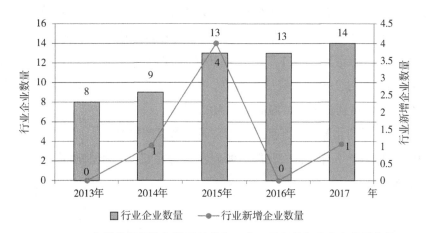

图 10-4　2013—2017 年被北部沿海经济区计算机、电子及通信行业企业数量变化（单位：家）

（1）基于招股说明书的北部沿海经济区上市公司无形资产规模

表 10-12 为基于招股说明书信息的北部沿海经济区计算机、电子及通信行业上市公司无形资产构成情况。

表 10-12　基于招股说明书的 2013—2017 年北部沿海经济区计算机、
电子及通信行业无形资产构成情况

时间 总值（均值）	2013 年	2014 年	2015 年	2016 年	2017 年
授权专利（项）	0（0.00）	12（12.00）	143（35.75）	0（0.00）	28（28.00）
非专利技术（项）	0（0.00）	10（10.00）	7（1.75）	0（0.00）	1（1.00）
著作权（项）	0（0.00）	64（64.00）	185（46.25）	0（0.00）	68（68.00）
持有商标（项）	0（0.00）	13（13.00）	30（7.50）	0（0.00）	17（17.00）
技术标准（项）	0（0.00）	0（0.00）	0（0.00）	0（0.00）	0（0.00）
总经理薪酬（万元）	0（0.00）	26（26.00）	156（39.00）	0（0.00）	84（84.00）
前十大股东持股 比例（%）	0（0.00）	86（86.00）	358（89.50）	0（0.00）	71（71.00）
资质（项）	0（0.00）	1（1.00）	163（40.75）	0（0.00）	23（23.00）

从表 10-12 来看，北部沿海经济区 2013 年和 2016 年无计算机、电子及通信公司上市，故剔除 2013 年和 2016 年的影响。在授权专利方面，2015 年上市公司的总值和均值最大，为 143 项和 35.75 项；2014 年上市公司的总值和均值均为 12 项，为近五年最小值；非专利技术方面，总值和均值均呈现下降的趋势，2014 年最多，总值为 10 项，直到 2016 年，下降至仅仅只有 1 项；著作权方面，2015 年上市公司的总值最大为 185 项，而 2017 年上市公司的均值最大，为 68 项；持有商标方面，2015 年上市公司的均值最小，为 7.5 项，2017 年上市公司的均值最大，为 17 项；技术标准方面，北部沿海经济区近五年上市的计算机、电子及通信行业企业的技术标准均为 0；总经理薪酬方面，整体呈现上升的趋势，2014 年均值为 26 万，2017 年变为 84 万；前十大股东持股方面，2015 年上市的公司股东集中度最高，为 89.50%；资质方面，2015 年上市的公司资质最多，总量达到 163 项，均值达到 40.75 项。

（2）基于年报的北部沿海经济区上市公司无形资产规模

表 10-13 为基于年报信息的北部沿海经济区计算机、电子及通信行业上市公司无形资产构成情况。

表 10-13　基于年报的 2013—2017 年北部沿海经济区计算机、电子及通信行业无形资产构成情况

时间 总值（均值）	2013 年	2014 年	2015 年	2016 年	2017 年
授权专利（项）	143（17.88）	618（68.67）	833（64.08）	1529（117.62）	2007（143.36）
非专利技术（项）	0（0.00）	0（0.00）	0（0.00）	0（0.00）	8（0.57）
著作权（项）	490（61.25）	621（69.00）	192（14.77）	897（69.00）	1144（81.71）
持有商标（项）	67（8.38）	139（15.44）	306（23.54）	32（2.46）	219（15.64）
技术标准（项）	4（0.50）	0（0.00）	1（0.08）	9（0.69）	6（0.43）
前五名客户销售额占比（%）	364（45.50）	379（42.11）	573（44.08）	459（35.31）	499（35.64）
总经理薪酬（万元）	439（54.88）	386（42.89）	629（48.38）	571（43.92）	676（48.29）
独立董事津贴（万元）	55（6.88）	51（5.67）	60（4.62）	66（5.08）	72（5.14）
前十大股东持股比例（%）	553（69.13）	515（57.22）	667（51.31）	570（43.85）	705（50.36）
技术（研发）人员占比（%）	370（46.25）	372（41.33）	518（39.85）	566（43.54）	743（53.07）
资质（项）	11（1.38）	20（2.22）	79（6.08）	114（8.77）	58（4.14）

从表 10-13 来看，北部沿海经济区计算机、电子及通信行业公司在授权专利方面，整体呈现上升的趋势，授权专利均值从 2013 年的 17.88 项增长到 2017 年的 143.36 项；非专利技术方面，仅仅 2017 年总值为 8 项，均值为 0.57 项，其余年度均为 0；著作权方面，整体呈现上升趋势，从 2013 年的 61.25 项增长到 2017 年的 81.71 项，其中 2015 年出现较大下滑，仅仅 14.77 项；持有商标方面，整体呈现波动的趋势，2015 年达到最大值，为 23.54 项，随后 2016 年降至最小值，为 2.46 项；技术标准方面，整体呈现波动的趋势，从 2013 年的 0.5 项下降到 2014 年 0 项，随后 2016 年上升到 0.69 项，2017 年再次下降，下降至 0.43 项；前五名客户销售占比方面；整体呈现下降的趋势，2013 年均值最大，为 45.50%，到 2017 年，下降到 35.64%；总经理薪酬方面，整体呈现波动现象，2013 年的均值最大，为 54.88 万，最小值为 2014 年，均值为 42.89 万；前十大股东持股方面，整体表现为先下降后上升，2013 年达到 69.13%，为近五年的最大值，之后不断下降，2016 年达到最小值，为 43.85%，2017 年开始缓慢上升；技术人员占比方面同样表现为先下降后上升，2013 年技术人员占比均值为 46.25%，逐渐下降到 2015 年，达到近五年的最低点，均值为 39.85 万，之后开始逐渐上升，2017 年达到最大值 53.07%；资质方面，整体则呈现为先上升后下降，2013 年均值最小为 1.38，逐渐上升到 2016 年，达到最大值 8.77 项，2017 年开始下降，为 4.14 项。

四、 基于无形资产竞争矩阵的行业无形资产竞争分析

（一）行业无形资产规模结构分析

2017 年，该行业专利及非专利技术共计 12882 项，平均每家企业拥有 115.02 项，国民技术（300077）、长盈精密（300115）和信维通信（300136）三家企业共有专利及非专利技术 2012 项，占行业总量 15.62%。

商标数量共计 619 项，平均每家企业约有 5.53 项，东土科技（300353）、朗科科技（300042）和金运激光（300220）三家企业共有商标 407 项，占行业总量 65.96%。

资质数量共计 405 项，平均每家企业拥有 3.62 项，天和防务（300397）、中瑞思创（300078）和康拓红外（300455）三家企业共有资质 62 项，占行业总量 15.31%。

软件著作权数量共计 2944 项，平均每家企业拥有 26.29 项，东土科技（300353）、天喻信息（300205）和初灵信息（300250）三家企业共有软件著作权 844 项，占行业总量 28.67%。

（二）行业无形资产持续能力分析

创业板计算机、通信及电子行业研发支出占比的行业均值为 8.2%，该项指标排名前三企业为国科微（300672）、北京君正（300223）和全志科技（300458），分别为 32%、31% 和 28%。

员工本科及以上学历占比的行业均值为 32.27%，该项指标排名前三企业为全志科技（300458）、数码视讯（300079）和北京君正（300223），分别为 94.6%、90.2% 和 88.5%。

技术标准数量的行业均值为 0.65 项/家，该项指标排名前三的企业为科信技术（300565）、劲胜股份（300083）和中光防雷（300414），分别为 41 项/家、10 项/家和 8 项/家。

（三）行业无形资产竞争能力分析

计算机、通信及电子行业前五名客户销售额占比的行业均值为 37.71%，该项指标排名前三的企业为科信技术（300565）、景嘉微（300474）和久之洋（300516），分别为 99.02%、97.67% 和 88.83%。

前十大股东持股比例的行业均值为 60.67%，该项指标排名前三的企业为明阳电路（300739）、宏达电子（300726）和蓝思科技（300433），分别为 100%、85.71% 和 85.58%。

高管薪酬的行业均值为 73.59 万元，该项指标排名前三的企业为蓝思科技（300433）、光弘科技（300735）和朗科科技（300042），分别为 660 万元、548 万元和

425 万元。

表 10-14 列示了依据无形资产竞争矩阵计算所得的创业板计算机、电子级通信行业排名前 30 的优秀样本企业。

表 10-14　2017 年创业板计算机、电子及通信行业无形资产竞争力前 30 名企业一览

股票代码	股票名称	专利与非专利技术得分	商标得分	资质得分	软件著作权得分	技术标准数量得分	研发支出占比得分	员工学历得分	前五名客户占比得分	十大股东持股比例得分	高管薪酬得分	总得分
300353	东土科技	0.00	1.00	0.10	1.00	0.59	0.73	0.00	0.28	0.52	0.25	4.46
300433	蓝思科技	0.86	0.00	0.19	0.00	0.21	0.05	0.00	0.77	0.86	1.00	3.94
300672	国科微	0.01	0.00	0.05	0.09	1.00	0.91	0.00	0.84	0.76	0.24	3.90
300077	国民技术	1.00	0.00	0.24	0.00	0.62	0.88	0.02	0.48	0.14	0.44	3.81
300397	天和防务	0.00	0.00	1.00	0.00	0.49	0.60	0.00	0.74	0.57	0.16	3.57
300458	全志科技	0.00	0.13	0.10	0.00	0.89	1.00	0.00	0.56	0.54	0.26	3.47
300223	北京君正	0.00	0.00	0.24	0.13	0.96	0.94	0.00	0.49	0.54	0.14	3.44
300516	久之洋	0.05	0.00	0.19	0.02	0.60	0.71	0.00	0.90	0.76	0.20	3.43
300028	金亚科技	0.00	0.47	0.33	0.12	0.73	0.30	0.00	0.83	0.36	0.08	3.22
300042	朗科科技	0.04	0.80	0.43	0.09	0.21	0.00	0.31	0.63	0.64	3.15	
300455	康拓红外	0.00	0.00	0.67	0.00	0.30	0.83	0.00	0.36	0.65	0.33	3.14
300565	科信技术	0.00	0.00	0.48	0.02	0.15	0.29	1.00	1.00	0.00	0.17	3.11
300711	广哈通信	0.00	0.00	0.14	0.15	0.42	0.69	0.02	0.74	0.72	0.21	3.10
300474	景嘉微	0.05	0.00	0.00	0.12	0.59	0.74	0.00	0.99	0.40	0.19	3.07
300250	初灵股份	0.00	0.19	0.19	0.48	0.60	0.71	0.00	0.18	0.60	0.11	3.06
300661	圣邦股份	0.02	0.14	0.10	0.00	0.38	0.85	0.00	0.54	0.70	0.32	3.06
300346	南大光电	0.04	0.00	0.19	0.00	0.68	0.64	0.00	0.63	0.63	0.24	3.05
300590	移为通信	0.03	0.00	0.19	0.00	0.40	0.81	0.00	0.46	0.76	0.40	3.04
300115	长盈精密	0.96	0.00	0.00	0.00	0.23	0.04	0.00	0.78	0.60	0.38	3.00
300735	光弘科技	0.00	0.00	0.48	0.00	0.11	0.04	0.00	0.75	0.75	0.83	2.98
300101	国腾电子	0.06	0.19	0.33	0.15	0.47	0.68	0.00	0.48	0.45	0.15	2.97
300638	广和通	0.00	0.00	0.05	0.08	0.28	0.84	0.00	0.58	0.77	0.28	2.89
300282	汇冠股份	0.14	0.00	0.33	0.19	0.16	0.77	0.00	0.49	0.50	0.25	2.83
300581	晨曦航空	0.01	0.00	0.05	0.00	0.10	0.89	0.00	0.84	0.77	0.16	2.83
300327	中颖电子	0.00	0.00	0.14	0.00	0.43	0.88	0.00	0.58	0.44	0.30	2.77
300079	数码视讯	0.00	0.14	0.14	0.00	0.56	0.95	0.15	0.28	0.23	0.30	2.75
300531	优博讯	0.00	0.00	0.38	0.21	0.39	0.51	0.00	0.35	0.76	0.14	2.74
300627	华测导航	0.00	0.00	0.29	0.30	0.35	0.78	0.00	0.09	0.73	0.19	2.73

续表

股票代码	股票名称	专利与非专利技术得分	商标得分	资质得分	软件著作权得分	技术标准数量得分	研发支出占比得分	员工学历得分	前五名客户占比得分	十大股东持股比例得分	高管薪酬得分	总得分
300078	中瑞思创	0.00	0.00	0.76	0.23	0.29	0.59	0.00	0.20	0.42	0.17	2.67
300205	天喻信息	0.00	0.00	0.29	0.50	0.27	0.57	0.00	0.30	0.37	0.34	2.64

五、 案例分析❶

由于东土科技（300353）连续两年得分第一，为避免重复分析，本年度蓝皮书选取排名第二的蓝思科技（300433）作为优秀样本企业进行分析。

（一）企业简介

"蓝思科技"全称"蓝思科技股份有限公司"，成立于2003年7月，于2015年3月在创业板上市，股票代码300433。公司致力于自主开发各类专门工艺、工装夹具、模具、专用设备、原辅材料等，协同各大品牌客户开发新的产品并提供解决方案，产品应用于中高端智能手机、平板电脑、笔记本电脑、智能穿戴式设备、数码相机、播放器、GPS导航仪、汽车仪表、智能家居等的视窗或后盖防护。公司的客户主要有消费电子产品行业的各大知名品牌，如三星、LG、亚马逊、微软、诺基亚、华为、OPPO、VIVO、小米、联想等。

（二）无形资产相关情况分析

1. 优势分析

"蓝思科技"能够成为除东土科技之外最优秀的计算机、通信及电子行业最优秀的企业，主要原因在于"蓝思科技"在专利和非专利技术得分、前五名客户占比得分、前十大股东持股比例和平均年薪得分较高。其中，专利和非专利技术共615项，排在行业第四位；前五名客户占比76.07%，排在行业第14位；前十大股东持股比例为85.58%，排在行业第三位；而高管平均年薪为660万元，位于行业第一位。总体来看，"蓝思科技"在无形资产竞争能力方面表现较好，使其在计算机、通信及电子行业无形资产竞争中脱颖而出。

2. 不足分析

由表10-14可知，"蓝思科技"在商标得分、软件著作权得分和技术标准三项二级指标上略显不足，三项指标的得分均为0。这几项指标与行业无形资产的规模结构、持

---

❶ 此案例分析的主要数据来源为蓝思科技2017年年报。

续能力和竞争能力有关，值得企业关注。综合来看，相较于其他计算机通信及电子行业上市公司，“蓝思科技”在资质得分和员工学历得分上都相对较低，处于行业的下游水平。“蓝思科技”拥有四项资质，行业排名第36位；员工学历得分为0.21，行业排名为第102位，这些都可能成为该企业未来发展的短板。

3. 无形资产优化建议

“蓝思科技”在无形资产的规模结构方面表现不佳，应当采取措施提高商标、软件著作权和技术标准方面的竞争力。商标方面应当考虑尽快申请商标，并加大广告投入；软件著作权和技术标准方面应当考虑加大研发投入，并做好著作权的申请工作。此外，“蓝思科技”在积极弥补不足的同时，还要巩固自身在无形资产在持续能力和竞争能力方面的优势。

（三）其他方面竞争优势分析

根据招股说明书和年报披露信息，“蓝思科技”除在无形资产质量竞争中具有优势之外，在自主研发、客户资源和核心团队三个方面也具有一定的竞争优势。

1. 自主研发

公司自主研发及与设备厂商共同研发所需的生产设备，委托签订保密协议的设备厂商制造，并约定在保密期限内专供给公司。专用设备融入了公司多年的生产经验与技术积淀，较好地适配了公司的生产模式及工艺方法，确保公司生产效率与良率的领先优势。公司生产所用大部分工装夹具、模具、辅材也多为自制。专用设备自主研发提高了“蓝思科技”应对外部冲击的能力，减少了外部依赖，有利于企业未来的长远发展。

2. 客户资源

“蓝思科技”多年来在消费电子产品防护玻璃领域的深耕细作及口碑帮助其赢得了一批优质、稳定的客户资源，包括三星、LG、亚马逊、微软、诺基亚、华为、OPPO、VIVO、小米、联想等国内外知名品牌。公司与优质客户共同推进科技创新、产品创新、不断成长，确保公司能够紧跟消费电子产品行业的快速变化，准确把握行业未来发展方向，对公司经营的稳定性和收入质量起到至关重要的作用。

3. 核心团队

“蓝思科技”建立了以创始人周群飞女士为核心的管理团队和核心技术人员团队，现有团队成员多年稳定在公司工作、发展，均长期持有本公司股票，与公司为利益共同体。稳定的核心团队经过多年的磨合，利于形成一致的公司愿景，在未来公司的发展上形成一致合力。

创业板化学、橡胶、塑料行业
无形资产研究

本报告基于证监会二级行业分类标准（2012），对化学、橡胶、塑料行业进行典型分析。研究样本包括：截至 2018 年 5 月 18 日化学、橡胶、塑料行业的创业板上市公司，共计 73 家。样本数据来源于招股说明书和历年年报。招股说明书构成如下：2009 年 5 份；2010 年 11 份；2011 年 12 份；2012 年 4 份；2013 年 1 份；2014 年 3 份；2015 年 8 份；2016 年 16 份；2017 年 13 份。年报构成如下：2009 年 5 份；2010 年 16 份；2011 年 28 份；2012 年 32 份；2013 年 33 份；2014 年 36 份；2015 年 44 份；2016 年 60 份；2017 年 73 份。

一、行业概况

（一）企业数量变化

截至 2018 年 5 月 18 日，创业板化学、橡胶、塑料行业上市公司共 73 家，约占创业板公司总数量的 10.07%。2017 年 5 月 18 日至 2018 年 5 月 18 日，新增 13 家。该行业企业数量占创业板公司总数比例近五年存在小幅波动，2013—2015 年增幅呈下降趋势，但近两年逐步回升，如表 11-1 所示。

表 11-1　2009—2017 年化学、橡胶、塑料行业企业数量变化　（单位：家）

时　间	2009 年	2010 年	2011 年	2012 年	2013 年	2014 年	2015 年	2016 年	2017 年
行业企业数量	5	16	28	32	33	36	44	60	73
行业新增企业数量	5	11	12	4	1	3	8	16	13
创业板企业总数	58	188	292	355	379	425	508	638	725
行业企业占比	8.62%	8.51%	9.59%	9.01%	8.71%	8.47%	8.66%	9.40%	10.07%

（二）行业成本分析

根据对 2016—2017 年年报信息的整理，创业板化学、橡胶、塑料行业企业成本如表 11-2 所示，整体呈上升趋势。其中，应付职工薪酬均值的增长幅度最大，达到 41.67%，其次是管理费用均值增长了 17.50%，再次是营业成本均值增长了 16.46%，销售费用均值增幅相对较小，为 9.30%。销售费用和管理费用均值的增幅较 2015—2016 年有明显增长。由数据可看出，职工薪酬构成整体成本上升的最主要因素，营业成本和管理费用基本持平，销售费用的作用则相对较小。同时，上述数据表明创业板化学、橡胶、塑料行业经营成本整体呈上升趋势。

表 11-2　2016—2017 年化学、橡胶、塑料行业成本变动　（单位：亿元）

成本构成	2016 年总额	2017 年总额	2016 年均值	2017 年均值	均值同比增长
营业成本	495.47	702.39	8.26	9.62	16.46%
销售费用	25.72	34.42	0.43	0.47	9.30%
管理费用	47.98	68.38	0.80	0.94	17.50%
应付职工薪酬	7.35	12.37	0.12	0.17	41.67%

（三）行业利润分析

1. 整体变化趋势

根据对 2013—2017 年年报信息的整理，化学、橡胶、塑料行业上市公司利润数据如表 11-3 所示。行业总利润和净利润在 2013—2017 年总体呈现上升趋势，其中 2017 年的净利润几乎为上一年度数额的三倍，平均净利润增幅高达 132.73%。尽管部分年份利润指标的同比增速出现较大波动，但均值总体呈稳定上升趋势。

表 11-3　2013—2017 年化学、橡胶、塑料行业利润变动　（单位：亿元）

指标＼时间	2013 年	2014 年	2015 年	2016 年	2017 年
利润总额	22.58	32.34	38.40	75.27	107.90
平均利润总额	0.68	0.90	0.87	1.25	1.48
平均利润总额同比增长	-0.09%	32.35%	-3.33%	43.68%	18.40%
净利润	19.08	27.39	32.16	32.90	93.49
平均净利润	0.58	0.76	0.73	0.55	1.28
平均净利润同比增长	-0.53%	31.03%	-3.95%	-24.66%	132.73%

2. 企业盈亏

如表11-4所示，2017年，化学、橡胶、塑料行业有50.68%的企业年度利润总额增长率为负数；约64.38%的企业利润增长低于20%，利润增长超过100%的企业仅占13.70%。2017年，该行业利润增长最为突出的是大禹节水（300021），其净利润增长率高达41139.42%，远超行业内其他企业。另外，杭州高新（300478）、纳川股份（300198）和清水源（300437）3家企业净利润平均增长也在500%以上。

表11-4　2017年化学、橡胶、塑料行业利润增长分布情况 　　　　　　（单位：家）

指标＼增长率区间	<0	0~20%	20%~40%	40%~60%	60%~80%	80%~100%	100%以上
利润总额增长率在此区间的企业数量	37	10	6	5	4	1	10
净利润增长率在此区间的企业数量	34	11	7	5	3	1	12

3. 利润集中度

就整个行业利润集中程度来看（见表11-5），前10.96%（前8家）的企业累计利润总额约占全行业利润的50%；前30.14%（前22家）的企业累计利润总额占整个行业70%；前61.64%（前45家）的企业累计利润总额占整个行业90%，表明化学、橡胶、塑料行业内的大部分利润由少数企业获得，剩余较小份额的利润则被剩下的大多数企业分享。

表11-5　2017年化学、橡胶、塑料行业利润集中情况 　　　　　　（单位：家）

累计利润比例	累计企业数	累计企业数占整个行业企业比例
达30%	3	4.11%
达40%	5	6.85%
达50%	8	10.96%
达60%	14	19.18%
达70%	22	30.14%
达80%	33	45.21%
达90%	45	61.64%

二、 行业无形资产规模

（一）基于招股说明书的无形资产规模

表11-6为基于招股说明书信息的创业板化学、橡胶、塑料行业上市公司无形资产

构成情况。

表 11-6　基于招股说明书信息的 2013—2017 年化学、橡胶、塑料行业无形资产构成情况

年份 行业总值 （均值）	2013	2014	2015	2016	2017
授权专利（项）	554（16.79）	677（18.81）	807（18.34）	1277（21.28）	1756（24.05）
非专利技术（项）	312（9.45）	349（9.69）	338（7.68）	393（6.55）	499（6.84）
著作权（项）	1（0.03）	1（0.028）	1（0.023）	5（0.083）	55（0.75）
持有商标（项）	322（9.76）	358（9.94）	380（8.64）	671（11.18）	849（11.63）
技术标准（项）	47（1.42）	53（1.47）	101（2.30）	140（2.33）	197（2.70）
总经理薪酬（万元）	1248.06（37.82）	1520（42.22）	1699.24（38.62）	2439（40.65）	2751.24（37.69）
前十大股东持股 比例（%）	2427.81（73.57）	2969.2（82.48）	3563.62（80.99）	4461.6（74.36）	5387.02（73.79）
资质（项）	561（17.00）	729（20.25）	869（19.75）	1425（23.75）	423（5.79）

1. 常规无形资产规模变动特征

2013—2017 年，创业板化学、橡胶、塑料行业常规无形资产变动特征如下：

第一，2013—2017 年，行业平均授权专利数量呈稳步上升趋势，2017 年达到平均每家企业 24.05 项。

第二，非专利技术数量的均值从 2015 年开始呈逐步下降趋势，2016 年跌至近几年最低值，虽然 2017 年较 2016 年有小幅增长，但均值数量仍较低。

第三，化学、橡胶、塑料行业著作权数量一直很低，2017 年之前，仅上海新阳（300236）和世名科技（300522）两家企业披露共 5 项著作权。2017 年，御家汇（300740）和药石科技（300725）两家企业共披露 50 项版权，使行业著作权平均数量增长近 700%。

第四，持有商标数量的均值在 2013—2017 年整体呈波动状态，在 2013—2015 年逐年下降，2016 年转而增加，并在 2017 年继续增加且达到近几年最高值。

2. 非常规无形资产规模变动特征

2013—2017 年，创业板化学、橡胶、塑料行业非常规无形资产变动特征如下：

第一，技术标准数量总体呈上升趋势，2017 年平均每家企业的技术标准拥有量近 3 项。

第二，总经理薪酬均值在 2013—2017 年整体呈波动趋势，2017 年较上年下浮 7% 以上，有 37.67 万元。

第三，前十大股东持股比例在该行业长期保持在 70% 以上，2013—2014 年该比例

上升近 10 个百分点并达到峰值，但在 2015—2017 年又连续三年下降。

第四，资质数量均值在 2013—2016 年总体呈现波动趋势，但 2017 年降幅较大，主要原因可能是该行业内的企业对其所拥有资质数量的披露程度不够。

（二）基于年报的无形资产规模

表 11-7 为基于年报信息的创业板化学、橡胶、塑料行业上市公司无形资产构成情况。

表 11-7　基于年报信息 2013—2017 年化学、橡胶、塑料行业无形资产构成情况

年份 / 行业总值（均值）	2013	2014	2015	2016	2017
授权专利（项）	1834（55.58）	2124（59.00）	2225（50.57）	2761（46.02）	3926（53.78）
非专利技术（项）	36（1.09）	42（1.67）	1（0.02）	29（0.48）	3840（52.60）
著作权（项）	—	—	44（1.00）	124（2.07）	854（11.70）
持有商标（项）	320（9.70）	701（19.47）	768（17.45）	247（4.12）	268（3.67）
技术标准（项）	30（0.91）	29（0.81）	139（3.16）	214（3.57）	104（1.42）
前五名客户销售额占比（%）	877.14（26.58）	1125.87（31.27）	1270.72（28.88）	1745.40（29.09）	2061.62（28.24）
总经理薪酬（万元）	1767.81（53.57）	2071.58（57.54）	2207.48（50.17）	3240.60（54.01）	4423.19（60.59）
独立董事津贴（万元）	181.17（5.49）	225.20（6.26）	240.68（5.47）	342.60（5.71）	380.69（5.21）
前十大股东持股比例（%）	2161.17（65.49）	2497.61（69.38）	2677.84（60.86）	3886.17（64.77）	4259.24（58.35）
技术（研发）人员占比（%）	599.94（18.18）	724.08（20.11）	828.08（18.82）	1066.19（17.77）	1322.12（18.11）
资质（项）	285（8.64）	127（3.53）	135（3.07）	449（7.48）	223（3.05）

1. 常规无形资产规模变动特征

2013—2017 年，创业板化学、橡胶、塑料行业常规无形资产变动特征如下：

第一，授权专利的行业均值 2013—2014 年呈上升趋势，但在 2015—2016 年呈下降趋势，2017 年回升至与 2013 年行业均值相近的水平。

第二，非专利技术均值在 2013—2014 年整体呈上升趋势，但在 2015 年下降，2017 年又骤增的原因是国立科技（300716）披露了 3771 项产品配方的非专利技术，使该行业的非专利技术拥有量均值暴涨。

第三，化学、橡胶、塑料行业因其技术特征对软件著作权依赖较小，根据年报信息，2013—2014 年该行业企业均无软件著作权，2016 年浙江金科（300459）披露了 95 项软件著作权，达到行业之最，2017 年元力股份（300174）披露了 86 项软件著作权保

护和 713 项作品著作权、共计 799 项著作权，使行业均值水平较上一年度有所增长。

第四，持有商标数量在 2013—2017 年五年间波动较大，行业平均拥有量在 2014 年达到最高，其后几年持续下降，并在 2017 年创下最低纪录，主要是因为近几年该行业内各企业年报对持有商标数的披露不充分。

2. 非常规无形资产规模变动特征

2013—2017 年，创业板化学、橡胶、塑料行业非常规无形资产变动特征如下：

第一，技术标准整体呈现波动趋势。2013—2016 年平均每家企业的披露数量基本呈增长趋势，说明该行业参与制定技术标准的企业在增加，且企业对技术标准越来越重视。但 2017 年出现大幅下降，其中上一年度披露数量较多的安利股份（300218）、清水源（300437）和世名科技（300522）等企业在本年度披露数量大幅下滑是行业均值下降的影响因素之一。

第二，前五名客户销售额占比在 2014 年上升至 31.27% 且达到峰值之后，从 2015—2017 年其占比有所下降，但一直稳定在 28% 以上。

第三，总经理薪酬总体呈现波动上升态势，首先在 2013—2014 年小幅上升，然后在 2015 年有所下降，此后连续两年上升，其中 2017 年增幅最大，总经理薪酬平均薪酬达到历史最高的 60.59 万元。

第四，独立董事津贴总体呈波动状态，但增减幅度较小，故其绝对数额变化不大，除 2014 年超过 6 万元以外，其余年份基本稳定保持在 5 万~6 万元之间。

第五，前十大股东持股比例在 2014 年达到最高值，此后各年均有增减，在 2017 年下降至与 2015 年相近水平，波动性较为明显，除 2017 年外其余各年份均维持在 60%以上，该行业股权集中度相对较高，但已出现分散趋势。

第六，技术研发人员占比在 2013—2017 年波动幅度较小，基本维持在 17%~20%之间。

第七，资质数量整体波动幅度较大，最高时平均每家企业持有 8 项左右，最低时平均每家企业只持有 3 项，且在 2017 年基本降至最低水平。

三、 行业无形资产的区域分布

（一） 整体描述

73 家创业板化学、橡胶、塑料行业上市公司的区域构成如下：东部沿海经济区 31家，南部沿海经济区 12 家，北部沿海经济区 14 家，长江中游经济区 5 家，东北综合经济区 2 家，大西南综合经济区 4 家，黄河中游经济区 4 家，大西北综合经济区 1 家。其中，东部沿海经济区、北部沿海经济区和南部沿海经济区企业共计 57 家，占行业总数的78.08%，说明化学、橡胶、塑料行业上市公司集中在我国的沿海地区，行业的区域集中度较高。

1. 基于招股说明书的区域无形资产规模

表11-8为基于招股说明书信息的创业板化学、橡胶、塑料行业上市公司无形资产在不同区域的构成情况。

表11-8　2017年创业板化学、橡胶、塑料行业无形资产区域分布情况

区域 总值 （均值）	北部沿海综合经济区	东部沿海综合经济区	南部沿海综合经济区	大西南综合经济区	大西北综合经济区	东北综合经济区	长江中游综合经济区	黄河中游综合经济区	行业总值（均值）
授权专利 （项）	327 (23.36)	844 (27.23)	250 (20.83)	109 (27.25)	5 (5.00)	15 (7.50)	138 (27.60)	68 (17.00)	1756 (24.05)
非专利技术（项）	137 (9.79)	200 (6.45)	85 (7.08)	18 (4.50)	3 (3.00)	4 (2.00)	32 (6.40)	20 (5.00)	499 (6.84)
著作权 （项）	44 (3.14)	11 (0.35)	—	—	—	—	—	—	55 (0.75)
持有商标 （项）	165 (11.79)	403 (13.00)	128 (10.67)	51 (12.75)	10 (10.00)	5 (2.50)	75 (15.00)	12 (3.00)	849 (11.63)
技术标准 （项）	18 (1.29)	103 (3.32)	11 (0.92)	4 (1.00)	—	—	21 (4.20)	40 (10.00)	197 (2.70)
总经理薪酬（万元）	592.03 (42.29)	1275.45 (41.14)	544.14 (45.35)	129.54 (32.39)	14.31 (14.31)	21.75 (10.88)	127.01 (25.40)	47.01 (11.75)	2751.24 (37.69)
前十大股东持股比例（%）	1020.46 (72.89)	2268.37 (73.17)	889.29 (74.11)	299.26 (74.82)	62.95 (62.95)	144.17 (72.09)	349.9 (69.98)	352.63 (88.16)	5387.02 (73.79)
资质 （项）	63 (4.50)	294 (9.48)	30 (2.50)	—	—	—	36 (7.20)	—	423 (5.79)

基于招股说明书披露信息，东部沿海综合经济上市公司在授权专利、持有商标技术标准、总经理薪酬及资质数量等方面高于行业平均水平，其中在总经理薪酬和资质数量上位于第一，综合实力较强，也因该区域内企业数量最多而使该经济区具有一定的代表性，但在非专利技术和著作权方面处于明显的劣势。需要说明的是，大西北综合经济区和东北综合经济区内企业数量一共仅有3家，故其统计数据不一定具有代表性。

2. 基于年报的区域无形资产规模

表 11-9 为基于年报信息的创业板化学、橡胶、塑料行业上市公司无形资产在不同区域的构成情况。

表 11-9　2017 年创业板化学、橡胶、塑料行业无形资产区域分布情况

区域 总值 （均值）	北部沿海综合经济区	东部沿海综合经济区	南部沿海综合经济区	大西南综合经济区	大西北综合经济区	东北综合经济区	长江中游综合经济区	黄河中游综合经济区	行业总值（均值）
授权专利（项）	757 (54.07)	1028 (33.16)	526 (43.83)	197 (49.25)	376 (376.00)	90 (45.00)	812 (162.40)	140 (35.00)	3926 (53.78)
非专利技术（项）	37 (2.64)	18 (0.58)	3779 (314.92)	2 (0.50)	0 (0.00)	0 (0.00)	4 (0.80)	0 (0.00)	3840 (52.60)
著作权（项）	0 (0.00)	9 (0.29)	807 (67.25)	0 (0.00)	7 (7.00)	0 (0.00)	0 (0.00)	31 (7.75)	854 (11.70)
持有商标（项）	31 (2.21)	166 (5.35)	28 (2.33)	0 (0.00)	0 (0.00)	0 (0.00)	0 (0.00)	43 (10.75)	268 (3.67)
技术标准（项）	21 (1.50)	25 (0.81)	9 (0.75)	4 (1.00)	0 (0.00)	2 (1.00)	36 (7.20)	7 (1.75)	104 (1.42)
前五名客户销售额占比（%）	464.74 (33.20)	872.27 (28.14)	386.87 (32.24)	112.42 (28.11)	26.65 (26.65)	24.77 (12.39)	109.99 (22.00)	63.91 (15.98)	2061.62 (28.24)
总经理薪酬（万元）	958.18 (68.44)	1957.58 (63.15)	855.56 (71.30)	179.86 (44.97)	57.49 (57.49)	87.72 (43.86)	253.77 (50.75)	73.03 (18.26)	4423.19 (60.59)
独立董事津贴（万元）	77.69 (5.55)	164.98 (5.32)	52.01 (4.33)	18.66 (4.67)	0 (0.00)	11.11 (5.56)	33.74 (6.75)	22.50 (5.63)	380.69 (5.21)
前十大股东持股比例（%）	711.03 (50.79)	1815.26 (58.56)	780.65 (65.05)	252.73 (63.18)	59.04 (59.04)	122.97 (61.49)	276.12 (55.22)	241.45 (60.36)	4259.24 (58.35)
技术人员占比（%）	259.28 (18.52)	567.30 (18.30)	203.16 (16.93)	56.40 (14.10)	9.90 (9.90)	26.40 (13.20)	110.20 (22.04)	89.48 (22.37)	1322.12 (18.11)
资质（项）	20 (1.43)	85 (2.74)	36 (3.00)	16 (4.00)	7 (7.00)	5 (2.50)	47 (9.40)	7 (1.75)	223 (3.05)

基于年报披露信息，南部沿海综合经济区在非专利技术、著作权和总经理薪酬均值方面处于第一的位置，其中，非专利技术和著作权拥有量远高于其他经济区，但在

持有商标、技术标准、独立董事津贴等方面则低于行业平均水平。大西南综合经济区在前十大股东持股比例和资质方面均超过行业均值，但在著作权和持有商标方面为0。

（二）典型区域分析

1. 东部沿海经济区

东部沿海经济区包括上海、江苏和浙江3个省市，总面积21.9万平方千米。根据国务院发展研究中心的构想，该区域将建设成为最具影响力的多功能的制造业中心和最具竞争力的经济区之一。截至2018年5月18日，该区域共有31家企业（见图11-1），其中上海市7家，江苏省18家，浙江省6家，占创业板化学、橡胶、塑料行业上市公司总数的42.47%。

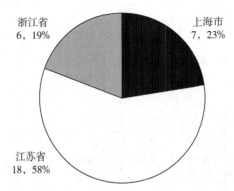

图11-1 截至2018年5月18日东部沿海经济区化学、橡胶、塑料行业上市公司的地理分布（单位：家）

由图11-2可知，2013—2017年，该区域化学、橡胶、塑料行业上市公司数量不断增加，且始终多于其他经济区。每年新增企业数量稳步增加，2017年该经济区新增9家企业，为历史新高。

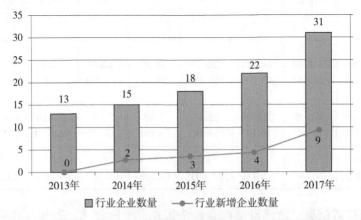

图11-2 2013—2017年东部沿海经济区化学、橡胶、塑料行业企业数量变化（单位：家）

（1）基于招股说明书的东部沿海经济区上市公司无形资产规模

表 11-10 为基于招股说明书信息的东部沿海经济区化学、橡胶、塑料行业上市公司无形资产构成情况。

表 11-10 基于招股说明书的 2013—2017 年东部沿海经济区化学、橡胶、塑料行业无形资产构成情况

时间 总值（均值）	2013 年	2014 年	2015 年	2016 年	2017 年
授权专利（项）	0（0.00）	260（17.33）	360（20.00）	508（23.09）	844（27.23）
非专利技术（项）	0（0.00）	96（6.40）	124（6.89）	117（5.32）	200（6.45）
著作权（项）	0（0.00）	1（0.07）	2（0.11）	5（0.23）	11（0.35）
持有商标（项）	0（0.00）	118（7.87）	123（6.83）	284（12.91）	403（13.00）
技术标准（项）	0（0.00）	18（1.20）	28（1.56）	55（2.50）	103（3.32）
总经理薪酬（万元）	694.2（53.40）	772.24（51.48）	989.10（54.95）	1279.74（58.17）	1275.45（41.14）
前十大股东持股 比例（%）	862.55（66.35）	1071.28（71.41）	1291.86（71.77）	1460.36（66.38）	2268.37（73.17）
资质（项）	0（0.00）	0（0.00）	185（10.28）	279（12.68）	294（9.48）

根据招股说明书信息，东部沿海经济区的上市公司在授权专利、技术标准、资质数量等方面基本保持稳定增长态势，其著作权数量尽管在小幅增加，但其数量较小，与其他经济区相比处于劣势。此外，2017 年中该经济区在总经理薪酬总额基本维持不变，但由于企业数量增加，导致了均值相较以前年度有明显减少。

（2）基于年报的东部沿海经济区上市公司无形资产规模

表 11-11 为基于年报信息的东部沿海经济区化学、橡胶、塑料行业上市公司无形资产构成情况。

表 11-11 基于年报的 2013—2017 年东部沿海经济区化学、橡胶、塑料行业无形资产构成情况

时间 总值（均值）	2013 年	2014 年	2015 年	2016 年	2017 年
授权专利（项）	161（12.38）	368（24.53）	809（44.94）	724（32.91）	1028（33.16）
非专利技术（项）	9（0.69）	0（0.00）	2（0.11）	12（0.55）	18（0.58）
著作权（项）	0（0.00）	0（0.00）	44（2.44）	87（3.96）	9（0.29）
持有商标（项）	95（7.31）	204（13.60）	246（13.67）	119（5.41）	166（5.36）
技术标准（项）	8（0.62）	8（0.53）	27（1.50）	86（3.91）	25（0.81）
前五名客户销售额 占比（%）	439.79（33.83）	404.88（27.00）	563.94（31.33）	731.94（33.27）	872.27（28.14）
总经理薪酬（万元）	629.59（48.43）	703.22（46.88）	1019.52（56.64）	1215.50（55.25）	1957.58（63.15）

续表

时间 总值（均值）	2013 年	2014 年	2015 年	2016 年	2017 年
独立董事津贴（万元）	68.90（5.30）	74.76（4.98）	102.60（5.70）	138.16（6.28）	164.98（5.32）
前十大股东持股 比例（%）	823.94（63.38）	865.76（57.72）	1079.1（59.95）	1370.38（62.29）	1815.26（58.56）
技术（研发）人员 占比（%）	246.22（18.94）	254.80（16.38）	318.24（17.68）	398.86（18.13）	567.30（18.30）
资质（项）	0（0.00）	33（2.20）	73（4.06）	186（8.45）	85（2.74）

根据年报披露信息，整体来看，东部沿海经济区的上市公司在总经理薪酬的均值上处于稳定增长状态，在授权专利、著作权数量、持有商标数量、技术标准等方面有较大波动，而在前五名客户销售占比、独立董事津贴、前十大股东持股比例、技术（研发）人员占比等几方面则相对较为稳定。

2. 北部沿海经济区

北部沿海经济区包括北京、天津、河北和山东 4 个省市，总面积 37.52 万平方千米。根据国务院发展研究中心的构想，该区域将建设成为最有实力的高新技术研发和制造中心之一，并加速区域一体化进程。截至 2018 年 5 月 18 日，该区域共有 14 家企业（见图 11-3），其中北京市 4 家，天津市 2 家，河北省 2 家，山东省 6 家，占创业板化学、橡胶、塑料行业上市公司总数的 19.18%。

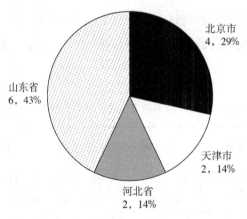

图 11-3　截至 2018 年 5 月 18 日北部沿海经济区化学、橡胶、塑料行业上市公司的地理分布（单位：家）

由图 11-4 可知，2013—2017 年，该区域化学、橡胶、塑料行业上市公司数量呈波动增长态势。2017 年增至 14 家，较上年新增 3 家。

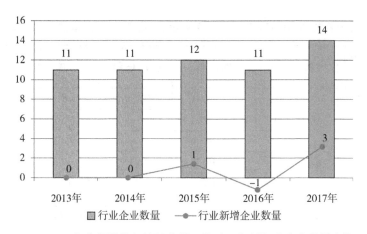

图 11-4 2013—2017 年北部沿海经济区化学、橡胶、塑料行业企业数量变化（单位：家）

（1）基于招股说明书的北部沿海经济区上市公司无形资产规模

表 11-12 为基于招股说明书信息的北部沿海经济区化学、橡胶、塑料行业上市公司无形资产构成情况。

表 11-12 基于招股说明书的 2013—2017 年北部沿海经济区化学、橡胶、塑料行业无形资产构成情况

时间 总值（均值）	2013 年	2014 年	2015 年	2016 年	2017 年
授权专利（项）	—	234 (21.27)	220 (18.33)	199 (18.09)	327 (23.36)
非专利技术（项）	—	107 (9.73)	117 (9.75)	125 (11.36)	137 (9.79)
著作权（项）	—	—	—	—	44 (3.14)
持有商标（项）	—	44 (4.00)	148 (12.33)	128 (11.64)	165 (11.79)
技术标准（项）	—	20 (1.82)	16 (1.33)	17 (1.55)	18 (1.29)
总经理薪酬（万元）	631.18 (57.38)	571.78 (51.98)	716.52 (59.71)	723.58 (65.78)	592.03 (42.29)
前十大股东持股 比例（%）	732.38 (66.58)	709.39 (64.49)	713.88 (59.49)	656.26 (59.66)	1020.46 (72.89)
资质（项）	—	—	253 (21.08)	127 (11.55)	63 (4.50)

从招股说明书披露的信息来看，整体上，北部沿海经济区内上市公司的授权专利、非专利技术、技术标准、总经理薪酬等呈波动态势，其著作权在 2017 年实现由无到有的变化是因为御家汇（300740）在该年度披露 44 项著作权。另外，该经济区的前十大股东持股比例在 2017 年有明显提高，表明大股东对相关公司的控制进一步集中。

（2）基于年报的北部沿海经济区上市公司无形资产规模

表 11-13 为基于年报信息的北部沿海经济区化学、橡胶、塑料行业上市公司无形资产构成情况。

表 11-13　基于年报的 2013—2017 年北部沿海经济区化学、橡胶、塑料行业无形资产构成情况

时间 总值（均值）	2013 年	2014 年	2015 年	2016 年	2017 年
授权专利（项）	313（28.45）	812（73.81）	1074（89.50）	588（53.45）	757（54.07）
非专利技术（项）	18（1.64）	42（3.82）	—	—	37（2.64）
著作权（项）	—	—	—	—	—
持有商标（项）	67（6.09）	116（10.55）	182（15.17）	19（1.73）	31（2.21）
技术标准（项）	1（0.09）	15（1.36）	16（1.33）	19（1.73）	21（1.50）
前五名客户销售额 占比（%）	369.16（33.56）	308.55（28.05）	438.48（36.54）	374.22（34.02）	464.74（33.20）
总经理薪酬（万元）	539.88（49.08）	508.31（46.21）	698.04（58.17）	723.58（65.78）	958.18（68.44）
独立董事津贴（万元）	56.54（5.14）	58.63（5.33）	63.36（5.28）	61.71（5.61）	77.69（5.55）
前十大股东持股 比例（%）	725.56（65.96）	697.40（63.40）	704.04（58.67）	653.07（59.37）	711.03（50.79）
技术（研发）人员 占比（%）	210.98（19.18）	212.08（19.28）	240.84（20.07）	243.87（22.17）	259.28（18.52）
资质（项）	—	17（1.55）	21（1.75）	33（3.00）	20（1.43）

基于年报披露信息，北部沿海经济区的上市公司在授权专利、非专利技术、持有商标、资质数量等方面呈波动变化态势，可能与该经济区内企业对相关内容的披露不够充分有关。另外，前五名客户销售额占比、技术研发人员占比和独立董事津贴则相对较稳定。值得关注的是，该经济区企业在著作权数量方面一直为 0，长此以往可能不利于相关企业未来的持续性发展。

四、 基于无形资产竞争矩阵的行业无形资产竞争分析

（一）行业无形资产规模结构分析

2017 年，化学、橡胶、塑料行业专利及非专利技术共计 7766 项，平均每家企业拥有 106.38 项，国立科技（300716）、大禹节水（300021）和三聚环保（300072）3 家企业共有专利及非专利技术 4500 项，占行业总量的 57.94%。

商标数量共计 268 项，平均每家企业约有 3.67 项，天晟新材（300169）、安诺其（300067）和新开源（300109）3 家企业共持有商标 209 项，占行业总量的 77.99%。

资质数量共计 223 项，平均每家企业拥有 3.05 项，回天新材（300041）、鼎龙股份（300054）和安利股份（300218）3 家企业共有资质 42 项，占行业总量的 18.83%。

软件著作权数量共计 854 项，平均每家企业拥有 11.70 项，元力股份（300174）、

新开源（300109）和金力泰（300225）3 家企业共有软件著作权 839 项，占行业总量 98.24%。

（二）行业无形资产持续能力分析

化学、橡胶、塑料行业研发支出占比的行业均值为 4.74%，该项指标排名前三的企业为元力股份（300174）、飞凯材料（300398）和药石科技（300725），分别为 11.76%、10.27% 和 9.05%。

员工本科及以上学历占比的行业均值为 18.10%，该项指标排名前三的企业为药石科技（300725）、联创互联（300343）和金科文化（300459），分别为 72.80%、60.80% 和 49.80%。

技术标准数量的行业均值为 1.42 项/家，该项指标排名前三的企业为安利股份（300218）、海达股份（300320）和同大股份（300321），分别为 18 项/家、18 项/家和 13 项/家。

（三）行业无形资产竞争能力分析

化学、橡胶、塑料行业前五名客户占比的行业均值为 28.24%，该项指标排名前三的企业为天铁股份（300587）、乐凯新材（300446）和横河模具（300539），分别为 90.93%、86.83% 和 80.33%。

前十大股东持股比例的行业均值为 58.35%，该项指标排名前三的企业为中旗股份（300575）、达志科技（300530）和容大感光（300576），分别为 76.67%、76.37% 和 76.18%。

高管薪酬的行业均值为 60.59 万元，该项指标排名前三的企业为华峰超纤（300180）、三聚环保（300072）和正丹股份（300641），分别为 179.87 万元、175.07 万元和 156.13 万元。

表 11-14 为依据无形资产竞争矩阵计算所得的创业板化学、橡胶、塑料行业排名前 30 的优秀样本企业。

表 11-14　2017 年创业板化学、橡胶、塑料行业企业无形资产得分一览

股票代码	股票名称	专利与非专利技术得分	商标得分	资质得分	软件著作权得分	技术标准数量得分	研发支出占比得分	员工学历得分	前五名客户占比得分	十大股东持股比例得分	高管薪酬得分	总得分
300174	元力股份	0.00	0.00	0.50	1.00	1.00	0.31	0.00	0.38	0.89	0.49	4.56
300218	安利股份	0.08	0.00	0.75	0.00	0.46	0.28	1.00	0.18	0.84	0.52	4.10
300169	天晟新材	0.02	1.00	0.63	0.37	0.29	0.33	0.60	0.40	3.63
300725	药石科技	0.01	0.00	0.06	0.00	0.77	1.00	0.00	0.32	0.96	0.43	3.55

续表

股票代码	股票名称	专利与非专利技术得分	商标得分	资质得分	软件著作权得分	技术标准数量得分	研发支出占比得分	员工学历得分	前五名客户占比得分	十大股东持股比例得分	高管薪酬得分	总得分
300568	星源材质	0.02	0.00	0.25	0.00	0.67	0.38	0.06	0.71	0.74	0.57	3.39
300684	中石科技	0.01	0.00	0.00	0.00	0.44	0.30	0.00	0.81	0.95	0.84	3.35
300072	三聚环保	0.09	0.36	0.19	0.00	0.12	0.43	0.00	0.36	0.77	1.00	3.32
300261	雅本化学	0.00	0.00	0.44	0.00	0.56	0.31	0.00	0.67	0.92	0.37	3.28
300716	国立科技	1.00	0.32	0.00	0.00	0.32	0.00	0.00	0.40	0.98	0.20	3.21
300446	乐凯新材	0.01	0.00	0.06	0.00	0.70	0.44	0.28	0.95	0.53	0.22	3.19
300398	飞凯材料	0.06	0.00	0.13	0.00	0.87	0.43	0.00	0.40	0.88	0.37	3.14
300535	达威股份	0.01	0.00	0.38	0.00	0.52	0.57	0.11	0.26	0.90	0.35	3.10
300041	回天新材	0.04	0.00	1.00	0.00	0.38	0.41	0.28	0.17	0.62	0.20	3.10
300530	达志科技	0.01	0.00	0.06	0.00	0.64	0.35	0.33	0.50	1.00	0.17	3.06
300037	新宙邦	0.03	0.00	0.31	0.00	0.60	0.34	0.00	0.26	0.64	0.85	3.05
300459	金科文化	0.00	0.00	0.31	0.00	0.53	0.68	0.06	0.22	0.94	0.30	3.04
300321	同大股份	0.00	0.00	0.25	0.00	0.43	0.08	0.72	0.35	0.83	0.32	2.98
300180	华峰超纤	0.00	0.00	0.69	0.00	0.40	0.28	0.00	0.19	0.60	0.78	2.94
300067	安诺其	0.02	0.91	0.19	0.00	0.31	0.26	0.00	0.19	0.77	0.29	2.94
300522	世名科技	0.01	0.00	0.13	0.00	0.62	0.38	0.11	0.21	0.92	0.53	2.91
300320	海达股份	0.00	0.00	0.38	0.00	0.27	0.16	1.00	0.19	0.67	0.24	2.91
300587	天铁股份	0.01	0.00	0.13	0.00	0.29	0.29	0.06	1.00	0.85	0.25	2.87
300731	科创新源	0.01	0.00	0.06	0.00	0.50	0.24	0.06	0.66	0.98	0.35	2.85
300109	新开源	0.02	0.49	0.19	0.04	0.57	0.55	0.00	0.11	0.74	0.12	2.82
300054	鼎龙股份	0.07	0.00	0.88	0.00	0.57	0.24	0.11	0.14	0.59	0.13	2.72
300665	飞鹿股份	0.00	0.00	0.00	0.00	0.28	0.39	0.61	0.50	0.71	0.18	2.67
300019	硅宝科技	0.03	0.00	0.50	0.00	0.39	0.38	0.11	0.13	0.83	0.23	2.60
300285	国瓷材料	0.03	0.00	0.19	0.00	0.52	0.25	0.17	0.29	0.70	0.46	2.60
300021	大禹节水	0.10	0.00	0.44	0.01	0.22	0.50	0.00	0.29	0.77	0.26	2.59
300539	横河模具	0.02	0.00	0.06	0.00	0.31	0.12	0.00	0.88	0.95	0.21	2.55

五、案例分析

（一）企业简介❶

"元力股份"全称为"福建元力活性炭股份有限公司"，成立于1999年，于2011

---

❶ 公司简介来源为福建元力活性炭股份有限公司官方网站企业介绍和 Choice 金融终端（东方财富旗下金融数据平台）。

年2月1日在深圳证券交易所创业板上市，股票代码300174。"元力股份"是一家主要从事活性炭、白炭黑、硅酸钠的研发、生产、销售以及开展环境工程业务的集团化公司，且为国内唯一的活性炭上市公司，旗下拥有五家全资子公司、一家控股子公司，属于高新技术企业、知识产权优势企业、国家林业重点龙头企业、中国木质活性炭产业基地领军企业、国家林业标准化示范企业。

活性炭业务是"元力股份"的核心主业，白炭黑、硅酸钠业务是其优势主业，无论生产规模、内外销的销售量、研发水平及品牌影响力均位居行业第一。公司拥有福建南平、莆田、江西玉山、内蒙古满洲里四个生产基地，年活性炭生产能力达65000吨。凭借高性价比的产品与服务，"元力股份"在国内建立起了体系完备、响应快速的营销网络，并积极实施海外市场拓展，目前海外业务已布及至法国、俄罗斯、意大利、土耳其、日本、泰国、印度、阿根廷、巴西、南非等几十个国家和地区。

（二）无形资产相关情况分析

1. 优势分析

"元力股份"之所以能够在行业内成为无形资产领域的标杆企业，主要原因在于其著作权数量、研发费用占比、资质数量、高管年薪排名较为靠前。其中，著作权数量为799项，居行业第1位，且远超行业内剩余企业拥有的著作权数量之和；研发费用占比为11.76%，居行业第1位；拥有资质数量为8项，居行业并列第7位；高管年薪为152.03万元，居行业第11位。总体来看，"元力股份"在无形资产规模结构和持续能力方面表现较好，尤其是其拥有版权著作权数量之多、研发费用投入占比之大，使其在创业板化学、橡胶、塑料行业无形资产竞争中脱颖而出。

2. 不足分析

"元力股份"在专利与非专利技术数量、商标数量、行业标准数量、员工学历和前五名客户占比等五项二级指标上略显不足，其专利与非专利技术数量、商标数量、行业标准数量均为0项；同时大学及以上学历员工占比22.2%，居行业第31位；前五名客户占比为34.35%，居行业第18位。这几项指标与行业无形资产的规模结构、持续能力和竞争能力有关，值得企业关注。综合来看，相较于其他化学、橡胶、塑料行业上市公司，"元力股份"在人才培养与投入有待进一步提高，对专利及非专利技术、商标权、行业标准的重视程度需要再加强，同时也要加强对大客户关系的维持力度。

3. 无形资产优化建议

首先，企业应当提高对专利与非专利技术的重视程度，积极发展专业技术，注重对企业专利技术的保护；其次，要正确看待参与行业标准制定的意义，积极了解和参与行业标准的制定；再次，企业应当将制定驰名商标作为目标，提升本企业商标的数量和影响力，向客户和消费者展现企业的形象和信誉；最后，建立完善的人才培养、引进、使用、交流、奖励等机制，落实各项人才政策，提高整体员工文化与学历水平，以促进企业更快更好地发展。

（三）其他方面竞争优势分析

根据年报披露信息，"元力股份"除在无形资产质量竞争中具有优势之外，在业务协调、产品质量和行业认知三个方面也具有一定的竞争优势。

1. 业务协调优势

"元力股份"经营业务涵盖活性炭、白炭黑、网络游戏等板块，各业务板块相对独立、共同发展，并在各自领域均取得较大的竞争优势，行业地位稳固。在业务日益多元的情况下，"元力股份"逐步推行事业部制管理模式，以强化母公司对子公司管控的职能要求，提升决策执行效率，完善内部管理和绩效评价。"元力股份"与全球领先的特种化工企业——赢创工业集团强强联合，通过控股子公司元禾化工有限公司参股40%❶，与赢创工业集团合资成立的白炭黑生产企业赢创嘉联白炭黑（南平）有限公司（简称：EWS）。"元力股份"通过元禾化工，以 EWS 为平台，与赢创工业集团在白炭黑领域开展全面战略合作，深度介入高分散性白炭黑产业链，分享绿色轮胎产业收益，实现公司业务的协调发展。

2. 产品质量优势

"元力股份"通过将技术优势转化为生产力大幅提升了公司的产品质量。木质活性炭的应用领域广泛，产品质量主要体现在产品的吸附性能、灰分含量铁含量等纯度指标等方面。公司目前生产的木质活性炭产品质量已居于同行业领先水平，吸附能力均高出同行业平均水平。并且，通过对生产工艺和设备的创新，生产过程已实现精细控制，产品质量更加稳定，在国内外均享有较高的知名度。同时，公司制定了严于国内行业标准的企业标准，在国内木质活性炭行业树立了良好的品牌形象，产品在行业内始终保持较高的、稳定的市场占有率，特别是在淀粉糖、味精、化工等下游行业中占有较高的市场份额。为提升公司产品品质，公司拟扩建技术研发中心，利用分析检测设备、中试生产线等进一步改进活性炭的生产工艺，针对不同行业客户的特点，增加各种专用活性炭品种的开发。

3. 认知定位优势

作为木质活性炭行业的领军企业，"元力股份"对本企业的战略定位有清晰的把握。在公司设立之初，木质活性炭行业正处于起步阶段，市场需求增长较快但层次低，

---

❶ 资料来源为福建元力活性炭股份有限公司 2017 年年度报告。

大部分企业并不注重企业内在增长性。但公司认识到行业未来的竞争将是以技术先进性为保障的规范竞争，从而在设立之初即制订了"技术创新"的竞争策略。通过技术攻关和资金密集投入，公司在糖用炭、味精炭的吸附脱色能力研究上取得突破，牢牢占据了市场优势地位。其后行业竞争加剧，"元力股份"基于工艺改进、成本降低，强化了采购、生产等各方面的能力，以产品质量和综合竞争优势继续占领市场。近年来，当行业中部分企业开始重视专业化能力时，公司及时进行战略升级，一方面增加研制更多专用活性炭品种以适应发展；另一方面，以客户需求为核心，逐步完成由单纯产品提供商向产品、技术综合服务提供商的角色转型。

创业板医药制造行业无形资产研究

本报告基于证监会二级行业分类标准（2012），对医药制造行业进行典型分析。研究样本包括：截至 2018 年 5 月 18 日医药制造行业的创业板上市公司，共计 54 家。样本数据来源于招股说明书和历年年报。招股说明书构成如下：2009 年 6 份；2010 年 12 份；2011 年 7 份；2013 年 2 份；2014 年 1 份；2015 年 7 份；2016 年 11 份；2017 年 7 份❶。年报构成如下：2009 年 7 份；2010 年 19 份；2011 年 26 份；2012 年 26 份；2013 年 28 份；2014 年 29 份；2015 年 36 份；2016 年 47 份；2017 年 54 份。

一、行业概况

（一）企业数量变化

截至 2018 年 5 月 18 日，创业板医药制造行业上市公司共 54 家，约占创业板公司总数的 7.45%。2017 年 5 月 18 日至 2018 年 5 月 18 日，新增 7 家❷。该行业企业数量占创业板公司总数比例近九年存在小幅波动，整体上呈现先下降后上升的趋势。其中，2014 年医药制造行业企业占创业板上市公司总数的比重最小，仅为 6.82%，如表 12-1 所示。

表 12-1 2009—2017 年医药制造行业企业数量变化 （单位：家）

时间 数量/占比	2009 年	2010 年	2011 年	2012 年	2013 年	2014 年	2015 年	2016 年	2017 年
行业企业数量	7	19	26	26	28	29	36	47	54
行业新增企业数量	6	12	7	0	2	1	7	11	7
创业板企业总数	58	188	292	355	379	425	508	640	725
行业企业占比	12.07%	10.11%	8.90%	7.32%	7.39%	6.82%	7.09%	7.34%	7.45%

---

❶ 由于 2012 年创业板医药制造行业无新上市企业，所以 2012 年招股说明书为 0 份，此处未列出。

❷ 医药制造业 2017 年新增 7 家公司，其中新上市企业为 5 家，另外 2 家公司星普医科（300143）、金石东方（300434）因主营业务发生变化从其他行业变更到医药制造业。

（二）行业成本分析

根据对 2016—2017 年年报信息的整理，医药制造行业企业成本如表 12-2 所示。总的来看，行业成本均呈上升趋势，且涨幅均超过 10%。其中，销售费用增势明显，同比增加 27.92%；营业成本同比增加 13.61%；管理费用同比增加长 14.58%；应付职工薪酬同比增加 13.47%。数据表明，创业板医药制造行业经营成本整体呈上升趋势，其中销售费用的增长速度接近其他成本增长速度的两倍，反映出医药制造企业越来越重视产品的销售，以及市场和渠道的维护。

表 12-2　2016—2017 年医药制造行业成本变动　　　　　　　（单位：亿元）

成本构成	2016 年总额	2017 年总额	2016 年均值	2017 年均值	均值同比增长
营业成本	177.11	231.19	3.77	4.28	13.61%
销售费用	101.19	148.72	2.15	2.75	27.92%
管理费用	57.44	75.62	1.22	1.40	14.58%
应付职工薪酬	8.43	10.99	0.18	0.20	13.47%

（三）行业利润分析

1. 整体变化趋势

根据对 2013—2017 年年报信息的整理，医药制造行业上市公司利润数据如表 12-3 所示。行业利润总额从 2013 年的 34.89 亿元增长到 2017 年的 100.75 亿元，增长了 188.76%；净利润从 2013 年的 29.34 亿元增长到 2017 年的 84.05 亿元，增长了 186.47%。分年度来看，不论是利润总额还是净利润，其增长均有较大波动。其中，平均利润总额在 2016 年增长最快，达到 26.58%；2014 年次之，为 18.38%；2017 年利润总额首次突破 100 亿元，但平均利润总额首次出现下滑。与平均利润总额波动息息相关，平均净利润也在 2016 年增长最快，达到 22.45%；2014 年次之，为 19.35%；2017 年平均利润首次出现负增长。尽管 2017 年平均利润总额和平均利润总额有所减少，但从整体上来看，创业板医药制造行业在 2013—2017 年仍有较快的发展，行业利润总额和净利润均有所增长。

表 12-3　2013—2017 年医药制造行业利润变动　　　　　　　（单位：亿元）

时间 指标	2013 年	2014 年	2015 年	2016 年	2017 年
利润总额	34.89	42.77	53.71	88.76	100.75
平均利润总额	1.25	1.47	1.49	1.89	1.87

续表

时间\指标	2013 年	2014 年	2015 年	2016 年	2017 年
平均利润总额同比增长	2.56%	18.38%	1.16%	26.58%	−1.21%
净利润	29.34	36.27	44.67	71.41	84.05
平均净利润	1.05	1.25	1.24	1.52	1.56
平均净利润同比增长	0.22%	19.35%	−0.79%	22.45%	2.44%

2. 企业盈亏

就单个企业利润增长情况来看（见表 12-4），该行业近 1/3 的企业年度利润总额和净利润增长率为负，利润增长低于 20% 的企业数接近利润负增长的企业数，利润呈倍数增长的企业约占总企业数的 10%，各个企业之间发展状况有较大差异，利润增长分布较为发散，主要呈现出两端多中间少的现象，表明多数企业发展并不稳定，要么增长很快，要么就出现亏损。

就具体企业来看，2017 年发展最快的是莱美药业（300006），其 2016 年利润总额为 401.57 万元，2017 年利润总额达到 4788.79 万元，增长了 1092.52%；其 2016 年净利润为 125.32 万元，2017 年的净利润达到 4606.33 万元，增长了 3575.65%。莱美药业是一家以研发、生产和销售喹诺酮类抗感染药、抗肿瘤药、肠外营养药为主的科技型医药企业。据药智数据，莱美药业在 CDE 的新药申请有 129 个（以受理号计，下同），其中批准生产 32 个，批准临床 25 个。另外，新药中还有 3 个是 I 类新药。莱美药业有 52 个药品品种总计在 31 个地区中标，具有一定市场占有率，为其业绩增长做出巨大贡献❶。2017 年，出现巨大亏损的企业为沃森生物（300142），其 2016 年利润总额为 3468.40 万元，2017 年的利润总额为 −5.77 亿元，减少了 1563.59%；其 2016 年净利润为 3002.04 万元，2017 年净利润为 −5.58 亿元，减少了 1758.74%。据鼎臣咨询，沃森生物此次业绩巨变主要原因有以下两方面原因：一方面是业绩对赌埋下隐患，另一方面是公司债权转股权计划未实施使得财务费用及应收账款坏账准备计提增加❷。

---

❶ 新浪看点 http://k.sina.com.cn/article_2051747990_7a4b3096001006yhf.html?cre＝financepagepc&mod＝f&loc＝1&r＝9&doct＝0&rfunc＝100。

❷ 搜狐财经：http://www.sohu.com/a/216833452_100014899。

表 12-4　2017 年医药制造行业利润增长分布情况　　　　　　　（单位：家）

指标＼增长率区间	<0	0~20%	20%~40%	40%~60%	60%~80%	80%~100%	100%以上
利润总额增长率在此区间的企业数量	18	13	8	7	0	1	7
净利润增长率在此区间的企业数量	17	14	8	7	1	1	6

3. 利润集中度

就整个行业利润集中程度来看（见表 12-5），前 7 家企业利润占整个行业的 30%，企业数占该行业比重为 12.96%；前 13 家企业利润占整个行业的 50% 左右，企业数占该行业比重为 24.07%；前 32 家企业利润占整个行业的 90%，企业数占该行业比重为 59.26%。表明创业板医药制造行业利润集中度不太高，具有一定的分散性，这也从一定程度上反映出该行业市场竞争较为激烈。

表 12-5　2017 年医药制造行业利润集中情况　　　　　　　（单位：家）

累计利润比例	累计企业数	累计企业数占整个行业企业比例
达 30%	7	12.96%
达 40%	9	16.67%
达 50%	13	24.07%
达 60%	16	29.63%
达 70%	20	37.04%
达 80%	25	46.30%
达 90%	32	59.26%

二、 行业无形资产规模

（一）基于招股说明书的无形资产规模

表 12-6 为基于招股说明书信息的创业板医药制造行业上市公司无形资产构成情况。

表 12-6　基于招股说明书的 2013—2017 年医药制造行业无形资产构成情况

行业总值（均值）＼年份	2013	2014	2015	2016	2017
授权专利（项）	212（7.56）	228（7.86）	481（13.36）	728（15.49）	905（16.76）

续表

年份 行业总值（均值）	2013	2014	2015	2016	2017
非专利技术（项）	155（5.54）	167（5.76）	190（5.28）	218（4.64）	287（5.31）
著作权（项）	12（0.43）	12（0.41）	23（0.64）	30（0.64）	33（0.61）
持有商标（项）	656（23.43）	680（23.45）	844（23.44）	1355（28.40）	1557（28.83）
技术标准（项）	31（1.11）	31（1.07）	38（1.06）	38（0.81）	54（1）
总经理薪酬（万元）	1103（39.39）	1201（41.41）	1618（44.94）	2321（49.38）	2652（49.11）
前十大股东持股比例（%）	2080（74.29）	2155（74.31）	2744（76.22）	3485（74.15）	4096（75.85）
资质（项）	732（26.14）	765（26.38）	1363（37.86）	2149（45.72）	2603（48.20）

1. 常规无形资产规模变动特征

2013—2017年，创业板医药制造行业常规无形资产变动特征如下：

第一，授权专利数量均值在近五年呈上升趋势，新上市企业边际专利值符合行业平均情况。2017年授权专利有明显增长，但在申请专利增幅有所下降。总体来看，该行业对领域内技术的依赖性逐年增强，企业对专利的重视程度也有所增加。

第二，非专利技术的行业均值在近五年呈现出先增长后下降再增加的趋势，在2016年首次降至5项以下，但在2017年又有所上升，表明行业新增企业比较注重非专利技术。

第三，著作权的行业均值呈现出先增加后减少的趋势，其中2015年和2016年最大，为0.64项，2017年有所下降，为0.61项。

第四，2013—2017年，前三年持有商标数量的行业均值稳定在24项，在2016年和2017年有明显增长，说明近两年行业新增公司持有商标的数量较多，注重对商标的保护。

2. 非常规无形资产规模变动特征

2013—2017年，创业板医药制造行业非常规无形资产变动特征如下：

第一，技术标准的行业均值呈现出先下降后上升的趋势，在2016年达到最低，平均每家公司不足1项，在2017年有所上升，上升至平均每家公司1项。总体来看，医药制造业对技术标准依赖性并不是太强。

第二，总经理薪酬呈现出先上升后下降的趋势，2013—2016年行业总经理薪酬均值增速较快，在2016年达到了49.38万元，但在2017年有所下降，降到49.11万元。

第三，2013—2017年前十大股东持股比例相对较为稳定，均保持在74%以上，股权集中度相对较高，一方面说明该行业企业经营控制较为稳定，另一方面也说明该行业公司的股东较为看好企业未来发展趋势。

第四，资质数量的行业均值每年均有所增加，其中 2015 年和 2016 年均有较为明显的增长，2017 年增速有所放缓，行业资质均值达到 48.20 项。由于行业受到较强的监管以及产品较为特殊，该行业企业的资质主要是以 GMP 认证和药品注册批件为代表的准入类资质。

（二）基于年报的无形资产规模

表 12-7 为基于年报信息的创业板医药制造行业上市公司无形资产构成情况。

表 12-7　基于年报信息的 2013—2017 年医药制造行业无形资产构成情况

行业总值（均值） \ 年份	2013	2014	2015	2016	2017
授权专利（项）	374（13.36）	612（21.10）	1362（37.83）	1795（38.19）	1908（35.33）
非专利技术（项）	12（0.43）	0（0）	25（0.69）	17（0.36）	1（0.02）
著作权（项）	3（0.11）	3（0.1）	44（1.22）	43（0.91）	36（0.67）
持有商标（项）	643（22.96）	1222（42.14）	1599（44.42）	2109（44.87）	1486（27.52）
技术标准（项）	0（0）	0（0）	2（0.06）	15（0.32）	25（0.46）
前五名客户销售额占比（%）	820（29.29）	829（28.59）	1040（28.89）	1369（29.13）	1337（24.76）
总经理薪酬（万元）	2098（74.93）	2258（77.86）	3440（95.56）	3617（76.96）	4061（75.2）
独立董事津贴（万元）	492（17.57）	558（19.24）	688（19.11）	803（17.09）	1016（18.81）
前十大股东持股比例（%）	1888（67.43）	2058（70.97）	2292（63.67）	3159（67.21）	3416（63.26）
技术（研发）人员占比（%）	434（15.5）	473（16.31）	643（17.86）	862（18.34）	1095（20.28）
资质（项）	1183（42.25）	319（11.00）	358（9.94）	850（18.09）	635（11.76）

1. 常规无形资产规模变动特征

2013—2017 年，创业板医药制造行业常规无形资产变动特征如下：

第一，近五年行业平均授权专利呈现出先增加后减少的趋势，但整体上来看，行业平均授权专利数量从 2013 年的 13.36 项增长到 2017 年的 35.33 项，增长了 1.64 倍。

第二，近五年非专利技术变化幅度较大。2014 年年报中并未有企业披露非专利技术的相关数据，2015 年有所增长，2016 年和 2017 年连续下降，2017 年仅 1 家企业披露 1 项非专利技术。总体上来看，行业均值波动较为明显。

第三，近五年著作权呈现出先增加后减少的趋势，尽管整体上来看行业均值有所增加，但仍处于较低水平。分年度来看，2015 年达到最大，平均每家企业拥有 1.22 项著作权，但随后两年有所下降，2017年行业均值降到0.67项。

第四，就持有商标数量均值来看，从2013年的22.96项增长到2016年的44.87项，增长了95.43%，但在2017年出现明显下滑。原因在于行业新增企业除了九典制药（300705）在2017年年报中披露其注册的58项商标外，其余企业均未披露有关信息。

2. 非常规无形资产规模变动特征

2013—2017年，创业板医药制造行业非常规无形资产变动特征如下：

第一，近几年创业板医药行业拥有技术标准数量虽然有所增加，但仍处于较低水平。2013年和2014年均为0项，2017年平均每家0.46项，说明行业内企业对技术标准的重视有所提高，技术标准规模在持续扩大。

第二，前五名客户销售额占比在前几年较为稳定，在2017年有所下降，表明行业企业对前五大客户的依赖有所降低。

第三，总经理薪酬整体上较为稳定，均值在75万元左右浮动。按年份来看，行业均值在2015年达到最大，为95.56万元，但在2016年和2017年又恢复至往年水平。

第四，近五年独董津贴有所波动，2017年行业均值为18.81万元。行业均值在2014年达到最大，为19.24万元；2016年最小，为17.09万元。

第五，前十大股东持股比例近五年波动较大，从2013年的67.43%下降至2017年的63.26%。其中，2015年和2017年降幅明显，2017年行业均值达到最低水平。但整体上来看，行业前十大股东持股比例均值仍旧在60%以上，股权集中度仍然较高。

第六，研发人员占比稳定增长，2017年行业均值首次突破20%。尽管行业内研发人员占比逐年增长，但仍处于较低水平，相对于软件、信息技术服务业等高科技行业（研发人员占比超过50%），医药制造行业的研发人员规模相对较小，并未完全体现出技术密集型的产业特征。

第七，行业内资质数量波动较大。整体上来看，资质均值数量从2013年平均42.25项减少至2017年的11.76项，减少了72.17%。与招股说明书类似，年报中披露的资质也多为GMP认证和药品注册批件等准入类资质。

三、行业无形资产的区域分布

（一）整体描述

54家创业板医药制造行业上市公司的区域构成如下：东部沿海经济区有10家，南部沿海经济区有11家，北部沿海经济区有11家，长江中游经济区有8家，大西南综合经济区有7家，黄河中游经济区有4家，东北综合经济区有2家，大西北综合经济区有

1家。其中，沿海三个经济区分布企业占行业总数的57.26%，区域集中程度较为明显。

1. 基于招股说明书的区域无形资产规模

表12-8为基于招股说明书信息的创业板医药制造行业上市公司无形资产在不同区域的构成情况。

表 12-8　2017 年创业板医药制造行业无形资产区域分布情况

区域 总值 （均值）	北部沿海综合经济区	东部沿海综合经济区	南部沿海综合经济区	大西南综合经济区	大西北综合经济区	东北综合经济区	长江中游综合经济区	黄河中游综合经济区	行业总值（均值）
授权专利 （项）	137 (12.45)	150 (15.00)	341 (31.09)	147 (21.00)	13 (13.00)	31 (15.50)	72 (9.00)	14 (3.50)	905 (16.76)
非专利技术（项）	79 (7.18)	47 (4.70)	49 (4.46)	25 (3.57)	5.00 (5.00)	6 (3.00)	63 (7.88)	13 (3.25)	287 (5.31)
著作权 （项）	7 (0.64)	8 (0.80)	11 (1)	1 (0.14)	0 (0)	0 (0)	6 (0.75)	0 (0)	33 (0.61)
持有商标 （项）	215 (19.55)	212 (21.20)	533 (48.46)	134 (19.14)	6 (6.00)	129 (64.50)	183 (22.88)	145 (36.25)	1557 (28.83)
技术标准 （项）	6 (0.55)	22 (2.20)	1 (0.09)	2 (0.29)	0 (0)	2 (1.00)	20 (2.50)	1 (0.25)	54 (1.00)
总经理薪酬（万元）	730 (66.36)	556 (55.60)	543 (49.36)	277 (39.57)	14 (14.00)	63 (31.50)	277 (34.63)	192 (48.00)	2652 (49.11)
前十大股东持股比例（%）	829 (75.36)	771 (77.10)	833 (75.73)	575 (82.14)	61 (61.00)	131 (65.50)	622 (77.75)	275 (68.75)	4096 (75.85)
资质 （项）	263 (23.91)	598 (59.80)	620 (56.36)	384 (54.86)	28 (28.00)	90 (45.00)	551 (68.88)	69 (17.25)	2603 (48.20)

从招股说明书披露信息来看，北部沿海综合经济区企业在非专利技术、著作权和总经理薪酬方面高于行业平均水平，授权专利、持有商标等方面与行业平均水平尚有一些差距；东部沿海综合经济区企业著作权、技术标准、总经理薪酬、前十大股东持股比例和资质方面高于行业平均水平，在授权专利、非专利技术以及持有商标方面仍需加强；南部沿海综合经济区企业在授权专利、著作权、持有商标、总经理薪酬以及资质等方面优于其他经济区域企业，尤其是在授权专利和持有商标方面，占有较大优势，但在非专利技术、技术标准和前十大股东持股比例等方面与行业平均水平尚有差距；大西南综合经济区在授权专利、前十大股东持股比例和资质等方面高于行业平均

水平，但在非专利技术、著作权和持有商标等方面有些不足；大西北综合经济区企业在授权专利、非专利技术以及著作权等方面均低于行业平均水平，应提高无形资产保护意识；东北综合经济区在持有商标方面优势较为明显，但其他方面略微薄弱；长江中游综合经济区在非专利技术、著作权、技术标准和前十大股东持股比例等方面高于行业平均水平，但授权专利、非专利技术以及著作权的数量低于行业平均水平；黄河中游综合经济区持有商标方面高于行业平均水平，但在其他方面略有不足。由此可见，经济发达地区一方面企业数量较多，另一方面拥有的无形资产也多于经济相对欠发达地区企业。

2. 基于年报的区域无形资产规模

表 12-9 为基于年报信息的创业板医药制造行业上市公司无形资产在不同区域的构成情况。

表 12-9　2017 年创业板医药制造行业无形资产区域分布情况

区域 \ 总值（均值）	北部沿海综合经济区	东部沿海综合经济区	南部沿海综合经济区	大西南综合经济区	大西北综合经济区	东北综合经济区	长江中游综合经济区	黄河中游综合经济区	行业总值（均值）
授权专利（项）	316（28.73）	132（13.20）	712（64.73）	344（49.14）	0（0）	33（16.50）	262（32.75）	109（27.25）	1908（35.33）
非专利技术（项）	0（0）	0（0）	0（0）	0（0）	1（1.00）	0（0）	0（0）	0（0）	1（0.02）
著作权（项）	0（0）	2（0.20）	21（1.91）	13（1.86）	0（0）	0（0）	0（0）	0（0）	36（0.67）
持有商标（项）	366（33.27）	0（0）	695（63.18）	251（35.86）	0（0）	0（0）	174（21.75）	0（0）	1486（27.52）
技术标准（项）	0（0）	13（1.30）	1（0.09）	11（1.57）	0（0）	0（0）	0（0）	0（0）	25（0.46）
前五名客户销售额占比（%）	262（23.83）	297（29.70）	202（18.36）	151（21.57）	30（30.00）	66（33.00）	237（29.63）	74（18.54）	1337（24.76）
总经理薪酬（万元）	1070（97.27）	716（71.60）	906（82.36）	508（72.57）	31（31.00）	132（65.50）	467（58.38）	230（57.50）	4061（75.20）
独立董事津贴（万元）	195（17.73）	189（18.90）	187（17.00）	184（26.29）	7（7.00）	21（10.50）	157（19.63）	76（19.00）	1016（18.81）

续表

区域 总值 （均值）	北部沿海综合经济区	东部沿海综合经济区	南部沿海综合经济区	大西南综合经济区	大西北综合经济区	东北综合经济区	长江中游综合经济区	黄河中游综合经济区	行业总值（均值）
前十大股东持股比例（%）	698 （63.45）	673 （67.30）	714 （64.91）	416 （59.43）	55 （55.00）	132 （66.00）	515 （64.38）	212 （53.00）	3416 （63.26）
技术人员占比（%）	214 （19.45）	225 （22.50）	287 （26.09）	144 （20.57）	11 （11.00）	21 （10.50）	139 （17.38）	53 （13.25）	1094 （20.26）
资质（项）	113 （10.27）	67 （6.70）	109 （9.91）	196 （28.00）	5 （5.00）	49 （24.50）	56 （7.00）	40 （10.00）	635 （11.76）

根据年报披露信息，北部沿海综合经济区在持有商标、总经理薪酬和前十大股东持股比例方面高于行业平均水平，其中总经理薪酬处于行业领先水平；东部沿海综合经济区在技术标准、前五名客户销售额占比、独立董事津贴、前十大股东持股比例预计技术人员占比方面高于行业平均水平，前十大股东持股比例在区域中排名第一；南部沿海综合经济区在授权专利、著作权、持有商标、总经理薪酬等方面高于行业平均水平，尤其是授权专利，与其他区域相比有较大优势；大西南综合经济区在授权专利、著作权、持有商标、技术标准和独立董事津贴等方面高于行业平均水平，其中独立董事津贴数额位于区域第一；大西北综合经济区在非专利技术和前五名客户销售占比方面高于行业平均水平，其中非专利技术数量位于区域第一；东北综合经济区在前五名客户销售额占比、前十大股东持股比例和资质方面高于行业平均水平，其余类型无形资产相对较弱；长江中游综合经济区在前五名客户销售占比、独立董事津贴和前十大股东持股比例方面高于行业平均水平；黄河中游经济区在独立董事津贴方面高于行业平均水平。与招股说明书中反映出的信息相似，沿海经济发达地区的企业不仅仅在数量上有较大优势，在无形资产规模上优势也较为明显。

（二）典型区域分析

1. 北部沿海综合经济区

北部沿海综合经济区包含北京、天津、河北和山东四个省市，其构想一方面是为了充分发挥这四个省市人才、技术以及信息中心的区域优势，将该区域建设成全国的高新技术研发和制造中心；另一方面，也以京津冀城市群和山东半岛城镇群为依托，加快区域协作和一体化进程，形成具有世界影响力的城镇群。医药制造业属于技术密集型行业，就前文对该行业企业的区域划分来看，该区域共有 11 家企业（见图 12-

1），其中北京市 5 家，山东省 3 家，天津市 2 家，河北省 1 家，占创业板医药制造行业企业总数的 20.37%。因此有必要将其作为典型地区加以分析。

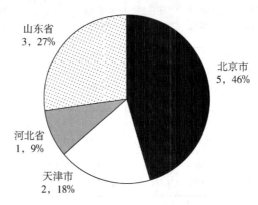

图 12-1 截至 2018 年 5 月 18 日北部沿海综合经济区医药制造行业上市公司的地理分布（单位：家）

近五年，北部沿海综合经济区医药制造企业数量变化较小，2013—2016 年各新增 1 家企业，2017 年企业数量不变（见图 12-2）。

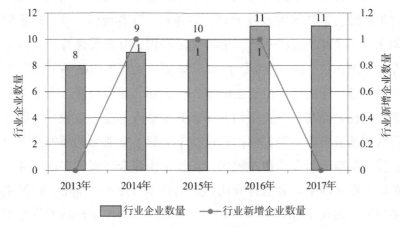

图 12-2 2013—2017 年北部沿海综合经济区医药制造行业企业数量变化（单位：家）

（1）基于招股说明书的北部沿海综合经济区上市公司无形资产规模

表 12-10 为基于招股说明书信息的北部沿海综合经济区医药制造行业上市公司无形资产构成情况。

表 12-10 基于招股说明书的 2013—2017 年北部沿海综合经济区医药制造行业无形资产构成情况❶

时间 总值（均值）	2013 年	2014 年	2015 年	2016 年/2017 年❷
授权专利（项）	10.25（10.25）	10.89（10.89）	12.9（12.9）	12.45（12.45）
非专利技术（项）	7.5（7.5）	8（8）	7.8（7.8）	7.18（7.18）
著作权（项）	0.13（0.13）	0.11（0.11）	0.1（0.1）	0.64（0.64）
持有商标（项）	17.86（17.86）	16.89（16.89）	21.5（21.5）	19.55（19.55）
技术标准（项）	0.75（0.75）	0.67（0.67）	0.6（0.6）	0.55（0.55）
总经理薪酬（万元）	62.56（62.56）	66.27（66.27）	66.31（66.31）	66.32（66.32）
前十大股东持股比例（%）	75.62（75.62）	75.55（75.55）	75.5（75.5）	75.38（75.38）
资质（项）	6（6）	30（30）	26（26）	1（1）

北部沿海综合经济区按照国务院的构想是要充分发挥这四个省市人才、技术以及信息中心的区域优势，将该区域建设成全国的高新技术研发和制造中心。从表 12-10 可以看出，该区域近五年专利数量平均数呈现先增加后减少的趋势，其中在 2015 年达到最大，为 12.9 项，到 2017 年下降至 12.45 项；非专利技术行业均值呈现先增加后减少的趋势，其中在 2014 年达到最大，为 8 项，从 2014 年开始逐年减小，2017 年行业企业拥有非专利技术为 7.18 项；持有商标方面近五年有较大波动，但整体上来看，行业均值均在 16 项以上，其中，2015 年商标均值最大，为 21.5 项，2014 年商标均值最小，为 16.89 项，2017 年商标均值为 19.55 项。由于行业企业数量相对较少，且该区域每年新增企业仅有 1 家左右，所以基于招股说明书的数据尚未能完全反映出该区域在人才、技术方面的特征。

（2）基于年报的北部沿海综合经济区上市公司无形资产规模

表 12-11 为基于年报信息的北部沿海综合经济区医药制造行业上市公司无形资产构成情况。

表 12-11 基于年报的 2013—2017 年北部沿海综合经济区医药制造行业无形资产构成情况

时间 总值（均值）	2013 年	2014 年	2015 年	2016 年	2017 年
授权专利（项）	130（16.25）	369（41.00）	466（46.60）	285（25.91）	316（28.73）

---

❶ 因为 2013—2016 年北部沿海综合经济区医药制造行业每年均新增加 1 家企业，所以总值表与均值表相同，这里不再单独列出。

❷ 注：因为 2017 年北部沿海综合经济区新增创业板医药制造企业数量为 0，2017 年数据较 2016 年并未发生变化，所以此处将 2016 年和 2017 年数据合并表示。

续表

时间 总值（均值）	2013 年	2014 年	2015 年	2016 年	2017 年
非专利技术（项）	0（0）	0（0）	0（0）	0（0）	0（0）
著作权（项）	1（0.13）	1（0.11）	0（0）	0（0）	0（0）
持有商标（项）	260（32.50）	354（39.33）	409（40.90）	344（31.27）	183（16.64）
技术标准（项）	0（0）	0（0）	1（0.1）	0（0）	0（0）
前五名客户销售额 占比（%）	255（31.88）	268（29.78）	292（29.20）	326（29.64）	262（23.82）
总经理薪酬（万元）	1540（192.50）	1290（143.33）	1667（166.70）	1280（116.36）	1070（97.27）
独立董事津贴（万元）	196（24.50）	200（22.22）	167（16.70）	216（19.64）	195（17.73）
前十大股东持股 比例（%）	745（93.13）	733（81.44）	705（70.50）	694（63.09）	698（63.45）
技术（研发）人员 占比（%）	184（23.00）	209（23.02）	204（20.40）	216（19.64）	214（19.45）
资质（项）	—	430（47.78）	541（54.10）	207（18.82）	113（10.27）

就授权专利的均值来看，近五年波动较大，从 2013 年的 16.25 项增长至 2017 年的 28.73 项，增长了 76.80%。其中 2015 年均值最大，主要原因是华仁药业（300110）获得授权专利 190 项，瑞普生物（300119）获得授权专利 92 项。北部沿海综合经济区内企业授权专利数量低于行业平均水平，应提高对专利的重视程度。近五年经济圈内企业商标数量波动较大，整体上来看，持有商标数量有所下降。其中，2015 年商标数量均值达到最大，为 40.90 项；2017 年商标数量均值最小，仅为 16.64 项，原因在于 2017 年仅瑞普生物（300119）和舒泰神（300204）两家企业未披露相关信息。总经理薪酬整体上来看也有较大波动，整体上来看，从 2013 年的 192.50 万元下降到 2017 年的 97.27 万元，下降了 49.47%。经济区内总经理薪酬显著高于行业平均水平，与所在地区经济发展状况和消费水平有较大关联。

2. 南部沿海综合经济区

南部沿海经济区：包括福建、广东、海南三省，是最重要的外向型经济发展的基地和消化国外先进技术的基地。这一地区靠近港、澳、台，海外社会资源丰富，对外开放程度高。其构想是建设成为外向型经济发展的基地、消化国外先进技术的基地、高档耐用消费品和非耐用消费品生产基地以及高新技术产品制造中心。就前文对该行业企业的区域划分来看，该区域共有 11 家企业（见图 12-3），其中广东省 7 家，福建省 2 家，海南省 2 家，占创业板医药制造行业企业总数的 20.37%。因此有必要将其作为典型地区加以分析。

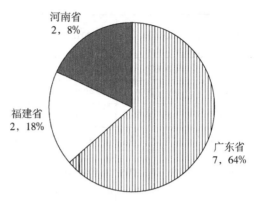

图 12-3 截至 2018 年 5 月 18 日南部沿海综合经济区医药制造行业上市公司的地理分布（单位：家）

近五年，南部沿海综合经济区医药制造企业数量变化较大，除 2013 年企业数量不变之外，近几年都有新增企业。其中，2014 年和 2015 年各新增 1 家企业，2016 年新增 3 家企业，2017 年新增 2 家企业（见图 12-4）。

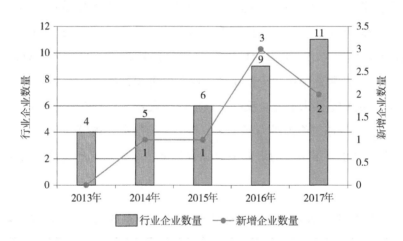

图 12-4 2013—2017 年南部沿海综合经济区医药制造行业企业数量变化（单位：家）

（1）基于招股说明书的南部沿海综合经济区上市公司无形资产规模

表 12-12 为基于招股说明书信息的南部沿海综合经济区医药制造行业上市公司无形资产构成情况。

表 12-12　基于招股说明书的 2013—2017 年南部沿海综合经济区医药制造行业无形资产构成情况

时间 总值（均值）	2013 年	2014 年	2015 年	2016 年	2017 年
授权专利（项）	49（12.25）	33（33）	83（83）	97（32.33）	79（39.5）
非专利技术（项）	20（5）	0（0）	0（0）	26（8.67）	3（1.5）

续表

时间 总值（均值）	2013 年	2014 年	2015 年	2016 年	2017 年
著作权（项）	4（1）	0（0）	4（4）	3（1）	0（0）
持有商标（项）	180（45）	169（169）	42（42）	110（36.67）	32（16）
技术标准（项）	1（0.25）	0（0）	0（0）	0（0）	0（0）
总经理薪酬（万元）	103.92（25.98）	44.74（44.74）	60.99（60.99）	208.36（69.45）	125.3（62.65）
前十大股东持股 比例（%）	294.31（73.58）	74.99（74.99）	100（100）	213.9（71.3）	149.39（74.7）
资质（项）	199（49.75）	74（74）	20（20）	254（84.67）	73（36.5）

南部沿海综合经济区紧邻港、澳、台，对外开放程度高，是我国重要的外向型经济发展基地以及高新技术产品制造中心。从表 12-12 可以看出，该区域近五年授权专利数量平均数波动较大，2015 年最多，达到 83 项，2013 年最少，仅 12.25 项，2017 年为 39.5 项；非专利技术行业均值也有较大波动，其中 2016 年数量最多，达到 8.67 项，而 2014 年和 2015 年没有企业披露非专利技术，2017 年仅为 1.5 项；持有商标方面近五年有较大波动，2014 年商标均值最大，为 169 项，而 2017 年商标均值仅为 16 项。由于该区域医药制造企业较少，新增企业数量更少，所以与北部综合经济区类似，基于招股说明书的数据并未能完全反映出该区域在人才、技术方面的特征。

（2）基于年报的南部沿海综合经济区上市公司无形资产规模

表 12-13 为基于年报信息的南部沿海综合经济区医药制造行业上市公司无形资产构成情况。

表 12-13　基于年报的 2013—2017 年南部沿海综合经济区医药制造行业无形资产构成情况

时间 总值（均值）	2013 年	2014 年	2015 年	2016 年	2017 年
授权专利（项）	47（11.75）	137（27.40）	330（55.00）	539（59.89）	712（64.73）
非专利技术（项）	0（0）	0（0）	0（0）	16（1.78）	0（0）
著作权（项）	1（0.25）	1（0.20）	38（6.33）	37（4.11）	21（1.91）
持有商标（项）	158（39.50）	372（74.40）	584（97.33）	706（78.44）	695（63.18）
技术标准（项）	0（0）	0（0）	1（0.17）	1（0.11）	1（0.09）
前五名客户销售额 占比（%）	52.84（13.21）	61.75（12.35）	129.10（21.52）	161.46（17.94）	202.40（18.40）
总经理薪酬（万元）	173.21（43.30）	206.05（41.21）	427.40（71.23）	471.07（52.34）	906.03（82.37）
独立董事津贴（万元）	60.06（15.02）	64.36（12.87）	113（18.83）	124（13.78）	187.46（17.04）

续表

总值（均值） 时间	2013 年	2014 年	2015 年	2016 年	2017 年
前十大股东持股比例（%）	196.70（49.18）	178.68（35.74）	324.86（54.14）	171.03（19.00）	832.59（75.69）
技术（研发）人员占比（%）	60.80（15.20）	61.30（12.26）	90.90（15.15）	109.20（12.13）	286.91（26.08）
资质（项）	—	117（23.40）	159（26.50）	80（8.89）	109（9.91）

就授权专利均值来看，近五年整体上呈增长趋势，从 2013 年的 11.75 项增长至 2017 年的 64.73 项，增长了 450.87%。南部沿海综合经济区内企业授权专利数量显著高于行业平均水平，这与其区位优势以及高新技术产品制造中心的定位有很大关联。近五年经济圈内企业商标数量波动较大，整体上来看，持有商标数量略有增加。其中，2015 年持有商标数量均值达到最大，为 97.33 项。2017 年持有商标数量均值为 63.18 项，原因在于 2017 年仅康芝药业（300086）、星河生物（300143）、香雪制药（300147）和翰宇药业（300199）四家公司披露了商标信息。就技术（研发）人员占比来看，近五年虽有略微波动，但整体上呈增长趋势，从 2013 年的 15.20% 增长到 2017 年的 26.08%，且技术（研发）人员占比高于行业平均水平，这也说明技术的进步与专利数量的增长离不开人才的支撑。

四、 基于无形资产竞争矩阵的行业无形资产竞争分析

（一）行业无形资产规模结构分析

2017 年，医药制造行业授权专利共计 1908 项，平均每家企业有 35.33 项，翰宇药业（300199）、万孚生物（300482）和尔康制药（300267）三家企业获得授权专利共计 586 项，约占行业总量的 31.71%。

商标数量共计 1486 项，平均每家企业约有 27.52 项，康芝药业（300086）、迈克生物（300463）和瑞普生物（300119）三家企业共有商标 806 项，占行业总量的 54.24%。

资质数量共计 635 项，平均每件企业拥有 11.76 项，迈克生物（300463）、兴齐眼药（300573）和瑞普生物（300119）三家企业共有资质 243 项，占行业总量的 38.27%。

（二）行业无形资产持续能力分析

医药制造行业研发费用占比的行业均值为 7.77%，该项指标排名前三的企业为沃森生物（300142）、贝达药业（300558）和广生堂（300436），分别为 49.87%、

37.09%和25.44%。

技术人员占比❶的行业均值为20.28%，该项指标排名前三的企业为星普医科（300143）、迈克生物（300463）和透景生命（300642），分别为78.20%、43.26%和42.17%。

员工本科及以上学历占比的行业均值为36.04%，该项指标排名前三的企业为艾德生物（300685）、我武生物（300357）和贝达药业（300558），占比分别为64.10%、61.28%和60.47%。

（三）行业无形资产竞争能力分析

医药制造行业前五名客户占比的行业均值为24.76%，该项指标排名前三的企业为赛托生物（300583）、博腾股份（300363）和我武生物（300357），占比分别为78.89%、67.74%和56.42%。

前十大股东持股比例的行业均值为63.26%，该项指标排名前三的企业为智飞生物（300122）、贝达药业（300558）和新光药业（300519），占比分别为80.71%、76.33%和75.44%。

高管平均年薪的行业均值为75.20万元，该项指标排名前三的企业为翰宇药业（300199）、贝达药业（300558）和红日药业（300026），分别为211.62万元、203万元和166.48万元。

表12-14显示了依据无形资产竞争矩阵计算所得的创业板医药制造行业全部样本企业的相关信息。需要说明的是，该行业54份2017年年报中，仅有1家公司披露了非专利技术，4家公司披露了软件著作权，样本量过小，因此统计时将上述两个指标剔除，其他指标不变。

表12-14　2017年创业板医药制造行业无形资产竞争力样本企业一览

股票代码	股票名称	专利技术得分	商标得分	资质得分	研发费用占比得分	技术员工占比得分	员工学历得分	前五名客户占比得分	十大股东持股比例得分	高管平均年薪得分	总分
300463	迈克生物	0.72	0.76	1.00	0.11	0.55	0.91	0.17	0.72	0.36	5.30
300199	翰宇药业	1.00	0.53	0.07	0.14	0.33	0.76	0.36	0.72	1.00	4.91
300558	贝达药业	0.00	0.00	0.02	0.74	0.36	0.94	0.68	0.95	0.96	4.65
300204	舒泰神	0.32	0.43	0.02	0.13	0.35	0.83	0.28	0.85	0.62	3.84
300142	沃森生物	0.30	0.00	0.03	1.00	0.23	0.74	0.17	0.56	0.71	3.73

---

❶　由于医药制造行业对技术标准的敏感性较小，54份2017年年报中仅有4家有披露此项信息，因此，此处采用技术人员占比作为替代指标，以反映该行业无形资产持续能力。

续表

股票代码	股票名称	专利技术得分	商标得分	资质得分	研发费用占比得分	技术员工占比得分	员工学历得分	前五名客户占比得分	十大股东持股比例得分	高管平均年薪得分	总分
300685	艾德生物	0.11	0.00	0.03	0.31	0.45	1.00	0.27	0.92	0.43	3.52
300289	利德曼	0.33	0.00	0.06	0.13	0.29	0.84	0.37	0.79	0.61	3.42
300363	博腾股份	0.13	0.00	0.04	0.13	0.23	0.58	0.86	0.74	0.61	3.32
300267	尔康制药	0.78	0.35	0.06	0.06	0.10	0.53	0.34	0.88	0.19	3.29
300482	万孚生物	0.81	0.00	0.06	0.19	0.26	0.79	0.18	0.68	0.32	3.27
300143	星普医科	0.02	0.01	0.03	0.05	1.00	0.65	0.43	0.87	0.18	3.23
300086	康芝药业	0.13	1.00	0.18	0.04	0.24	0.46	0.16	0.71	0.27	3.20
300436	广生堂	0.13	0.00	0.02	0.51	0.21	0.71	0.47	0.78	0.31	3.16
300406	九强生物	0.00	0.00	0.02	0.15	0.37	0.83	0.35	0.84	0.58	3.14
300573	兴齐眼药	0.15	0.00	0.28	0.18	0.14	0.77	0.30	0.82	0.51	3.14
300642	透景生命	0.06	0.00	0.05	0.20	0.54	0.37	0.46	0.93	0.45	3.05
300357	我武生物	0.07	0.00	0.01	0.13	0.09	0.96	0.72	0.82	0.26	3.04
300119	瑞普生物	0.09	0.68	0.21	0.21	0.05	0.55	0.07	0.88	0.26	3.00
300639	凯普生物	0.00	0.00	0.04	0.16	0.28	0.75	0.12	0.83	0.76	2.94
300630	普利制药	0.22	0.00	0.01	0.39	0.40	0.56	0.25	0.92	0.17	2.93
300439	美康生物	0.40	0.00	0.03	0.10	0.37	0.65	0.14	0.88	0.33	2.90
300723	一品红	0.04	0.00	0.15	0.12	0.12	0.62	0.71	0.93	0.18	2.88
300705	九典制药	0.11	0.18	0.06	0.11	0.44	0.67	0.28	0.89	0.11	2.85
300583	赛托生物	0.06	0.00	0.01	0.08	0.13	0.21	1.00	0.92	0.43	2.82
300485	赛升药业	0.18	0.00	0.11	0.07	0.43	0.51	0.21	0.85	0.38	2.74
300147	香雪制药	0.55	0.56	0.04	0.09	0.23	0.27	0.23	0.58	0.17	2.73
300122	智飞生物	0.07	0.00	0.06	0.14	0.17	0.94	0.11	1.00	0.17	2.66
300601	康泰生物	0.13	0.00	0.03	0.21	0.15	0.67	0.09	0.89	0.48	2.65
300636	同和药业	0.06	0.00	0.02	0.08	0.32	0.35	0.61	0.93	0.24	2.61
300049	福瑞股份	0.00	0.00	0.07	0.20	0.26	0.89	0.24	0.53	0.36	2.56
300497	富祥股份	0.09	0.00	0.05	0.09	0.09	0.30	0.59	0.71	0.57	2.49
300683	海特生物	0.00	0.00	0.01	0.07	0.25	0.73	0.21	0.88	0.29	2.43
300255	常山药业	0.00	0.00	0.01	0.13	0.35	0.65	0.20	0.76	0.31	2.41
300233	金城医药	0.21	0.00	0.05	0.11	0.33	0.05	0.31	0.87	0.47	2.41
300181	佐力药业	0.00	0.00	0.10	0.07	0.18	0.71	0.48	0.55	0.31	2.40
300584	海辰药业	0.01	0.00	0.03	0.16	0.31	0.61	0.17	0.90	0.19	2.38
300026	红日药业	0.00	0.00	0.09	0.10	0.14	0.44	0.15	0.64	0.79	2.35
300009	安科生物	0.07	0.00	0.04	0.24	0.26	0.64	0.14	0.56	0.31	2.27

续表

股票代码	股票名称	专利技术得分	商标得分	资质得分	研发费用占比得分	技术员工占比得分	员工学历得分	前五名客户占比得分	十大股东持股比例得分	高管平均年薪得分	总分
300294	博雅生物	0.00	0.00	0.03	0.08	0.17	0.54	0.24	0.81	0.35	2.23
300016	北陆药业	0.07	0.00	0.04	0.09	0.16	0.69	0.26	0.57	0.34	2.20
300702	天宇股份	0.00	0.00	0.04	0.10	0.26	0.22	0.31	0.91	0.36	2.20
300519	新光药业	0.04	0.00	0.01	0.12	0.18	0.32	0.41	0.93	0.11	2.12
300158	振东制药	0.14	0.00	0.10	0.08	0.07	0.41	0.10	0.93	0.23	2.08
300534	陇神戎发	0.00	0.00	0.03	0.05	0.15	0.59	0.38	0.68	0.15	2.02
300254	仟源医药	0.27	0.00	0.03	0.10	0.20	0.48	0.11	0.57	0.26	2.02
300434	金石东方	0.30	0.00	0.01	0.06	0.19	0.33	0.30	0.66	0.13	1.97
300239	东宝生物	0.07	0.00	0.04	0.08	0.14	0.27	0.49	0.60	0.24	1.92
300108	吉药控股	0.00	0.00	0.02	0.06	0.12	0.24	0.53	0.82	0.11	1.90
300006	莱美药业	0.00	0.00	0.01	0.09	0.27	0.43	0.20	0.69	0.20	1.88
300039	上海凯宝	0.00	0.00	0.09	0.10	0.39	0.25	0.23	0.57	0.23	1.85
300501	海顺新材	0.00	0.00	0.03	0.09	0.21	0.23	0.17	0.90	0.19	1.82
300194	福安药业	0.00	0.00	0.06	0.09	0.20	0.30	0.12	0.80	0.22	1.79
300110	华仁药业	0.00	0.00	0.08	0.08	0.12	0.37	0.13	0.68	0.27	1.73
300452	山河药辅	0.04	0.00	0.07	0.05	0.15	0.26	0.10	0.72	0.14	1.54

五、 案例分析[1]

由于迈克生物（300463）连续两年得分第一，为避免重复分析，本年度蓝皮书选取已经连续两年排名第二的翰宇药业（300199）作为优秀样本企业进行分析。

（一）企业简介

"翰宇药业"全称"深圳翰宇药业股份有限公司"，成立于 2003 年 4 月，于 2011 年 4 月在创业板上市，股票代码 300199。"翰宇药业"主营业务为药品制剂与医疗器械，包括多肽药物的研发、生产和销售，是一家国家级高新技术企业，建有多肽药物国家地方联合工程实验室、国家多肽创新药物公共实验中心、国家多肽药物制备中试技术平台、国家高技术产业化示范工程多肽药物生产基地等研究中心和实验室。

---

[1] 此案例分析的主要数据和资料来源于翰宇药业公司官网以及该公司的招股说明书和年报。

（二）无形资产相关情况分析

1. 优势分析

"翰宇药业"之所以能够在行业内成为无形资产领域的标杆企业，主要原因在于其专利技术、高管平均年薪、前十大股东持股比例、员工学历和商标排名较为靠前。其中，持有授权专利227项，居行业第1位；高管平均年薪211.62万元，居行业第1位；前十大股东持股比例57.98%，居行业第11位；本科以上学历员工占比48.4%，居行业第12位；商标176项，居行业第5位。总体来看，"翰宇药业"在无形资产规模结构和竞争能力方面表现较好，使其在医药制造行业无形资产竞争中脱颖而出。

2. 不足分析

由表12-14可知，"翰宇药业"在资质、研发费用占比、前五名客户占比和技术员工占比等四项二级指标上略显不足，资质为12项，居行业第10位；研发费用占比为7.17%，居行业第15位；前五名客户占比为28.34%，居行业第17位；技术员工占比为25.46%，居行业第15位。这几项指标与行业无形资产的规模结构、持续能力和竞争能力有关，值得企业关注。综合来看，相较于其他医药制造行业上市公司，"翰宇药业"在资质和研发费用的投入上都相对较低；同时，前五名客户占比与技术员工占比偏低，这些都可能成为该企业未来发展的短板。

3. 无形资产优化建议

首先，"翰宇药业"应该保持其在授权专利、员工学历和商标等方面领先的优势；其次，也应该意识到自身在资质、研发费用占比、技术员工占比等方面的不足，加大对资质的获取和保护，在技术人员、研发费用投入等方面应该加大资金投入，增强其自身的竞争优势。

（三）其他方面竞争优势分析

根据招股说明书和年报披露信息，"翰宇药业"除在无形资产质量竞争中具有优势之外，在公司管理、产品技术、生产和质量体系三个方面也具有一定的竞争优势。

1. 管理及人才优势

优秀且稳定的管理团队是公司快速稳定发展的根本保障之一。"翰宇药业"通过完善人才规划，重点人才引进，以及完善的培训机制和福利保障，使得各级管理者的管理水平有所提升，也进一步调动了管理者和员工的积极性，成功吸引和保留了优秀的人才和业务骨干，并逐渐形成公司的核心竞争力。不仅如此，"翰宇药业"本科以上学历员工达到公司员工总数的48.4%，高学历人才为公司人才储备和未来发展提供充分的保障。

2. 产品技术优势

"翰宇药业"是国内多肽药物龙头企业，丰富的产品储备组成了该公司原料药、多肽制剂、高端化学药、生物药物、医疗器械、慢病管理等六大核心业务，主要产品包含止血药、消化系统用药、妇科类用药、调节免疫功能药物、心血管用药、多肽原料药、医疗器械、慢病管理产品等。丰富且具有竞争优势的产品是公司营业利润的主要来源，也是公司的立足之本。

3. 生产体系与质量优势

由于医药行业的特殊性，对产品质量的把关更加严格。"翰宇药业"要求员工必须培训合格后才能上岗，生产工艺要完全符合注册工艺要求的质量目标，并且还建成了全面的质量管理体系，形成质量控制、质量保证、质量风险管理、GMP认证管理、产品质量回顾审核管理、不良反应监测管理的完整闭环。此外，该公司还通过了新版GMP认证、FDA认证和欧盟认证。

创业板互联网及相关服务业无形资产研究

本报告基于证监会二级行业分类标准（2012），对互联网及相关服务业进行典型分析。研究样本包括：截至 2018 年 5 月 18 日互联网及相关服务业行业的创业板上市公司，共计 18 家。样本数据来源于招股说明书和历年年报。招股说明书构成如下：2015 年 12 份；2016 年 1 份；2017 年 15 份。年报构成如下：2015 年 12 份；2016 年 13 份；2017 年 18 份。需要说明的是，由于在创业板从 2015 年才开始有该行业的分类，所以本报告统计的时间区间为 2015—2017 年。

一、 行业概况

（一） 企业数量变化

截至 2018 年 5 月 18 日，创业板互联网及相关服务业上市公司共 18 家，约占创业板公司总数量的 2.48%。2017 年 5 月 18 日至 2018 年 5 月 18 日，新增 5 家。该行业企业数量占创业板公司总数比例近三年存在小幅波动，2016 年有所减少，但 2017 年又有回升，总体变动趋势不太明显，如表 13-1 所示。

表 13-1　2015—2017 年互联网及相关服务行业企业数量变化　　（单位：家）

时间	2015 年	2016 年	2017 年
行业企业数量	12	13	18
行业新增企业数量	12	1	5
创业板企业总数	508	637	725
行业企业占比	2.36%	2.04%	2.48%

（二）行业成本分析

根据对 2016—2017 年年报信息的整理，互联网及相关服务业企业成本如表 13-2 所示。行业营业成本呈上升趋势，达 35.71%；其他三项成本呈下降趋势，管理费用为 -3.38%、应付职工薪酬为 -19.23%、销售费用为 -33.25%。

表 13-2　2016—2017 年互联网及相关服务行业成本变动　（单位：亿元）

成本构成	2016 年总额	2017 年总额	2016 年均值	2017 年均值	2017 年均值同比增长
营业成本	3.61	6.84	0.28	0.38	35.71%
销售费用	54.72	50.59	4.21	2.81	-33.25%
管理费用	38.45	51.51	2.96	2.86	-3.38%
应付职工薪酬	6.71	7.56	0.52	0.42	-19.23%

（三）行业利润分析

1. 整体变化趋势❶

根据对 2015—2017 年年报信息的整理，互联网及相关服务业上市公司利润数据如表 13-3 所示。行业平均利润在 2016 年呈下降趋势，但在 2017 年出现增长。

表 13-3　2015—2017 年互联网及相关服务行业利润变动　（单位：亿元）

时间	2015 年	2016 年	2017 年
利润总额	44.42	35.58	49.68
平均利润总额	3.70	2.74	2.76
平均利润总额同比增长	97.53%	-25.95%	0.73%
净利润	38.43	33.23	47.23
平均净利润	3.20	2.56	2.62
平均净利润同比增长	85.69%	-20.00%	2.34%

2. 企业盈亏

如表 13-4 所示，2017 年，互联网及相关服务业有一半的企业年度利润增长为负，利润增长率超过 100% 的企业占行业企业总数的 30%。2017 年度，互联网及相关服务业中利润增长最令人瞩目的企业当属迅游科技（300467），其利润总额增幅达 307%，净利润增幅达 389%。

---

❶ 由于 2017 年乐视网（300104）出现巨额亏损，发生严重的财务危机，其利润数据严重影响行业整体数据。此表列示的为剔除掉该公司后的统计数据。表 13-4 与表 13-5 做相同处理。

表 13-4　2017 年互联网及相关服务行业利润增长分布情况　　　　（单位:%）

指标＼增长率区间	<0	0~20%	20%~40%	40%~60%	60%~80%	80%~100%	100%以上
利润总额增长率在此区间的企业数量（家）	9	2	0	0	1	0	6
净利润增长率在此区间的企业数量（家）	8	2	1	0	0	1	6

3. 利润集中度

就整个行业利润集中程度来看（见表 13-5），前 70.59%（前 12 家）的企业累计利润总额占整个行业利润的 30%；前 82.35%（前 14 家）的企业累计利润总额占整个行业利润的 50%；前 94.12%（前 16 家）的企业累计利润总额占整个行业利润的 70%。

表 13-5　2017 年互联网及相关服务行业利润集中情况

累计利润比例	累计企业数（家）	累计企业数占整个行业企业比例
达 30%	12	70.59%
达 50%	14	82.35%
达 60%	15	88.24%
达 70%	16	94.12%
达 100%	18	100%

二、 行业无形资产规模

（一）基于招股说明书的无形资产规模

表 13-6 为基于招股说明书信息的创业板互联网及相关服务业上市公司无形资产构成情况。需要说明的是，由于该行业非专利技术很少在招股说明书中披露，2017 年只有东方财富（300059）披露了 45 项，故将"非专利技术"这一指标替换为"在申请专利"进行分析。同时，由于该行业每年新增企业较少，为使分析结果更加直观，此报告对基于招股说明书信息的分析以相关数据的总数分析为主。

表 13-6　基于招股说明书信息的 2015—2017 年互联网及相关服务行业无形资产构成情况

行业总值（均值）＼年份	2015 年	2016 年	2017 年
授权专利（项）	91（7.58）	91（7.00）	91（5.06）

年份 行业总值（均值）	2015 年	2016 年	2017 年
在申请专利（项）	29（2.42）	29（2.23）	29（1.61）
著作权（项）	188（15.67）	291（22.38）	203（11.28）
持有商标（项）	191（15.92）	218（16.77）	218（12.11）
技术标准（项）	2（0.17）	2（0.15）	2（0.11）
总经理薪酬（万元）	483.17（40.26）	483.17（37.17）	508.27（28.24）
前十大股东持股比例（%）	480（40.00）	437.68（33.67）	437.68（24.32）
资质（项）	87（7.25）	107（8.23）	107（5.94）

1. 常规无形资产规模变动特征

2015—2017 年，创业板互联网及相关服务业常规无形资产变动特征如下：

第一，整体来看，行业平均授权专利数量均值从 2015—2017 年一直处于下降趋势，2017 年下降至 5.06 项，比 2016 年下降 27.71%。这是由于行业新增企业较少，且新增企业没有产生新的授权专利，所以导致行业整体均值出现下降趋势。

第二，行业平均在申请专利一直较少，行业平均申请专利在 2 项上下浮动。这也是由于行业新增企业较少，且新增企业没有产生新的申请专利所以导致，行业整体均值出现下降趋势。

第三，软件著作权对于互联网和相关服务行业来说，是支撑其发展的重要基石，也是企业实力的体现。2015—2017 年，该行业平均著作权呈现波动趋势，且数值保持在 10 项以上，但在 2017 年处于最小值 11.28 项，在此项指标上，该行业还有很大的增长空间。

第四，该行业的企业平均持有商标的数量呈现波动趋势，但整体仍保持在 15 项上下。在 2017 年行业平均持有商标数量达到最低 12.11 项，这是由于新增企业的速度远多于持有商标的数量，但新增企业的数量并不多，说明该行业企业的持有商标增长速率过于缓慢，还存在很大的上升空间。

2. 非常规无形资产规模变动特征

2015—2017 年，创业板互联网及相关服务业非常规无形资产变动特征如下：

第一，新增企业并未获得技术标准，所以该行业技术标准的总数没有变化，也使得行业的平均技术标准的数量有所下降。

第二，行业平均总经理薪酬呈现下降趋势，在 2017 年达到最小值 28.24 万元。

第三，行业平均前十大股东持股比例呈现下降趋势，从 40% 下降至 24.32%。

第四，行业平均资质的数量呈现波动的趋势，在 2016 年达到峰值 8.23 项，在

2017 年达到最小值 5.94 项。

（二）基于年报的无形资产规模

表 13-7 为基于年报信息的创业板互联网及相关服务业上市公司无形资产构成情况。

表 13-7　基于年报信息的 2015—2017 年互联网及相关服务行业无形资产构成情况

行业总值（均值） 年份	2015 年	2016 年	2017 年
授权专利（项）	375（31.25）	85（6.54）	1095（60.83）
非专利技术（项）	34（2.83）	40（3.08）	45（2.50）
著作权（项）	42（3.50）	182（14）	243（13.50）
持有商标（项）	349（29.08）	585（45.00）	106（5.89）
技术标准（项）	0（0）	1（0.08）	0（0）
前五名客户销售额占比（%）	267.90（22.33）	237.92（18.30）	446.33（24.80）
总经理薪酬（万元）	921.07（76.76）	991.07（76.24）	992.59（55.14）
独立董事津贴（万元）	39（3.25）	67.80（5.22）	85.46（4.75）
前十大股东持股比例（%）	131.56（10.96）	125.77（9.67）	306.58（17.03）
技术（研发）人员占比（%）	404.4（33.70）	444.1（34.16）	429.6（23.87）
资质（项）	26（2.17）	63（4.85）	98（5.44）

1. 常规无形资产规模变动特征

2015—2017 年，创业板互联网及相关服务业常规无形资产变动特征如下：

第一，行业平均授权专利波动幅度较大，在 2016 年触底，只有 6.54 项，但在 2017 年又达到峰值 60.83 项。

第二，行业平均非专利技术波动幅度不大，稳定在 2.5 项以上。

第三，行业平均著作权呈现波动趋势，在 2016 年达到 14 项，2017 年达到 13.50 项，都远远高于 2015 年的 3.50 项。

第四，行业平均持有商标的数量波动幅度较大，2016 年达到峰值 45 项，但在 2017 年又减少至 5.89 项。

2. 非常规无形资产规模变动特征

2015—2017 年，创业板互联网及相关服务业非常规无形资产变动特征如下：

第一，该行业的企业披露的技术标准非常少，只有在 2016 年有一家企业获得技术标准，其余年份均为 0。

第二，前五名客户销售额占比的行业均值呈现较小的波动趋势，基本维持在 18% 以上。

第三，总经理薪酬的行业均值呈现波动趋势，在 2017 年出现大幅下降，从 2016 年的 76.24 万元下降至为 55.14 万元。

第四，独立董事津贴的行业均值一直在 4 万元上下波动，其波动幅度较少。2016 年达到最高的 5.22 万元，在 2015 点达到最低点，为 3.25 万元。

第五，前十大股东持股比例的行业均值呈现波动趋势，在 2016 年达到最低点 9.67%，2017 年达到 17.03% 的峰值。

第六，技术（研发）人员占比的行业均值在这五年中呈现缓慢波动的趋势，在 2016 年达到 34.16% 的峰值，在 2017 年又达到最低点 23.87%。

第七，资质的行业均值呈现持续上升的趋势，从 2015 年的 2.17 项，上升至 2017 年的 5.44 项。

三、 行业无形资产的区域分布

（一） 整体描述

18 家创业板互联网及相关服务业上市公司的区域构成如下：东部沿海经济区 6 家，南部沿海经济区 3 家，北部沿海经济区 7 家，长江中游经济区 1 家，大西南综合经济区 1 家，其他经济区暂无该行业的上市公司。其中，北部沿海经济区和东部沿海经济区企业共计 13 家，占行业总数的 72.22%，说明互联网及相关服务业的上市公司在区域分布较为集中，且主要集中在经济发达的北部沿海和东部沿海经济区。

1. 基于招股说明书的区域无形资产规模

表 13-8 为基于招股说明书信息的创业板互联网及相关服务业上市公司无形资产在不同区域的构成情况。

表 13-8 2017 年创业板互联网及相关服务行业无形资产区域分布情况

区域 总值（均值）	北部沿海 综合经济区	东部沿海 综合经济区	南部沿海 综合经济区	大西南 综合经济区	长江中游 综合经济区	行业总值 （均值）
授权专利（项）	31 (4.43)	5 (0.83)	53 (17.67)	2 (2)	0 (0)	91 (5.06)
在申请专利（项）	4 (0.57)	25 (4.17)	0 (0)	0 (0)	0 (0)	29 (1.61)
著作权（项）	86 (12.29)	102 (17)	0 (0)	15 (15)	0 (0)	203 (11.28)
持有商标（项）	153 (21.86)	30 (5.00)	3 (1)	32 (32)	0 (0)	218 (12.11)

区域 总值（均值）	北部沿海 综合经济区	东部沿海 综合经济区	南部沿海 综合经济区	大西南 综合经济区	长江中游 综合经济区	行业总值 （均值）
总经理薪酬（万元）	311.05 （44.44）	154.52 （25.75）	0 （0）	42.7 （42.7）	0 （0）	508.27 （28.24）
前十大股东持股 比例（%）	205.10 （29.30）	170.47 （28.41）	44.04 （14.68）	18.08 （18.08）	0 （0）	437.68 （24.32）
资质（项）	36 （5.14）	51 （8.5）	20 （6.67）	0 （0）	0 （0）	107 （5.94）

由招股说明书披露信息可知，北部沿海经济区上市公司在总经理薪酬和前十大股东持股比例为行业第一；东部沿海经济区的上市公司在申请专利的数量和著作权的数量明显高于行业平均水平，且均位于行业第一；南部沿海经济区的上市公司授权专利明显高于行业平均水平，位于行业第一。

2. 基于年报的区域无形资产规模

表 13-9 为基于年报信息的创业板互联网及相关服务业上市公司无形资产在不同区域的构成情况。

表 13-9　2017 年创业板互联网及相关服务行业无形资产区域分布情况

区域 总值（均值）	北部沿海 综合经济区	东部沿海 综合经济区	南部沿海 综合经济区	大西南 综合经济区	长江中游 综合经济区	行业总值 （均值）
授权专利（项）	974 （139.13）	82 （13.67）	27 （9.00）	0 （0）	12 （12）	1095 （60.83）
在申请专利（项）	141 （20.14）	15 （2.5）	78 （26.00）	0 （0）	0 （0）	234 （13.00）
著作权（项）	30 （4.29）	213 （35.5）	0 （0）	0 （0）	0 （0）	243 （13.50）
持有商标（项）	0 （0）	106 （17.67）	0 （0）	0 （0）	0 （0）	106 （5.89）
前五名客户销售额 占比（%）	234.99 （33.57）	87.06 （14.51）	37.29 （12.43）	55.43 （55.43）	31.51 （31.51）	446.33 （24.80）
总经理薪酬（万元）	338.7 （48.39）	547.92 （91.32）	63.48 （21.16）	42.49 （42.49）	0 （0）	992.59 （55.14）
独立董事津贴（万元）	35.98 （5.14）	43.3 （7.22）	0 （0）	6.2 （6.20）	0 （0）	85.46 （4.75）
前十大股东持股 比例（%）	120.88 （17.27）	154.61 （25.77）	21.24 （7.08）	9.84 （9.84）	0 （0）	306.58 （17.03）

续表

区域 总值（均值）	北部沿海 综合经济区	东部沿海 综合经济区	南部沿海 综合经济区	大西南 综合经济区	长江中游 综合经济区	行业总值 （均值）
技术人员占比（%）	188.5 （26.93）	161.4 （26.90）	13.9 （4.63）	65.9 （65.9）	0（0）	429.6 （23.87）
资质（项）	48 （6.86）	21 （3.50）	19 （6.33）	1 （1.00）	9 （9）	98 （5.44）

由年报披露信息可知，北部沿海经济区上市公司的授权专利、在申请专利、前五名客户销售额占比、独立董事津贴、技术人员占比、资质和前十大股东持股占比均大于行业平均水平，其中授权专利为行业第一；东部沿海经济区上市公司的著作权、持有商标、总经理薪酬、独立董事津贴、技术人员占比和前十大股东持股比例均大于行业均值，其中著作权、持有商标、总经理薪酬、独立董事津贴、前十大股东持股比例均位于行业第一；南部沿海经济区上市公司的资质和在申请专利高于行业平均水平，其中在申请专利位于行业第一；大西南综合经济区上市公司中前五名客户销售额占比、技术人员占比和独立董事津贴大于行业均值，且前五名客户销售额占比和技术人员占比均为行业第一；长江中游综合经济区上市公司的前五名客户销售额和资质均高于行业平均水平，且资质位于行业第一。

（二）典型区域分析

1. 东部沿海经济区

东部沿海经济区包括上海市、江苏省和浙江省，总面积 21 万平方千米。根据国务院发展研究中心的构想，该区域将建设成为中国对外开放与经济率先发展的首选之地。截至 2018 年 5 月 18 日，该区域共有 6 家企业（见图 13-1），其中上海市 2 家，江苏省 3 家，浙江省 1 家，占创业板互联网及相关服务业上市公司总数的 33.33%。

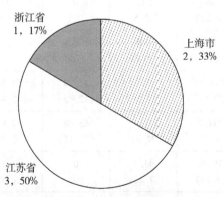

图 13-1　截至 2018 年 5 月 18 日东部沿海经济区互联网及相关服务行业上市公司的地理分布（单位：家）

由图 13-2 可知，2015—2017 年，该区域互联网及相关服务业上市公司增加比较缓慢，近几年几乎没有新增企业加入该行业。

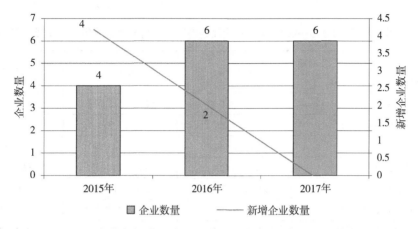

图 13-2　2015—2017 年东部沿海经济区互联网及相关服务行业企业数量变化（单位：家）

（1）基于招股说明书的东部沿海经济区上市公司无形资产规模

表 13-10 为基于招股说明书信息的东部沿海经济区互联网及相关服务业上市公司无形资产构成情况。

表 13-10　基于招股说明书的 2015—2017 年东部沿海经济区互联网及相关服务行业无形资产构成情况

总值（均值）	时间 2015 年	2016 年	2017 年
授权专利（项）	0（0）	0（0）	5（0.83）
在申请专利（项）	0（0）	0（0）	25（4.17）
著作权（项）	63（15.75）	75.6（12.6）	102（17.00）
持有商标（项）	0（0）	36（6.00）	30（5.00）
总经理薪酬（万元）	147.78（36.95）	185.4（30.9）	154.52（25.75）
前十大股东持股比例（%）	168.63（42.16）	204.54（34.09）	170.47（28.41）
资质（项）	31（7.75）	51（8.5）	51（8.5）

基于招股说明书披露的信息，东部沿海经济区在 2015—2017 年，授权专利数量总数依然较少和在申请专利在 2017 年有所突破，从之前的 0 项分别上升到了 0.83 项和 4.17 项；著作权均值在 2016 年从 15.75 项，下降至 12.6 项，2017 年再次上升至 17 项；持有商标均值总体维持在 6 项左右；总经理薪酬均值呈现持续下降的趋势在 2017 达到最小值 25.75 万元；前十大股东持股比例呈现逐渐下降的趋势，从 2015 年的 42.16%，下降到 2017 年的 28.41%；资质均值近两年均为 8.5 项。

（2）基于年报的东部沿海经济区上市公司无形资产规模

表 13-11 基于年报信息的东部沿海经济区互联网及相关服务业上市公司无形资产构成情况。

表 13-11　基于年报的 2015—2017 年东部沿海经济区互联网及相关服务行业无形资产构成情况

总值（均值）＼时间	2015 年	2016 年	2017 年
授权专利（项）	48.8（12.2）	82.02（13.67）	82（13.67）
在申请专利（项）	21（5.25）	20（3.33）	15（2.50）
著作权（项）	33.6（8.40）	211.2（35.20）	213（35.50）
持有商标（项）	124（31.00）	40.98（6.83）	106（17.67）
前五名客户销售额占比（％）	53.72（13.43）	85.74（14.29）	87.06（14.51）
总经理薪酬（万元）	——	355.86（59.31）	547.92（91.32）
独立董事津贴（万元）	21.6（5.40）	35.58（5.93）	43.3（7.22）
前十大股东持股比例（％）	113.12（28.28）	90（15.00）	154.62（25.77）
技术（研发）人员占比（％）	116.84（29.21）	177.96（29.66）	161.4（26.90）
资质（项）	0（0）	118.98（19.83）	21（3.50）

基于年报披露信息，东部沿海经济区在 2015—2017 年，授权专利均值、前五名客户销售额占比，以及独立董事津贴均值有小幅增长；在申请专利呈现下降趋势，从 2015 年的 5.25 项下降到 2017 年的 2.50 项；著作权均值在 2016 年实现了大幅增长，从 2015 年 8.40 项上升到了 2017 年的 35.20 项；而持有商标均值恰恰相反，2016 年达到年度最小值，从 2015 年的 31 项下降至 2017 年的 17.67 项；总经理薪酬在 2015 年未披露，在 2016 年到 2017 年实现大幅度增长；前十大股东持股比例在 2016 年有所下降，降至 15%，其余年份维持在 26% 左右；技术（研发）人员占比的均值基本保持平稳；资质在 2016 年达到峰值 19.83 项，其余年份较少。

2. 北部沿海经济区

北部沿海经济区包括北京、天津、河北和山东四个省市，总面积 37 万平方千米。根据国务院发展研究中心的构想，该区域将建设成为全国的高新技术研发和制造中心；另外，也以京津冀城市群和山东半岛城镇群为依托，加快区域协作和一体化进程，形成具有世界影响力的城镇群。截至 2018 年 5 月 18 日，该区域共有 7 家企业，如图 13-3 所示，其中北京市 6 家，山东省 1 家，占创业板互联网及相关服务业上市公司总数的 38.89%。

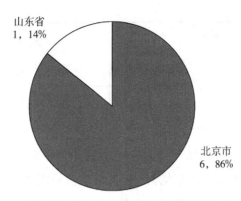

图13-3 截至2018年5月18日北部沿海经济区互联网及相关服务行业上市公司的地理分布（单位：家）

由图13-4可知，2015—2017年，该区域互联网及相关服务业上市公司数量不断增加，但增速较为缓慢，2016年、2017年分别新增了1家和2家企业。

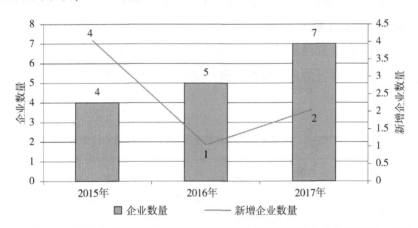

图13-4 2015—2017年北部沿海经济区互联网及相关服务行业企业数量变化（单位：家）

（1）基于招股说明书的北部沿海经济区上市公司无形资产规模

表13-12为基于招股说明书信息的北部沿海经济区互联网及相关服务业上市公司无形资产构成情况。

表13-12 基于招股说明书的2015—2017年北部沿海经济区互联网及相关服务行业无形资产构成情况

总值（均值）　　时间	2015年	2016年	2017年
授权专利（项）	31（7.75）	0（0）	31（4.43）
在申请专利（项）	4（1.00）	0（0）	4（0.57）
著作权（项）	15（3.75）	19（3.80）	86（12.29）
持有商标（项）	149（37.25）	186（37.20）	153（21.86）

续表

总值（均值）　　　　时间	2015 年	2016 年	2017 年
总经理薪酬（万元）	292.69（73.17）	293（58.60）	311.05（44.44）
前十大股东持股比例（%）	175.55（43.89）	205（41.00）	205.10（29.30）
资质（项）	35（8.75）	35（7.00）	36（5.14）

　　根据招股说明书信息，2015—2017 年，北部沿海经济区上市公司的授权专利均值、在申请专利均值在 2016 年的数值均为 0，其余年份呈现小幅下降的趋势；著作权呈现持续上升趋势，其中 2017 年增幅最大，从 2016 年的 3.80 项，增长至 12.29 项；持有商标在 2017 年出现大幅下降从 2016 年的 37.20 项，下降至 21.86 项；总经理薪酬在近两年有明显下降，从 2015 年的 73.17 万元，下降至 58.60 万元，在 2017 年又降至44.44 万元；前十大股东持股比例减少至 2017 年的 29.3%；资质在 2016 年也有小幅地减少，在 2017 达到最小值 5.14 项。

　　（2）基于年报的北部沿海经济区上市公司无形资产规模

　　表 13-13 为基于年报信息的北部沿海经济区互联网及相关服务业上市公司无形资产构成情况。

表 13-13　基于年报的 2015—2017 年北部沿海经济区互联网及相关服务行业无形资产构成情况（一）

总值（均值）　　　　时间	2015 年	2016 年	2017 年
授权专利（项）	162（40.50）	0（0）	974（139.14）
在申请专利（项）	—	0（0）	141（20.14）
著作权（项）	42（10.50）	180（36.00）	30（4.29）
持有商标（项）	176（44.00）	—	0（0）
前五名客户销售额占比（%）	173（43.25）	103（20.60）	234.99（33.57）
总经理薪酬（万元）	519.95（129.99）	529（105.80）	338.7（48.39）
独立董事津贴（万元）	23（5.75）	19（3.80）	35.98（5.14）
前十大股东持股比例（%）	117（29.25）	35（7.00）	120.88（17.27）
技术（研发）人员占比（%）	182（45.50）	163（32.60）	188.5（26.93）
资质（项）	14（3.50）	104（20.80）	48（6.86）

　　根据年报披露信息，2015—2017 年，北部沿海经济区上市公司对授权专利除 2016年为 0 项外，其余两年呈现明显上升趋势；在申请专利在 2015 年未披露，2016 年为 0项，2017 年均值增长至 20.14 项；著作权均值呈现先增后减的趋势，在 2016 年达到最高值 36 项，在 2017 年达到最小是 4.29 项；持有商标只有在 2015 年有披露为 44 项；

前五名客户销售占比的均值、独立董事津贴均值、前十大股东持股比例均值均呈现先减小再增大的变化趋势；技术（研发）人员占比均值呈现逐渐下降的趋势，从 2015 年的 45.5% 下降到 2017 年的 26.93%；而总经理薪酬均值逐渐减少，从 2015 年的 129.99 万元，下降至 2017 年的 48.39 万元；资质均值呈现先上升后减少的趋势，在 2016 年达到峰值 20.8 项。

四、 基于无形资产竞争矩阵的行业无形资产竞争分析

（一）行业无形资产规模结构分析

2017 年，互联网及相关服务业授权专利共 1095 项，平均每家企业拥有 60.83 项，乐视网（300104）、宝通科技（300031）和东方财富（300059）三家企业共有专利及非专利技术 1083 项，占行业总量的 95%。

商标数量共计 106 项，平均每家企业约有 5.89 项，东方财富（300059）、上海钢联（300226）和宝通科技（300031）三家企业共拥有 106 项商标，占行业总量的 100%。

资质数量共计 98 项，平均每家企业拥有 5.44 项，上海钢联（300226）、顺网科技（300113）和昆仑万维（300418）三家企业共拥有 49 项，占行业总量的 50%。

软件著作权数量共计 243 项，平均每家企业拥有 13.50 项，东方财富（300059）、上海钢联（300226）和梅泰诺（300038）三家企业共拥有 243 项，占行业总量的 100%。

（二）行业无形资产持续能力分析

互联网及相关服务业研发支出占比的行业均值为 8.22%，该项指标排名前三的企业为掌趣科技（300315）、中青宝（300052）和迅游科技（300467），分别为 25.51%、20.75% 和 14.81%。

员工本科及以上学历占比的行业均值为 55.71%，该项指标排名前三的企业为乐视网（300104）、东方财富（300059）和暴风集团（300431），分别为 86.88%、72.71% 和 72.83%。

由于该行业技术标准欠缺，所以此项数据为 0。

（三）行业无形资产竞争能力分析

互联网及相关服务业前五名客户占比的行业均值为 24.80%，该项指标排名前三的企业为迅游科技（300467）、乐视网（300104）和平治信息（300571），分别为 55.43%、52.65% 和 51.68%。

前十大股东持股比例的行业均值为 17.03%，该项指标排名前三的企业为中青宝

（300052）、上海钢联 （300226） 和佳云科技 （300242），分别为 27.86%、24.19% 和 21.25%。

高管薪酬的行业均值为 55.14 万元，该项指标排名前三的企业为顺网科技 （300113）、三六五网 （300295） 和平治信息 （300571），分别为 158.88 万元、147.15 万元和 93.47 万元。

表 13-14 列示了依据无形资产竞争矩阵计算所得的创业板互联网及相关服务业所有企业的无形资产竞争力得分。

表 13-14　2017 年创业板互联网及相关服务行业无形资产竞争力一览

股票代码	股票名称	专利与非专利技术得分	商标得分	资质得分	软件著作权得分	技术标准数量得分	研发支出占比得分	员工学历得分	前五名客户占比得分	十大股东持股比例得分	高管薪酬得分	总得分
300104	乐视网	1.00	0.00	0.82	0.00	0.00	0.56	1.00	0.95	0.31	0.16	5.39
300059	东方财富	0.05	1.00	0.06	1.00	0.00	0.28	0.84	0.05	0.21	0.38	4.45
300052	中青宝	0.00	0.00	0.24	0.00	0.00	0.81	0.72	0.36	1.00	0.24	4.10
300226	上海钢联	0.00	0.42	1.00	0.35	0.00	0.00	0.7	0.03	0.87	0.36	4.04
300418	昆仑万维	0.00	0.00	0.88	0.00	0.00	0.32	0.82	0.49	0.03	0.46	3.91
300467	迅游科技	0.00	0.00	0.06	0.00	0.00	0.58	0.79	1.00	0.17	0.27	3.87
300315	掌趣科技	0.00	0.00	0.06	0.00	0.00	1.00	0.75	0.53	0.50	0.00	3.77
300113	顺网科技	0.02	0.00	1.00	0.00	0.00	0.42	0.00	0.09	0.32	1.00	3.57
300494	盛天网络	0.01	0.00	0.53	0.00	0.00	0.44	0.72	0.57	0.04	0.33	3.32
300392	腾信股份	0.00	0.00	0.29	0.00	0.00	0.11	0.78	0.78	0.17	0.53	2.99
300431	暴风集团	0.00	0.00	0.29	0.00	0.00	0.36	0.84	0.34	0.10	0.23	2.98
300295	三六五网	0.00	0.00	0.00	0.00	0.00	0.31	0.74	0.05	0.61	0.93	2.91
300571	平治信息	0.00	0.00	0.00	0.00	0.00	0.10	0.54	0.93	0.30	0.59	2.82
300038	梅泰诺	0.00	0.00	0.00	0.00	0.00	0.16	0.11	0.87	0.10	0.54	2.56
300031	宝通科技	0.06	0.29	0.18	0.00	0.00	0.06	0.55	0.42	0.20	0.19	2.23
300242	佳云科技	0.00	0.00	0.12	0.00	0.00	0.06	0.62	0.07	0.76	0.40	2.23
300043	星辉娱乐	0.03	0.00	0.12	0.00	0.00	0.18	0.33	0.25	0.46	0.22	2.07
300343	联创互联	0.00	0.00	0.06	0.00	0.00	0.04	0.70	0.27	0.17	0.34	1.79

五、 案例分析[1]

由于第一名乐视网 （300104） 经营管理不善，在 2016 年和 2017 年出现巨额亏损，

---

[1] 此案例分析的主要数据来源为东方财富企业官网和东方财富历年年报。

因此无法准确反映无形资产的竞争优势，本年度蓝皮书选取排名第二的东方财富（300059）作为优秀样本企业进行分析。

（一）企业简介

"东方财富"全称"东方财富信息股份有限公司"，成立于 2005 年 1 月 20 日，于 2010 年 3 月 19 日在创业板上市，股票代码 300059。东方财富网网站内容涉及财经、股票、基金、期货、债券、外汇、银行、保险等诸多金融资讯与财经信息，全面覆盖财经领域，每日更新上万条最新数据及资讯，为用户提供便利的查询。该网站是中国访问量最大、影响力最大的财经证券门户网站，致力于打造专业、权威、为用户着想的财经媒体，在多项权威调查和统计数据中位居中国财经网站第一。根据 iUserTracker 公布的数据显示，在有效浏览时间、核心流量价值，以及日均覆盖人数等关键指标方面，东方财富网均遥遥领先，行业优势十分明显。自 2004 年 3 月上线以来，凭借权威、全面、专业、及时的优势，东方财富网持续位居中国财经类网站第一位，并不断扩大与竞争对手之间的差距，巩固优势地位。

（二）无形资产相关情况分析

1. 优势分析

从表 13-14 无形资产竞争矩阵中可以看出，"东方财富"之所以能在互联网及其相关服务业的无形资产情况中脱颖而出，成为标志性企业，主要是因为其在商标得分和软件著作权得分上均排名行业第一。其中，拥有商标 62 项，软件著作权 157 项。该公司员工学历占比位于行业第二位；拥有专利及非专利技术 45 项，居行业第三位。此外，"东方财富"在无形资产持续能力和常规无形资质的拥有量方面也有着明显优势。

2. 不足分析

如表 13-14 所示，"东方财富"在资质得分、前五名客户占比、前十大股东持股和高管平均年薪这四项指标的得分都不高，分别为 0.06 分、0.05 分、0.21 分和 0.38 分，这说明该企业在这四项无形资产的竞争能力上有明显的不足。

3. 无形资产优化建议

综上所述，尽管"东方财富"在无形资产竞争矩阵中的得分排名前列，但是该公司无形资产竞争能力方面的问题也非常明显，针对上述问题提出以下建议：

一是增加企业资质方面的投入，努力获得行业相关的资质认证和各类证书，以提升企业在业界的专业认可度，也可以提升企业的声誉，获得更多的投资和客户资源。

二是建立良好的客户关系链条，寻求更加稳定的客户资源，提高经营业绩的稳定性，推动企业长期稳定的发展和经营。

三是适当回收小额股份。当前"东方财富"的前十大股东持股比例较少，说明企业的股份比较分散，致使企业的决策权不够集中，有可能引发管理上的分歧，造成企业决策困难。

四是提高高管年薪，提升其工作积极性，避免人才流失，优化管理效率，这对于企业的长远稳定发展有着重要作用。

此外，"东方财富"还应该继续保持其在常规无形资产方面的优势，特别是在商标权和著作权方面的行业领先地位。

（三）其他方面竞争优势分析

根据招股说明书和年报披露信息，"东方财富"除在无形资产质量竞争中具有优势之外，还有在营销渠道、管理团队和研发、技术方面具有竞争优势。

1. 营销渠道优势

互联网营销渠道不受地域、空间、时间的限制，可以提供全天候不间断的网上营销信息发布、网上产品展示，以及互动交流平台，用户覆盖区域广，营销渠道价值与网站用户数量和用户访问量成正比。东方财富网作为互联网金融服务大平台，是我国用户访问量最大的互联网金融服务平台，拥有良好的互联网营销渠道优势。

2. 管理团队优势

公司积极推行"以人为本"的人才战略，通过内部培养和外部引进，不断扩充和培养骨干队伍，形成了以创业团队为核心，以资深经理人为骨干的管理团队。主要管理人员具有丰富的管理经验、互联网技术开发经验、金融证券研究工作经验和市场营销经验，对互联网金融服务行业的相关技术、发展历程及未来趋势具有深刻理解。同时，公司不断完善考核激励制度，先后推出两期股权激励计划，激励和稳定核心团队。

3. 研发、技术优势

通过多年大平台的运营管理和研发，公司培养了一支稳定、过硬的技术研发团队，自主研发了一系列网络核心技术，不断优化和完善现有互联金融服务大平台系统。同时，对互联网领域的新技术和行业前瞻性技术进行深入的研究和跟进，强大的技术研发力量和核心技术储备为公司后续发展奠定了坚实的技术基础。

创业板文化与传播及相关行业
无形资产研究

本报告基于证监会二级行业分类标准（2012），对文化与传播及相关行业进行典型分析❶。研究样本包括：截至 2018 年 5 月 18 日文化与传播行业的创业板上市公司，共计 18 家。样本数据来源于招股说明书和历年年报。招股说明书构成如下：2009 年 1 份；2010 年 3 份；2011 年 1 份；2012 年 5 份；2015 年 2 份；2016 年 1 份；2017 年 5 份。年报构成如下：2009 年 1 份；2010 年 4 份；2011 年 5 份；2012 年 10 份；2013 年 10 份；2014 年 10 份；2015 年 12 份；2016 年 13 份；2017 年 18 份。

一、 行业概况

（一）企业数量变化

截至 2018 年 5 月 18 日，创业板文化与传播行业上市公司共 18 家，约占创业板公司总数量的 2.48%。该行业企业数量占创业板公司总数比例近五年存在小幅波动，2013—2016 年呈波动态势，2017 年较上年呈现出回升趋势，如表 14-1 所示。

表 14-1　2009—2017 年文化与传播行业企业数量变化　　　　（单位：家）

时　　间	2009 年	2010 年	2011 年	2012 年	2013 年	2014 年	2015 年	2016 年	2017 年
行业企业数量	1	4	5	10	10	10	12	13	18
行业新增企业数量	1	3	1	5	0	0	2	1	5

---

❶ 按照证监会二级行业分类标准（2012）分类，文化与传播及相关企业 2009 年上市企业 1 家，2010 年上市企业 1 家，2011 年上市企业 1 家，2012 年上市企业 2 家，2013 年和 2014 年无上市企业，2015 年上市企业 1 家，2016 年上市企业 1 家，样本公司仅 7 家。出于研究的谨慎性考虑，2017 年扩大样本企业选择标准，同时，按照国家统计局文化及相关产业分类（2018）选择样本企业。样本企业股票代码为：300027、300133、300144、300148、300251、300288、300291、300310、300329、300336、300364、300426、300528、300592、300640、300651、300654、300703。

时　间	2009 年	2010 年	2011 年	2012 年	2013 年	2014 年	2015 年	2016 年	2017 年
创业板企业总数	58	188	292	355	379	425	508	638	725
行业企业占比	1.72%	2.13%	1.71%	2.82%	2.64%	2.35%	2.36%	2.04%	2.48%

（二）行业成本分析

根据对 2016—2017 年年报信息的整理，文化与传播行业企业成本如表 14-2 所示。行业成本呈上升趋势，从均值来看，由于样本企业数量的变化，成本费用均值有一定比例的下降，其中销售费用减幅明显，达 16.48%；应付职工薪酬次之，降幅为 8.33%；营业成本紧随其后，降幅 6.74%；管理费用降幅最低，为 5.13%。数据表明，创业板文化与传播行业经营成本整体呈小幅下降趋势。

表 14-2　2016—2017 年文化与传播行业成本变动　　　　（单位：亿元）

成本构成	2016 年总额	2017 年总额	2016 年均值	2017 年均值	均值同比增长
营业成本	133.03	171.70	10.23	9.54	-6.74%
销售费用	22.82	26.50	1.76	1.47	-16.48%
管理费用	20.30	26.58	1.56	1.48	-5.13%
应付职工薪酬	3.14	4.01	0.24	0.22	-8.33%

（三）行业利润分析

1. 整体变化趋势

根据对 2013—2017 年年报信息的整理，文化与传播行业上市公司利润数据如表 14-3 所示。行业平均利润在 2013—2016 年呈现显著上升的趋势，涨幅在小范围内波动；2017 年，虽然利润总额和净利润总额相较于之前有所上升，但均值均呈现负增长趋势。可见，最近两年文化与传播行业发展情况较为严峻，行业内竞争加剧。

表 14-3　2013—2017 年文化与传播行业利润变动　　　　（单位：亿元）

指标　　　时间	2013 年	2014 年	2015 年	2016 年	2017 年
利润总额	25.69	33.20	46.21	55.48	55.60
平均利润总额	2.57	3.32	3.85	4.27	3.09
平均利润总额同比增长	37.48%	29.18%	15.96%	10.91%	-27.63%
净利润	19.69	26.51	31.83	46.48	49.62
平均净利润	1.97	2.65	2.65	3.58	2.76

时间 指标	2013 年	2014 年	2015 年	2016 年	2017 年
平均净利润同比增长	36.13%	34.52%	0	35.09%	−22.91%

2. 企业盈亏

如表 14-4 所示，2017 年，文化与传播行业有超过 35% 的企业年度利润增长率为负，有超过 64% 的企业利润增长率低于 20%，利润增长率超过 100% 企业仅有一家。2017 年度，文化与传播行业中利润增长最令人瞩目的企业当属中文在线（300364），其利润总额增幅达 73.09% 以上，净利润的增幅高达 120.69%。

表 14-4　2017 年文化与传播行业利润增长分布情况❶

增长率区间 指标	<0	0~20%	20%~40%	40%~60%	60%~80%	80%~100%	100%以上
利润总额增长率在此区间的企业数量（家）	5	4	4	0	1	0	0
净利润增长率在此区间的企业数量（家）	5	4	4	0	0	0	1

3. 利润集中度

就整个行业利润集中程度来看（见表 14-5），前 11.11%（前 2 家）的企业累计利润总额约占全行业利润的 30%；前 16.67%（前 3 家）的企业累计利润总额占整个行业 50%；前 55.56% 的企业累计利润总额占整个行业 90%。少数企业得到较高的利润回报。

表 14-5　2017 年文化与传播行业利润集中情况　　　　　（单位：家）

累计利润比例	累计企业数	累计企业数占整个行业企业比例
达 30%	2	11.11%
达 50%	3	16.67%
达 60%	4	22.22%
达 70%	5	27.78%
达 80%	6	33.33%
达 90%	10	55.56%

---

❶ 2017 年行业内新增 5 家企业，其中四家（300640、300651、300654、300703）未披露以前年度利润总额和净利润，无法计算其增长率，故此表中未考虑这四家企业。

二、 行业无形资产规模

（一）基于招股说明书的无形资产规模

表 14-6 为基于招股说明书信息的创业板文化与传播行业上市公司无形资产构成情况。

表 14-6　基于招股说明书信息的 2009—2017 年文化与传播行业无形资产构成情况❶

总值（均值）＼年份	2009 年	2010 年	2011 年	2012 年	2013 年	2014 年	2015 年	2016 年	2017 年
授权专利（项）	—	—	—	42 （4.2）	42 （4.2）	42 （4.2）	44 （3.67）	44 （3.38）	459 （25.5）
非专利技术（项）	—	—	—	21 （2.1）	21 （2.1）	21 （2.1）	34 （2.83）	34 （2.62）	53 （2.94）
著作权（项）	31 （31）	139 （34.75）	145 （29）	205 （20.5）	205 （20.5）	205 （20.5）	302 （25.17）	378 （29.08）	4844 （269.11）
持有商标（项）	14 （14）	95 （23.75）	261 （52.2）	294 （29.4）	294 （29.4）	294 （29.4）	367 （30.58）	393 （30.23）	684 （38）
技术标准（项）	0 （0）	0 （0）	0 （0）	3 （0.3）	3 （0.3）	3 （0.3）	3 （0.25）	2.6 （0.2）	20 （1.11）
总经理薪酬（万元）	204.1 （204.1）	379.28 （94.82）	423.25 （84.65）	686.7 （68.67）	686.7 （68.67）	686.7 （68.67）	787.8 （65.65）	833.43 （64.11）	1018.05 （56.56）
前十大股东持股比例（%）	56.34 （56.34）	287.48 （71.87）	359.15 （71.83）	724.4 （72.44）	724.4 （72.44）	724.4 （72.44）	771.6 （64.3）	941.46 （72.42）	1350.85 （75.05）
资质（项）	2 （2）	32 （8）	200 （40）	372 （37.2）	372 （37.2）	372 （37.2）	450 （37.5）	554 （42.62）	726 （40.33）

1. 常规无形资产规模变动特征

2009—2017 年，创业板文化与传播行业常规无形资产变动特征如下：

第一，整体来看，行业平均授权专利数量在 2012—2016 年呈现出小幅下降趋势，2017 年出现大幅回升，行业平均专利量达到 25.5 项。

第二，非专利技术近年来波动幅度较小，现有已披露数据极少。已披露数据显示，行业内企业平均非专利技术拥有量仅在 2 项左右，呈现这种极端现象主要有两个方面原因：一是因为该行业为新的行业分类，上市公司数量相对较少；二是由于该行业对

---

❶　按照证监会二级行业分类标准（2012）分类时，2013 年、2014 年行业内无新增上市企业，故沿用 2012 年数据。由于五年内可用数据较少，出于分析的严谨性考虑，此处选用 2009—2017 年数据进行分析。

专利与非专利技术依赖性较小。

第三，著作权整体波动较大，均值从 2009 年的 31 项下降至 2012 年的 20.5 项后，在 2015 年出现小幅上升。2017 年新上市的企业创源文化（300703）有高达 4000 余项著作权，导致 2017 年行业均量达到 269.11 项，也体现出该行业对著作权的重视程度正逐步加深。

第四，持有商标的数量整体呈现波动变化的特征，均值从 2009 年的 14 项上升到 2011 年的 52.2 项后，2012 年后呈现持续下降趋势，至 2016 年下降为 30.23 项，2017 年出现小幅上涨回升至为 38 项。

2. 非常规无形资产规模变动特征

2009—2017 年，创业板文化与传播行业非常规无形资产变动特征如下：

第一，2012 年，技术标准实现零的突破，此后始终在小范围内波动，2017 年行业平均技术标准达到 1.11 项/家，该行业对技术标准的认知正在逐步建立。

第二，总经理薪酬总体呈现下降趋势，从 2009 年平均每家 204.1 万元持续下降至 2017 年的 58.56 万元，一定程度上反映了激烈的文化产业市场竞争下总经理待遇的大幅波动。

第三，前十大股东持股比例呈现两段式增长。平均持股比例从 2009 年的 56.34% 上升到 2012 年的 72.44% 后，在 2015 年出现小幅下降，2016 年出现第二次上升，2017 年平均持股比例回升至 75.05%。

第四，资质数量呈现波动上升的趋势，2016 年均值达到峰值 42.62 项，2017 年小幅下降至 40.33 项。

（二）基于年报的无形资产规模

表 14-7 为基于年报信息的创业板文化与传播行业上市公司无形资产构成情况。

表 14-7　基于年报信息的 2013—2017 年文化与传播行业无形资产构成情况❶

年份 总值（均值）	2013 年	2014 年	2015 年	2016 年	2017 年
授权专利（项）	—	—	12（1）	78.91（6.07）	603（33.5）
非专利技术（项）	—	—	—	—	—
著作权（项）	400（40）	537（53.7）	228（19）	1290（99.23）	1466（81.44）
持有商标（项）	122（12.2）	330（33）	458.4（38.2）	205.4（15.8）	351（19.5）

❶ 由于文化与传播行业的特殊性，技术（研发）人员占比（%）、研发费用等指标极少披露与涉及，在对该行业的分析中技术类指标只保留部分有效可参考指标。

年份 总值（均值）	2013 年	2014 年	2015 年	2016 年	2017 年
技术标准（项）	0（0）	0（0）	1（0.08）	1（0.08）	28（1.56）
前五名客户销售额占比（%）	456.8（45.68）	402.4（40.24）	499.44（41.62）	410.67（31.59）	597.78（33.21）
总经理薪酬（万元）	686.7（68.67）	686.7（68.67）	787.8（65.65）	929.63（71.51）	1428.84（79.38）
独立董事津贴（万元）	61.6（6.16）	58.9（5.89）	72.24（6.02）	81.77（6.29）	110.88（6.16）
前十大股东持股比例（%）	673.87（67.39）	670.09（67.01）	772.47（64.37）	821.93（63.23）	1076.3（59.79）
资质（项）	0（0）	53（5.3）	128（10.67）	287（22.08）	207（11.5）

1. 常规无形资产规模变动特征

2013—2017 年，创业板文化与传播行业常规无形资产变动特征如下：

第一，由于该行业起步较晚，直至 2015 年行业内才出现授权专利，此后授权专利的数量逐渐增加，2017 年授权专利总量达到 603 项，平均授权数量达到 33.5 项，行业整体对于专利的重视程度逐步提高。

第二，基于行业的特殊性，该行业对非专利类无形资产依赖性较小，非专利技术未披露。

第三，著作权整体呈现上涨趋势，2015 年均值下降至 19 项后，2016 年均值达到峰值 99.23 项，行业内著作权总项数达到 1290 项。2017 年均值小幅回落至 81.44 项。

第四，商标数量变化呈现出倒 U 形特征，2014 年持有商标的均值呈现快速增长，从 12.2 项上升至 33 项，到 2015 年达到峰值 38.2 项。但是从 2016 年起，该行业商标平均数量骤减，2016 年仅 15.8 项，2017 年小幅增长至 19.5 项。

2. 非常规无形资产规模变动特征

2013—2017 年，创业板文化与传播行业非常规无形资产变动特征如下：

第一，该行业技术标准在 2015 年前一直为零，直到 2015 年实现突破，产生了第一项技术标准。2017 年，行业内技术标准已有 28 项，平均技术标准达到 1.56 项。近五年中，该行业上市公司从基本没有参与制定行业技术标准到参与制定，可见文化与传播行业在慢慢地发展成熟。

第二，前五名客户销售额占比均值呈现出波动下降的特征，2013 年达到 45.68%，而 2017 年只有 33.21%。

第三，总经理薪酬均值呈现上升的特征，2013—2014 年总体维持在 68 万元左右，2015 年有少量的减少，2017 年回升至 79.38 万元。

第四，独立董事津贴行业均值基本保持稳定，2013—2017 年的均值维持在 6 万元左右。

第五，前十大股东持股比例整体呈下降趋势，均值由 2013—2015 年的超过 64%，下降至 2016 年的 63.23%，股权分散趋势明显，2017 年小幅下降至 59.79%。

第六，资质数量呈现先上升后下降趋势，2014 年行业内资质总量为 53 项，均值为 5.3 项，2015 年、2016 年增长率超过 100%，2016 年均值达到 22.08 项，资质总量达到 287 项，2017 年出现小幅下降，行业内资质总量下降至 207 项，均值仅 11.5 项。

三、 行业无形资产的区域分布

（一） 整体描述

18 家创业板文化与传播行业上市公司的区域构成如下：东部沿海经济区 9 家，南部沿海经济区 2 家，北部沿海经济区 4 家，长江中游经济区 2 家，东北综合经济区 0 家，大西南综合经济区 1 家，黄河中游经济区 0 家，大西北综合经济区 0 家。其中，东部沿海经济区和北部沿海经济区企业共计 13 家，占行业总数的 72.22%，说明文化与传播行业当前主要集中在经济较为发达的地区，行业密集度较高。

1. 基于招股说明书的区域无形资产规模

表 14-8 为基于招股说明书信息的创业板文化与传播行业上市公司无形资产在不同区域的构成情况。

表 14-8　2017 年创业板文化与传播行业无形资产区域分布情况

区域 总值 （均值）	北部沿海综合经济区	东部沿海综合经济区	南部沿海综合经济区	大西南综合经济区	大西北综合经济区	东北综合经济区	长江中游综合经济区	黄河中游综合经济区	行业总值 （均值）
授权专利 （项）	4 （1）	340 （37.78）	92 （46）	0 （0）	0 （0）	0 （0）	23 （11.5）	0 （0）	459 （25.5）
非专利技术（项）	13 （3.25）	19 （2.11）	10 （5）	8 （8）	0 （0）	0 （0）	3 （1.5）	0 （0）	10.6 （3.97）
著作权 （项）	102 （25.5）	4167 （463）	56 （28）	11 （11）	0 （0）	0 （0）	508 （254）	0 （0）	4844 （269.11）
持有商标 （项）	272 （68）	274 （30.44）	50 （25）	1（1）	0 （0）	0 （0）	87 （43.5）	0 （0）	684 （38）
技术标准 （项）	0 （0）	19 （2.11）	1 （0.5）	0 （0）	0 （0）	0 （0）	0 （0）	0 （0）	20 （1.11）

区域 总值 (均值)	北部沿海综合经济区	东部沿海综合经济区	南部沿海综合经济区	大西南综合经济区	大西北综合经济区	东北综合经济区	长江中游综合经济区	黄河中游综合经济区	行业总值 (均值)
总经理薪酬（万元）	182.68 (45.67)	637.92 (70.88)	48.76 (24.38)	31.19 (31.19)	0 (0)	0 (0)	117.5 (58.75)	0 (0)	1018.05 (56.56)
前十大股东持股比例（%）	309.88 (77.47)	676.41 (75.16)	134.74 (67.37)	100 (100)	0 (0)	0 (0)	129.82 (64.91)	0 (0)	1350.85 (75.05)
资质（项）	160 (40)	415 (46.11)	75 (37.5)	9 (9)	0 (0)	0 (0)	67 (33.5)	0 (0)	726 (40.33)

由于东部沿海经济区企业数远多于其他经济区，因此，此处采用均值比较。东部沿海经济区上市公司在著作权、技术标准、总经理薪酬和资质处于行业领先水平。其中，总经理薪酬位于八大经济区之首，均值达到70.88万元。北部沿海综合地区持有商标数高达272项，均值达到68项，远远超过其余七大经济区，同时其资质项数达到40项。南部沿海综合经济区在授权专利和非专利技术上表现优秀，其授权专利达到46项，非专利技术达到5项，技术推进为主的发展方式将增加经济区的发展动力。大西南综合经济区在专利方面尚未实现零的突破，资质仅为9项，远远低于行业平均水平。大西北综合经济区、东北综合经济区以及黄河中游综合经济区目前的文化与传播行业仍处于孵化状态，未出现该类公司。长江中游综合经济区在著作权项数上位于八大经济区第二，达到254项，此外其持有商标数也超过行业内标准，为43.5项。

2. 基于年报的区域无形资产规模

表14-9为基于年报信息的创业板文化与传播行业上市公司无形资产在不同区域的构成情况。

表14-9　2017年创业板文化与传播行业无形资产区域分布情况

区域 总值 (均值)	北部沿海综合经济区	东部沿海综合经济区	南部沿海综合经济区	大西南综合经济区	大西北综合经济区	东北综合经济区	长江中游综合经济区	黄河中游综合经济区	行业总值 (均值)
授权专利（项）	11 (2.75)	379 (42.11)	183 (91.5)	0 (0)	0 (0)	0 (0)	30 (15)	0 (0)	603 (33.5)
非专利技术（项）	0 (0)	0 (0)	0 (0)	0 (0)	0 (0)	0 (0)	0 (0)	0 (0)	0 (0)

续表

区域 总值 (均值)	北部沿海综合经济区	东部沿海综合经济区	南部沿海综合经济区	大西南综合经济区	大西北综合经济区	东北综合经济区	长江中游综合经济区	黄河中游综合经济区	行业总值(均值)
著作权 (项)	75 (18.75)	103 (11.44)	273 (136.5)	0 (0)	0 (0)	0 (0)	1015 (507.5)	0 (0)	1466 (81.44)
持有商标 (项)	76 (19)	71 (7.89)	64 (32)	0 (0)	0 (0)	0 (0)	140 (70)	0 (0)	351 (19.5)
技术标准 (项)	1 (0.25)	22 (2.44)	0 (0)	0 (0)	0 (0)	0 (0)	5 (2.5)	0 (0)	28 (1.56)
前五名客户销售额占比(%)	189.52 (47.38)	246.6 (27.4)	83.14 (41.57)	19.06 (19.06)	0 (0)	0 (0)	79.52 (39.76)	0 (0)	617.84 (34.32)
总经理薪酬(万元)	368.44 (92.11)	683.37 (75.93)	86.76 (43.38)	117.23 (117.23)	0 (0)	0 (0)	172.8 (86.4)	0 (0)	1428.6 (79.37)
独立董事津贴(万元)	27.56 (6.89)	42.21 (4.69)	9.78 (4.89)	10 (10)	0 (0)	0 (0)	15.18 (7.59)	0 (0)	104.73 (5.82)
前十大股东持股比例(%)	241.48 (60.37)	543.93 (60.44)	119.2 (59.6)	64.09 (64.09)	0 (0)	0 (0)	107.6 (53.8)	0 (0)	1076.3 (59.79)
资质 (项)	21 (5.25)	177 (19.67)	4 (2)	1 (1)	0 (0)	0 (0)	4 (2)	0 (0)	41.41 (2.3)

北部沿海综合经济区在前五名顾客销售额占比均值，以及前十大持股比例均值等为平均值以上，其前五名客户销售额占比高达47.38%，位于八大经济区之首，前十大股东持股比例达到60.37%，但其授权专利总量仅11项，均值为2.75项，远远低于行业平均水平。东部沿海综合经济区授权专利总量高达379项，均值为42.11项，在八大经济区内位于前列，同时其技术标准均值达到2.44项，资质均值在经济区内位于第一，达到19.67项。南部沿海综合地区授权专利和前五名客户销售额占比表现突出，授权专利均值高达91.5项，超过行业均值，前五名客户销售额占比均值达到41.57%，仅次于北部沿海综合经济区。大西南综合经济区在总经理薪酬方面表现极为突出，其总经理薪酬均值则达到117.23万元，远远超出行业内其他经济区薪酬标准。长江中游综合经济区著作权总量高达1015项，均值为507.5项，远远超过其他经济区，同时其技术标准均值为2.5项，位于所有经济区之首，但其授权专利和资质表现较差，低于行业平均标准。

（二）典型区域分析

1. 东部沿海经济区

东部沿海经济区包括上海、江苏、浙江三省市，总面积 21.904 万平方千米。根据国务院发展研究中心的构想，该区域将建设成为最具影响力的多功能的制造业中心以及最具竞争力的经济区之一。截至 2018 年 5 月 18 日，该区域共有 9 家企业（见图 14-1），其中上海市 1 家，江苏省 2 家，浙江省 6 家，占创业板文化与传播行业上市公司总数的 50%。

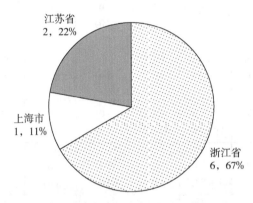

图 14-1　截至 2018 年 5 月 18 日东部沿海经济区文化与传播行业上市公司的地理分布

由图 14-2 可知，2013—2017 年，该区域内文化与传播行业上市公司数量稳步上升。2013 年，该区域内文化与传播行业企业仅 5 家，2017 年已上涨至 9 家，涨幅达到 80%。

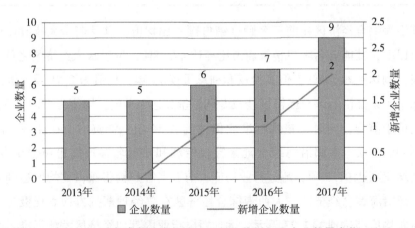

图 14-2　2013—2017 年东部沿海经济区文化与传播行业企业数量变化（单位：家）

（1）基于招股说明书的东部沿海经济区上市公司无形资产规模

表 14-10 为基于招股说明书信息的东部沿海经济区文化与传播行业上市公司无形

资产构成情况。

表 14-10　基于招股说明书的 2013—2017 年东部沿海经济区文化与传播行业无形资产构成情况

时间 总值（均值）	2013 年	2014 年	2015 年	2016 年	2017 年
授权专利（项）	0（0）	0（0）	0（0）	0（0）	340（37.78）
非专利技术（项）	0（0）	0（0）	0（0）	0（0）	19（2.11）
著作权（项）	62（12.4）	62（12.4）	89（14.83）	165（23.57）	4167（463）
持有商标（项）	67（13.4）	67（13.4）	120（20）	146（20.86）	274（30.44）
技术标准（项）	2（0.4）	2（0.4）	2（0.33）	2（0.29）	19（2.11）
总经理薪酬（万元）	385.96（77.19）	385.96（77.19）	412.36（68.73）	512.16（73.17）	637.92（70.88）
前十大股东持股比例（%）	403.7（80.74）	403.7（80.74）	474.53（79.09）	544.44（77.78）	676.41（75.16）
资质（项）	0（0）	0（0）	252（42）	252（36）	415（46.11）

东部沿海经济区的文化与传播行业在著作权、持有商标和资质方面表现较好。著作权 2017 年总量达到 4167 项；持有商标数量稳步上升，2017 年总量达到 274 项，均值为 30.44 项；资质 2017 年总量高达 415 项，均值达到 46.11 项；授权专利和非专利技术在 2017 年度出现跨越式发展，授权专利突破性上涨至 340 项，非技术专利上涨至 19 项；总经理薪酬均值呈现出小幅下降趋势，由 2013 年 77.19 万元下降至 70.88 万元；前十大股东比例逐年下降，呈现出股权分散趋势。

（2）基于年报的东部沿海经济区上市公司无形资产规模

表 14-11 为基于年报信息的东部沿海经济区文化与传播行业上市公司无形资产构成情况。

表 14-11　基于年报的 2013—2017 年东部沿海经济区文化与传播行业无形资产构成情况

时间 总值（均值）	2013 年	2014 年	2015 年	2016 年	2017 年
授权专利（项）	0（0）	0（0）	5（0.83）	0（0）	379（42.11）
非专利技术（项）	0（0）	0（0）	0（0）	0（0）	0（0）
著作权（项）	216（43.2）	326（65.2）	54（9）	61（8.71）	103（11.44）
持有商标（项）	53（10.6）	150（30）	154（25.67）	162（23.14）	71（7.89）
技术标准（项）	0（0）	0（0）	1（0.17）	1（0.14）	22（2.44）
前五名客户销售额占比（%）	158.66（31.73）	134.57（26.91）	131.64（21.94）	146.22（20.89）	246.6（27.4）
总经理薪酬（万元）	208.26（41.65）	416.06（83.21）	414.75（69.13）	548.51（78.36）	683.37（75.93）

续表

时间 总值（均值）	2013 年	2014 年	2015 年	2016 年	2017 年
独立董事津贴（万元）	82.8（16.56）	72.8（14.56）	85.92（14.32）	100.51（14.36）	42.21（4.69）
前十大股东持股 比例（%）	324.22（64.84）	319.55（63.91）	375.32（62.55）	423.75（60.54）	543.93（60.44）
资质（项）	0（0）	41（8.2）	108（18）	238（34）	177（19.67）

近五年内，东部沿海经济区的文化与传播行业在著作权、持有商标、总经理薪酬、独立董事津贴和资质方面发生显著变化。著作权总量在 2015 年出现大幅下降，之后出现大幅回升，2017 年升至 103 项。持有商标总量则呈现出先上升后下降变动趋势，2016 年商标总量高达 162 项，2017 年回落至 71 项，行业内均值仅 7.89 项。总经理薪酬稳步上行，由 2013 年 208.26 万元上涨至 2017 年 683.37 万元，均值上涨至 75.93 万元。独立董事津贴总量和资质也出现了先上升后下降趋势，2016 年独立董事津贴总量实现 100.51 万元，2017 年回落至 42.21 万元。资质在 2013—2016 年持续上涨，2016 年总量上涨至 238 项，均值为 34 项，2017 年出现回落，总量降至 177 项，均值仅为 19.67 项。

2. 北部沿海经济区

北部沿海经济区包括北京、天津、河北、山东四省市，总面积 37.52 万平方千米。根据国务院发展研究中心的构想，加强该区域建设将加速我国区域一体化进程，该经济区之后将建设成为最有实力的高新技术研发和制造中心之一。截至 2018 年 5 月 18 日，该区域共有 4 家企业（见图 14-3），其中北京市 3 家，山东省 1 家，占创业板文化与传播行业上市公司总数的 22.22%。

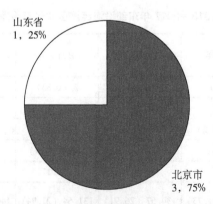

山东省
1，25%

北京市
3，75%

图 14-3　截至 2018 年 5 月 18 日北部沿海经济区文化与传播行业上市公司的地理分布

由图 14-4 可知，2013—2017 年，北部沿海地区的文化与传播行业处于孵化与发展时期，当前该区域内仅有 4 家文化与传播行业类企业。

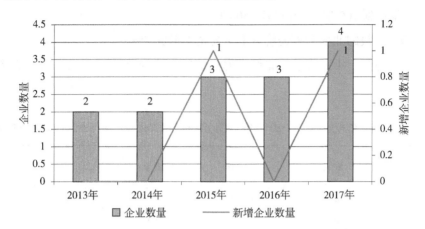

图 14-4　2013—2017 年北部沿海经济区文化与传播行业企业数量变化（单位：家）

（1）基于招股说明书的东部沿海经济区上市公司无形资产规模

表 14-12 为基于招股说明书信息的北部沿海经济区文化与传播行业上市公司无形资产构成情况。

表 14-12　基于招股说明书的 2013—2017 年北部沿海经济区文化与传播行业无形资产构成情况

时间 总值（均值）	2013 年	2014 年	2015 年	2016 年	2017 年
授权专利（项）	1（0.5）	1（0.5）	3（1）	3（1）	0（0）
非专利技术（项）	0（0）	0（0）	13（4.33）	13（4.33）	13（3.25）
著作权（项）	6（3）	6（3）	76（25.33）	76（25.33）	102（25.5）
持有商标（项）	169（84.5）	169（84.5）	189（63）	189（63）	272（68）
技术标准（项）	0（0）	0（0）	0（0）	0（0）	1（0.25）
总经理薪酬（万元）	115.97（57.99）	115.97（57.99）	141.11（47.04）	141.11（47.04）	182.68（45.67）
前十大股东持股比例（%）	176.49（88.25）	176.49（88.25）	238.3（79.43）	238.3（79.43）	309.88（77.47）
资质（项）	0（0）	0（0）	0（0）	0（0）	160（40）

北部沿海经济区的文化与传播行业在授权专利和技术标准方面处于起步阶段。近五年来，授权专利总量小幅度波动，2017 年总量仅 0 项。技术标准在 2017 年实现零的突破。非专利技术在 2015 年由 0 项增长至 13 项后保持相对稳定。持有商标均值呈现逐年下降趋势，由 2013 年的 84.5 项下降至 2016 年 63 项，2017 年小幅回升至 68 项。总经理薪酬和前十大股东持股比例均值均呈现出下降趋势，总经理薪酬均值从 2013 年 57.99 万元降至 2017 年 45.67 万元，前十大股东持股比例从 2013 年 88.25% 下降至

2017 年 77.47%，股权分散趋势明显。此外，资质在 2017 年发生井喷式增长，当年行业内资质总量达到 160 项，均值高达 40 项。

（2）基于年报的北部沿海经济区上市公司无形资产规模

表 14-13 为基于年报信息的北部沿海经济区文化与传播行业上市公司无形资产构成情况。

表 14-13　基于年报的 2013—2017 年北部沿海经济区文化与传播行业无形资产构成情况

总值（均值）　　时间	2013 年	2014 年	2015 年	2016 年	2017 年
授权专利（项）	0（0）	0（0）	0（0）	8（2.67）	11（2.75）
非专利技术（项）	0（0）	0（0）	0（0）	0（0）	0（0）
著作权（项）	41（20.5）	57（28.5）	138（46）	225（75）	75（18.75）
持有商标（项）	48（24）	82（41）	216（72）	61（20.33）	76（19）
技术标准（项）	0（0）	0（0）	0（0）	0（0）	1（0.25）
前五名客户销售额占比（%）	126.7（63.35）	114.56（57.28）	160.56（53.52）	136（45.33）	189.52（47.38）
总经理薪酬（万元）	79.08（39.54）	180.21（90.11）	190.08（63.36）	234.95（78.32）	368.44（92.11）
独立董事津贴（万元）	40.11（20.06）	40.11（20.06）	70.11（23.37）	61.96（20.65）	27.56（6.89）
前十大股东持股比例（%）	137.32（68.66）	132.75（66.38）	195.95（65.32）	173（57.67）	241.48（60.37）
资质（项）	0（0）	7（3.5）	18（6）	34（11.33）	21（5.25）

基于年报数据来看，北部沿海经济区的文化与传播行业在著作权、持有商标、独立董事津贴等指标上出现先增长后下降趋势。著作权总量在 2013—2016 年稳步上升，2016 年达到 225 项，均值高达 75 项，2017 年大幅下降，均值跌至 18.75 项。持有商标总量在 2015 年实现最大值 216 项，均值达到 72 项。独立董事津贴总量呈现出先上涨后下降趋势。前十大股东持股比例均值在近五年内保持下降趋势，由 2013 年 68.66% 下降至 2017 年 60.37%，该行业内企业存在股权分散倾向。

四、　基于无形资产竞争矩阵的行业无形资产竞争分析

（一）行业无形资产规模结构分析

2017 年，文化与传播行业商标数量共计 351 项，平均每家企业约有 19.5 项，天舟文化（300148）持有商标 96 项，占行业总量的 27.35%。

资质数量共计 207 项，平均每家企业拥有 11.5 项，华谊兄弟（300027）拥有资质 140 项，占行业总量的 67.63%。

软件著作权数量共计 1466 项，平均每家企业拥有 81.44 项，华凯创意（300592）拥有软件著作权 678 项，占行业总量的 46.25%。

（二）行业无形资产持续能力分析

文化与传播员工本科及以上学历占比行业均值为 49.02%。员工本科及以上学历占比最高的前三名企业为中文在线（300364）、华录百纳（300291）和光线传媒（300251），分别为 79.10%、78.29% 和 77.97%。

净资产收益率同比增长率行业均值为 9.28%，该行业净资产收益率同比增长率最高的三家企业为德艺文创（300640）、唐德影视（300426）和创源文化（300703），分别为 17.83%、16.77% 和 15.53%。

（三）行业无形资产竞争能力分析

文化与传播行业前五名客户占比行业均值为 33.21%，前五名客户占比最高的前三的企业为华策影视（300133）、光线传媒（300251）和宜通世纪（300310），分别为 70.42%、57.58% 和 53.65%。

前十大股东持股比例行业均值为 59.8%，前十大股东持股比例最高的前三个企业为金陵体育（300651）、光线传媒（300251）和德艺文创（300640），分别为 74.72%、73.22% 和 72.74%。

净利润行业均值为 2756.7 万元，净利润最高的前三个企业为宋城演艺（300144）、华谊兄弟（300027）和光线传媒（300251），分别为 106927.42 万元、98704.62 万元和82121.42 万元。

表 14-14 列示了依据无形资产竞争矩阵计算所得的创业板文化与传播行业内全部企业。

表 14-14　2017 年创业板文化与传播行业无形资产竞争力企业一览

股票代码	股票名称	商标得分	资质得分	软件著作权得分	员工学历得分	营业收入得分	净资产收益率同比增长率得分	前五名客户占比得分	前十大股东持股比例得分	净利润得分	总得分
300027	华谊兄弟	0.65	1.00	0.30	0.28	0.75	0.54	0.42	0.64	0.92	5.50
300310	宜通世纪	0.67	0.03	0.00	1.00	0.49	0.41	0.76	0.62	0.20	4.19
300133	华策影视	0.00	0.01	0.02	0.15	1.00	0.53	1.00	0.87	0.59	4.17
300592	华凯创意	0.46	0.00	1.00	0.05	0.11	0.66	0.73	0.87	0.05	3.92
300144	宋城演艺	0.00	0.10	0.00	0.24	0.58	0.85	0.14	0.84	1.00	3.75
300251	光线传媒	0.00	0.06	0.00	0.06	0.35	0.59	0.82	0.98	0.77	3.62

股票代码	股票名称	商标得分	资质得分	软件著作权得分	员工学历得分	营业收入得分	净资产收益率同比增长率得分	前五名客户占比得分	前十大股东持股比例得分	净利润得分	总得分
300703	创源文化	0.00	0.01	0.00	0.20	0.13	0.87	0.65	0.82	0.06	2.74
300640	德艺文创	0.00	0.00	0.13	0.04	0.09	1.00	0.42	0.97	0.03	2.69
300148	天舟文化	1.00	0.03	0.00	0.13	0.18	0.18	0.40	0.61	0.13	2.65
300426	唐德影视	0.00	0.00	0.00	0.05	0.23	0.94	0.00	0.90	0.18	2.33
300364	中文在线	0.79	0.06	0.00	0.11	0.14	0.17	0.36	0.61	0.08	2.32
300336	新文化	0.09	0.03	0.00	0.05	0.24	0.57	0.55	0.65	0.23	2.31
300654	世纪天鸿	0.00	0.04	0.00	0.08	0.07	0.52	0.52	0.96	0.03	2.23
300291	华录百纳	0.00	0.12	0.00	0.04	0.43	0.00	0.70	0.69	0.10	2.21
300288	朗玛科技	0.00	0.01	0.16	0.17	0.08	0.40	0.27	0.86	0.08	2.02
300528	幸福蓝海	0.00	0.21	0.00	0.10	0.33	0.22	0.92	0.11		1.97
300651	金陵体育	0.00	0.09	0.00	0.06	0.51	0.18	1.00	0.04		1.90
300329	海伦钢琴	0.00	0.01	0.00	0.17	0.09	0.28	0.34	0.65	0.04	1.57

五、 案例分析[①]

文化与传播行业属于刚刚兴起的新兴产业，行业内企业数量较少且企业存续时间较短。华谊兄弟（300027）作为文化与传播行业内最早产生的企业，其总得分历年来长期位居行业之首，故本年度选取"华谊兄弟"作为典型样本企业进行分析。

（一）企业简介

"华谊兄弟"全称"华谊兄弟传媒股份有限公司"，成立于 1994 年 5 月，于 2009 年 10 月在创业板上市，股票代码 300027。其主要从事影视传媒及衍生业务，还包括艺人经纪及相关服务。公司成立初期，凭借《天下无贼》这部电影崭露头角，年终获得 1.2 亿元的票房收入，大获成功。之后，该公司相继推出了多部优秀的影视作品，有当时较为出名的《集结号》《宝贝计划》等。在电视剧领域也收获颇丰，接连拍摄了《士兵突击》和《少年杨家将》等多部优秀的电视作品。在艺人经纪及相关服务方面，公司有着黄晓明、王宝强等知名的国内一线明星。其产出的影视作品由于贴近群众生活，具有许多现实价值和意义，并以此获得过许多荣誉以及赞美。

2009 年挂牌上市后，"华谊兄弟"成为中国影视娱乐行业首家上市公司，被称为

---

① 案例数据来源于华谊兄弟（300027）2010—2017 年年报、上市招股说明书以及公司官网（http://www.huayimedia.com/），其他有关参考资料见参考文献。

"中国娱乐影视第一股"。目前，"华谊兄弟"投资和运营四大业务板块：第一块是影视娱乐板块，以电影、电视剧、艺人经纪等业务为主；第二块是品牌授权和实景娱乐板块，以主题公园、电影文化城等业务为主；第三块是互联网娱乐板块，以新媒体、游戏、粉丝社区等业务为主；第四块是产业投资板块，是国内覆盖内容领域最全面、产业链纵向延伸最完整的综合内容集团之一。

（二）无形资产相关情况分析

1. 优势分析

"华谊兄弟"能够在行业内成为无形资产领域的标杆企业，主要原因在于其商标、软件著作权、资质数量、营业收入、净资产收益率同比增长率，以及净利润等指标的得分较高。其中，商标数量为62项，居创业板文化与传播行业第4位；软件著作权为206项，居行业第2位；资质数量140项，居行业第1位；营业收入394627.61万元，居行业第2位；净资产收益率同比增长率9.68%，居行业第5位；净利润为98704.62万元，居行业第2位。由此得出，"华谊兄弟"在企业经营运作上表现十分突出，各项指标发展均衡，发展潜力和内在驱动力较大。

2. 不足分析

由表14-14可知，"华谊兄弟"在员工学历、前5名客户占比、前十大股东持股比例三项二级指标上处于行业劣势地位，员工数有2017名，虽然总的员工数量较多但其中本科及以上学历仅占比50.27%，居行业第8位；前五名客户销售占比29.61%，居行业第9位；前十大股东持股比例为47.52%，居行业第15位。因为行业特殊性，"华谊兄弟"目前的人才储备管理体系应加强，娱乐公司的艺人对公司的贡献程度并不相同，如果关键优秀人才流失很可能给企业带来较大的影响，会造成企业巨大的损失。前五名客户占销售收入比例和前十大股东持股比例居于行业中下游圈，说明企业的客户来源不稳定，客户的管理能力不足，股权比较分散，容易出现代理问题。

3. 无形资产优化建议

首先，公司需要降低人才管理风险，采取多种不同的人才管理措施，丰富企业内部的人才结构；其次，需要加大互联网娱乐的投入，使得传统的电视媒体与互联网结合，加快行业的发展，丰富业务面，为企业争取利益的同时降低风险；再次，需要加强品牌授权及实景娱乐，整合原创优势、管理优势和资源优势，造就"华谊兄弟"的品牌优势；最后，需要严格内部控制制度，建立科学有效的风险防范机制和财务风险指标体系，实现科学长远发展。

（三）其他方面竞争优势分析

根据招股说明书和年报披露信息，"华谊兄弟"除在无形资产质量竞争中具有优势之外，在运营、战略、规模和合作四个方面也具有一定的竞争优势。

1. "华谊兄弟"借鉴国内外优质文化娱乐类企业优秀运作方法，结合自身现状，通过多年时间，建造了以"收益期望评估+资金回笼控制+预算管理"为主体的财务管理方式，构建了以"事业部+工作室"的弹性运营模式，以及"强调营销与创作紧密结合"的营销管理方式。通过近些年的发展，"华谊兄弟"不断提升的公司竞争力，可以看出这套运营体系带来的显著效果。

2. 经过二十多年的发展，"华谊兄弟"的发展历程可分为三个战略阶段与业务发展方向。第一个阶段是单一广告业务发展阶段，主要业务是做直投广告，并拓展了企业形象标准化设计等业务，这为"华谊兄弟"积累了原始资本和资源。第二个阶段是由广告向影视转型后的战略阶段，整合了第一阶段中广告与电视业务资源，以及投资电影累积的资源，以电影业务为主，力求影视业务的长足发展。第三个阶段是全产业链战略阶段，"华谊兄弟"以电影品牌资源进行产业链的延伸，进行品牌化、工业化以及资本化的平台运作，以期降低甚至化解电影产业的高波动性风险，并在此基础上进一步整合大电影产业链以打造综合性传媒娱乐集团。经过多年的积累，"华谊兄弟"在电影业务发展模式逐渐成熟时开始布局产业链的延伸，将公司业务划分为影视娱乐、品牌授权及实景娱乐、互联网娱乐、产业投资四大业务板块。

3. 从产业演进视角来看，我国影视传媒行业已进入集聚化阶段，同时企业在不同阶段会施行不同的并购战略。"华谊兄弟"作为行业领导者，受产业环境影响在不同阶段实行不同的并购战略。在初创期，出于扩大市场份额的并购动机，"华谊兄弟"主要以横向并购的方式选择行业内的竞争对手作为并购目标；在规模化阶段，"华谊兄弟"通过发挥协同效应、优化资源配置来提升竞争力同时关注于产业链前向的企业，拓展了自己的销售渠道，获得了规模效应。

4. "华谊兄弟"是目前国内唯一将品牌、影视、娱乐、互联网和实景娱乐实现有限整合的公司，且企业的产业链较为完整，娱乐资源相对丰富。整个产业链涉及电影、电视剧、娱乐等的原创以及拍摄制作，电影公社、娱乐城的逐步扩展完善，构建与粉丝互动的平台，多方面形成了相互协同促进的作用。由影视产业衍生的广告、旅游、餐饮、主题公园事业等产业也得到了发展，与各大媒体、院线、电视台有着常年稳定的合作关系，其中还包括腾讯、阿里巴巴这些国内知名企业。这为"华谊兄弟"的发展提供了源源不断的机会和平台。

参考文献

[1] 电影《芳华》票房口碑双丰收 "芳华已逝"的情怀值多少钱 [J]. 中国总会计师，

2018（1）：154.

［2］高晨晨. 中国文化企业融资模式分析——以华谊兄弟为例［J］. 经贸实践，2018
（15）：167-168.

［3］刘淼. 产业经济学视角下"华谊兄弟"创业板上市的内涵及影响［J］. 山东农业工程
学院学报，2017，34（8）：139-140.

［4］杨珊. 基于产业演进视角的影视传媒企业并购目标选择分析——以华谊兄弟为例［J］.
现代商贸工业，2017（26）：66-68.

第四篇

创业板上市公司无形资产指数

创业板上市公司无形资产年度指数（2017）

为持续跟踪研究创业板上市公司无形资产整体质量及信息披露质量，本报告基于证监会 30 号准则（2012 年修订）及 2017 年度创业板上市公司年度报告中的无形资产相关信息，并考虑各类型无形资产对不同行业公司重要性的差异化特征，通过构建年度信息披露指数及质量指数，对 2017 年度创业板上市公司的无形资产整体质量和信息披露质量进行了评价，并基于无形资产类型差异和行业差异进行了比较分析。此外，由于无形资产已逐步成为创业板上市公司实现技术进步和创新发展的核心竞争要素，本报告新构建了创业板上市公司无形资产价值评价指数，旨在从无形资产角度量化分析上市公司创新能力和企业价值。因此，2017 年创业板上市公司无形资产年度指数由信息披露指数、无形资产质量指数和无形资产价值评价指数三项指数共同构成。

一、 2017 年度无形资产信息披露指数的构建

（一）评价样本

截至 2018 年 5 月 18 日，共有 725 家公司在创业板上市，其中共有 718 家公司披露了 2017 年年报。本报告将上述 718 家公司纳入统计样本，并根据证监会二级行业（2012 年）的样本数量及代表性，将全部样本公司分为医药制造、互联网及相关服务、机械设备仪表❶、计算机通信及电子、软件及信息技术服务、化学橡胶塑料、文化传播及其他❷共 8 个二级行业，并分别计算各行业的 2017 年度无形资产信息披露指数。

基于以上说明，创业板上市公司 2017 年度无形资产信息披露指数的评价样本具体如表 15-1 所示。

---

❶ 为便于统计分析，本报告将专用设备制造业、通用设备制造业、电器机械和器械制造业、仪器仪表制造业 4 个二级行业统归为机械设备仪表业。

❷ 凡不属于前述 7 类二级行业的其他样本公司均归入其他行业，主要涵盖的行业有：农林牧渔业、商业服务业、非金属矿物制品业、环保业、土木工程建筑业等。

表 15-1　2017 年度无形资产信息披露指数评价样本

数据来源	样本数量	行业分类
2017 年年报	718 家 （不含 300060、300186、300361、300372、300524、300544、300564、300574、300594、300614、300646、300674、300694、300704、300714、300724、300728、300734；不含当年新上市不强制要求披露年报的公司：300454、300634、300644、300740、300741、300742、300743）	医药制造（54 家） 互联网及相关服务业（18 家） 机械设备仪表（195 家） 计算机、通信及电子行业（111 家） 软件、信息技术服务业（107 家） 化学橡胶塑料（70 家） 文化传播（7 家） 其他（156 家）

（二）指标选取

创业板上市公司 2017 年度信息披露指数用于反映创业板上市公司 2017 年年报的无形资产信息披露质量，其评价体系由三级指标构成，一级指标为无形资产门类，二级指标为无形资产具体类型，三级指标为各类型无形资产的信息披露要素。各级指标的组成及选取依据如下：

一级指标：包括技术类、市场类及人力资源类三项指标。基于"蓝皮书"系列报告对创业板上市公司无形资产的结构性分类，可将其粗略分为技术类、市场类、资质类、人力资源类及无形资产相关投入共 5 大类型。由于以研发支出、其间费用、政府补助为代表的无形资产相关投入信息在创业板上市公司年度报告中的披露情况较为规范和统一，且信息披露要素较少，难以体现样本公司信息披露的横向差异，故不纳入该指标体系中。另外，由于资质类无形资产与企业市场竞争力高度相关，本报告将资质类无形资产纳入市场类无形资产中一并处理。

二级指标：技术类无形资产包含专利、非专利技术、技术标准及软件著作权四项二级指标；市场类无形资产包含商标、资质、客户及市场竞争地位四项二级指标；人力资源类无形资产包含高管、独立董事及员工三项二级指标。另外，因股东类人力资源信息无规律地披露于年度报告中，增加了信息统计的难度，故不纳入指标体系。由于证监会对高级管理人员相关信息（包括总经理、财务总监、董事会秘书）的披露规制普遍统一，且在信息统计的过程中发现高管信息披露呈现较为一致的情形，为避免重复统计，本报告以总经理的信息披露质量代表高管的普遍信息披露水平。

三级指标：即各类型无形资产的信息披露要素。考虑到相关要素的多样性和复杂性，本报告对三级指标的选择均结合相关规制披露要素与实际披露情况综合制定，并基于重要性原则，对 30 号准则中的或有指标或经统计后均未披露的指标进行了适当剔除，以保证各项三级指标的普遍性和代表性，降低偶然性信息对公司整体无形资产信息披露质量的影响。

（三）权重设置

为客观反映无形资产各信息要素之间的相对重要性及各行业对不同类型无形资产的依赖性，本报告依据专家问卷调查的结果对上述三级指标的权重进行了设置。其中，一级指标的权重主要因行业差异而发生变化，二级指标的权重则保持固定以便进行统计处理，三级指标的权重则主要体现了各信息要素之间的相对重要性。基于专家打分的结果，各级指标的权重设置如表 15-2、表 15-3、表 15-4 所示。

表 15-2　基于专家调查的一级指标权重设置

行业	技术类权重	市场类权重	人力资源类权重
机械设备仪表	40%	35%	25%
软件、信息技术服务	45%	30%	25%
医药制造	45%	25%	30%
计算机、通信及电子	40%	25%	35%
化学橡胶塑料	35%	40%	25%
互联网及相关服务	30%	25%	45%
文化传播	25%	45%	30%
其他	33%	33%	33%

表 15-3　基于专家调查的二级指标权重设置

技术类无形资产			
专利	非专利技术	技术标准	软件著作权
25%	25%	25%	25%
市场类无形资产			
商标	资质	客户	竞争地位
30%	30%	10%	30%
人力资源类无形资产			
高管	独立董事	员工	
35%	35%	30%	

表 15-4　基于专家调查的重要三级指标❶

二级指标	最重要的三项三级指标
专利	专利类型、授权日期、许可质押担保信息
非专利技术	功能及用途、技术水平、许可使用情况

---

❶　重要的三级指标将在指标体系中获得相对其他普通三级指标更高的计分权重。

续表

二级指标	最重要的三项三级指标
技术标准	标准级别、企业参与程度、发布单位
软件著作权	取得方式、权利范围、首次发表日期
商标	适用范围、商标荣誉、授权情况
客户	客户集中度、前5名客户性质、关联客户及同一控制下客户信息
竞争地位	市场竞争格局变动、企业市场竞争力变动、总体经营情况
资质	类型、级别、产生的竞争优势
高管	学历、职称、年度薪酬情况
独立董事	报酬的决策程度及依据、履行职责情况、税前报酬总额
员工	总数、专业结构、教育程度

（四）计分方法

基于以上指标体系，本报告采取如下步骤对所有样本公司2017年年报中的无形资产信息进行计分，从而计算其年度无形资产信息披露指数。

1. 各项三级指标信息已披露的得1分，未披露的得0分，基于三级指标的相对权重进行加权求和，并转化为百分制，从而获得企业的各项二级指标得分。

2. 基于二级指标的权重，对二级指标得分进行加权平均，从而获得企业的各项一级指标得分。

3. 基于一级指标的权重，对一级指标得分进行加权平均，从而获得企业的最终得分，即年度信息披露指数。

4. 由于技术类无形资产所包含的四项二级指标均为或有指标，部分企业可能存在并不全部拥有各类无形资产的情况，为避免或有指标对信息披露得分所产生的影响，本报告在面临上述情况时，会自动将未披露的或有指标的权重平均分摊至其他已有指标[1]，从而客观评价样本公司的信息披露质量。

5. 样本公司2017年度信息披露指数的理论最高分为100分，最低分为0分，兼具绝对得分与相对得分的特征。即对同一行业的样本公司而言，该指数既反映了样本公司信息披露实际情况与理想情况所存在的绝对差距，又反映了同行业内不同公司之间的相对差距，可以较为客观地衡量样本公司2017年年报的无形资产信息披露质量。

经过以上指标选取及权重设置，基于2017年年度报告的创业板上市公司无形资产年度信息披露指数的指标体系如表15-5所示。考虑到行业的差异性，本表仅以机械设

---

[1] 例如，当某企业并不拥有专利时，则非专利技术、技术标准及软件著作权的权重则同时变更为33%，从而消除专利缺失对该企业总分的影响。

备仪表行业为例，其他行业仅在一级指标的权重设置上有所不同，二级指标及三级指标的权重均保持一致。

表 15-5　2017 年度无形资产信息披露指数指标体系

二级行业	一级指标	二级指标	三级指标	权重
机械设备仪表	技术类（40%）	专利（25%）	专利数量	5%
			专利名称	5%
			专利类型	15%
			专利号或申请号	5%
			专利权人或申请人	10%
			授权日期	15%
			取得方式	10%
			重要程度	10%
			法律状态	10%
			许可/质押/担保信息	15%
		非专利技术（25%）	技术数量	5%
			技术名称	5%
			取得方式	10%
			功能及用途	15%
			取得时间	10%
			技术水平	15%
			许可使用情况	15%
			重要程度	10%
			账面价值	5%
			权属人	10%
		技术标准（25%）	标准名称	10%
			标准类型	20%
			发布单位	20%
			企业参与程度	20%
			标准级别	20%
			标准数量	10%
		著作权（25%）	著作权数量	5%
			名称	5%
			登记号	10%
			证书编号	10%
			取得方式	15%
			首次发表日期	15%

二级行业	一级指标	二级指标	三级指标	权重
机械设备仪表	技术类 （40%）	著作权 （25%）	权利范围	15%
			保护期限	10%
			重要程度	5%
			账面价值	10%
	市场类 （35%）	商标 （30%）	商标数量变化情况及原因	5%
			适用范围	15%
			商标荣誉	15%
			取得方式	10%
			授权	15%
			注册时间	5%
			使用地域	10%
			法律状态	10%
			商标权人	10%
			最近一期账面价值	5%
		资质 （30%）	类型	40%
			级别	30%
			产生的竞争优势	30%
		客户 （10%）	前5名客户名称	15%
			前5名客户的性质	25%
			客户集中度	25%
			关联客户及同一控制下客户信息	20%
			销售合同信息	15%
		竞争地位 （30%）	预期目标实现情况	20%
			总体经营情况	20%
			主要产品销量及市场变动	20%
			企业市场竞争力变动	20%
			市场竞争格局变动	20%
	人力类 （25%）	高管 （35%）	姓名	5%
			任期	5%
			性别	5%
			年龄	5%
			学历	10%
			职称	10%
			年度薪酬情况	10%
			年初、年末持股情况及变动量	10%

二级行业	一级指标	二级指标	三级指标	权重
机械设备仪表	人力类 （25%）	高管 （35%）	持股变动的原因	10%
			最近五年主要工作经历	10%
			是否在股东单位任职	5%
			报酬的决策程序及依据	5%
			兼职情况	5%
			股权激励计划	5%
		独立董事 （35%）	姓名	5%
			性别	5%
			年龄	5%
			国籍及境外居留权	5%
			学历	5%
			职称	5%
			持股情况	10%
			兼职情况	5%
			税前报酬总额	10%
			报酬的决策程序及依据	10%
			任期	5%
			最近五年主要工作经历	5%
			曾经担任的重要职务	5%
			是否对公司有关事项提出过异议	10%
			履行职责情况	10%
		员工 （30%）	总数	20%
			专业结构	20%
			教育程度	15%
			年龄分布	15%
			社会保障情况	10%
			离退休人员数量	10%
			人员变动对发行人影响	10%

二、 2017 年度无形资产信息披露指数的统计

基于以上指标体系，本报告对 718 家样本公司 2017 年年度报告的无形资产信息披露质量进行了量化打分，从而获得其年度信息披露指数。受篇幅所限，所有样本公司的具体得分请参见书末的附表 1，下文仅对样本公司的指数得分进行统计分析。

（一）总体情况

创业板上市公司 2017 年度信息披露指数的主要描述统计量及占比分布分别如表 15-6、表 15-7 所示。统计结果表明，创业板上市公司年度信息披露指数得分均值较低，仅为 41.93 分，依然处于"不及格"的状态，且相比 2016 年的 53.65 分明显下降，说明创业板上市公司 2017 年年报的无形资产信息披露质量在经过连续几年的小幅上升后明显下降。从占比分布来看，年度信息披露指数得分相对较为集中，呈现出正态分布特征，但横向差异较为明显，最高分与最低分之间的差值保持在 36 分左右，其中仅有 9 家公司指数得分达到 60 分的及格线。

表 15-6　2017 年度信息披露指数描述统计量

样本数量	最大值（分）	最小值（分）	均值（分）
718	62.66	26.06	41.93

表 15-7　2017 年度信息披露指数占比分布

分值区间	公司数量（家）	占比
[25,30)	7	0.97%
[30,40)	304	42.34%
[40,50)	326	45.40%
[50,60)	72	10.03%
[60,65)	9	1.26%
合计	718	100%

（二）基于无形资产类型差异的分析

为进一步解构 2017 年度信息披露指数，本报告对各项一级指标的得分进行了描述性统计，结果如表 15-8 所示。统计表明，从无形资产的类型差异来看，技术类及市场类无形资产信息披露得分普遍较低，而人力资源类无形资产信息披露得分相对较高，且优势明显。其主要原因在于第 30 号准则对人力资源类无形资产相关要素的披露规则较为严格、明确和详细，上市公司并无太多自主调整的空间，从而提高了信息披露质量。

表 15-8　2017 年度信息披露指数一级指标描述统计量

	最大值（分）	最小值（分）	均值（分）
技术类得分	62.25	0.00	11.58
市场类得分	71.15	24.00	45.92

	最大值（分）	最小值（分）	均值（分）
人力资源类得分	86.00	75.00	78.96
2017年度信息披露指数	62.66	26.06	41.93

（三）基于行业差异的分析

为体现样本公司2017年度信息披露指数的行业差异，本报告对前述8个二级行业的指数得分进行了描述性统计，结果如表15-9所示。统计表明，有4个行业的指数得分均值大于等于全样本均值（41.93分），其中，文化传播业的指数得分均值（46.60）及最低分（39.46）均超过其他行业，成为无形资产信息披露质量较高的行业，这可能与该行业样本数量较少且在人力资源类指标上所占权重相对较高有关。其他行业、计算机通信及电子、医药制造业等3个行业的指数得分均值在41~45分，处于第二梯队。而化学橡胶塑料、机械设备仪表、互联网及相关服务和信息技术服务业的指数软件得分在38~41分，处于落后地位。

表15-9　2017年度信息披露指数的行业比较

	医药制造	计算机、通信及电子	机械设备仪表	软件、信息技术服务	互联网及相关服务	化学橡胶塑料	文化传播	其他
样本数量（家）	54	111	195	107	18	70	7	156
均值（分）	41.93	43.07	40.92	38.79	39.28	41.56	46.60	44.80
最高分（分）	62.56	61.11	62.66	61.53	52.40	52.46	56.31	61.71
最低分（分）	33.84	32.43	27.43	26.06	33.08	29.35	39.46	33.91
均值排名	4	3	6	8	7	5	1	2

三、2017年度无形资产质量指数的构建

（一）样本范围

2017年度创业板上市公司无形资产质量指数的样本范围与年度信息披露指数一致，在此不再赘述。

（二）指标选择

1. 指标选取的原则

影响创业板上市公司无形资产整体质量的因素较为复杂，为实现评价目标，在选取指标时应遵循以下原则：

全面性原则：企业无形资产质量指数是一个多维度、多层次的复杂系统，涵盖了

从相关资金投入经营绩效的多方面内容，需要建立一套全面、系统的指标体系进行评价。

科学性原则：构建的指标体系应当与企业无形资产整体质量有直接的联系，能够恰当反映评价样本的无形资产竞争力，从而满足客观监测和科学评价的功能。

重要性原则：在繁杂的各类指标中，应当优先使用最具有代表性、最能反映评价要求的核心指标，从而增强评价模型的适用性。

可比性原则：由于存在行业、规模、经营方式等因素的差异，不同企业的指标在绝对数上往往不具有可比性，应采用相对数指标削减这一影响，确保同一行业内不同企业的指标口径一致，行业间的指标口径则应保持一定的差异。

可得性原则：质量指数的编制必须基于定量分析，因此选取的指标必须有可靠的数据来源和准确的量化方法，指标数量不宜过多以便操作。

2. 指标选取结果

无形资产质量指数用于反映创业板上市公司各年度的无形资产整体质量和竞争能力，其评价体系由两级指标构成，一级指标为无形资产质量评价维度，二级指标为与无形资产相关的具体数量指标和财务指标。基于上述指标选取原则，用于构建无形资产质量指数的各级指标组成如下：

一级指标：包括无形资产账面价值、无形资产规模能力、无形资产持续能力及无形资产竞争能力四个维度。无形资产账面价值是反映企业无形资产存续状况的基础性财务指标，尽管会计制度的局限性使得该项指标并不能如实反映企业无形资产的市场价值，但基于可比性原则，对该项指标的使用仍具有一定的合理性。无形资产规模能力主要是对企业无形资产的存续规模进行描述，从数量角度评价企业的无形资产竞争力。无形资产持续能力用于反映企业创造、积累无形资产的持续性，持续能力越强的企业所具备的发展潜力往往也越高。无形资产竞争能力则体现了企业利用无形资产创造经营业绩的最终效果，是企业无形资产质量优劣的直接表现，一般采用财务指标进行反映。

二级指标：无形资产账面价值只包含企业无形资产覆盖率这1项二级指标。无形资产规模能力包含专利数量、技术标准数量、商标数量、资质数量及著作权数量5项二级指标。无形资产持续能力包含研发支出强度、专业人员密度、员工素质、政府补助强度及销售投入5项二级指标。无形资产竞争能力包含营业利润率、资产收益率及每股净收益3项二级指标。

考虑到指标的科学性和严谨性，本报告对各项二级指标的数据处理采用以下方法：(1) 无形资产规模能力所包含的5项二级指标均采用截至2017年年末的无形资产存量指标，而非当年的增量指标；（2）企业所拥有的专利、商标及著作权数量均为已授权、注册和登记的数量，正在申请的专利、商标和著作权均不纳入统计范围；（3）考虑指标的覆盖率，上述 14 项指标并未全部纳入所有行业的评价体系中，各行业二级指标数量在 10~14 项；（4）为体现行业特征，部分二级指标在不同行业中的选取会有所差异，如将资质数量细分为准入类、能力类和荣誉类，将专业人员密度细分为销售人员、技术人员和生产人员等。

3. 各项指标的含义

构建年度无形资产质量指数所需的指标体系共包含上述 4 项一级指标和 14 项二级指标，二级指标的含义及计算方法具体如表 15-10 所示。

表 15-10　无形资产质量指数二级指标的含义及计算

一级指标	二级指标	含义及计算方法	单位
无形资产账面价值	无形资产覆盖率	年末无形资产账面价值/总资产账面价值	%
无形资产规模能力	专利数量	已获授权专利（或发明专利）总量	项
	技术标准数量	参与定制国际、国家和行业技术标准的数量	项
	商标数量	持有注册商标数量	项
	资质数量	各类型（准入、能力、荣誉）资质数量	项
	著作权数量	所获软件著作权（或作品著作权）数量	项
无形资产持续能力	研发支出强度	当年研发支出/当年营业收入	%
	专业人员密度	技术人员（或销售人员、生产人员）占比	%
	员工素质	本科以上学历员工占比	%
	政府补助强度	当年所获政府补助/当年营业收入	%
	销售投入	当年销售费用/当年营业收入	%
无形资产竞争能力	营业利润率	当年营业利润/当年营业收入	%
	资产收益率（ROA）	当年利润总额/平均资产总额	%
	每股净收益（EPS）	当年净利润/年末股本总额	元

（三）权重设置

为客观反映各项评价指标的相对重要性及各行业对不同类型无形资产的依赖性，本报告依据专家问卷调查的结果对上述两级指标的权重进行了设置。其中，一级指标的权重一般保持固定以便进行统计处理，除文化传播行业外，其余 7 类行业的 4 项一级指标的权重分别设置为 10%、25%、40% 和 25%。二级指标权重的设置则基于指标种类和具体内容的差异对 8 类行业进行了有针对性的微调，但在整体上基本保持一致。

经过以上指标选取及权重设置，基于 2017 年年度报告的创业板上市公司 2017 年度无形资产质量指数评价指标体系如表 15-11 所示。

表 15-11　2017 年度无形资产质量指数评价指标体系

所属二级行业	一级指标	二级指标	权重
文化传播	无形资产规模能力（30%）	商标数量	20%
		资质数量	30%
		作品著作权数量	50%
	无形资产持续能力（40%）	销售人员占比	30%
		员工素质	30%
		政府补助强度	10%
		销售投入	30%
	无形资产竞争能力（30%）	营业利润率	30%
		资产收益率	40%
		每股净收益	30%
医药制造	无形资产账面价值（10%）	无形资产覆盖率	100%
	无形资产规模能力（25%）	发明专利数量	30%
		持有商标数量	20%
		准入类资质数量	50%
	无形资产持续能力（40%）	研发支出强度	30%
		技术人员占比	20%
		员工素质	20%
		政府补助强度	10%
		销售投入	20%
	无形资产竞争能力（25%）	营业利润率	30%
		资产收益率	40%
		每股净收益	30%
机械设备仪表	无形资产账面价值（10%）	无形资产覆盖率	100%
	无形资产规模能力（25%）	发明专利数量	30%
		技术标准数量	10%
		商标数量	10%
		能力类资质数量	25%
		软件著作权数量	25%
	无形资产持续能力（40%）	研发支出强度	30%
		生产人员占比	20%
		员工素质	20%
		政府补助强度	10%
		销售投入	20%

所属二级行业	一级指标	二级指标	权重
机械设备仪表	无形资产竞争能力（25%）	营业利润率	30%
		资产收益率	40%
		每股净收益	30%
软件、信息技术服务业	无形资产账面价值（10%）	无形资产覆盖率	100%
	无形资产规模能力（25%）	发明专利数量	30%
		技术标准数量	10%
		持有商标数量	10%
		能力类资质数量	25%
		软件著作权数量	25%
	无形资产持续能力（40%）	研发支出强度	30%
		技术人员占比	20%
		员工素质	20%
		政府补助强度	10%
		销售投入	20%
	无形资产竞争能力（25%）	营业利润率	30%
		资产收益率	40%
		每股净收益	30%
互联网及相关服务业	无形资产账面价值（10%）	无形资产覆盖率	100%
	无形资产规模能力（25%）	发明专利数量	30%
		商标数量	20%
		能力类资质数量	25%
		软件著作权数量	25%
	无形资产持续能力（40%）	研发支出强度	30%
		技术人员占比	20%
		员工素质	20%
		政府补助强度	10%
		销售投入	20%
	无形资产竞争能力（25%）	营业利润率	30%
		资产收益率	40%
		每股净收益	30%
计算机、通信及电子	无形资产账面价值（10%）	无形资产覆盖率	100%
	无形资产规模能力（25%）	发明专利数量	30%
		商标数量	20%
		能力类资质数量	25%
		软件著作权数量	25%

续表

所属二级行业	一级指标	二级指标	权重
计算机、通信及电子	无形资产持续能力（40%）	研发支出强度	30%
		生产人员占比	20%
		员工素质	20%
		政府补助强度	10%
		销售投入	20%
	无形资产竞争能力（25%）	营业利润率	30%
		资产收益率	40%
		每股净收益	30%
化学橡胶塑料	无形资产账面价值（10%）	无形资产覆盖率	100%
	无形资产规模能力（25%）	发明专利数量	30%
		技术标准数量	20%
		商标数量	25%
		准入类资质数量	25%
	无形资产持续能力（40%）	研发支出强度	30%
		生产人员占比	20%
		员工素质	20%
		政府补助强度	10%
		销售投入	20%
	无形资产竞争能力（25%）	营业利润率	30%
		资产收益率	40%
		每股净收益	30%
其他行业	无形资产账面价值（10%）	无形资产覆盖率	100%
	无形资产规模能力（25%）	专利数量	30%
		技术标准数量	10%
		商标数量	10%
		资质总数量	25%
		软件著作权数量	25%
	无形资产持续能力（40%）	研发支出强度	30%
		技术人员占比	20%
		员工素质	20%
		政府补助强度	10%
		销售投入	20%
	无形资产竞争能力（25%）	营业利润率	30%
		资产收益率	40%
		每股净收益	30%

（四）计分方法

创业板上市公司无形资产质量评价计分方法的根本是要对评价指标进行无量纲化处理以消除原始变量量纲的影响。首先，要确定每个指标 2 个标准值，然后分别给 2 个标准值打分，由标准值 1（分数 1）及标准值 2（分数 2）确定计分公式，进而可确定每一个指标实际值对应的得分，再通过指标权重与指标实际值得分的加权平均运算得到指标综合得分值，从而得到行业内每家样本公司的无形资产质量指数。

具体而言，本报告采用"两点法"对二级指标进行无量纲化处理，即利用专家评判法给标准值 1（行业最低值，记 0 分）和标准值 2（行业最高值，记 100 分）打分，从而形成了两个确定的点，利用这两个点就可以确定一条以指标实际值为自变量、以二级指标得分为因变量的一次线性函数方程，从而确定每个实际指标值所对应的分数。最后利用加权平均法即可得出每家样本公司的一级指标得分和最终得分，该得分即为企业的无形资产质量指数。

四、 2017 年度无形资产质量指数的统计

基于以上指标体系，本报告对 718 家样本公司 2017 年年度报告所体现的无形资产整体质量进行了量化打分，从而获得其无形资产质量指数。受篇幅所限，所有样本公司的具体得分请参见书末的附表 2，下文仅对样本公司的质量指数得分进行统计分析。

（一）总体情况

样本公司无形资产质量指数的主要描述统计量及占比分布分别如表 15-12、表 15-13 所示。统计结果表明，创业板上市公司无形资产质量指数得分均值较低，仅为28.93 分，显示创业板上市公司无形资产整体质量不高，相比 2016 年的 37.85 分明显下降。从占比分布来看，无形资产质量指数得分较为集中，呈现出明显的正态分布特征，横向差异并不明显。其中，超过 9 成以上公司的得分在 20~40 分，集中度较高。但相较于无形资产信息披露指数，创业板上市公司的无形资产质量指数分布则相对分散，样本极差依然超过 28 分，分值区间包含 6 个分数段，说明不同企业间的无形资产质量差异较为明显。与此同时，得分在 40 分及以上的无形资产整体质量较高的企业占比仅为 2.5%，说明无形资产综合竞争力较强的领先企业依然偏少。

表 15-12　无形资产质量指数描述统计量

	样本数量（家）	最大值（分）	最小值（分）	均值（分）
无形资产质量指数	718	46.00	17.63	28.93

表 15-13 无形资产质量指数占比分布

分值区间	公司数量（家）	占比
[10,20)	6	0.84%
[20,25)	130	18.11%
[25,30)	339	47.21%
[30,35)	162	22.56%
[35,40)	63	8.77%
[40,50)	18	2.51%
合计	718	100%

（二）基于评价维度差异的分析

为进一步解构无形资产质量指数，本报告对各项一级指标的得分进行了描述性统计，结果如表 15-14 所示。统计表明，从一级指标评价维度的差异来看，创业板上市公司的无形资产规模能力相对较差，且企业间的差距较为明显。尽管本报告在指标体系的设置中剔除了个别覆盖率极低的或有指标，但仍有部分企业在该指标上的得分明显偏低，说明其无形资产规模和结构尚未形成企业的核心竞争力。相较于规模能力，创业板上市公司的无形资产持续能力的描述性指标与质量指数基本保持一致，除因其在指数计算过程中所占的权重（40%）较大外，近年来创业板上市公司对研发活动、营销活动的持续高额投入也是主要原因之一。

值得注意的是，样本公司无形资产竞争能力的描述性指标远远高于质量指数，由于该项一级指标是由 3 项财务指标构成，因而体现了创业板上市公司无形资产的运行效果相对较好，在企业无形资产规模能力相对不足的条件下依然通过有效经营实现了盈利。

表 15-14 无形资产质量指数一级指标描述统计量

	最大值	最小值	均值
无形资产账面价值	100	0	8.38
无形资产规模能力	55.63	0	4.06
无形资产持续能力	59.31	1.64	23.61
无形资产竞争能力	96.78	18.51	70.41
无形资产质量指数	46	17.63	28.93

（三）基于行业差异的分析

为体现样本公司无形资产质量指数的行业差异，本报告对前述 8 个二级行业的指数得分进行了描述性统计，结果如表 15-15 所示。统计表明，仅有 5 个行业的质量指数得分均值高于全样本均值（28.93 分），其中，文化传播业的质量指数得分均值（36.26）及最低分（31.69）均超过其他行业，成为无形资产整体质量较高的行业，这可能与该行业的无形资产富集且样本数量较少相关；软件、信息技术服务业的质量指数得分均值（33.02）排名第二，这可能与该行业的无形资产富集特征相关，且该行业近年来的经营业绩普遍提升，从而拉高了整体得分。互联网及相关服务业、医药制造业及机械设备仪表业三类行业的得分均值较为接近，均略高于全样本均值。其中，由于样本数量较少，互联网及相关服务业得分较为集中，而医药制造业及机械设备仪表业的得分则相对分散。其他行业则"高分不高、低分过低"，从而拉低了行业得分均值。化学橡胶塑料、计算机通信及电子和其他行业的得分均值都在 26~28 分，均低于全样本均值。

表 15-15　无形资产质量指数的行业比较

	医药制造	计算机、通信及电子	机械设备仪表	软件、信息技术服务	互联网及相关服务	化学橡胶塑料	文化传播	其他
样本数量（家）	54	111	195	107	18	70	7	156
均值（分）	30.17	27.68	29.27	33.02	30.25	27.82	36.26	26.19
最高分（分）	45.28	43.67	39.58	46.00	36.94	33.91	43.07	41.15
最低分（分）	22.51	18.81	22.34	21.57	23.88	24.01	31.69	17.63
均值排名	4	7	5	2	3	6	1	8

五、 2017 年度无形资产价值评价指数的构建

（一）指数的功能与意义

创业板上市公司通常集中于技术密集型行业，以快速成长和技术进步为主要特征，是促进我国战略新兴产业发展的重要推动力量。以知识产权为代表的企业无形资产已逐步成为创业板上市公司实现技术进步和创新发展的核心竞争要素。创业板上市公司无形资产价值评价指数，即是从无形资产角度分析上市公司创新能力和企业价值的评价方法，既体现了资本市场对企业无形资产的认可程度和溢价水平，也体现了企业自身的创新基础和创新能力，对于更为全面、客观地评价创业板上市公司的创新水平和竞争能力具有重要参考意义。

（二）样本范围

2017 年度创业板上市公司无形资产价值评价指数的样本范围与年度信息披露指数和无形资产质量指数一致，在此不再赘述。

（三）计算方法

创业板上市公司无形资产价值评价指数的构建方法为：

　　价值评价指数＝无形资产账面价值占比×托宾 Q 值×无形资产质量指数

其中，无形资产账面价值占比，用于反映可形成创新资源的企业无形资产的相对规模，是企业无形资产的价值基础；托宾 Q 值则是评价企业市场价值的常用指标，用于反映资本市场对企业无形资产的认可程度和溢价水平，体现了无形资产价值的市场放大效应；无形资产质量指数则是本报告前文中已构建的、用于反映企业无形资产质量的评价指标，可以看作对无形资产市场价值的合理调整。三项指标相乘，即是创业板上市公司无形资产价值评价指数的数值，且三项指标的计算基准日均为 2017 年 12 月 31 日。

三项指标的计算方法具体如下：

无形资产账面价值占比 =（无形资产账面价值−土地使用权价值+商誉账面价值）/ 总资产账面价值

考虑到会计准则的谨慎性和约束性，无形资产账面价值通常只能反映以知识产权为代表的企业常规无形资产的历史成本，而无法反映资质类、市场类、人力资源类等非常规无形资产或其他不可确指无形资产的账面价值，故需要将商誉账面价值同时纳入计算指标中。另外，由于土地使用权属于边缘无形资产，无法构成严格意义上的企业创新资源，故将土地使用权价值从无形资产账面价值中剔除。

托宾 Q 值 = 公司市场价值/资产重置成本

托宾 Q 值是公司市场价值对其资产重置成本的比率，由于公司真实市场价值和资产重置成本难以计算获得，考虑到计算的便捷性和数据的可得性，本报告在计算过程中使用"股权的市场价值+负债的账面价值"近似替代"公司市场价值"，使用"资产账面价值"近似替代"资产重置成本"。

无形资产价值质量指数的计算方法前文已有说明，在此不再赘述。

六、 2017 年度无形资产价值评价指数的统计

（一） 总体情况

基于以上指标体系，本报告对 718 家样本公司的 2017 年度无形资产价值评价指数进行了计算，总体得分情况如表 15-16 所示。

表 15-16　无形资产价值评价指数总体分布

分值区间	0	(0~10)	[10~20)	[20~30)	[30~40)	[40~50)	[50~100)	合计
样本数量（家）	349	224	83	34	16	7	5	718
占比	48.60%	31.20%	11.56%	4.73%	2.23%	0.98%	0.70%	100%
总体均值（分）	5.27				扣除 0 值均值（分）		10.25	

统计结果表明，创业板上市公司无形资产价值评价指数得分均值较低，仅为5.27分，显示创业板上市公司无形资产整体价值偏低，且明显低于无形资产信息披露指数和无形资产质量指数。主要原因在于，在剔除土地使用权之后，企业无形资产账面价值占比这一指标下降明显，且部分企业商誉为零，导致无形资产的价值基础被低估。从占比分布来看，无形资产价值评价指数相对集中，其中，近8成公司的得分在10分以下，拉低了整体均值。与此同时，得分在50分及以上的优秀企业占比不足1%，说明无形资产整体市场价值较高的领先企业相对偏少。

（二）基于行业差异的分析

为体现样本公司无形资产价值评价指数的行业差异，本报告对前述8个二级行业的指数得分均值进行了统计，结果如表15-17所示。

表 15-17　无形资产价值评价指数的行业比较

	软件信息技术服务	互联网及相关服务	计算机、通信及电子	文化传播	医药制造	机械设备仪表	化学橡胶塑料	其他
样本数量（家）	107	18	111	7	54	195	70	156
均值（分）	7.99	14.16	4.45	6.26	5.68	4.66	2.94	4.61
均值排名	2	1	7	3	4	5	8	6

统计表明，仅有4个行业的无形资产价值评价指数得分均值高于全样本均值（5.27分），其中，互联网及相关服务业的质量指数得分均值（14.16）远超过其他行业，成为无形资产整体价值最高的行业。软件、信息技术服务业排名第二，但与第一名的得分差距较大。医药制造和文化传播这两大行业的得分均值极为接近，均高于全样本均值0~1分。计算机通信及电子、机械设备仪表和其他行业的得分均值都在4.5分左右，行业间差距不大，但都低于全样本均值0.5分以上。化学橡胶塑料行业的均值则仅为2.94分，说明该行业的无形资产账面价值占比、托宾Q值和无形资产质量指数三项指标均与其他行业存在明显差距，行业无形资产整体竞争力不容乐观。

值得注意的是，无形资产价值评价指数的行业均值排名情况与无形资产质量指数完全一致，且在加入无形资产账面价值指标和托宾Q值指标之后，以化学橡胶塑料为代表的落后行业与领先行业之间的得分差距不仅未能缩小，反而明显拉大。以上分析说明，无形资产整体质量是影响企业无形资产市场价值的重要因素，且具有市场放大效应。因此，创业板上市公司想要提升无形资产乃至企业整体的市场价值，必须以优化无形资产规模结构、提升无形资产整体质量为主要抓手，从根本上夯实企业技术进步和创新发展的基础性资源。

第五篇

创业板上市公司专题研究

创业板上市公司商誉现状与困境[1]

一、 文献综述

商誉作为不可辨识的无形资产，其初始计量和后续计量一直是各国会计准则关注的要点，重点是后续计量，从摊销到每年商誉减值测试，不断进行修订。

从法律的角度，商誉可以理解为来源于权利和义务的价值。商誉的初始计量，可以从超额收益现值途径获取，但这种方法估值难度比较大，因此，多数会计准则从目标公司并购价与市场价值差额的角度来确认，实际上是并购价格与可辨认净资产之间的差额（SFAS 141，SFAS 142，SFAS 160）。基于商誉本质理论上的探讨，商誉后续计量存在四种观点：按孰短原则在十年和寿命期内进行摊销；在寿命期内摊销，同时进行减值测试；在并购日核减；运用简化的减值测试模型，不摊销（Wen & Moehrle，2016）。

2001 年，美国会计准则委员会（FASB）颁布 SFAS 142，提出了每年商誉减值测试的要求。FASB 在 2011 年的会计准则更新中（ASU 2011-08），放松了对商誉减值测试多步骤程序中第一步的要求；2013 年进一步修订以降低商誉会计计量的成本和复杂性；2014 年（ASU 2014-02），简化了部分类型企业的商誉计量，允许按孰短原则在十年和寿命期内进行摊销（Wen & Moehrle，2016）。

商誉影响的实证研究历史比较久，2001 年之后，商誉后续计量由按期限摊销改为减值测试，大量的实证研究集中于准则变化对资本市场带来的影响，从委托代理理论、信号理论、决策有用性等角度分别阐述准则调整的后果。

我国 2006 年颁布的会计准则与国际会计准则趋同，进一步强化会计信息决策有用性的需求。准则从合并角度定义，购买方在购买日对合并成本大于合并中取得的被购买方可辨认净资产公允价值份额的差额，应该在合并报表中确认为商誉。企业合并是两个或两个以上单独企业（业务）合并成一个报告主体的交易或事项。按合并方式分

---

[1] 本文由上海立信会计金融学院郭昱编写。

为控股合并、新设合并、吸收合并。《会计准则 20 号——企业合并》将合并类型分为同一控制下合并、非同一控制下合并。按准则要求，企业合并成本要在取得的可辨认资产和负债之间进行分配，非同一控制下的企业合并中，购买方取得了对被购买方净资产的控制权，视合并方式的不同，应分别在合并财务报表或个别财务报表中确认合并中取得的各项可辨认资产和负债。

无论企业采用哪种方式合并，会计准则要求非同一控制下的合并价格需要在取得的被购买方各项可辨认资产和负债之间按照公允价值进行分配。因此需要对被购买企业的各类资产、负债在购买日的公允价值进行评估，即合并对价分摊（Purchase Price Allocation，PPA）。按我国会计准则规定，商誉每年进行减值测试，若未发生减值，不做处理；若发生减值，计入当期损益。商誉减值测试着重需要对与商誉有关各项资产的可收回价值（公允价值减去处置费用后的净额和资产预计未来现金流量的现值之间的高值）进行评估。

并购商誉将直接影响到会计信息的可靠性和相关性（冯卫东、郑海英，2013）。从决策有用性角度，实证研究集中于 2007 年准则调整后，商誉产生的经济后果。对公司整体业绩而言，上市公司支付较高商誉成本提升了公司当期业绩，但降低了公司未来的业绩，除市场集中度较高的行业外，上市公司支付较高的商誉成本显著降低了公司业绩（郑海英等，2014）。若将商誉作为并购绩效的考察指标，民营上市公司董事会在制定高管薪酬时会将商誉减值纳入业绩评价指标体系，据以调整高管薪酬，而管理层权利会对其产生抑制作用，即具有负向公司治理作用（卢煜、曲晓辉，2016a）。商誉可以影响投资者与债权人，并购商誉的确认金额与债务融资成本显著负相关，商誉减值金额与债务融资成本显著正相关。即商誉信息具有一定的信息含量，会影响到企业的债务资本成本，具有决策有用性，且该有用性受到企业产权性质的影响（徐经长等，2017）。

另一部分研究则关注影响商誉和商誉减值的公司治理因素。从董事会决策权配置过程中的代理问题与信息不对称角度，集权决策降低了主并企业的并购效率，加剧了并购后续期间商誉减值概率和减值金额。国企董事会中的财务背景执行董事有助于降低后续期间商誉减值的概率，并以调节作用的方式缓解了国有企业集权决策对并购的不良影响，但是在民营企业中财务背景董事并未表现出上述作用（李姝、柴明洋，2017）。另外，基于心理学的"同伴效应"理论从行业层面对并购商誉产生的机理进行实证分析，发现"同伴效应"是影响创业板并购商誉的重要因素（傅超等，2015）。

从代理理论角度，商誉减值存在盈余管理动机，具体表现为盈余平滑动机和洗大澡动机，并且受到公司业绩、CEO 特征、债务与薪酬契约以及监督机制影响。审计质量与股权集中度对商誉减值的盈余管理动机有抑制作用（卢煜、曲晓辉，2016b）。但是，商誉减值测试的不可核实性导致了审计费用的上升，同时公司治理在不可核实的商誉减值测试估计中影响审计费用。（叶建芳等，2016）

二、 创业板上市公司商誉及商誉减值基本状况

本文选取了 A 股 3526 家上市公司 2009—2017 年的商誉和商誉减值进行了初步的统计分析，其中创业板 728 家，中小企业板 911 家，主板 1887 家。数据来源于万得金融资讯终端。

（一）上市板块差异

1. 创业板商誉持续上升

如图 16-1 所示，2009—2017 年，商誉金额持续上升。2017 年，创业板、中小企业板、主板的商誉均值分别为 4.37 亿元、4.18 亿元、3.68 亿元[1]；商誉占总资产比例的均值分别为 12.09%、7.26%、3.08%。无论是商誉金额还是比例，创业板最高。

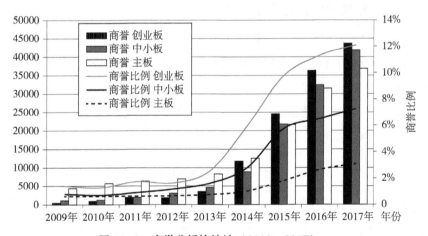

图 16-1　商誉分板块统计（2009—2017）

2. 创业板商誉减值比例持续上升

如图 16-2 所示，2009—2017 年，商誉减值金额持续上升。2017 年，创业板、中小企业板、主板的商誉减值均值分别为 0.5 亿元、0.4 亿元、0.28 亿元[2]；商誉占总资产比例的均值分别为 14.40%、22.19%、23.48%。商誉减值均值最高的是创业板，商誉减值占上一年商誉比例最高的是主板。

---

[1]　剔除 5%均值。

[2]　剔除 5%均值。

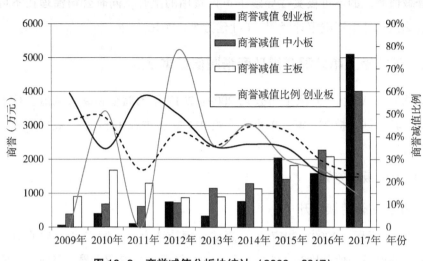

图 16-2　商誉减值分板块统计（2009—2017）

（二）2017 年创业板公司商誉统计

如表 16-1 所示，2017 年，创业板 437 家公司合并报表中有商誉的公司，占总体的 60%。从创业板总体分析，商誉均值达到了约 3.4 亿元，占总资产比例 8.09%，占净资产比例 12.40%。如表 16-2 所示，剔除不含商誉的公司，商誉均值达到了约 5.68 亿元，中位数 2.53 亿元，商誉均值占总资产比例 13.51%，商誉均值占净资产比例 20.72%。

表 16-1　2017 年创业板统计（总体）

项目	商誉减值（万元）	商誉（万元）	商誉占总资产比例（%）	商誉占净资产比例（%）	商誉减值占利润总额比例（%）
平均值	1717.45	34000.86	8.09	12.40	2.56
中位数	0.00	1782.79	0.74	1.15	0.00
标准偏差	17810.38	72373.05	12.79	19.76	41.59
最小值	0.00	0.00	0.00	(112.17)	(229.35)
最大值	461463.13	637361.01	69.24	98.64	608.32

有商誉的 437 家公司中，有 130 家在 2017 年计提了商誉减值，占含商誉公司的 29.75%。商誉减值均值为 2849.68 万元，其中坚锐沃能（300116）2017 年减值 46 亿元，当年利润总额为-36.59 亿元。

表 16-2 2017 年创业板统计（有商誉的公司）

项目	商誉减值（万元）	商誉（万元）	商誉占总资产比例（%）	商誉占净资产比例（%）	商誉减值占利润总额比例（%）
平均值	2849.68	56797.78	13.51	20.72	4.12
中位数	0.00	25336.18	8.43	15.27	0.00
标准偏差	22959.04	86371.36	14.14	21.92	53.67
最小值	0.00	0.56	0.00	(112.17)	(229.35)
最大值	461463.13	637361.01	69.24	98.64	608.32

三、 创业板上市公司商誉及商誉减值分组统计

（一）商誉

由表 16-3 可知，创业板上市公司商誉最高的 10 家公司中，有 9 家公司的商誉超过 30 亿元。这 9 家公司中，有 4 家商誉占总资产 50%以上。其中金科文化账面商誉最高，约为 63.7 亿元，占到资产总额的近 6 成。

表 16-3 商誉超过 30 亿元的公司

序号	股票代码	公司	商誉减值（万元）	商誉（万元）	商誉占总资产比例（%）	商誉占净资产比例（%）
1	300459.SZ	金科文化	0.00	637361.01	59.41	66.79
2	300038.SZ	梅泰诺	0.00	637298.42	52.94	64.03
3	300182.SZ	捷成股份	0.00	554742.77	36.61	56.46
4	300315.SZ	掌趣科技	20834.02	539179.68	54.55	62.69
5	300058.SZ	蓝色光标	0.00	464054.88	27.73	73.14
6	300269.SZ	联建光电	55820.07	384289.65	46.18	78.46
7	300010.SZ	立思辰	757.42	357925.91	43.36	63.44
8	300343.SZ	联创互联	0.00	326971.07	53.87	73.85
9	300027.SZ	华谊兄弟	0.00	304679.39	15.12	28.87

如表 16-4 所示，按照商誉占总资产的比例排序，共 11 家公司总资产一半以上为商誉。其中比例最高的是星普医科，约 18 亿元的商誉占到资产总额的近 7 成。

表 16-4　商誉超过总资产一半的公司

序号	股票代码	公司	商誉减值（万元）	商誉（万元）	商誉占总资产比例（%）	商誉占净资产比例（%）
1	300143.SZ	星普医科	94.06	180792.98	69.24	74.32
2	300467.SZ	迅游科技	0.00	227007.30	63.28	75.36
3	300459.SZ	金科文化	0.00	637361.01	59.41	66.79
4	300315.SZ	掌趣科技	20834.02	539179.68	54.55	62.69
5	300148.SZ	天舟文化	8821.63	259650.58	54.39	60.75
6	300343.SZ	联创互联	0.00	326971.07	53.87	73.85
7	300242.SZ	佳云科技	0.00	148260.44	53.74	64.35
8	300038.SZ	梅泰诺	0.00	637298.42	52.94	64.03
9	300061.SZ	康旗股份	0.00	229858.73	52.36	64.12
10	300299.SZ	富春股份	39323.38	122814.61	51.25	98.64
11	300292.SZ	吴通控股	3200.00	177411.86	50.31	64.55

（二）商誉减值

如表 16-5 所示，创业板上市公司商誉减值最高的 10 家公司，其 2017 年商誉减值都超过 3 亿元。坚瑞沃能减值约 46 亿元，远高于其他公司减值水平。商誉减值最高的 10 家公司，有 7 家当年利润总额为负，其中 5 家，当年商誉减值金额已经高于亏损利润的绝对值，表明商誉减值对税前亏损造成了重要影响。

表 16-5　商誉减值最高的 10 家公司

序号	股票代码	公司	商誉减值（万元）	商誉（万元）	利润总额（万元）	商誉占总资产比例（%）	商誉占净资产比例（%）
1	300116.SZ	坚瑞沃能	461463.13	22031.90	-365858.98	0.75	5.38
2	300269.SZ	联建光电	55820.07	384289.65	14309.39	46.18	78.46
3	300063.SZ	天龙集团	49627.99	105234.14	-24956.59	29.60	53.53
4	300319.SZ	麦捷科技	39549.51	34596.24	-34608.37	11.13	17.86
5	300299.SZ	富春股份	39323.38	122814.61	-18212.05	51.25	98.64
6	300379.SZ	东方通	38481.73	52218.22	-29935.72	33.42	36.08
7	300356.SZ	光一科技	34413.03	343.81	-39100.29	0.19	0.33
8	300216.SZ	千山药机	33833.64	804.09	-38835.09	0.17	1.07
9	300004.SZ	南风股份	32515.98	62155.81	5345.23	16.13	19.81
10	300350.SZ	华鹏飞	31651.58	100330.31	11182.45	34.62	50.12

四、 高商誉典型案例： 掌趣科技

由表 16-6 可知，掌趣科技上市当年商誉比例并不高，从 2013 年开始，非同一控制下的商誉比例呈现先上升后下降的趋势，从 2014 年起，商誉占总资产的比例均超过 50%，占净资产的比例则超过 60%。

表 16-6　掌趣科技历年商誉

项目	2012-12-31	2013-12-31	2014-12-31	2015-12-31	2016-12-31	2017-12-31
商誉（万元）	2151.71	74117.86	299021.37	560013.70	560883.61	539179.68
资产总计（万元）	91376.41	192740.78	502308.92	787824.93	1040141.63	988403.37
商誉占总额比例（%）	2.35	38.45	59.53	71.08	53.92	54.55
所有者权益合计（万元）	88189.96	152431.33	403067.87	642252.75	847821.96	860068.12
商誉占净资产比例（%）	2.44	48.62	74.19	87.20	66.16	62.69

由表 16-7 可知，上市后，掌趣科技通过系列并购，净利润水平持续增长。但 2017 年利润出现了下滑，净利润下滑幅度达 47.55%，扣除非经营性损益后归属母公司股东的净利润仅为 4074.91 万元，远低于以前年度水平。2017 年资产减值损失中，仅商誉减值损失一项就达到 2.08 亿元，在这之前，掌趣科技仅在 2015 年发生商誉减值损失 163 万元。因此，2017 年大幅商誉减值对当年利润表产生重要影响。

表 16-7　掌趣科技利润表摘要　　　　　　　　　　　　　　（单位：万元）

项目	2013 年	2014 年	2015 年	2016 年	2017 年
营业总收入	38050.41	77476.42	112377.86	185468.78	176821.45
营业总收入同比增长率（%）	68.84	103.62	45.05	65.04	-4.66
营业总成本	22119.42	44942.76	65565.72	138620.65	182650.87
营业利润	15944.32	34666.09	51173.75	53925.80	25317.33
营业利润同比增长率（%）	74.56	117.42	47.62	5.38	-53.05
利润总额	17249.39	36850.18	53552.97	56922.19	23376.29
利润总额同比增长率（%）	80.90	113.63	45.33	6.29	-58.93
净利润	15361.94	35045.27	50119.40	55719.62	29223.03
归属母公司股东的净利润	15361.94	33059.19	47040.88	50858.58	26389.44
归属母公司股东的净利润同比增长率（%）	86.66	115.20	42.29	8.12	-47.55
非经常性损益	1288.84	4843.59	7320.41	7980.19	22314.53
扣除非经常性损益后归属母公司股东的净利润	14073.10	28215.60	39720.47	42878.40	4074.91

续表

项目	2013 年	2014 年	2015 年	2016 年	2017 年
扣除非经常性损益后归属母公司股东的净利润同比增长率（%）	81.86	100.49	40.77	7.95	-90.50

2017 年，掌趣科技期初因非同一控制形成的商誉账面原值为 56 亿元。年末公司对商誉进行减值测试，如表 16-8 所示，海南动网先锋网络科技有限公司、上游信息科技（上海）有限公司、北京天马时空网络科技有限公司因估值低于其账面价值，于 2017 年计提减值。

表 16-8　2017 年商誉减值

被投资单位名称	本期商誉发生减值金额
海南动网先锋网络科技有限公司	52653130.28
上游信息科技（上海）有限公司	124868184.68
北京天马时空网络科技有限公司	13819268.53

其中，上游信息科技（上海）有限公司因未完成业绩承诺，经评估机构评估后，计提了商誉减值近 1.25 亿元，是当年计提商誉减值最多的公司。在公开披露信息中，对上游信息科技（上海）有限公司未完成业绩承诺情况进行了详细披露。

表 16-9　上游信息科技（上海）有限公司业绩承诺实现情况

项目	年度	业绩承诺情况（扣除非经常性损益后归属于母公司股东的净利润，万元）	业绩承诺实现情况（扣除非经常性损益后归属于母公司股东的净利润，万元）
上游信息科技（上海）有限公司 70% 股权交易业绩承诺实现情况	2013—2016 年累计	54600.00	42305.51
	其中：2013年度	7500.00	7922.57
	2014 年度	12500.00	10254.17
	2015年度	15600.00	11116.20
	2016 年度	19000.00	13012.57
	2013—2016 年累计实现率		77.48%
上游信息科技（上海）有限公司 30% 股权交易业绩承诺实现情况	2015—2016 年累计	24400.00	24128.77
	其中：2015 年度	11000.00	11116.20
	2016 年度	13400.00	13012.57
	2015—2016 年累计实现率		98.89%

资料来源：关于重大资产重组业绩承诺实现情况的说明。

掌趣科技并购商誉占总资产规模一半以上，其商誉减值金额的绝对值在创业板公司中不是最高的，但其并购公司因业绩承诺不达标而计提大额商誉减值，在创业板公司中具有代表性。掌趣科技 2012 年上市后大量的并购已经引起了市场的关注，并购后大股东减持也引发投资者的关注与质疑。目前，掌趣科技因并购而产生的 50 多亿元商誉，已经开始陆续减值，其高溢价并购的后续风险将以商誉减值的方式逐步暴露。

五、 困境与思考

创业板高溢价并购导致高商誉问题，源头是合并对价分摊（PPA）环节如何在无形资产和商誉之间处置溢价。根据我国会计准则：无形资产摊销，影响每期损益；商誉减值测试，无减值则不影响当期损益。因此，在 PPA 环节，高溢价并购中溢价处理，是并购方、注册会计师、评估师共同关注的重点。并购对价中，商誉比例不存在绝对标准，因此，在 PPA 业务中，分摊结束后，进行 WACC 与 WARA 的合理性测试可以在一定程度上帮助判断分摊结果是否合理。

正常市场中，实际交易价格是交易双方议价后的市场行为，但对于上市公司，溢价并购产生系列影响的处理则需要注册会计师和评估师来背书。公司未来的不确定性导致商誉存在减值的风险，而对赌协议的存在又会导致减值可能推迟至对赌期后，对注册会计师而言，这只是风险的推迟与累积，并不是风险的减弱或消失。总体上，2017 年下半年起，商誉减值测试业务增多，多数结果是会计师确认减值。监管层对商誉减值问题也越来越关注。无论是会计师还是评估师，都对这类业务风险有了更充分的认识。

目前，合并报表附注中，最多披露评估事务所信息和评估结论，细节并无太多披露。缺乏强制披露要求，每个评估环节中关键参数的确定都语焉不详，导致投资者对 PPA 或商誉减值只能"雾里看花"。强制披露是对 PPA 和商誉减值测试业务规范性的约束。若要求披露关键参数的选择依据、模型的选取、结论的合理性，可在一定程度上打开商誉计量及商誉减值的"黑箱"，为后续非同一控制下并购商誉计量的规范操作提供借鉴。

参考文献

[1] 陈汉文，林勇峰，鲁威朝. 商誉与商誉减值：基于上市公司现状的深层分析 [J]. 上海证券报（第 4 版），2017.

[2] 杜兴强，杜颖洁，周泽将. 商誉的内涵及其确认问题探讨 [J]. 会计研究，2011.

[3] 冯卫东，郑海英. 企业并购商誉计量与披露问题研究 [J]. 财政研究，2013.

[4] 傅超，杨曾，傅代国. "同伴效应"影响了企业的并购商誉吗？——基于我国创业板高溢价并购的经验证据 [J]. 中国软科学，2015.

[5] 李姝，柴明洋. 董事会决策权配置与并购效率研究——基于商誉减值的事后证据 [J].

中国会计评论, 2017 (3).

[6] 李玉菊, 张秋生, 谢纪刚. 商誉会计的困惑、思考与展望——商誉会计专题学术研讨会观点综述 [J]. 会计研究, 2010 (8).

[7] 刘萍. 公允价值计量评估方法与实践 [M]. 北京: 中国财政经济出版社, 2014.

[8] 卢煜, 曲晓辉. 商誉减值与高管薪酬——来自中国 a 股市场的经验证据 [J]. 当代会计评论, 2016 (1).

[9] 卢煜, 曲晓辉. 商誉减值的盈余管理动机——基于中国 a 股上市公司的经验证据 [J]. 山西财经大学学报, 2016 (7).

[10] 谢纪刚, 张秋生. 股份支付、交易制度与商誉高估——基于中小板公司并购的数据分析 [J]. 会计研究, 2013 (12).

[11] 熊锦秋. 商誉减值岂能成为上市公司控制盈余的工具 [J]. 上海证券报 (第 8 版), 2013.

[12] 徐经长, 张东旭、刘欢欢. 并购商誉信息会影响债务资本成本吗? [J]. 中央财经大学学报, 2017 (3).

[13] 许家林. 商誉会计研究的八十年: 扫描与思考 [J]. 会计研究, 第 08 期, 2006.

[14] 叶建芳, 何开刚, 杨庆, 叶艳. 不可核实的商誉减值测试估计与审计费用 [J]. 审计研究, 2016 (1).

[15] 赵立新, 刘萍, 等. 上市公司并购重组市场法评估研究 [M]. 北京: 中国金融出版社, 2016.

[16] 郑海英, 刘正阳, 冯卫东. 并购商誉能提升公司业绩吗? ——来自 a 股上市公司的经验证据 [J]. 会计研究, 2014 (3).

[17] Bostwick, E. D., Krieger, K. and Lambert, S. L. "Relevance of Goodwill Impairments to Cash Flow Prediction and Forecasting" [J]. *Journal of Accounting, Auditing & Finance*, 2016, 3 (31): 339-364.

[18] Bugeja, M. and Loyeung, A. "What Drives the Allocation of the Purchase Price to Goodwill?" [J]. *Journal of Contemporary Accounting & Economics*, 2015, 3 (11): 245-261.

[19] Chambers, D. and Finger, C. "Goodwill Non-Impairments: Evidence from Recent Research and Suggestions for Auditors" [J]. *The CPA Journal*, 2011, 2 (81): 38-41.

[20] Cheng, Q, Cho, Y. J, Yang, H. "Financial Reporting Changes and the Internal Information Environment: Evidence From SFAS 142" [J]. *Review of Accounting Studies*, 2018.

[21] Wen, H. and Moehrle, S. R., "Accounting for Goodwill: An Academic Literature Review and Analysis to Inform the Debate" [J]. *Research in Accounting Regulation*, 2016, 28 (1): 11-21.

[22] Yu, H. C., Wang, W. Y. and Chang, C. "The Stock Market Valuation of Intellectual Capital in the IT Industry" [J]. *Review of Quantitative Finance and Accounting*, 2015, 2 (45): 279-304.

基于企业价值成长性的
创业板 IPO 抑价问题分析*

引言

　　资本市场作为资本要素优化配置的市场机制之一，在当今经济社会运作过程中发挥着越来越重要的作用，其不仅为大批优秀的公司提供优质资本，也为社会资本提供了良好的投资途径。因此，IPO 是企业成长的必由之路，是企业融资的第一选择。然而资本市场发挥上述优化配置资本要素作用的前提条件是资本市场（股票交易市场）满足有效性假设。存在显著人为干预价格行为的资本市场可能会无法满足有效性假设，甚至会导致整个市场机制运作失灵。中国创业板市场自 2009 年 10 月 23 日推出以来，市场呈现了一定程度的波动性，但市场总体运营平稳。创业板市场作为中国资本市场的重要补充部分，不仅为创新型企业和高成长性企业发展提供了有效支持，也为投资者提供了更宽广的投资领域，更为正处在成长中的创新型企业和成长型企业提供了一个新型股权投资价值评价机制。但创业板市场高市盈率，较强波动性等干扰因素的存在，为 IPO 公司人为干预性抑价提供了一定的温床。创业板 IPO 抑价议题一直是中国创业板监管机构关注和学术界探讨的焦点问题。目前，针对国内创业板 IPO 抑价现象的研究虽然已经不少，但大多是针对某些个别因素进行分析，而 IPO 抑价是一个系统问题，对该议题的系统性分析仍处于起步阶段。

　　基于创业板上市企业具有高成长性的假设，由于 IPO 初期投资者对企业价值评估过程存在信息不对称、对追逐短期高风险投资收益的强烈需求，诱使 IPO 企业采取 IPO 抑价行为，以获取"弹簧效应"，诱使创业板市场存在更大的潜在失效隐患。本文引入 TBP 理论，对当前中国创业板上市公司 IPO 抑价问题进行系统性分析。

---

* 本文由上海立信会计学院王玉龙编写。

一、 创业板上市公司投资价值评估指标系统理论框架——模型构建

创业板的初衷就在于为那些高成长性的公司提供资本融资平台，所以创业板上市公司理应具备较高的成长性。成长性反映了企业未来现金流的变化趋势，具有良好成长性的企业，其未来现金流将能够保持快速增长。在其他条件不变的情况下，成长性越好的企业，其价值越高，提高其成长性将提高企业价值。然而由于 IPO 初期投资者对追逐短期高风险投资收益的强烈需求，对非理性投资行为外部主观环境干扰的低免疫力，以及在企业价值评估过程存在信息不对称都诱使投资者对创业板 IPO 公司未来高成长性的预期出现较大偏差，进而采取理性投资行为。

IPO 公司在内部逐利性和外部资本获利的较强压力下也可能存在较大的 IPO 抑价动机，以获取"弹簧效应"❶，大部分理性企业试图依以为下一阶段高成长率投资融集充足的资本金，进而实现公司长期持续高成长性，但不排除某个别非理性公司只是借用获取"弹簧效应"，实现短期套现利益。也正是由于这些非理性公司的存在，干扰了创业板市场正常运作，挫败了投资者的投资信心。另外，充当 IPO 公司价值评判者的第三方证券投资公司和企业价值评估机构，在 IPO 公司股权定价过程中对公司客观合理股权定价和估值对公司创业板 IPO 抑价幅度的锚定作用应是公司 IPO 抑价问题的一个关键因素。因此，本文假定创业板上市公司 IPO 抑价行为在一个由投资者、上市公司以及作为第三方的交易和评价咨询机构构成的系统内完成。该系统是受到宏观经济等外部干扰因素的影响的开放系统，如图 17-1 所示。

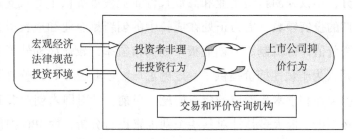

图 17-1　创业板市场上市公司 IPO 抑价行为系统理论框架图

由图 17-1 可知，创业板市场上市公司 IPO 抑价行为系统是一个开放性体系，上市公司 IPO 过程中拥有一定股票定价的自主权，但其股票定价行为也会受到外部环境因素干扰。依据上市公司 IPO 抑价行为的目的是否理性，可划分为理性 IPO 抑价行为，其获取"弹簧效应"为下一阶段高成长率投资融集充足的资本金，进而实现公司长期

---

❶ 本文借用弹簧随着外加拉力或者压力的增大，其具有的弹性和爆发力也就越大。外界作用力越小，其爆发力也越小。弹簧效应指某一事物受到的环境压力越大，其自身的爆发潜力和空间也就越大，受到的环境压力越小，其自身的爆发潜力也越小。

持续高成长性，判断标准为公司股票价格不会在短期内出现断崖式下跌，非理性 IPO 抑价行为，公司只是借用获取"弹簧效应"，实现短期套现利益，判断标准为公司股票价格在短期内出现了断崖式下跌（下跌是在没有其他合理理由的前提下），如图 17-2 所示。

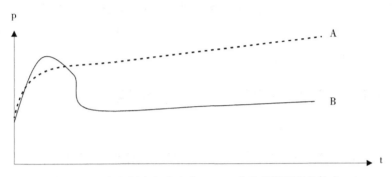

图 17-2　创业板市场上市公司 IPO 抑价与股票价格变化

由图 17-2 可知，如果创业板市场上市公司 IPO 抑价行为放在更长期来看，A 上市公司的 IPO 抑价行为属于理性 IPO 抑价行为，其获取"弹簧效应"为下一阶段高成长率投资筹集充足的资本金，进而实现公司长期持续高成长性，该行为在合理的范围内可以被投资者接受。而 B 上市公司的 IPO 抑价行为属于非理性 IPO 抑价行为，公司只是借用获取"弹簧效应"，实现短期套现利益。上述系统是一个开放性体系，投资者为其非理性行为"埋单"，长期频繁出现上述投机性非理性行为会干扰创业板市场正常运作，挫败投资者投资信心。

依据行为金融学理论可知上市公司 IPO 抑价行为的实施应具备两个必要条件：一是上市公司具有较强的投资行为意愿，二是上市公司具有 IPO 抑价行为的实施条件。因此，本文引入计划行为理论（TPB，Theory of Planned Behavior）模型（Ajzen，1991）在传统上市公司 IPO 抑价行为分析成果的基础上，对创业板上市公司 IPO 抑价行为进行系统分析。

Ajzen 认为个体行为意愿是决定个体行为的核心要素。而个体行为意愿又会受到三项要素的影响，即源自个体对行为判断的"态度"（Attitude），源自外部环境的"主观规范"（Subjective Norm）以及源自于个体对行为控制能力的"知觉行为控制"（Perceived Behavioral Control）。图 18-1 中的创业板市场上市公司 IPO 抑价行为系统理论框架可将上市公司 IPO 股票定价界定为对公司股权交易双方 IPO 短期定价行为博弈过程的客观抽象化结论。保障上述投资价值评估结果合理性的两个必要要件：一是上市公司本身 IPO 股票定价客观理性，二是投资者具备识别投资价值客观合理能力和识别并获取投资价值意愿。

本文依据 TPB 理论，结合上述上市公司 IPO 抑价行为的内在因素构成特征将创业板上市公司 IPO 抑价行为的核心因素构成框架归纳为行为后果评估、行为条件因素等外部环境因素、投资者界定股权投资价值的判定模式和识别投资价值能力等自身条件因素。上市公司作为 IPO 抑价行为主体，实施 IPO 抑价行为的预期价值判断结果大概率为实现在较长时期内维持长期高成长性，进而实现其股权价值最大化，但会受到股东变现收益压力以及监管干预等外部环境因素、投资者投资价值的判定模式和识别投资价值能力等自身条件因素内外干扰。

二、 创业板上市公司 IPO 抑价行为的影响因素

本文将创业板上市公司 IPO 抑价行为总结为三个方面：创业板 IPO 上市公司以及大股东的内在行为因素；创业板投资者投资价值的判定模式和识别投资价值能力等自身条件因素；价格管制、政策管制以及券商等外部环境因素。上述三个方面因素构成了一个开放行为系统，不仅系统内部各构成要素本身内容比较复杂，内部各构成要素之间结构关系也很复杂，而且受到外部多元环境因素影响。

(一) 创业板 IPO 上市公司以及大股东的内在行为因素

创业板市场是为了更多服务自主创新企业及其他成长型企业发展需要而设立的市场。创业板市场具有以自主创新企业及其他成长型企业为服务对象、上市门槛低、信息披露监管严格等特点，比主板市场更注重企业成长性。因此，创业板上市公司资本规模相对较小、发展时间相对较短，高新成长型企业，发展潜力大，成长性较好。另外，"高科技性与成长性"也是中国创业板上市公司股票发行审核委员会审核企业能否在创业板上市的关键条件。因此，创业板上市公司大都存在具有通过适度理性 IPO 抑价行为，获取"弹簧效应"为下一阶段高成长率投资筹集充足的资本金，进而实现公司长期持续高成长性。但这种适度理性 IPO 抑价行为往往在实施进程中会受到大股东以及 PE/VC 机构投资者等多方面的干扰，可能会逐步偏离初始行为意愿。

首先，当公司采用 IPO 方式进行外部融资时，原有的股东股权必然会受到稀释。上市之后，公司股份的流动性也会极大增加，而且公司被并购的可能性会变大，这些变动都会使得公司原有控股大股东拥有的控股权面临丧失的风险。因此，原有控股大股东为了维持自己的控制权比例，确保实现其控制权收益最大化，会倾向于迫使上市公司采取 IPO 抑价行为来分散股权。

另外，郝颖等（2006）认为大股东控制权收益的形成依赖于大股东对控制性资源的获取。因此，控股股东为了继续维护或者扩大自己的控制权收益，往往会选择采用某些手段来控制更大规模的资源。IPO 上市可使上市公司在短时间内筹集大量资金，而

且从中小股东手中获得更多的资金的同时分散中小股东手中的控股比例，控股大股东更加倾向于迫使公司采取 IPO 抑价策略，并在 IPO 上市后短时间内迅速提升股价，给投资者更大的溢价预期空间。通过 IPO 抑价策略最直接的好处就是从中小股东手中获得高募集资金，从而控股大股东手中掌握的公司可控资源规模，同时吸引大量的中小投资者，以分散投资，控股大股东控制权收益。综上可得，控制大股东往往更加关注保持其在公司的长期股权利益最大化，因而如果控制大股东鼓励上市公司采取的 IPO 抑价行为更多是为了今后企业高成长期投资筹集充足的资本金，进而实现公司长期持续高成长性。

创业板市场上市公司大都具备规模较小、成长期较短并且成长性较强的公司特征，在创业板市场企业价值评估中可能存在较强的信息不对称现象。因此，上市公司往往会具有采取较高的 IPO 抑价水平的内在冲动。这也与上述论述内容基本一致，而那些准备在创业板上市的企业为了降低这种信息不对称来吸引更多的投资者，进而降低股票发行失败的风险，往往在 IPO 前期准备阶段会引入第三方认证机构（包括承销商及审计机构等）来改善信息不对称，从而确保成功上市。实际实务操作中第三方认证机构的加入也确实发挥了认证作用或背书作用。为了在企业实现 IPO 之后短时期内获取其投资变现收益，可能会给 IPO 上市公司较大采取 IPO 抑价行为的压力，从而诱使上市公司实施带有非理性特征的 IPO 抑价行为，借用获取"弹簧效应"，实现短期套现利益。

（二）创业板投资者投资价值自身条件因素

中国创业板上市的企业多处于成长期，规模较小，经营稳定性相对较低，总体投资风险大于主板。因此，该市场上的投资者需要具有更成熟的投资理念、较强的风险承受能力和市场分析能力。因此，当前全世界范围内多数（GEM）市场已经形成了以养老金、共同基金、保险基金等为代表的多元化机构投资者队伍，而当前中国创业板的投资者却依然表现出明显地以个人投资者为持股主体的投资者结构特征，并在较长一段时间内中小散户等个人投资者仍为中国创业板投资者主体。该种投资者结构仍存在较强投机性，并表现出很强的"处置效应"及"趋势性投资"特征进而对构建以"价值性投资"为基础的，更加理性评估上市公司投资价值的价值体系有显著阻碍影响。如当高风险偏好的个人投资者比重增加时，市场风格也就更偏向于波动更大的小市值成长股，而流入小市值股票的过大交易量，致使公司投资价值出现泡沫化，对上市公司投资价值评估结果必然会被扭曲，其投资风险也会大幅增加。因此，在国内投资过程中形成了过度"打新股""炒概念"等非理性投资行为，上述投资行为为创业板上市公司采取 IPO 抑价行为提供了市场需求基础。相对于一般投资者而言，本文以为机构投资者更加专业和理性。以机构投资者为主体的投资者结构可能会引领市场投资风格从高风险偏好逐渐向低风险偏好转变，有利于构建以"价值投资"为基础的，更加理性评估上市公司投资价值的价值体系。

（三）价格管制、政策管制以及券商等外部环境因素

上市公司 IPO 抑价行为的制度性因素主要有股价稳定机制、承销商控制权等。2014 年 6 月，中国股票市场再度恢复新股发行时，监管当局发布了所有新股的首发市盈率都被限制在 23 倍以下，并且此后发行的所有新股，在上市首日涨幅上限为 44%，随后又连续多日涨停等一系列控制股价的制度管制措施。监管当局所划定的首发市盈率上限直接决定了 IPO 的价格上浮空间，从而限定了 IPO 抑价行为操作空间。这些措施在一定程度上增强了上市公司抑价行为的外在限定条件。在对抑价行为内在动力以及合理区间的界定不当的情况下，上述股价管制制度措施的效果可能被打折扣，甚至会被扭曲。

如果上市公司对自家公司的内在价值的潜在高成长性非常有自信，以为 IPO 的价格上浮空间会延长股价上涨时间，给投资者更大的预期溢价想象空间，从而吸引更多的投资资本，进而获取更大的"弹簧效应"，那么上市公司的决策者将承担更大的定价风险。由于中国创业板 IPO 抑价行为的理性判断设计难度较大，上述价格限制措施大概率会产生良性后果，在没有严格区分理性和非理性 IPO 抑价行为的前提下，上述价格限制措施的治理结果的有效性很难得到保障，甚至可能出现不良后果。

BOOTH 和 SMITH 提出的"认证假说"认为承销商以其声誉向投资者承担"股票发行价格与其内在价值一致"的信息做背书。承销商声誉起到的信息背书作用越大，上市公司采取 IPO 抑价行为的必要性将会越小。然而承销业务一旦失败，不仅会导致承销商声誉受损，还可能让承销商背负沉重的负债压力，在当前证券承销业务竞争日趋激烈的情况下，高声誉承销商为了维护其声誉而倾向于承销低风险的发行项目，而且更倾向于鼓动上市公司实施 IPO 抑价行为水平。

（四）创业板上市公司 IPO 抑价行为系统

由上文分析可知创业板上市公司 IPO 抑价行为的核心影响因素有三个方面：创业板 IPO 上市公司以及大股东的内在行为核心因素；创业板投资者投资价值的判定模式和识别投资价值能力等自身条件因素；价格管制、政策管制以及券商等外部环境因素。上述三方面因素相互联系影响构成了一个开放行为系统，不仅系统内部各构成要素本身内容比较复杂，内部各构成要素之间结构关系也很复杂，而且受到外部多元环境因素影响。本文依据 TPB 理论，结合上述上市公司 IPO 抑价行为的特征、内在机理，最终构建出了创业板上市公司 IPO 抑价行为系统理论框架。如图 17-3 所示。

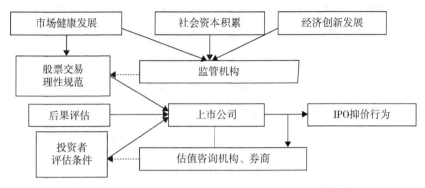

图 17-3 创业板上市公司 IPO 抑价行为系统图

由图 17-3 中的创业板上市公司 IPO 抑价行为系统可知，该系统是一个开放系统，不仅系统内部各构成要素本身内容比较复杂，内部各构成要素之间结构关系也很复杂，而且受到外部多元环境因素影响。如作为第三方的投资估计咨询机构和作为股票承购方的券商会向投资者传递股票投资价值及投资建议，进而影响投资者的投资价值判断。另外，监管机构为了保障创业板市场健康有序发展，出台一系列 IPO 抑价行为的监管规范，如果在没有合理划分和非合理行为以及没有对股票定价市场机理合理尊重的前提下，可能会干扰了创业板市场的健康运行和发展。

三、 合理规范创业板上市公司 IPO 抑价行为对策建议

（一）针对上市公司的建议

虽然创业板市场更加关注上市公司的自主创新、高成长性。但随着创业板市场的不断发展，市场的 IPO 和二级市场运作也会越来越规范化。因此，创业板上市公司对通过适度理性 IPO 抑价行为，获取"弹簧效应"为下一阶段高成长率投资筹集充足的资本金，进而实现公司长期持续高成长性，应保持足够的警戒谨慎的态度。进而为企业长远发展，吸引资本市场的更多关注和认可奠定信任基础。

（二）针对投资者的建议

中国创业板上市的企业多处于成长期，规模较小，经营稳定性相对较低，总体投资风险大于主板。因此，该市场上的投资者应具有更成熟的投资理念、较强的风险承受能力和市场分析能力。因此，在中国创业板市场投资者方面，应逐渐改变当前中国创业板以个人投资者为持股主体的投资者结构特征，逐步形成多元化机构投资者队伍。另外，创业板投资者依然存在较强投机性，应针对性地引导和规范，以构建以"价值性投资"为基础的，更加理性评估上市公司投资价值的价值体系。本文认为机构投资者，相对于一般投资者而言，更加专业和理性。以机构投资者为主体的投资者结构可

能会引领市场投资风格从高风险偏好逐渐向低风险偏好转变，有利于构建以"价值投资"为基础的，更加理性评估上市公司投资价值的价值体系。

（三）针对监管机构的建议

由上市公司 IPO 抑价行为的股价稳定机制、承销商控制权等制度性因素分析可知，在中国创业板 IPO 抑价行为的理性判断设计难度较大的情况下，上述价格限制措施大概率会产生良性后果，但在没有严格区分理性和非理性 IPO 抑价行为的前提下，再加上承销商鼓动干扰作用，上述价格限制措施的治理结果的有效性很难得到保障，甚至可能出现不良后果。因此，相关监管机制在出台监管创业板上市公司 IPO 抑价行为的规范措施时，应严格区分理性和非理性 IPO 抑价行为，充分考虑和协调各方收益群体的利益诉求，并尽量遵从市场定价内在规律。

四、 结论

创业板市场是中国证券市场的重要组成部分，上市公司非理性 IPO 抑价行为是由多元影响因素引发的，创业板上市公司 IPO 抑价程度相对较高，在一定程度上干扰了创业板市场合理定价机制。为保障创业板市场的健康有序发展，各利益相关方都应对创业板上市公司 IPO 抑价行为适度关注和规范，应严格识别抑价行为的非理性程度，积极引导非理性 IPO 抑价行为逐渐回归理性，进而促进创业板市场的健康发展。

参考文献

[1] 陈守东，陶冶会. 基于突变级数的创业板成长性研究 [J]. 证券市场导报，2013（4）：50-54.

[2] 储灿春. 内在价值、市场信息、投资者先验乐观情绪与创业板 IPO 抑价 [J]. 区域金融研究，2011（10）：39-44.

[3] 姜楠. 资产评估（第四版）[M]. 东北财经大学出版社，2016（6）.

[4] 蒋蔚. 承销商声誉、投资者情绪与 IPO 抑价——基于上市首日涨幅限制的创业板经验 [J]. 海南金融，2017（12）：4-12.

[5] 李海霞，王振山. 风险投资、IPO 抑价与上市公司发行成本：来自我国创业板的经验数据 [J]. 投资研究，2014（3）：80-92.

[6] 任辉，孙倩. 我国创业板 IPO 抑价影响因素实证研究 [J]. 经济与管理评论，2015（6）：58-65.

[7] 汪昌云，武佳薇. 媒体语气，投资者情绪与 IPO 定价 [J]. 金融研究，2015（5）：174-189.

[8] 刘金林. 创业板上市企业成长性评价指标体系的设计及实证研究 [J]. 宏观经济研究，

2011（8）：56-63.

［9］ 徐爱农. 企业价值评［M］. 中国金融出版社，2012（5）.

［10］ 于晓红，张雪. 公司内在价值、投资者情绪与 IPO 抑价：基于创业板市场的经验证据［J］. 当代经济研究，2013（1）：86-90.

［11］ 赵岩，孙文琛. 券商声誉、机构投资者持股与 IPO 抑价［J］. 经济管理. 2016，38（12）：113-128.

［12］ Ajzen I. The theory of planned behavior. *Organizational Behavior and Human Decision Processes*，1991（50）：179-211.

［13］ Booth L C. underwriter reputation and aftermarket performance of closed–end funds［J］. *Journal of Financial Research*，2004，27（4）：539-557.

创业板上市公司无形资产信息披露得分

（2017年，分行业，按证券代码排序）

互联网及相关服务业（18家）

证券代码	公司名称	ChiNext IACDI 2017	行业排名	证券代码	公司名称	ChiNext IACDI 2017	行业排名
300031	宝通科技	52.400	1	300113	顺网科技	37.606	10
300418	昆仑万维	44.913	2	300467	迅游科技	36.950	11
300431	暴风集团	44.750	3	300052	中青宝	36.788	12
300494	盛天网络	42.788	4	300343	联创互联	36.788	13
300226	上海钢联	42.425	5	300315	掌趣科技	35.700	14
300038	梅泰诺	42.138	6	300059	东方财富	35.588	15
300043	星辉娱乐	39.738	7	300571	平治信息	34.938	16
300104	乐视网	39.100	8	300242	佳云科技	33.350	17
300392	腾信股份	38.063	9	300295	三六五网	33.075	18

化学、橡胶、塑料行业（70家）

证券代码	公司名称	ChiNext IACDI 2017	行业排名	证券代码	公司名称	ChiNext IACDI 2017	行业排名
300218	安利股份	52.463	1	300230	永利股份	40.725	36
300041	回天新材	52.250	2	300261	雅本化学	40.713	37
300054	鼎龙股份	52.200	3	300665	飞鹿股份	40.444	38
300459	金科文化	50.175	4	300135	宝利国际	40.288	39
300109	新开源	49.300	5	300387	富邦股份	40.288	40
300285	国瓷材料	49.138	6	300398	飞凯材料	40.288	41
300320	海达股份	49.100	7	300121	阳谷华泰	39.950	42
300019	硅宝科技	48.975	8	300586	美联新材	39.681	43
300568	星源材质	48.700	9	300637	扬帆新材	39.450	44
300082	奥克股份	48.650	10	300537	广信材料	38.706	45

续表

证券代码	公司名称	ChiNext IACDI 2017	行业排名	证券代码	公司名称	ChiNext IACDI 2017	行业排名
300587	天铁股份	48.213	11	300192	科斯伍德	38.588	46
300530	达志科技	48.163	12	300505	川金诺	38.588	47
300321	同大股份	47.831	13	300200	高盟新材	38.556	48
300535	达威股份	47.669	14	300236	上海新阳	38.538	49
300072	三聚环保	47.344	15	300305	裕兴股份	38.100	50
300221	银禧科技	47.050	16	300375	鹏翎股份	37.988	51
300721	怡达股份	46.775	17	300132	青松股份	37.663	52
300610	晨化股份	46.000	18	300599	雄塑科技	37.588	53
300437	清水源	45.938	19	300243	瑞丰高材	37.225	54
300731	科创新源	45.413	20	300725	药石科技	37.100	55
300180	华峰超纤	45.363	21	300727	润禾材料	36.663	56
300576	容大感光	45.150	22	300325	德威新材	36.575	57
300446	乐凯新材	44.663	23	300716	国立科技	36.013	58
300522	世名科技	44.013	24	300487	蓝晓科技	35.913	59
300037	新宙邦	43.938	25	300429	强力新材	35.038	60
300107	建新股份	43.775	26	300539	横河模具	34.825	61
300021	大禹节水	43.700	27	300596	利安隆	34.063	62
300067	安诺其	42.625	28	300677	英科医疗	33.938	63
300174	元力股份	42.625	29	300684	中石科技	33.938	64
300717	华信新材	42.500	30	300225	金力泰	33.731	65
300655	晶瑞股份	42.250	31	300214	日科化学	33.625	66
300198	纳川股份	41.550	32	300575	中旗股份	33.625	67
300169	天晟新材	41.450	33	300481	濮阳惠成	32.313	68
300547	川环科技	41.163	34	300478	杭州高新	31.875	69
300405	科隆股份	40.988	35	300641	正丹股份	29.350	70

机械、设备、仪表（195 家）

证券代码	公司名称	ChiNext IACDI 2017	行业排名	证券代码	公司名称	ChiNext IACDI 2017	行业排名
300007	汉威科技	62.656	1	300385	雪浪环境	39.338	99
300371	汇中股份	62.600	2	300341	麦迪电气	39.063	100
300048	合康新能	60.575	3	300402	宝色股份	39.063	101
300018	中元股份	58.563	4	300195	长荣股份	38.863	102
300095	华伍股份	57.581	5	300272	开能环保	38.863	103
300265	通光线缆	56.100	6	300097	智云股份	38.838	104

证券代码	公司名称	ChiNext IACDI 2017	行业排名	证券代码	公司名称	ChiNext IACDI 2017	行业排名
300165	天瑞仪器	55.325	7	300471	厚普股份	38.750	105
300066	三川智慧	54.700	8	300151	昌红科技	38.713	106
300411	金盾股份	54.625	9	300648	星云股份	38.488	107
300349	金卡智能	54.213	10	300420	五洋科技	38.363	108
300030	阳普医疗	54.163	11	300129	泰胜风能	38.338	109
300718	长盛轴承	53.550	12	300650	太龙照明	38.338	110
300228	富瑞特装	53.369	13	300619	金银河	38.200	111
300056	三维丝	51.213	14	300137	先河环保	38.119	112
300396	迪瑞医疗	51.100	15	300314	戴维医疗	37.963	113
300370	安控科技	50.700	16	300092	科新机电	37.900	114
300376	易事特	50.663	17	300382	斯莱克	37.838	115
300145	中金环境	50.638	18	300562	乐心医疗	37.813	116
300259	新天科技	50.213	19	300421	力星股份	37.663	117
300407	凯发电气	49.975	20	300173	智慧松德	37.550	118
300024	机器人	49.706	21	300342	天银机电	37.550	119
300509	新美星	49.281	22	300545	联得装备	37.550	120
300126	锐奇股份	49.225	23	300263	隆华节能	37.488	121
300470	日机密封	49.063	24	300453	三鑫医疗	37.450	122
300273	和佳股份	48.938	25	300069	金利华电	37.263	123
300153	科泰电源	48.513	26	300112	万讯自控	37.225	124
300512	中亚股份	48.425	27	300435	中泰股份	37.050	125
300334	津膜科技	48.238	28	300090	盛运环保	36.950	126
300549	优德精密	48.088	29	300247	乐金健康	36.875	127
300103	达刚路机	48.056	30	300293	蓝英装备	36.825	128
300246	宝莱特	47.981	31	300116	坚瑞沃能	36.675	129
300274	阳光电源	47.838	32	300238	冠昊生物	36.675	130
300466	赛摩电气	47.838	33	300260	新莱应材	36.650	131
300207	欣旺达	47.800	34	300391	康跃科技	36.613	132
300281	金明精机	47.663	35	300154	瑞凌股份	36.563	133
300307	慈星股份	47.644	36	300309	吉艾科技	36.525	134
300338	开元股份	47.638	37	300298	三诺生物	36.438	135
300416	苏试试验	47.550	38	300593	新雷能	36.388	136
300004	南风股份	47.444	39	300029	天龙光电	36.344	137
300001	特锐德	47.325	40	300457	赢合科技	36.325	138

证券代码	公司名称	ChiNext IACDI 2017	行业排名	证券代码	公司名称	ChiNext IACDI 2017	行业排名
300306	远方信息	47.275	41	300130	新国都	36.319	139
300425	环能科技	46.925	42	300208	恒顺众昇	36.288	140
300551	古鳌科技	46.875	43	300450	先导智能	36.219	141
300249	依米康	46.788	44	300354	东华测试	36.175	142
300140	中环装备	46.763	45	300032	金龙机电	36.131	143
300171	东富龙	46.625	46	300222	科大智能	36.125	144
300427	红相电力	46.575	47	300526	中潜股份	36.088	145
300124	汇川技术	46.313	48	300316	晶盛机电	35.781	146
300447	全信股份	45.975	49	300707	威唐工业	35.738	147
300472	新元科技	45.838	50	300278	华昌达	35.713	148
300631	久吾高科	45.838	51	300572	安车检测	35.625	149
300362	天翔环境	45.450	52	300099	精准信息	35.400	150
300326	凯利泰	45.438	53	300442	普丽盛	35.275	151
300667	必创科技	45.400	54	300480	光力科技	35.213	152
300490	华自科技	45.225	55	300441	鲍斯股份	35.150	153
300035	中科电气	45.088	56	300527	华舟应急	35.150	154
300279	和晶科技	45.088	57	300280	南通锻压	35.081	155
300068	南都电源	44.838	58	300368	汇金股份	35.025	156
300444	双杰电气	44.706	59	300473	德尔股份	34.888	157
300062	中能电气	44.625	60	300120	经纬电材	34.838	158
300617	安靠智电	44.525	61	300445	康斯特	34.838	159
300308	中际旭创	43.863	62	300477	合纵科技	34.775	160
300216	千山药机	43.688	63	300360	炬华科技	34.713	161
300503	昊志机电	43.388	64	300553	集智股份	34.700	162
300417	南华仪器	43.363	65	300515	三德科技	34.613	163
300040	九洲电气	43.219	66	300475	聚隆科技	34.513	164
300660	江苏雷利	43.200	67	300356	光一科技	34.488	165
300161	华中数控	43.119	68	300653	正海生物	34.400	166
300286	安科瑞	42.925	69	300276	三丰智能	34.363	167
300611	美力科技	42.825	70	300557	理工光科	34.363	168
300403	地尔汉宇	42.750	71	300438	鹏辉能源	34.119	169
300415	伊之密	42.650	72	300693	盛弘股份	34.113	170
300358	楚天科技	42.488	73	300206	理邦仪器	34.113	171
300713	英可瑞	42.263	74	300461	田中精机	34.075	172

证券代码	公司名称	ChiNext IACDI 2017	行业排名	证券代码	公司名称	ChiNext IACDI 2017	行业排名
300003	乐普医疗	42.125	75	300626	华瑞股份	33.900	173
300410	正业科技	42.025	76	300607	拓斯达	33.688	174
300201	海伦哲	41.750	77	300257	开山股份	33.588	175
300625	三雄极光	41.438	78	300670	大烨智能	33.463	176
300014	亿纬锂能	41.250	79	300720	海川智能	33.325	177
300091	金通灵	41.163	80	300202	聚龙股份	33.263	178
300318	博晖创新	40.763	81	300412	迦南科技	33.113	179
300105	龙源技术	40.669	82	300540	深冷股份	33.088	180
300499	高澜股份	40.550	83	300484	蓝海华腾	32.675	181
300317	珈伟股份	40.475	84	300504	天邑股份	32.500	182
300633	开立医疗	40.088	85	300185	通裕重工	32.438	183
300430	诚益通	40.025	86	300486	东杰智能	32.438	184
300491	通合科技	40.025	87	300423	鲁亿通	32.325	185
300567	精测电子	39.925	88	300203	聚光科技	32.125	186
300400	劲拓股份	39.913	89	300569	天能重工	31.400	187
300462	华铭智能	39.888	90	300681	英博尔	31.250	188
300510	金冠电气	39.888	91	300141	和顺电气	30.863	189
300193	佳士科技	39.875	92	300595	欧普康视	30.663	190
300045	华力创通	39.838	93	300521	爱司凯	30.588	191
300156	神雾环保	39.638	94	300604	长川科技	30.588	192
300252	金信诺	39.538	95	300443	金雷风电	29.525	193
300210	森远股份	39.475	96	300669	沪宁股份	27.713	194
300217	东方电热	39.456	97	300283	温州宏丰	27.425	195
300529	健帆生物	39.388	98	—	—	—	—

计算机、通信和其他电子设备制造业 （111 家）

证券代码	公司名称	ChiNext IACDI 2017	行业排名	证券代码	公司名称	ChiNext IACDI 2017	行业排名
300083	劲胜智能	61.113	1	300516	久之洋	42.000	57
300689	澄天伟业	58.263	2	300390	天华超净	41.938	58
300079	数码科技	57.513	3	300563	神宇股份	41.938	59
300077	国民技术	53.263	4	300136	信维通信	41.888	60
300078	思创医惠	52.988	5	300647	超频三	41.763	61
300565	科信技术	52.775	6	300340	科恒股份	41.638	62
300711	广哈通信	52.625	7	300128	锦富技术	41.538	63

证券代码	公司名称	ChiNext IACDI 2017	行业排名	证券代码	公司名称	ChiNext IACDI 2017	行业排名
300227	光韵达	52.594	8	300456	耐威科技	41.456	64
300162	雷曼股份	51.013	9	300479	神思电子	41.388	65
300632	光莆股份	50.538	10	300590	移为通信	41.000	66
300514	友讯达	50.500	11	300458	全志科技	40.969	67
300709	精研科技	50.250	12	300213	佳讯飞鸿	40.913	68
300046	台基股份	50.013	13	300698	万马科技	40.900	69
300531	优博讯	49.888	14	300546	雄帝科技	40.888	70
300076	GQY 视讯	49.763	15	300620	光库科技	40.763	71
300661	圣邦股份	49.738	16	300322	硕贝德	40.638	72
300331	苏大维格	49.250	17	300393	中来股份	40.538	73
300414	中光防雷	49.013	18	300353	东土科技	40.513	74
300323	华灿光电	48.875	19	300118	东方日升	40.469	75
300373	扬杰科技	48.556	20	300053	欧比特	40.344	76
300555	路通视信	48.250	21	300223	北京君正	40.300	77
300367	东方网力	48.000	22	300065	海兰信	40.119	78
300042	朗科科技	47.500	23	300548	博创科技	40.013	79
300708	聚灿光电	47.375	24	300657	弘信电子	39.925	80
300570	太辰光	46.775	25	300134	大富科技	39.888	81
300211	亿通科技	46.638	26	300303	聚飞光电	39.775	82
300623	捷捷微电	46.263	27	300566	激智科技	39.638	83
300028	金亚科技	46.050	28	300155	安居宝	39.444	84
300250	初灵信息	46.050	29	300394	天孚通信	39.444	85
300139	晓程科技	46.025	30	300346	南大光电	39.413	86
300726	宏达电子	45.375	31	300397	天和防务	39.138	87
300102	乾照光电	45.275	32	300455	康拓红外	38.525	88
300449	汉邦高科	45.263	33	300638	广和通	38.400	89
300433	蓝思科技	45.000	34	300115	长盈精密	38.356	90
300735	光弘科技	44.988	35	300581	晨曦航空	38.138	91
300219	鸿利智汇	44.925	36	300474	景嘉微	38.106	92
300205	天喻信息	44.888	37	300241	瑞丰光电	37.913	93
300177	中海达	44.744	38	300679	电连技术	37.900	94
300739	明阳电路	44.731	39	300701	森霸传感	37.875	95
300127	银河磁体	44.500	40	300710	万隆光电	37.763	96
300476	胜宏科技	44.356	41	300502	新易盛	37.500	97

证券代码	公司名称	ChiNext IACDI 2017	行业排名	证券代码	公司名称	ChiNext IACDI 2017	行业排名
300114	中航电测	43.938	42	300111	向日葵	36.913	98
300656	民德电子	43.888	43	300327	中颖电子	36.800	99
300292	吴通控股	43.275	44	300389	艾比森	36.800	100
300627	华测导航	43.250	45	300582	英飞特	36.563	101
300296	利亚德	43.125	46	300615	欣天科技	36.538	102
300232	洲明科技	42.988	47	300543	朗科智能	36.388	103
300282	三盛教育	42.944	48	300319	麦捷科技	36.300	104
300101	振芯科技	42.800	49	300088	长信科技	35.163	105
300351	永贵电器	42.650	50	300408	三环集团	34.963	106
300672	国科微	42.625	51	300301	长方集团	34.925	107
300666	江丰电子	42.513	52	300686	智动力	34.650	108
300270	中威电子	42.500	53	300628	亿联网络	33.925	109
300256	星星科技	42.106	54	300460	惠伦晶体	33.050	110
300220	金运激光	42.038	55	300602	飞荣达	32.425	111
300691	联合光电	42.038	56	—	—	—	—

软件、信息技术服务业（107家）

证券代码	公司名称	ChiNext IACDI 2017	行业排名	证券代码	公司名称	ChiNext IACDI 2017	行业排名
300183	东软载波	61.525	1	300324	旋极信息	36.763	55
300212	易华录	60.350	2	300235	方直科技	36.481	56
300379	东方通	59.050	3	300312	邦讯技术	36.350	57
300245	天玑科技	54.681	4	300209	天泽信息	36.263	58
300074	华平股份	54.013	5	300493	润欣科技	36.250	59
300264	佳创视讯	51.338	6	300578	会畅通信	36.025	60
300297	蓝盾股份	50.338	7	300271	华宇软件	36.006	61
300051	三五互联	49.831	8	300366	创意信息	35.844	62
300017	网宿科技	49.744	9	300188	美亚柏科	35.819	63
300523	辰安科技	49.088	10	300730	科创信息	35.713	64
300299	富春股份	48.056	11	300096	易联众	35.663	65
300275	梅安森	47.950	12	300579	数字认证	35.263	66
300229	拓尔思	47.913	13	300440	运达科技	34.888	67
300311	任子行	47.838	14	300300	汉鼎宇佑	34.850	68
300552	万集科技	47.613	15	300399	京天利	34.463	69
300098	高新兴	47.519	16	300170	汉得信息	34.450	70

续表

证券代码	公司名称	ChiNext IACDI 2017	行业排名	证券代码	公司名称	ChiNext IACDI 2017	行业排名
300532	今天国际	47.450	17	300603	立昂技术	34.238	71
300352	北信源	45.988	18	300369	绿盟科技	34.213	72
300020	银江股份	45.725	19	300380	安硕信息	34.213	73
300036	超图软件	45.713	20	300513	恒泰实达	34.150	74
300182	捷成股份	43.938	21	300002	神州泰岳	34.088	75
300678	中科信息	43.463	22	300377	赢时胜	34.088	76
300075	数字政通	43.163	23	300333	兆日科技	33.900	77
300047	天源迪科	43.088	24	300248	新开普	33.850	78
300339	润和软件	42.988	25	300605	恒锋信息	33.838	79
300556	丝路视觉	42.819	26	300687	赛意信息	33.825	80
300550	和仁科技	42.513	27	300348	长亮科技	33.638	81
300166	东方国信	42.313	28	300518	盛讯达	33.538	82
300588	熙菱信息	41.963	29	300560	中富通	33.200	83
300597	吉大通信	41.900	30	300419	浩丰科技	33.175	84
300253	卫宁健康	41.838	31	300378	鼎捷软件	33.075	85
300386	飞天诚信	41.525	32	300671	富满电子	33.013	86
300287	飞利信	41.306	33	300302	同有科技	32.838	87
300383	光环新网	41.294	34	300520	科大国创	32.775	88
300645	正元智慧	41.100	35	300609	汇纳科技	32.675	89
300330	华虹计通	40.963	36	300541	先进数通	32.663	90
300290	荣科科技	40.425	37	300277	海联讯	32.600	91
300168	万达信息	40.369	38	300150	世纪瑞尔	32.569	92
300613	富瀚微	39.638	39	300663	科蓝软件	32.325	93
300033	同花顺	39.519	40	300624	万兴科技	32.225	94
300525	博思软件	39.475	41	300448	浩云科技	32.200	95
300359	全通教育	39.450	42	300465	高伟达	32.200	96
300231	银信科技	39.150	43	300167	迪威迅	31.950	97
300561	汇金科技	39.063	44	300659	中孚信息	31.013	98
300025	华星创业	38.906	45	300533	冰川网络	30.988	99
300542	新晨科技	38.525	46	300608	思特奇	30.825	100
300738	奥飞数据	38.513	47	300559	佳发安泰	30.550	101
300010	立思辰	38.369	48	300350	华鹏飞	30.525	102
300050	世纪鼎利	38.056	49	300468	四方精创	30.375	103
300451	创业软件	37.525	50	300598	诚迈科技	30.375	104

续表

证券代码	公司名称	ChiNext IACDI 2017	行业排名	证券代码	公司名称	ChiNext IACDI 2017	行业排名
300085	银之杰	37.119	51	300682	朗新科技	29.625	105
300044	赛为智能	36.900	52	300508	维宏股份	29.406	106
300365	恒华科技	36.888	53	300496	中科创达	26.063	107
300469	信息发展	36.800	54	—	—	—	—

文化传播行业（7家）

证券代码	公司名称	ChiNext IACDI 2017	行业排名	证券代码	公司名称	ChiNext IACDI 2017	行业排名
300027	华谊兄弟	56.313	1	300133	华策影视	43.650	5
300251	光线传媒	52.000	2	300528	幸福蓝海	41.475	6
300336	新文化	46.725	3	300291	华录百纳	39.463	7
300426	唐德影视	46.575	4	—	—	—	—

医药制造业（54家）

证券代码	公司名称	ChiNext IACDI 2017	行业排名	证券代码	公司名称	ChiNext IACDI 2017	行业排名
300147	香雪制药	62.563	1	300039	上海凯宝	40.450	28
300434	金石东方	50.238	2	300110	华仁药业	40.375	29
300406	九强生物	50.163	3	300194	福安药业	40.188	30
300143	星普医科	49.938	4	300705	九典制药	39.825	31
300463	迈克生物	49.525	5	300239	东宝生物	39.700	32
300439	美康生物	49.263	6	300497	富祥股份	39.563	33
300501	海顺新材	48.875	7	300026	红日药业	39.475	34
300009	安科生物	48.813	8	300006	莱美药业	39.063	35
300642	透景生命	47.663	9	300436	广生堂	38.713	36
300601	康泰生物	47.625	10	300108	吉药控股	38.075	37
300086	康芝药业	46.675	11	300685	艾德生物	38.063	38
300485	赛升药业	46.563	12	300016	北陆药业	37.938	39
300519	新光药业	46.563	13	300142	沃森生物	37.600	40
300636	同和药业	45.713	14	300558	贝达药业	37.450	41
300119	瑞普生物	45.400	15	300482	万孚生物	37.413	42
300181	佐力药业	44.538	16	300452	山河药辅	37.263	43
300289	利德曼	44.313	17	300254	仟源医药	37.075	44
300199	翰宇药业	43.750	18	300049	福瑞股份	37.063	45
300122	智飞生物	43.638	19	300702	天宇股份	36.975	46

续表

证券代码	公司名称	ChiNext IACDI 2017	行业排名	证券代码	公司名称	ChiNext IACDI 2017	行业排名
300158	振东制药	43.550	20	300363	博腾股份	36.813	47
300723	一品红	42.938	21	300683	海特生物	36.788	48
300573	兴齐眼药	42.063	22	300294	博雅生物	36.588	49
300267	尔康制药	41.463	23	300255	常山药业	36.438	50
300639	凯普生物	41.213	24	300630	普利制药	36.188	51
300233	金城医药	41.088	25	300583	赛托生物	34.750	52
300204	舒泰神	40.900	26	300357	我武生物	34.638	53
300534	陇神戎发	40.900	27	300584	海辰药业	33.838	54

其他行业（156家）

证券代码	公司名称	证监会二级行业	ChiNext IACDI 2017	证券代码	公司名称	证监会二级行业	ChiNext IACDI 2017
300335	迪森股份	电力、热力生产和供应业	61.710	300034	钢研高纳	有色金属冶炼和压延加工业	43.973
300012	华测检测	专业技术服务业	61.215	300224	正海磁材	非金属矿物制品业	43.973
300695	兆丰股份	汽车制造业	59.648	300089	文化长城	非金属矿物制品业	43.890
300729	乐歌股份	家具制造业	58.493	300345	红宇新材	金属制品业	43.766
300117	嘉寓股份	建筑装饰和其他建筑业	58.286	300244	迪安诊断	卫生	43.601
300057	万顺股份	有色金属冶炼和压延加工业	57.915	300347	泰格医药	卫生	43.560
300073	当升科技	非金属矿物制品业	56.760	300087	荃银高科	农业	43.478
300215	电科院	专业技术服务业	56.554	300500	启迪设计	专业技术服务业	43.478
300262	巴安水务	生态保护和环境治理业	55.523	300364	中文在线	新闻和出版业	43.354
300712	永福股份	专业技术服务业	54.780	300160	秀强股份	非金属矿物制品业	43.313
300197	铁汉生态	土木工程建筑业	54.533	300344	太空智造	非金属矿物制品业	43.230
300106	西部牧业	畜牧业	53.708	300483	沃施股份	其他制造业	43.230
300138	晨光生物	农副食品加工业	53.460	300094	国联水产	渔业	43.148

续表

证券代码	公司名称	证监会二级行业	ChiNext IACDI 2017	证券代码	公司名称	证监会二级行业	ChiNext IACDI 2017
300697	电工合金	有色金属冶炼和压延加工业	53.130	300511	雪榕生物	农业	42.983
300388	国祯环保	生态保护和环境治理业	53.130	300589	江龙船艇	铁路、船舶、航空航天和其他运输设备制造业	42.983
300381	溢多利	食品制造业	52.965	300005	探路者	纺织服装、服饰业	42.941
300422	博世科	生态保护和环境治理业	52.800	300152	科融环境	生态保护和环境治理业	42.818
300084	海默科技	开采辅助活动	52.223	300157	恒泰艾普	开采辅助活动	42.570
300234	开尔新材	非金属矿物制品业	52.058	300722	新余国科	其他制造业	42.570
300237	美晨生态	土木工程建筑业	51.893	300288	朗玛信息	电信、广播电视和卫星传输服务	42.488
300401	花园生物	食品制造业	51.810	300580	贝斯特	汽车制造业	42.488
300064	豫金刚石	非金属矿物制品业	51.480	300023	宝德股份	租赁业	42.405
300432	富临精工	汽车制造业	51.480	300706	阿石创	其他制造业	42.405
300149	量子高科	食品制造业	51.068	300187	永清环保	生态保护和环境治理业	42.323
300159	新研股份	铁路、船舶、航空航天和其他运输设备制造业	50.985	300506	名家汇	建筑装饰和其他建筑业	42.240
300055	万邦达	土木工程建筑业	50.944	300664	鹏鹞环保	生态保护和环境治理业	42.075
300123	亚光科技	铁路、船舶、航空航天和其他运输设备制造业	50.696	300424	航新科技	铁路、船舶、航空航天和其他运输设备制造业	41.993
300536	农尚环境	土木工程建筑业	50.490	300676	华大基因	专业技术服务业	41.993

续表

证券代码	公司名称	证监会二级行业	ChiNext IACDI 2017	证券代码	公司名称	证监会二级行业	ChiNext IACDI 2017
300008	天海防务	专业技术服务业	50.449	300703	创源文化	文教、工美、体育和娱乐用品制造业	41.993
300329	海伦钢琴	文教、工美、体育和娱乐用品制造业	50.325	300668	杰恩设计	专业技术服务业	41.745
300355	蒙草生态	生态保护和环境治理业	50.160	300488	恒锋工具	金属制品业	41.415
300700	岱勒新材	非金属矿物制品业	50.078	300517	海波重科	土木工程建筑业	41.250
300732	设研院	专业技术服务业	49.748	300337	银邦股份	有色金属冶炼和压延加工业	41.209
300313	天山生物	畜牧业	49.005	300058	蓝色光标	商务服务业	41.085
300190	维尔利	生态保护和环境治理业	48.634	300554	三超新材	非金属矿物制品业	41.003
300179	四方达	非金属矿物制品业	48.593	300600	瑞特股份	铁路、船舶、航空航天和其他运输设备制造业	41.003
300737	科顺股份	非金属矿物制品业	48.510	300413	快乐购	零售业	40.755
300699	光威复材	化学纤维制造业	48.263	300649	杭州园林	专业技术服务业	40.508
300191	潜能恒信	开采辅助活动	48.098	300184	力源信息	批发业	40.425
300258	精锻科技	汽车制造业	47.768	300013	新宁物流	仓储业	40.343
300675	建科院	专业技术服务业	47.768	300404	博济医药	研究和试验发展	40.343
300715	凯伦股份	非金属矿物制品业	47.768	300618	寒锐钴业	有色金属冶炼和压延加工业	40.260
300673	佩蒂股份	农副食品加工业	47.603	300654	世纪天鸿	新闻和出版业	39.930
300680	隆盛科技	汽车制造业	47.520	300507	苏奥传感	汽车制造业	39.889
300374	恒通科技	非金属矿物制品业	47.438	300612	宣亚国际	商务服务业	39.270

证券代码	公司名称	证监会二级行业	ChiNext IACDI 2017	证券代码	公司名称	证监会二级行业	ChiNext IACDI 2017
300146	汤臣倍健	食品制造业	47.355	300591	万里马	皮革、毛皮、羽毛及其制品和制鞋业	39.188
300328	宜安科技	金属制品业	47.190	300071	华谊嘉信	商务服务业	39.105
300592	华凯创意	文化艺术业	47.190	300409	道氏技术	非金属矿物制品业	39.105
300063	天龙集团	商务服务业	47.108	300131	英唐智控	批发业	39.023
300428	四通新材	有色金属冶炼和压延加工业	47.025	300489	中飞股份	有色金属冶炼和压延加工业	39.023
300080	易成新能	非金属矿物制品业	46.860	300696	爱乐达	铁路、船舶、航空航天和其他运输设备制造业	39.023
300332	天壕环境	燃气生产和供应业	46.860	300621	维业股份	建筑装饰和其他建筑业	38.940
300651	金陵体育	文教、工美、体育和娱乐用品制造业	46.736	300662	科锐国际	商务服务业	38.940
300172	中电环保	生态保护和环境治理业	46.448	300616	尚品宅配	家具制造业	38.858
300606	金太阳	非金属矿物制品业	46.448	300196	长海股份	非金属矿物制品业	38.775
300384	三联虹普	专业技术服务业	46.365	300640	德艺文创	文化艺术业	38.693
300176	鸿特科技	汽车制造业	46.365	300577	开润股份	纺织业	38.528
300011	鼎汉技术	铁路、船舶、航空航天和其他运输设备制造业	46.283	300175	朗源股份	农副食品加工业	38.198
300240	飞力达	仓储业	46.283	300125	易世达	专业技术服务业	38.115
300304	云意电气	汽车制造业	46.283	300652	雷迪克	汽车制造业	37.538
300061	康旗股份	其他制造业	46.200	300189	神农基因	农业	37.373
300081	恒信东方	零售业	46.200	300538	同益股份	批发业	37.373

证券代码	公司名称	证监会二级行业	ChiNext IACDI 2017	证券代码	公司名称	证监会二级行业	ChiNext IACDI 2017
300164	通源石油	开采辅助活动	46.200	300733	西菱动力	汽车制造业	37.208
300266	兴源环境	生态保护和环境治理业	46.035	300688	创业黑马	商务服务业	37.125
300100	双林股份	汽车制造业	45.705	300495	美尚生态	生态保护和环境治理业	37.043
300585	奥联电子	汽车制造业	45.540	300622	博士眼镜	零售业	36.878
300643	万通智控	汽车制造业	45.458	300268	佳沃股份	农副食品加工业	36.795
300692	中环环保	生态保护和环境治理业	45.458	300269	联建光电	商务服务业	36.713
300163	先锋新材	其他制造业	45.375	300022	吉峰农机	零售业	36.465
300310	宜通世纪	电信、广播电视和卫星传输服务	45.210	300629	新劲刚	金属制品业	36.300
300144	宋城演艺	文化艺术业	45.128	300498	温氏股份	畜牧业	36.053
300070	碧水源	生态保护和环境治理业	45.045	300464	星徽精密	金属制品业	35.888
300284	苏交科	专业技术服务业	45.004	300658	延江股份	纺织业	35.475
300395	菲利华	非金属矿物制品业	44.963	300736	百华悦邦	机动车、电子产品和日用产品修理业	35.145
300093	金刚玻璃	非金属矿物制品业	44.715	300492	山鼎设计	专业技术服务业	34.774
300719	安达维尔	铁路、船舶、航空航天和其他运输设备制造业	44.550	300635	达安股份	专业技术服务业	34.485
300015	爱尔眼科	卫生	44.385	300690	双一科技	非金属矿物制品业	33.990
300148	天舟文化	新闻和出版业	44.055	300178	腾邦国际	商务服务业	33.908

创业板上市公司无形资产质量指数

（2017 年，分行业，按证券代码排序）

互联网及相关服务业（18 家）

证券代码	公司名称	质量指数 2017	行业排名	证券代码	公司名称	质量指数 2017	行业排名
300467	迅游科技	36.943	1	300571	平治信息	30.157	10
300418	昆仑万维	36.256	2	300031	宝通科技	28.655	11
300315	掌趣科技	36.143	3	300043	星辉娱乐	28.617	12
300052	中青宝	34.745	4	300113	顺网科技	28.263	13
300431	暴风集团	33.623	5	300343	联创互联	26.011	14
300295	三六五网	33.114	6	300038	梅泰诺	25.579	15
300494	盛天网络	32.185	7	300226	上海钢联	24.492	16
300104	乐视网	30.992	8	300392	腾信股份	24.056	17
300059	东方财富	30.779	9	300242	佳云科技	23.881	18

化学、橡胶、塑料行业（70 家）

证券代码	公司名称	质量指数 2017	行业排名	证券代码	公司名称	质量指数 2017	行业排名
300725	药石科技	33.906	1	300587	天铁股份	27.969	36
300535	达威股份	33.282	2	300717	华信新材	27.950	37
300446	乐凯新材	31.065	3	300716	国立科技	27.818	38
300481	濮阳惠成	30.532	4	300221	银禧科技	27.795	39
300684	中石科技	29.905	5	300610	晨化股份	27.709	40
300721	怡达股份	29.874	6	300019	硅宝科技	27.462	41
300429	强力新材	29.790	7	300180	华峰超纤	27.424	42
300437	清水源	29.701	8	300261	雅本化学	27.193	43
300539	横河模具	29.695	9	300082	奥克股份	27.099	44
300677	英科医疗	29.599	10	300230	永利股份	27.051	45

续表

证券代码	公司名称	质量指数 2017	行业排名	证券代码	公司名称	质量指数 2017	行业排名
300398	飞凯材料	29.562	11	300637	扬帆新材	26.996	46
300522	世名科技	29.478	12	300576	容大感光	26.905	47
300174	元力股份	29.398	13	300021	大禹节水	26.806	48
300037	新宙邦	29.093	14	300537	广信材料	26.758	49
300547	川环科技	28.961	15	300641	正丹股份	26.757	50
300599	雄塑科技	28.941	16	300200	高盟新材	26.545	51
300530	达志科技	28.932	17	300067	安诺其	26.537	52
300072	三聚环保	28.924	18	300459	金科文化	26.521	53
300169	天晟新材	28.913	19	300243	瑞丰高材	26.504	54
300596	利安隆	28.902	20	300192	科斯伍德	26.311	55
300054	鼎龙股份	28.843	21	300305	裕兴股份	26.286	56
300731	科创新源	28.794	22	300132	青松股份	26.247	57
300218	安利股份	28.737	23	300478	杭州高新	26.155	58
300568	星源材质	28.612	24	300505	川金诺	25.857	59
300375	鹏翎股份	28.565	25	300107	建新股份	25.791	60
300727	润禾材料	28.540	26	300586	美联新材	25.740	61
300109	新开源	28.445	27	300214	日科化学	25.721	62
300487	蓝晓科技	28.386	28	300387	富邦股份	25.455	63
300285	国瓷材料	28.346	29	300575	中旗股份	25.356	64
300321	同大股份	28.330	30	300405	科隆股份	25.173	65
300236	上海新阳	28.268	31	300225	金力泰	25.122	66
300121	阳谷华泰	28.198	32	300135	宝利国际	24.793	67
300665	飞鹿股份	28.176	33	300655	晶瑞股份	24.781	68
300320	海达股份	28.075	34	300198	纳川股份	24.326	69
300041	回天新材	27.991	35	300325	德威新材	24.012	70

机械、设备、仪表（195家）

证券代码	公司名称	质量指数 2017	行业排名	证券代码	公司名称	质量指数 2017	行业排名
300206	理邦仪器	39.577	1	300273	和佳股份	29.063	99
300358	楚天科技	37.551	2	300030	阳普医疗	29.045	100
300633	开立医疗	36.968	3	300407	凯发电气	29.045	101
300653	正海生物	36.571	4	300411	金盾股份	29.011	102
300396	迪瑞医疗	36.412	5	300486	东杰智能	28.990	103
300124	汇川技术	35.040	6	300512	中亚股份	28.967	104

证券代码	公司名称	质量指数 2017	行业排名	证券代码	公司名称	质量指数 2017	行业排名
300195	长荣股份	34.940	7	300257	开山股份	28.960	105
300567	精测电子	34.738	8	300318	博晖创新	28.937	106
300003	乐普医疗	34.552	9	300099	精准信息	28.822	107
300515	三德科技	34.507	10	300402	宝色股份	28.812	108
300551	古鳌科技	33.922	11	300510	金冠电气	28.747	109
300338	开元股份	33.236	12	300035	中科电气	28.740	110
300259	新天科技	33.187	13	300129	泰胜风能	28.715	111
300607	拓斯达	33.163	14	300326	凯利泰	28.700	112
300130	新国都	32.872	15	300201	海伦哲	28.696	113
300445	康斯特	32.829	16	300619	金银河	28.644	114
300238	冠昊生物	32.745	17	300417	南华仪器	28.605	115
300648	星云股份	32.735	18	300412	迦南科技	28.579	116
300045	华力创通	32.722	19	300360	炬华科技	28.556	117
300334	津膜科技	32.666	20	300252	金信诺	28.525	118
300007	汉威科技	32.449	21	300202	聚龙股份	28.523	119
300371	汇中股份	32.358	22	300217	东方电热	28.446	120
300286	安科瑞	32.314	23	300526	中潜股份	28.420	121
300470	日机密封	32.135	24	300462	华铭智能	28.391	122
300018	中元股份	31.979	25	300477	合纵科技	28.366	123
300604	长川科技	31.802	26	300105	龙源技术	28.357	124
300503	昊志机电	31.578	27	300400	劲拓股份	28.303	125
300557	理工光科	31.470	28	300625	三雄极光	28.295	126
300416	苏试试验	31.406	29	300475	聚隆科技	28.293	127
300316	晶盛机电	31.390	30	300120	经纬电材	28.285	128
300274	阳光电源	31.329	31	300593	新雷能	28.268	129
300298	三诺生物	31.292	32	300068	南都电源	28.241	130
300014	亿纬锂能	31.279	33	300466	赛摩电气	28.228	131
300222	科大智能	31.246	34	300391	康跃科技	28.220	132
300707	威唐工业	31.243	35	300473	德尔股份	28.194	133
300499	高澜股份	31.123	36	300308	中际旭创	28.162	134
300509	新美星	31.100	37	300569	天能重工	28.122	135
300693	盛弘股份	31.086	38	300438	鹏辉能源	28.108	136
300048	合康新能	30.806	39	300669	沪宁股份	28.095	137
300161	华中数控	30.776	40	300720	海川智能	28.082	138

续表

证券代码	公司名称	质量指数2017	行业排名	证券代码	公司名称	质量指数2017	行业排名
300349	金卡智能	30.763	41	300001	特锐德	28.068	139
300553	集智股份	30.744	42	300471	厚普股份	27.927	140
300595	欧普康视	30.704	43	300385	雪浪环境	27.916	141
300491	通合科技	30.637	44	300521	爱司凯	27.895	142
300545	联得装备	30.619	45	300420	五洋科技	27.877	143
300562	乐心医疗	30.562	46	300207	欣旺达	27.857	144
300490	华自科技	30.560	47	300362	天翔环境	27.791	145
300660	江苏雷利	30.545	48	300472	新元科技	27.779	146
300354	东华测试	30.520	49	300611	美力科技	27.731	147
300306	远方信息	30.519	50	300370	安控科技	27.700	148
300480	光力科技	30.413	51	300056	三维丝	27.612	149
300342	天银机电	30.355	52	300314	戴维医疗	27.556	150
300024	机器人	30.327	53	300247	乐金健康	27.514	151
300450	先导智能	30.321	54	300421	力星股份	27.450	152
300140	中环装备	30.313	55	300461	田中精机	27.442	153
300443	金雷风电	30.252	56	300442	普丽盛	27.356	154
300165	天瑞仪器	30.247	57	300032	金龙机电	27.348	155
300307	慈星股份	30.061	58	300092	科新机电	27.222	156
300246	宝莱特	30.050	59	300203	聚光科技	27.202	157
300626	华瑞股份	30.029	60	300193	佳士科技	27.135	158
300210	森远股份	29.994	61	300549	优德精密	27.086	159
300415	伊之密	29.966	62	300137	先河环保	27.081	160
300368	汇金股份	29.965	63	300670	大烨智能	27.005	161
300208	恒顺众昇	29.943	64	300435	中泰股份	26.915	162
300272	开能环保	29.895	65	300540	深冷股份	26.894	163
300529	健帆生物	29.879	66	300309	吉艾科技	26.893	164
300457	赢合科技	29.860	67	300090	盛运环保	26.854	165
300681	英搏尔	29.850	68	300029	天龙光电	26.852	166
300572	安车检测	29.825	69	300265	通光线缆	26.766	167
300504	天邑股份	29.820	70	300280	南通锻压	26.714	168
300403	地尔汉宇	29.778	71	300156	神雾环保	26.672	169
300667	必创科技	29.751	72	300279	和晶科技	26.662	170
300631	久吾高科	29.746	73	300154	瑞凌股份	26.648	171
300066	三川智慧	29.715	74	300069	金利华电	26.645	172

证券代码	公司名称	质量指数2017	行业排名	证券代码	公司名称	质量指数2017	行业排名
300216	千山药机	29.654	75	300185	通裕重工	26.613	173
300382	斯莱克	29.636	76	300040	九洲电气	26.601	174
300718	长盛轴承	29.613	77	300425	环能科技	26.517	175
300228	富瑞特装	29.612	78	300453	三鑫医疗	26.507	176
300293	蓝英装备	29.573	79	300376	易事特	26.506	177
300713	英可瑞	29.562	80	300095	华伍股份	26.496	178
300112	万讯自控	29.485	81	300283	温州宏丰	26.492	179
300276	三丰智能	29.461	82	300484	蓝海华腾	26.159	180
300281	金明精机	29.440	83	300126	锐奇股份	26.093	181
300427	红相电力	29.431	84	300317	珈伟股份	26.088	182
300617	安靠智电	29.407	85	300062	中能电气	26.065	183
300447	全信股份	29.363	86	300103	达刚路机	25.948	184
300441	鲍斯股份	29.341	87	300151	昌红科技	25.825	185
300145	中金环境	29.261	88	300153	科泰电源	25.818	186
300341	麦迪电气	29.245	89	300423	鲁亿通	25.712	187
300249	依米康	29.174	90	300173	智慧松德	25.058	188
300260	新莱应材	29.173	91	300004	南风股份	24.995	189
300097	智云股份	29.135	92	300091	金通灵	24.630	190
300430	诚益通	29.133	93	300141	和顺电气	24.022	191
300650	太龙照明	29.126	94	300356	光一科技	23.926	192
300263	隆华节能	29.116	95	300116	坚瑞沃能	23.855	193
300410	正业科技	29.086	96	300527	华舟应急	23.131	194
300171	东富龙	29.083	97	300278	华昌达	22.342	195
300444	双杰电气	29.074	98	—	—	—	—

计算机、通信和其他电子设备制造业（111家）

证券代码	公司名称	质量指数2017	行业排名	证券代码	公司名称	质量指数2017	行业排名
300672	国科微	43.668	1	300323	华灿光电	26.296	57
300223	北京君正	41.029	2	300053	欧比特	25.969	58
300458	全志科技	40.426	3	300555	路通视信	25.952	59
300353	东土科技	39.985	4	300331	苏大维格	25.667	60
300079	数码科技	39.252	5	300219	鸿利智汇	25.554	61
300250	初灵信息	37.748	6	300373	扬杰科技	25.410	62
300327	中颖电子	37.524	7	300666	江丰电子	25.382	63

证券代码	公司名称	质量指数 2017	行业排名	证券代码	公司名称	质量指数 2017	行业排名
300077	国民技术	36.503	8	300241	瑞丰光电	25.116	64
300474	景嘉微	36.452	9	300351	永贵电器	25.115	65
300661	圣邦股份	36.377	10	300623	捷捷微电	25.101	66
300101	振芯科技	36.326	11	300102	乾照光电	25.016	67
300367	东方网力	36.226	12	300709	精研科技	25.010	68
300455	康拓红外	35.910	13	300563	神宇股份	24.893	69
300177	中海达	35.367	14	300394	天孚通信	24.883	70
300711	广哈通信	34.763	15	300211	亿通科技	24.835	71
300065	海兰信	34.537	16	300340	科恒股份	24.835	72
300531	优博讯	34.525	17	300083	劲胜智能	24.771	73
300213	佳讯飞鸿	34.430	18	300543	朗科智能	24.729	74
300346	南大光电	33.824	19	300449	汉邦高科	24.703	75
300397	天和防务	33.714	20	300565	科信技术	24.697	76
300479	神思电子	33.100	21	300389	艾比森	24.514	77
300628	亿联网络	32.498	22	300582	英飞特	24.410	78
300078	思创医惠	32.204	23	300322	硕贝德	24.381	79
300282	三盛教育	32.154	24	300710	万隆光电	24.362	80
300433	蓝思科技	31.936	25	300708	聚灿光电	23.880	81
300456	耐威科技	31.652	26	300590	移为通信	23.820	82
300296	利亚德	31.586	27	300657	弘信电子	23.793	83
300566	激智科技	31.554	28	300115	长盈精密	23.778	84
300516	久之洋	30.942	29	300162	雷曼股份	23.751	85
300270	中威电子	30.842	30	300602	飞荣达	23.679	86
300514	友讯达	30.833	31	300046	台基股份	23.473	87
300205	天喻信息	30.587	32	300042	朗科科技	23.457	88
300076	GQY视讯	30.448	33	300581	晨曦航空	23.436	89
300647	超频三	30.354	34	300256	星星科技	23.175	90
300155	安居宝	29.242	35	300615	欣天科技	23.170	91
300393	中来股份	29.131	36	300408	三环集团	22.824	92
300136	信维通信	28.894	37	300502	新易盛	22.780	93
300627	华测导航	28.168	38	300548	博创科技	22.514	94
300638	广和通	27.939	39	300127	银河磁体	22.434	95
300620	光库科技	27.881	40	300735	光弘科技	22.254	96
300139	晓程科技	27.845	41	300118	东方日升	22.245	97

证券代码	公司名称	质量指数 2017	行业排名	证券代码	公司名称	质量指数 2017	行业排名
300414	中光防雷	27.612	42	300390	天华超净	22.086	98
300232	洲明科技	27.611	43	300701	森霸传感	22.066	99
300656	民德电子	27.355	44	300460	惠伦晶体	22.063	100
300726	宏达电子	27.194	45	300303	聚飞光电	22.045	101
300227	光韵达	27.072	46	300476	胜宏科技	21.676	102
300691	联合光电	26.974	47	300134	大富科技	21.592	103
300698	万马科技	26.854	48	300128	锦富技术	21.519	104
300114	中航电测	26.852	49	300689	澄天伟业	21.341	105
300292	吴通控股	26.741	50	300301	长方集团	20.850	106
300632	光莆股份	26.726	51	300028	金亚科技	20.598	107
300220	金运激光	26.584	52	300111	向日葵	20.524	108
300679	电连技术	26.499	53	300686	智动力	20.263	109
300739	明阳电路	26.396	54	300088	长信科技	19.704	110
300546	雄帝科技	26.386	55	300319	麦捷科技	18.807	111
300570	太辰光	26.336	56	—	—	—	—

软件、信息技术服务业（107 家）

证券代码	公司名称	质量指数 2017	行业排名	证券代码	公司名称	质量指数 2017	行业排名
300166	东方国信	46.002	1	300287	飞利信	32.414	55
300002	神州泰岳	43.763	2	300050	世纪鼎利	32.372	56
300369	绿盟科技	43.389	3	300532	今天国际	32.362	57
300378	鼎捷软件	41.999	4	300231	银信科技	32.274	58
300377	赢时胜	41.441	5	300299	富春股份	32.261	59
300253	卫宁健康	40.693	6	300324	旋极信息	32.223	60
300033	同花顺	40.459	7	300182	捷成股份	31.878	61
300229	拓尔思	40.440	8	300167	迪威迅	31.534	62
300183	东软载波	40.288	9	300150	世纪瑞尔	31.436	63
300188	美亚柏科	40.103	10	300451	创业软件	31.353	64
300020	银江股份	39.675	11	300383	光环新网	31.318	65
300468	四方精创	39.536	12	300277	海联讯	31.282	66
300496	中科创达	38.935	13	300469	信息发展	30.899	67
300264	佳创视讯	38.667	14	300302	同有科技	30.899	68
300168	万达信息	38.652	15	300380	安硕信息	30.705	69
300348	长亮科技	38.444	16	300608	思特奇	30.642	70

续表

证券代码	公司名称	质量指数2017	行业排名	证券代码	公司名称	质量指数2017	行业排名
300036	超图软件	38.192	17	300556	丝路视觉	30.439	71
300333	兆日科技	38.102	18	300520	科大国创	30.422	72
300098	高新兴	37.982	19	300330	华虹计通	30.421	73
300017	网宿科技	37.902	20	300645	正元智慧	30.354	74
300386	飞天诚信	37.780	21	300738	奥飞数据	30.098	75
300271	华宇软件	37.408	22	300552	万集科技	30.065	76
300682	朗新科技	37.374	23	300448	浩云科技	29.663	77
300663	科蓝软件	37.342	24	300025	华星创业	29.552	78
300678	中科信息	37.086	25	300419	浩丰科技	29.513	79
300523	辰安科技	36.816	26	300687	赛意信息	29.475	80
300297	蓝盾股份	36.774	27	300085	银之杰	29.321	81
300248	新开普	36.637	28	300051	三五互联	29.297	82
300311	任子行	36.396	29	300730	科创信息	29.111	83
300245	天玑科技	36.390	30	300399	京天利	28.884	84
300352	北信源	36.379	31	300044	赛为智能	28.873	85
300047	天源迪科	36.241	32	300366	创意信息	28.838	86
300659	中孚信息	36.102	33	300312	邦讯技术	28.755	87
300365	恒华科技	36.041	34	300300	汉鼎宇佑	28.751	88
300339	润和软件	35.751	35	300561	汇金科技	28.560	89
300212	易华录	35.648	36	300603	立昂技术	28.445	90
300235	方直科技	35.282	37	300518	盛讯达	28.163	91
300290	荣科科技	35.273	38	300560	中富通	28.105	92
300465	高伟达	34.902	39	300525	博思软件	27.960	93
300010	立思辰	34.885	40	300613	富瀚微	27.695	94
300541	先进数通	34.524	41	300550	和仁科技	27.234	95
300559	佳发安泰	34.439	42	300359	全通教育	26.456	96
300578	会畅通信	34.393	43	300513	恒泰实达	26.239	97
300275	梅安森	34.247	44	300579	数字认证	26.042	98
300533	冰川网络	34.164	45	300493	润欣科技	26.017	99
300170	汉得信息	34.160	46	300609	汇纳科技	25.922	100
300096	易联众	33.956	47	300671	富满电子	25.539	101
300379	东方通	33.898	48	300542	新晨科技	25.079	102
300209	天泽信息	33.730	49	300075	数字政通	24.413	103
300074	华平股份	33.054	50	300350	华鹏飞	23.818	104

续表

证券代码	公司名称	质量指数 2017	行业排名	证券代码	公司名称	质量指数 2017	行业排名
300624	万兴科技	32.954	51	300598	诚迈科技	23.343	105
300597	吉大通信	32.819	52	300588	熙菱信息	22.516	106
300440	运达科技	32.802	53	300605	恒锋信息	21.573	107
300508	维宏股份	32.469	54	—	—	—	—

文化传播行业 （7家）

证券代码	公司名称	质量指数 2017	行业排名	证券代码	公司名称	质量指数 2017	行业排名
300027	华谊兄弟	43.068	1	300291	华录百纳	35.727	5
300251	光线传媒	37.435	2	300133	华策影视	34.186	6
300528	幸福蓝海	35.877	3	300336	新文化	31.689	7
300426	唐德影视	35.861	4	—	—	—	—

医药制造业 （54家）

证券代码	公司名称	质量指数 2017	行业排名	证券代码	公司名称	质量指数 2017	行业排名
300463	迈克生物	45.280	1	300181	佐力药业	29.608	28
300558	贝达药业	44.482	2	300406	九强生物	29.514	29
300142	沃森生物	39.050	3	300639	凯普生物	29.239	30
300685	艾德生物	38.631	4	300016	北陆药业	29.029	31
300642	透景生命	36.615	5	300049	福瑞股份	28.533	32
300519	新光药业	36.235	6	300439	美康生物	28.525	33
300436	广生堂	36.022	7	300289	利德曼	28.490	34
300204	舒泰神	35.690	8	300026	红日药业	28.162	35
300683	海特生物	33.970	9	300294	博雅生物	28.047	36
300482	万孚生物	32.989	10	300086	康芝药业	27.185	37
300199	翰宇药业	32.893	11	300158	振东制药	27.082	38
300636	同和药业	32.678	12	300434	金石东方	26.911	39
300009	安科生物	32.520	13	300194	福安药业	26.766	40
300357	我武生物	32.219	14	300108	吉药控股	26.720	41
300573	兴齐眼药	32.098	15	300006	莱美药业	26.557	42
300705	九典制药	32.073	16	300534	陇神戎发	26.046	43
300601	康泰生物	31.655	17	300233	金城医药	25.797	44
300119	瑞普生物	31.326	18	300110	华仁药业	25.704	45
300723	一品红	31.230	19	300267	尔康制药	25.638	46

证券代码	公司名称	质量指数 2017	行业排名	证券代码	公司名称	质量指数 2017	行业排名
300584	海辰药业	31.075	20	300583	赛托生物	25.393	47
300122	智飞生物	30.780	21	300363	博腾股份	25.098	48
300255	常山药业	30.594	22	300147	香雪制药	25.056	49
300485	赛升药业	30.564	23	300497	富祥股份	25.021	50
300630	普利制药	30.461	24	300702	天宇股份	24.824	51
300039	上海凯宝	29.749	25	300452	山河药辅	23.660	52
300143	星普医科	29.720	26	300501	海顺新材	23.564	53
300254	仟源医药	29.673	27	300239	东宝生物	22.514	54

其他行业（156 家）

证券代码	公司名称	证监会 二级行业	质量指数 2017	证券代码	公司名称	证监会 二级行业	质量指数 2017
300424	航新科技	铁路、船舶、航空航天和其他运输设备制造业	41.149	300703	创源文化	文教、工美、体育和娱乐用品制造业	25.281
300675	建科院	专业技术服务业	40.639	300345	红宇新材	金属制品业	25.275
300612	宣亚国际	商务服务业	36.887	300237	美晨生态	土木工程建筑业	25.273
300364	中文在线	新闻和出版业	36.408	300381	溢多利	食品制造业	25.230
300500	启迪设计	专业技术服务业	35.588	300089	文化长城	非金属矿物制品业	25.217
300668	杰恩设计	专业技术服务业	35.542	300401	花园生物	食品制造业	25.195
300347	泰格医药	卫生	35.430	300715	凯伦股份	非金属矿物制品业	25.122
300070	碧水源	生态保护和环境治理业	34.975	300138	晨光生物	农副食品加工业	25.107
300589	江龙船艇	铁路、船舶、航空航天和其他运输设备制造业	34.377	300700	岱勒新材	非金属矿物制品业	24.998
300676	华大基因	专业技术服务业	34.015	300413	快乐购	零售业	24.984

证券代码	公司名称	证监会二级行业	质量指数2017	证券代码	公司名称	证监会二级行业	质量指数2017
300191	潜能恒信	开采辅助活动	33.823	300073	当升科技	非金属矿物制品业	24.906
300012	华测检测	专业技术服务业	33.475	300488	恒锋工具	金属制品业	24.732
300422	博世科	生态保护和环境治理业	33.194	300258	精锻科技	汽车制造业	24.727
300310	宜通世纪	电信、广播电视和卫星传输服务	33.114	300409	道氏技术	非金属矿物制品业	24.569
300148	天舟文化	新闻和出版业	33.008	300157	恒泰艾普	开采辅助活动	24.511
300719	安达维尔	铁路、船舶、航空航天和其他运输设备制造业	32.820	300123	亚光科技	铁路、船舶、航空航天和其他运输设备制造业	24.510
300517	海波重科	土木工程建筑业	32.163	300395	菲利华	非金属矿物制品业	24.270
300654	世纪天鸿	新闻和出版业	31.756	300224	正海磁材	非金属矿物制品业	24.236
300732	设研院	专业技术服务业	31.558	300093	金刚玻璃	非金属矿物制品业	24.204
300146	汤臣倍健	食品制造业	31.468	300023	宝德股份	租赁业	24.156
300507	苏奥传感	汽车制造业	31.214	300643	万通智控	汽车制造业	24.133
300577	开润股份	纺织业	31.022	300335	迪森股份	电力、热力生产和供应业	24.115
300580	贝斯特	汽车制造业	30.911	300736	百华悦邦	机动车、电子产品和日用产品修理业	24.029
300688	创业黑马	商务服务业	30.858	300013	新宁物流	仓储业	23.952
300172	中电环保	生态保护和环境治理业	30.810	300690	双一科技	非金属矿物制品业	23.931
300492	山鼎设计	专业技术服务业	30.793	300163	先锋新材	其他制造业	23.741
300215	电科院	专业技术服务业	30.570	300269	联建光电	商务服务业	23.691
300015	爱尔眼科	卫生	30.020	300266	兴源环境	生态保护和环境治理业	23.454

证券代码	公司名称	证监会二级行业	质量指数 2017	证券代码	公司名称	证监会二级行业	质量指数 2017
300729	乐歌股份	家具制造业	29.857	300506	名家汇	建筑装饰和其他建筑业	23.438
300187	永清环保	生态保护和环境治理业	29.735	300658	延江股份	纺织业	23.414
300176	鸿特科技	汽车制造业	29.643	300131	英唐智控	批发业	23.406
300616	尚品宅配	家具制造业	29.566	300706	阿石创	其他制造业	23.398
300651	金陵体育	文教、工美、体育和娱乐用品制造业	29.377	300489	中飞股份	有色金属冶炼和压延加工业	23.329
300554	三超新材	非金属矿物制品业	29.202	300071	华谊嘉信	商务服务业	23.321
300591	万里马	皮革、毛皮、羽毛及其制品和制鞋业	29.107	300585	奥联电子	汽车制造业	23.211
300355	蒙草生态	生态保护和环境治理业	28.890	300664	鹏鹞环保	生态保护和环境治理业	23.158
300081	恒信东方	零售业	28.747	300652	雷迪克	汽车制造业	23.055
300189	神农基因	农业	28.699	300733	西菱动力	汽车制造业	23.010
300284	苏交科	专业技术服务业	28.669	300495	美尚生态	生态保护和环境治理业	22.984
300087	荃银高科	农业	28.443	300164	通源石油	开采辅助活动	22.823
300288	朗玛信息	电信、广播电视和卫星传输服务	28.267	300159	新研股份	铁路、船舶、航空航天和其他运输设备制造业	22.816
300190	维尔利	生态保护和环境治理业	28.215	300483	沃施股份	其他制造业	22.663
300144	宋城演艺	文化艺术业	28.083	300432	富临精工	汽车制造业	22.624
300152	科融环境	生态保护和环境治理业	27.751	300536	农尚环境	土木工程建筑业	22.611
300058	蓝色光标	商务服务业	27.722	300673	佩蒂股份	农副食品加工业	22.503
300622	博士眼镜	零售业	27.707	300184	力源信息	批发业	22.470
300618	寒锐钴业	有色金属冶炼和压延加工业	27.584	300240	飞力达	仓储业	22.462

证券代码	公司名称	证监会二级行业	质量指数2017	证券代码	公司名称	证监会二级行业	质量指数2017
300384	三联虹普	专业技术服务业	27.540	300055	万邦达	土木工程建筑业	22.428
300197	铁汉生态	土木工程建筑业	27.524	300178	腾邦国际	商务服务业	22.404
300600	瑞特股份	铁路、船舶、航空航天和其他运输设备制造业	27.509	300635	达安股份	专业技术服务业	22.366
300388	国祯环保	生态保护和环境治理业	27.496	300374	恒通科技	非金属矿物制品业	22.364
300344	太空智造	非金属矿物制品业	27.486	300329	海伦钢琴	文教、工美、体育和娱乐用品制造业	22.287
300662	科锐国际	商务服务业	27.382	300428	四通新材	有色金属冶炼和压延加工业	22.127
300011	鼎汉技术	铁路、船舶、航空航天和其他运输设备制造业	27.362	300100	双林股份	汽车制造业	22.123
300640	德艺文创	文化艺术业	27.288	300064	豫金刚石	非金属矿物制品业	22.081
300712	永福股份	专业技术服务业	27.251	300511	雪榕生物	农业	21.981
300692	中环环保	生态保护和环境治理业	27.115	300196	长海股份	非金属矿物制品业	21.964
300313	天山生物	畜牧业	27.053	300464	星徽精密	金属制品业	21.924
300117	嘉寓股份	建筑装饰和其他建筑业	26.760	300328	宜安科技	金属制品业	21.915
300084	海默科技	开采辅助活动	26.566	300498	温氏股份	畜牧业	21.897
300244	迪安诊断	卫生	26.512	300063	天龙集团	商务服务业	21.677
300695	兆丰股份	汽车制造业	26.388	300234	开尔新材	非金属矿物制品业	21.589
300304	云意电气	汽车制造业	26.209	300057	万顺股份	有色金属冶炼和压延加工业	21.579

证券代码	公司名称	证监会二级行业	质量指数2017	证券代码	公司名称	证监会二级行业	质量指数2017
300034	钢研高纳	有色金属冶炼和压延加工业	26.198	300125	易世达	专业技术服务业	21.553
300680	隆盛科技	汽车制造业	26.152	300337	银邦股份	有色金属冶炼和压延加工业	21.532
300149	量子高科	食品制造业	26.152	300022	吉峰农机	零售业	21.507
300592	华凯创意	文化艺术业	26.032	300160	秀强股份	非金属矿物制品业	21.332
300696	爱乐达	铁路、船舶、航空航天和其他运输设备制造业	25.991	300649	杭州园林	专业技术服务业	21.303
300699	光威复材	化学纤维制造业	25.988	300697	电工合金	有色金属冶炼和压延加工业	21.148
300737	科顺股份	非金属矿物制品业	25.937	300538	同益股份	批发业	21.145
300629	新劲刚	金属制品业	25.825	300005	探路者	纺织服装、服饰业	21.121
300606	金太阳	非金属矿物制品业	25.774	300106	西部牧业	畜牧业	20.615
300008	天海防务	专业技术服务业	25.746	300094	国联水产	渔业	20.378
300179	四方达	非金属矿物制品业	25.689	300175	朗源股份	农副食品加工业	20.316
300262	巴安水务	生态保护和环境治理业	25.623	300404	博济医药	研究和试验发展	19.394
300722	新余国科	其他制造业	25.421	300621	维业股份	建筑装饰和其他建筑业	18.436
300061	康旗股份	其他制造业	25.390	300268	佳沃股份	农副食品加工业	18.327
300332	天壕环境	燃气生产和供应业	25.345	300080	易成新能	非金属矿物制品业	17.629

创业板上市公司无形资产价值评价指数*

（2017 年，分行业，按证券代码排序）

互联网及相关服务业（12 家）

证券代码	公司名称	价值指数2017	行业排名	证券代码	公司名称	价值指数2017	行业排名
300104	乐视网	72.482	1	300343	联创互联	21.268	7
300315	掌趣科技	33.631	2	300043	星辉娱乐	14.676	8
300242	佳云科技	27.195	3	300052	中青宝	4.646	9
300113	顺网科技	27.067	4	300059	东方财富	4.363	7
300038	梅泰诺	25.710	5	300295	三六五网	0.311	8
300031	宝通科技	23.422	6	300226	上海钢联	0.004	9

化学、橡胶、塑料行业（31 家）

证券代码	公司名称	价值指数2017	行业排名	证券代码	公司名称	价值指数2017	行业排名
300174	元力股份	26.580	1	300082	奥克股份	1.030	17
300285	国瓷材料	25.352	2	300320	海达股份	0.996	18
300192	科斯伍德	22.743	3	300021	大禹节水	0.830	19
300054	鼎龙股份	20.536	4	300067	安诺其	0.622	17
300180	华峰超纤	18.738	5	300019	硅宝科技	0.467	18
300200	高盟新材	17.389	6	300135	宝利国际	0.209	19
300236	上海新阳	14.706	7	300225	金力泰	0.121	17
300230	永利股份	12.684	8	300121	阳谷华泰	0.112	18
300221	银禧科技	11.321	9	300041	回天新材	0.066	19
300037	新宙邦	9.637	10	300107	建新股份	0.052	17

---

　* 创业板上市公司无形资产价值评价指数仅评价不含土地使用权的情况，部分创业板上市公司无形资产仅含有土地使用权或未披露无形资产的价值评价指数为0，本表未列示。

续表

证券代码	公司名称	价值指数 2017	行业排名	证券代码	公司名称	价值指数 2017	行业排名
300169	天晟新材	7.361	11	300132	青松股份	0.035	18
300261	雅本化学	4.116	12	300218	安利股份	0.017	19
300325	德威新材	3.215	13	300321	同大股份	0.006	17
300109	新开源	3.084	14	300243	瑞丰高材	0.004	18
300198	纳川股份	2.164	15	300214	日科化学	0.001	19
300072	三聚环保	1.362	16	—	—	—	—

机械、设备、仪表（104 家）

证券代码	公司名称	质量指数 2017	行业排名	证券代码	公司名称	质量指数 2017	行业排名
300238	冠昊生物	45.856	1	300048	合康新能	5.004	53
300338	开元股份	44.640	2	300272	开能环保	4.668	54
300045	华力创通	38.903	3	300314	戴维医疗	4.371	55
300097	智云股份	35.641	4	300161	华中数控	4.365	56
300308	中际旭创	30.276	5	300259	新天科技	3.623	57
300280	南通锻压	28.658	6	300298	三诺生物	3.182	58
300326	凯利泰	27.501	7	300257	开山股份	3.082	59
300003	乐普医疗	26.045	8	300360	炬华科技	3.016	60
300349	金卡智能	25.388	9	300217	东方电热	2.426	61
300276	三丰智能	24.260	10	300252	金信诺	2.404	62
300222	科大智能	24.103	11	300260	新莱应材	2.227	63
300099	精准信息	20.113	12	300249	依米康	2.064	64
300342	天银机电	20.030	13	300068	南都电源	1.839	65
300306	远方信息	19.791	14	300129	泰胜风能	1.741	66
300318	博晖创新	19.257	15	300202	聚龙股份	1.610	67
300035	中科电气	19.234	16	300040	九洲电气	1.559	68
300018	中元股份	17.349	17	300156	神雾环保	1.452	69
300246	宝莱特	16.080	18	300014	亿纬锂能	1.422	70
300247	乐金健康	15.923	19	300091	金通灵	1.378	71
300206	理邦仪器	15.741	20	300141	和顺电气	1.370	72
300173	智慧松德	15.113	21	300151	昌红科技	1.318	73
300334	津膜科技	14.874	22	300066	三川智慧	1.290	74
300145	中金环境	14.867	23	300171	东富龙	1.279	75
300137	先河环保	14.109	24	300210	森远股份	1.261	76
300112	万讯自控	13.452	25	300228	富瑞特装	1.259	77

续表

证券代码	公司名称	质量指数2017	行业排名	证券代码	公司名称	质量指数2017	行业排名
300278	华昌达	12.382	26	300062	中能电气	1.239	78
300263	隆华节能	12.366	27	300140	中环装备	1.188	79
300120	经纬电材	12.030	28	300001	特锐德	0.966	80
300165	天瑞仪器	11.549	29	300354	东华测试	0.938	81
300293	蓝英装备	11.406	30	300024	机器人	0.915	82
300130	新国都	11.397	31	300216	千山药机	0.885	83
300368	汇金股份	11.114	32	300116	坚瑞沃能	0.640	84
300124	汇川技术	10.966	33	300281	金明精机	0.610	85
300090	盛运环保	10.959	34	300265	通光线缆	0.558	86
300056	三维丝	10.911	35	300105	龙源技术	0.546	87
300279	和晶科技	10.587	36	300207	欣旺达	0.417	88
300069	金利华电	10.545	37	300185	通裕重工	0.334	89
300203	聚光科技	10.464	38	300154	瑞凌股份	0.331	90
300201	海伦哲	10.314	39	300273	和佳股份	0.294	91
300208	恒顺众昇	9.988	40	300193	佳士科技	0.270	92
300362	天翔环境	8.289	41	300283	温州宏丰	0.193	93
300370	安控科技	8.106	42	300356	光一科技	0.160	94
300307	慈星股份	7.882	43	300371	汇中股份	0.106	95
300007	汉威科技	7.811	44	300316	晶盛机电	0.084	96
300317	珈伟股份	7.792	45	300092	科新机电	0.067	97
300195	长荣股份	7.122	46	300103	达刚路机	0.064	98
300030	阳普医疗	7.099	47	300274	阳光电源	0.064	99
300004	南风股份	6.292	48	300126	锐奇股份	0.046	100
300358	楚天科技	6.251	49	300286	安科瑞	0.027	101
300032	金龙机电	5.715	50	300309	吉艾科技	0.023	102
300341	麦迪电气	5.535	51	300153	科泰电源	0.005	103
300095	华伍股份	5.450	52	300029	天龙光电	0.005	104

计算机、通信和其他电子设备制造业（53家）

证券代码	公司名称	价值指数2017	行业排名	证券代码	公司名称	价值指数2017	行业排名
300353	东土科技	43.378	1	300077	国民技术	4.548	28
300250	初灵信息	35.927	2	300155	安居宝	4.436	29
300053	欧比特	34.222	3	300319	麦捷科技	4.040	30
300292	吴通控股	31.877	4	300241	瑞丰光电	3.954	31

证券代码	公司名称	价值指数 2017	行业排名	证券代码	公司名称	价值指数 2017	行业排名
300136	信维通信	29.525	5	300301	长方集团	3.657	32
300078	思创医惠	27.857	6	300028	金亚科技	2.987	33
300065	海兰信	24.719	7	300323	华灿光电	2.398	34
300296	利亚德	24.469	8	300115	长盈精密	2.374	35
300046	台基股份	23.396	9	300088	长信科技	2.104	36
300282	三盛教育	16.229	10	300327	中颖电子	2.070	37
300331	苏大维格	14.921	11	300346	南大光电	1.435	38
300227	光韵达	13.986	12	300114	中航电测	1.420	39
300367	东方网力	12.819	13	300111	向日葵	0.929	40
300213	佳讯飞鸿	12.728	14	300211	亿通科技	0.898	41
300101	振芯科技	12.284	15	300042	朗科科技	0.872	42
300219	鸿利智汇	11.783	16	300127	银河磁体	0.872	43
300351	永贵电器	10.752	17	300205	天喻信息	0.751	44
300177	中海达	10.235	18	300322	硕贝德	0.638	45
300128	锦富技术	9.784	19	300076	GQY视讯	0.521	46
300162	雷曼股份	8.170	20	300118	东方日升	0.508	47
300340	科恒股份	8.146	21	300134	大富科技	0.436	48
300220	金运激光	6.636	22	300303	聚飞光电	0.424	49
300083	劲胜智能	6.025	23	300373	扬杰科技	0.317	50
300232	洲明科技	5.551	24	300270	中威电子	0.305	51
300139	晓程科技	5.462	25	300223	北京君正	0.058	52
300256	星星科技	5.096	26	300102	乾照光电	0.035	53
300079	数码科技	5.011	27	—	—	—	—

软件、信息技术服务业（55家）

证券代码	公司名称	价值指数 2017	行业排名	证券代码	公司名称	价值指数 2017	行业排名
300311	任子行	43.877	1	300150	世纪瑞尔	13.963	29
300299	富春股份	42.456	2	300085	银之杰	13.646	30
300229	拓尔思	40.167	3	300297	蓝盾股份	12.628	31
300036	超图软件	34.489	4	300017	网宿科技	12.540	32
300271	华宇软件	33.364	5	300075	数字政通	11.887	33
300051	三五互联	33.339	6	300183	东软载波	11.153	34
300264	佳创视讯	32.873	7	300047	天源迪科	10.394	35
300359	全通教育	31.493	8	300333	兆日科技	8.259	36

证券代码	公司名称	价值指数 2017	行业排名	证券代码	公司名称	价值指数 2017	行业排名
300002	神州泰岳	30.349	9	300170	汉得信息	5.839	37
300166	东方国信	30.233	10	300212	易华录	4.766	38
300339	润和软件	29.689	11	300025	华星创业	4.125	39
300182	捷成股份	26.423	12	300302	同有科技	3.689	40
300188	美亚柏科	26.139	13	300312	邦讯技术	3.374	41
300209	天泽信息	26.041	14	300167	迪威迅	3.269	42
300010	立思辰	24.195	15	300096	易联众	2.565	43
300248	新开普	22.956	16	300074	华平股份	1.986	44
300098	高新兴	20.777	17	300365	恒华科技	1.865	45
300324	旋极信息	20.675	18	300352	北信源	1.842	46
300253	卫宁健康	19.937	19	300300	汉鼎宇佑	1.690	47
300366	创意信息	19.472	20	300245	天玑科技	0.976	48
300168	万达信息	18.389	21	300020	银江股份	0.941	49
300287	飞利信	18.174	22	300235	方直科技	0.898	50
300350	华鹏飞	17.982	23	300275	梅安森	0.876	51
300348	长亮科技	17.060	24	300277	海联讯	0.592	52
300050	世纪鼎利	15.328	25	300231	银信科技	0.360	53
300369	绿盟科技	14.603	26	300330	华虹计通	0.348	54
300044	赛为智能	14.479	27	300033	同花顺	0.248	55
300290	荣科科技	14.278	28	—	—	—	—

文化传播行业（5家）

证券代码	公司名称	价值指数 2017	行业排名	证券代码	公司名称	价值指数 2017	行业排名
300291	华录百纳	13.779	1	300133	华策影视	7.163	4
300027	华谊兄弟	11.116	2	300251	光线传媒	2.046	5
300336	新文化	9.678	3	—	—	—	—

医药制造业（29家）

证券代码	公司名称	价值指数 2017	行业排名	证券代码	公司名称	价值指数 2017	行业排名
300009	安科生物	80.489	1	300439	美康生物	4.208	16
300143	星普医科	63.524	2	300049	福瑞股份	4.208	17
300294	博雅生物	19.285	3	300006	莱美药业	3.581	18
300199	翰宇药业	18.917	4	300086	康芝药业	3.556	19

续表

证券代码	公司名称	价值指数2017	行业排名	证券代码	公司名称	价值指数2017	行业排名
300233	金城医药	13.534	5	300119	瑞普生物	3.289	20
300194	福安药业	12.809	6	300147	香雪制药	2.504	21
300158	振东制药	11.136	7	300110	华仁药业	2.297	22
300254	仟源医药	9.568	8	300204	舒泰神	1.583	23
300026	红日药业	8.995	9	300267	尔康制药	1.196	24
300142	沃森生物	8.383	10	300239	东宝生物	1.178	25
300108	吉药控股	7.872	11	300016	北陆药业	0.751	26
300363	博腾股份	6.170	12	300255	常山药业	0.598	27
300289	利德曼	5.971	13	300357	我武生物	0.281	28
300181	佐力药业	5.747	14	300039	上海凯宝	0.117	29
300122	智飞生物	4.620	15	—	—	—	—

其他行业（80 家）

证券代码	公司名称	证监会二级行业	价值指数2017	证券代码	公司名称	证监会二级行业	价值指数2017
300288	朗玛信息	电信、广播电视和卫星传输服务	59.901	300055	万邦达	土木工程建筑业	4.300
300347	泰格医药	卫生	53.715	300100	双林股份	汽车制造业	4.254
300015	爱尔眼科	卫生	40.291	300237	美晨生态	土木工程建筑业	3.976
300344	太空智造	非金属矿物制品业	32.522	300224	正海磁材	非金属矿物制品业	3.222
300310	宜通世纪	电信、广播电视和卫星传输服务	30.804	300125	易世达	专业技术服务业	3.069
300144	宋城演艺	文化艺术业	29.780	300172	中电环保	生态保护和环境治理业	3.063
300061	康旗股份	其他制造业	29.335	300313	天山生物	畜牧业	2.656
300148	天舟文化	新闻和出版业	29.084	300197	铁汉生态	土木工程建筑业	2.619
300070	碧水源	生态保护和环境治理业	27.551	300179	四方达	非金属矿物制品业	2.560
300089	文化长城	非金属矿物制品业	16.690	300268	佳沃股份	农副食品加工业	2.506
300187	永清环保	生态保护和环境治理业	16.491	300178	腾邦国际	商务服务业	2.477

续表

证券代码	公司名称	证监会二级行业	价值指数2017	证券代码	公司名称	证监会二级行业	价值指数2017
300008	天海防务	专业技术服务业	15.728	300262	巴安水务	生态保护和环境治理业	2.406
300159	新研股份	铁路、船舶、航空航天和其他运输设备制造业	15.347	300022	吉峰农机	零售业	2.141
300011	鼎汉技术	铁路、船舶、航空航天和其他运输设备制造业	14.903	300258	精锻科技	汽车制造业	2.135
300364	中文在线	新闻和出版业	14.881	300081	恒信东方	零售业	2.121
300269	联建光电	商务服务业	14.856	300345	红宇新材	金属制品业	1.981
300058	蓝色光标	商务服务业	13.815	300355	蒙草生态	生态保护和环境治理业	1.825
300244	迪安诊断	卫生	13.470	300057	万顺股份	有色金属冶炼和压延加工业	1.583
300184	力源信息	批发业	13.193	300023	宝德股份	租赁业	1.334
300123	亚光科技	铁路、船舶、航空航天和其他运输设备制造业	13.029	300146	汤臣倍健	食品制造业	1.315
300266	兴源环境	生态保护和环境治理业	12.970	300080	易成新能	非金属矿物制品业	1.238
300071	华谊嘉信	商务服务业	12.155	300240	飞力达	仓储业	1.228
300073	当升科技	非金属矿物制品业	11.572	300005	探路者	纺织服装、服饰业	1.083
300190	维尔利	生态保护和环境治理业	11.116	300304	云意电气	汽车制造业	0.705
300013	新宁物流	仓储业	10.834	300234	开尔新材	非金属矿物制品业	0.623
300160	秀强股份	非金属矿物制品业	10.190	300215	电科院	专业技术服务业	0.538
300063	天龙集团	商务服务业	10.155	300149	量子高科	食品制造业	0.428
300164	通源石油	开采辅助活动	9.643	300117	嘉寓股份	建筑装饰和其他建筑业	0.268

证券代码	公司名称	证监会二级行业	价值指数2017	证券代码	公司名称	证监会二级行业	价值指数2017
300131	英唐智控	批发业	9.390	300034	钢研高纳	有色金属冶炼和压延加工业	0.266
300332	天壕环境	燃气生产和供应业	8.925	300176	鸿特科技	汽车制造业	0.226
300328	宜安科技	金属制品业	8.545	300189	神农基因	农业	0.222
300157	恒泰艾普	开采辅助活动	7.742	300094	国联水产	渔业	0.220
300191	潜能恒信	开采辅助活动	6.297	300329	海伦钢琴	文教、工美、体育和娱乐用品制造业	0.140
300335	迪森股份	电力、热力生产和供应业	5.352	300374	恒通科技	非金属矿物制品业	0.129
300084	海默科技	开采辅助活动	5.101	300138	晨光生物	农副食品加工业	0.128
300087	荃银高科	农业	4.931	300064	豫金刚石	非金属矿物制品业	0.089
300152	科融环境	生态保护和环境治理业	4.880	300337	银邦股份	有色金属冶炼和压延加工业	0.068
300284	苏交科	专业技术服务业	4.857	300196	长海股份	非金属矿物制品业	0.058
300012	华测检测	专业技术服务业	4.414	300106	西部牧业	畜牧业	0.019
300163	先锋新材	其他制造业	4.376	300093	金刚玻璃	非金属矿物制品业	0.012